अनुक्रम

●

श्री सत्य साई बाबा : व्यक्तित्व एवं संदेश

भारतीय धर्मग्रंथों के अनुसार सभी अवतार विष्णु के ही विभिन्न रूप हैं, अतः वे एक-दूसरे से अभिन्न हैं। इस तथ्य की पुष्टि स्वयं सत्य साई बाबा ने भी अनेक संदर्भों में की है। शिरडी साईं को तो अपना पूर्व रूप मानते हुए उन्हें अपने से अभिन्न घोषित किया ही है किन्तु नृसिंह, राम, कृष्ण एवं बुद्ध के प्रसंग में भी उन्होंने इन सबसे साई की अभिन्नता का प्रतिपादन किया है। इनमें श्रीकृष्ण के साथ अपने तादात्म्य की घोषणा उन्होंने अनेक बार की है। सन् 1977 की जन्माष्टमी के पर्व पर उन्होंने श्री सत्य- साई- छात्रावास के विद्यार्थियों को सम्बोधित करते हुए भगवान कृष्ण के पावन चरित पर विस्तार से प्रकाश डाला। अपने इसी प्रवचन के बीच में एक प्रसंग पर उन्होंने उपस्थित समूह को सम्बोधित करते हुए कहा–"तुम लोग कितने भाग्यशाली हो कि वही कृष्ण–पूर्ण प्रेमावतार के रूप में–आज तुम्हारे मध्य विद्यमान है।" इसके बाद उन्होंने कहा कि "उस समय मैं कृष्ण के रूप में कैसी कौस्तुभ मणि धारण करता था, वह तुम्हें दिखाता हूँ।" यह कहकर उन्होंने अपना हाथ लहराया तो उसमें कौस्तुभ मणि आ गयी जिसे उन्होंने वहाँ उपस्थित सभी लोगों को देखने के लिए दी। इसके अनन्तर उन्होंने अपने सिर पर एक लम्बा तौलिया बाँधकर भी दिखाया कि किस प्रकार कृष्णावतार के समय वे साफा बाँधते थे।

–इसी पुस्तक से

गणपतिचन्द्र गुप्त

श्री सत्य साई बाबा

व्यक्तित्व एवं संदेश

लोकभारती पेपरबैक्स

पहला पेपरबैक संस्करण : 2008

लोकभारती पेपरबैक्स : उत्कृष्ट साहित्य के लोकप्रिय संस्करण

लोकभारती प्रकाशन
पहली मंजिल, दरबारी बिल्डिंग, महात्मा गांधी मार्ग
इलाहाबाद-211 001

वेबसाइट : www.lokbharatiprakashan.com
ईमेल : info@lokbharatiprakashan.com

शाखाएँ : 1-बी, नेताजी सुभाष मार्ग, दरियागंज, नई दिल्ली-110 002
अशोक राजपथ, साइंस कॉलेज के सामने, पटना-800 006

इंडियन प्रेस प्रा. लिमिटेड
इलाहाबाद-211 001
द्वारा मुद्रित

मूल्य : रु. 125.00

SHREE SATYA SAI BABA
by Ganpatichandra Gupta

ISBN : 978-81-8031-248-9

प्राक्कथन

आस्था की मंज़िलें

यदि आज से बीस वर्ष पूर्व मुझे श्री सत्य साई बाबा पर एक लेख भी लिखने के लिए कहा जाता तो उसे स्वीकार करना मैं अपने लिए अत्यंत हास्यास्पद एवं अपमानजनक स्थिति समझता, जबकि अब मैं उन पर एक पूरी पुस्तक अत्यन्त रुचि, लगन एवं निष्ठा के साथ लिख बैठा हूँ। मेरी मन:स्थिति एवं परिस्थिति में यह अन्तर क्यों और किस प्रकार आया—इसकी एक लम्बी कहानी है।

सन् 1968-69 में जब मैं शिमला के स्नातकोत्तर केन्द्र में रीडर था तो वहाँ से एक साप्ताहिक पत्रिका निकलती थी, जिसके सम्पादक से मेरा अच्छा सम्बन्ध था। अत: मैं इसका नियमित पाठक था किन्तु कुछ दिनों के बाद उसमें साई बाबा पर एक नियमित फीचर प्रकाशित होने लगा। यद्यपि इस फीचर को मैं पढ़ता नहीं था पर इसके शीर्षक को देखकर ही पता नहीं मेरे मन में बड़ी तीव्र प्रतिक्रिया होती थी। मैं सोचता था क्या भारत के और सारे सन्त महात्मा और सिद्ध पुरुष जिनमें शंकराचार्य से लेकर विवेकानन्द और अरविन्द तक आते हैं—गौण हो गये हैं और केवल एकमात्र साई बाबा ही रह गये हैं जिनका गुणगान प्रति सप्ताह नियमित रूप में किया जाने लगा है। इससे मुझे इतनी वितृष्णा हुई कि मैंने उस पत्रिका को लेना ही बन्द कर दिया।

सन् 1971 में मेरी नियुक्ति पंजाब विश्वविद्यालय स्नातकोत्तर केन्द्र, रोहतक में प्रोफेसर के पद पर हो गई तो मैं वहाँ सपरिवार आ गया किन्तु लगा कि बाबा ने यहाँ भी मेरा पीछा नहीं छोड़ा। यहाँ आकर मैं श्री नन्दगोपाल गोयल के मकान के आधे हिस्से में किराये पर रहने लगा, आधे में वे स्वयं रहते थे। वैसे तो नन्दगोपाल जी गणित के प्रोफेसर रह चुके थे तथा शिक्षा-विभाग के किसी ऊँचे पद से सेवानिवृत्त हुए थे, अत: मैं उन्हें बहुत बड़ा इन्टेलेक्चुअल मानकर उनका बड़ा आदर करता था किन्तु कुछ दिनों बाद ही यह जानकर बड़ी हैरानी हुई कि वे प्रति सप्ताह गुरुवार को सत्य साई बाबा का कीर्तन अपने घर पर आयोजित करते हैं। गणित के प्रोफेसर और सत्य साई बाबा का कीर्तन—इन दोनों बातों में मुझे बड़ी असंगति दिखाई पड़ी। किन्तु मैंने इस विषय पर उनसे खुलकर बात करने का कभी साहस नहीं किया। आखिर, वे मेरे मकान मालिक थे, बुजुर्ग थे, फिर मुझे उनके धार्मिक विश्वासों में हस्तक्षेप करने का क्या अधिकार था? परन्तु मेरी पत्नी पर उनके सत्संग का प्रभाव छूत की बीमारी की तरह बड़ी तीव्र गति से व्याप्त होने लगा और वे नियमित रूप से उसमें भाग लेने लग गईं।

एक बार सत्संग से लौटकर मेरी पत्नी ने बताया कि 'वहाँ श्री सत्य साई बाबा की जो तस्वीर रखी हुई है, उसे देखकर उन्हें ऐसा अनुभव हुआ कि इनके दर्शन तो मुझे पहले भी कई बार प्रत्यक्ष रूप में या स्वप्न में हो चुके हैं, पर मैं तब इनका नाम, धाम कुछ नहीं जानती थी किन्तु अब उन्हें बिल्कुल पहचान गई हूँ। इसलिए आप भी कम-से-कम एक बार सत्संग में चलें और बाबा की तस्वीर को तो देखें।' पत्नी के अनुरोध को भला कौन टाल सकता है! मुझे भी सत्संग में जाना पड़ा और ध्यानपूर्वक मैंने बाबा की तस्वीर का अवलोकन किया किन्तु मैं उनके चित्र में अंकित व्यक्तित्व से कोई विशेष प्रभावित नहीं हुआ। सारे शरीर पर एक लाल रंग का चोगा पहने हुए और सिर पर ढेर सारे बालों का गुच्छा लगाये हुए! फिर बाल भी मुझे हिन्दुस्तानी नहीं लगे हब्शियों जैसे लगे। सन्त महात्माओं के प्रति किसी प्रकार की अश्रद्धा व्यक्त करना तो मेरे स्वभाव का अंग नहीं है किन्तु सही बात यह है कि बाबा का रूप मुझे उस दिन बड़ा अटपटा सा लगा—यह दूसरी बात है कि मेरी पत्नी उनकी प्रशंसा के पुल उसके बाद भी बाँधती रहती थी।

कुछ दिन बाद मुझे मकान बदलना पड़ा। मैंने सोचा कि मकान बदलने के साथ-साथ ही नन्दगोपाल जी के सत्संग से भी छुटकारा मिल जायेगा। पर ऐसा नहीं हुआ। मेरे नये मकान के पास ही कुछ दूर पर हमारे संस्थान के निदेशक जी का आवास था। वे भी बाबा के भक्त निकले और कभी-कभी बाबा का सत्संग अपने घर पर आयोजित करते थे, जिसमें वे संस्थान के प्राध्यापकों को भी आमंत्रित करते थे। इनके सत्संग में तो जाना और भी आवश्यक था। भला इस छोटी सी बात के लिए अपने संस्थान के निदेशक को कैसे अप्रसन्न किया जा सकता है। पहली बार गया तो जेब में कुछ सिक्के भी डाल कर ले गया। पर वहाँ जाने पर ज्ञात हुआ कि सत्य साई सत्संग में चढ़ावे का रिवाज ही नहीं है, इसलिए किसी को भी कुछ भी चढ़ाने की अनुमति नहीं मिली। इस बात से मैं अवश्य प्रभावित हुआ।

इस प्रकार सन् 1972 तक चाहे या अनचाहे मैं किसी न किसी प्रकार से बाबा के अनुयायियों के सम्पर्क में आता रहा। फिर भी मेरे मन में बाबा के प्रति कोई रुचि या श्रद्धा उत्पन्न नहीं हुई थी, किन्तु कुछ समय बाद एक ऐसी बात हुई जिसने मेरी समस्त मानसिकता को ही झकझोर दिया। बात यह हुई कि मेरे एक मित्र ने मुझे एक आस्ट्रेलियन लेखक हावर्ड मर्फेट की एक पुस्तक—'**साई बाबा : चमत्कारी व्यक्तित्व**' भेंट की जो हिन्दी में अंग्रेजी से अनूदित थी तथा **मैकमिलन इंडिया, लिमिटेड दिल्ली** से प्रकाशित थी। मर्फेट बहुत बड़े इन्टेलेक्चुअल होने के साथ-साथ द्वितीय महायुद्ध में सेनाध्यक्ष के रूप में भी कार्य कर चुके थे, इसलिए वे न केवल व्यक्ति को पहचानने की कला में दक्ष थे, अपितु जासूसी कार्य करने के भी कई तरीके जानते थे। महायुद्ध की समाप्ति के बाद पहले तो वे कुछ वर्षों तक जन-सम्पर्क अधिकारी के रूप में कार्य करते रहे किन्तु इसके बाद एकाएक उनके मन में आध्यात्मिक रुचि जागृत हुई। उनका विश्वास था कि दुनिया में यदि कहीं

आध्यात्मिकता बची है तो वह भारत में ही है। इसलिए योग एवं अध्यात्म-दर्शन का अध्ययन करने एवं किसी सिद्ध या अवतारी पुरुष की खोज करने वे सपत्नीक भारत में सन् 1964 में पहुँच गये। उन्होंने पालब्रंटन की पुस्तक **'डिस्कवरी ऑफ सिक्रेट इंडिया'** भी पढ़ रखी थी, जिसमें भारत के अनेक सिद्ध-योगियों एवं आध्यात्मिक विभूतियों के (जिनमें महर्षि रमण भी सम्मिलित हैं) वृत्तान्त दिये हुए हैं। पालब्रंटन ने भारत की यात्रा सन् 1930 के आस-पास ही की थी, इसलिए मर्फेट को पूरा विश्वास था कि आध्यात्मिकता भारत से इतनी जल्दी लुप्त नहीं हो सकती।

परन्तु आध्यात्मिकता कोई ऐसी वस्तु तो है नहीं जो बाजारों में बिकती हो या उसका अता-पता किसी यात्रा-निर्देशिका में दिया हुआ हो। दिल्ली में आकर वे एक बहुत बड़े होटल में ठहरे। वहाँ उन्होंने जिससे भी बात की उसने ही उन्हें निराश किया। लोगों ने कहा—'भूल जाओ कि अब भारत पहले वाला भारत है। यहाँ आध्यात्मिकता जैसी कोई वस्तु अब शेष नहीं रह गई है।' किन्तु मर्फेट निराश होने वाले जीव नहीं थे और वे अपने इस विश्वास पर अडिग थे कि वे जिस लक्ष्य को लेकर भारत आये हैं, उसमें उन्हें अवश्य सफलता मिलेगी। उन्हें जिस किसी से भी भारत के किसी भी योगी, संत या सिद्ध पुरुष का पता चला उससे उन्होंने मिलने की चेष्टा की। इस प्रसंग में उन्होंने वाराणसी, हरिद्वार, ऋषिकेश आदि स्थानों का भी भ्रमण किया। कई तथाकथित सिद्ध-पुरुषों से भी मिले किन्तु उन्हें शान्ति प्राप्त नहीं हुई।

अन्त में मर्फेट ने सब ओर से निराश होकर स्वयं भगवान् से ही करुण प्रार्थना की कि यदि वे भारत में कहीं हैं तो उनका मार्ग-दर्शन करें और अपना अता-पता निर्दिष्ट करें। भगवान् ने उनकी प्रार्थना सुन ली और उन्हें शीघ्र ही उसका उत्तर मिल गया। इसके कुछ समय बाद ही उन्हें किसी व्यक्ति के द्वारा सत्य साई बाबा का पता चला तथा यह भी ज्ञात हुआ कि उनका आश्रम आन्ध्र प्रदेश के एक छोटे से गाँव पुट्टपर्ती में स्थित है किन्तु वहाँ तक पहुँचना बहुत कठिन था। क्योंकि वहाँ न ट्रेन जाती है और न बस ही। धर्मावरम् जंक्शन से उतर कर 19-20 कि० मी० बैलगाड़ी पर यात्रा करनी पड़ेगी। किन्तु मर्फेट हार मानने वाले जीव नहीं थे। वे सारी कठिनाइयों को पार करके अंततः सपत्नीक बाबा के आश्रम में पहुँच ही गये। यह सन् 1965 की बात है तथा इसके पश्चात् वे लगभग पाँच वर्ष तक बाबा के निकट भारत में ही रहे।

मर्फेट ने बाबा के आश्रम में ही रहकर उनके चमत्कारों को अपनी आँखों से देखा। बाबा कभी किसी भक्त के लिए हवा में से विभूति उत्पन्न कर देते थे, कभी लॉकेट, कभी रुद्राक्ष की माला तो कभी शिवलिंग आदि। मर्फेट ने बार-बार इन चमत्कारों का गहराई से निरीक्षण किया कि कहीं बाबा ये चीजें अपने चोगे में छिपाकर हस्तकौशल से तो प्रस्तुत नहीं कर देते हैं। इस बात की जाँच करने के लिए उन्होंने अपनी पत्नी की ड्यूटी लगाई। वह किसी न किसी बहाने बाबा के वस्त्रों को धोने और उन पर प्रेस करने का कार्य पाने में सफल हो गई। उसने ध्यानपूर्वक निरीक्षण किया और मर्फेट को बताया कि बाबा के चोगे में कहीं भी कोई ऐसी गोपनीय ज़ेब नहीं है, जिसमें कुछ

छिपाकर रखा जा सके। अत: वे सारी बातें तो विश्वसनीय सिद्ध हो गईं किन्तु फिर भी मर्फेट का मन अभी तक पूरी तरह आश्वस्त नहीं हुआ था किन्तु इसके बाद भी कई और ऐसी घटनाएँ हुईं जिससे उनके मन की सारी शंकाएँ दूर हो गईं।

इस प्रकार मर्फेट-दम्पत्ति ने बाबा के सान्निध्य में रहते हुए और भी शताधिक चमत्कारों का अध्ययन किया, जैसे-पत्थर को मिश्री की डली में परिवर्तित कर देना, बालू में से अमृत सृजित कर देना, असाध्य रोगियों को एक क्षण में ही स्वस्थ कर देना, अपनी देह को छोड़कर कुछ समय के लिए अन्यत्र—किसी सुदूर प्रदेश में भक्त के यहाँ पहुँच जाना आदि। किन्तु सबसे अधिक विस्मयकारी चमत्कार थे श्री राधाकृष्ण नामक एक भारतीय भक्त को तथा वाल्टर काउन नामक एक अमेरिकन अनुयायी के मृत्यु के दस घंटे बाद भी पुनर्जीवित कर देना। इन घटनाओं की मर्फेट ने पूरी तरह छान-बीन की तथा इन्हें सही पाया। किन्तु इन चमत्कारों से भी बढ़कर बाबा की अन्य कुछ ऐसी विशेषताएँ भी उन्होंने अनुभव की, जिससे उनकी दिव्यता में कोई संदेह नहीं रह जाता। इसीलिए आगे चलकर मर्फेट ने बाबा पर दो और पुस्तकें प्रकाशित करवाई हैं—

(1) साई बाबा : अवतार (1979) एवं (2) साई बाबा : इन्विटेशन टू ग्लोरी (1982)।[1] इन पुस्तकों में बाबा के चमत्कारों की अपेक्षा उनके दिव्यत्व एवं अवतारी पक्ष पर अधिक प्रकाश डाला गया है।

इस प्रकार हावर्ड मर्फेट की उपर्युक्त पुस्तकों के अध्ययन के बाद मेरे मन में भी बाबा के प्रति विश्वास और भक्ति का जागरण हुआ तथा समय-समय पर मैं उन्हें याद करने लगा। सन् 1974 में मेरा बड़ा पुत्र भयंकर रूप से अस्वस्थ हो गया था तो मैंने बाबा से उसके स्वास्थ्य के लिए प्रार्थना की और यह भी संकल्प किया कि यदि वह स्वस्थ हो गया तो उसे साथ लेकर मैं पुट्टपर्ती की यात्रा करूँगा। बाबा ने मेरी प्रार्थना स्वीकार कर ली और कुछ ही दिनों में मेरा लड़का स्वस्थ हो गया। अप्रैल सन् 1978 में मैंने रोहतक विश्वविद्यालय से वहाँ की नीतियों के विरोध में त्याग-पत्र दे दिया था किन्तु उसके लगभग छ: महीने तक बेकार रहने के बाद एकाएक बाबा की ही कृपा से मेरी नियुक्ति 1 नवम्बर, 1978 को हिमाचल प्रदेश विश्वविद्यालय के कुलपति के रूप में हो गई।

इसके कुछ दिनों बाद ही 20-21 नवम्बर को मैं अपने बड़े बेटे और बेटी के साथ पुट्टपर्ती (बाबा के आश्रम) की यात्रा के लिए निकल पड़ा। वहाँ उन दिनों बाबा के अनुयायियों में डॉ० वी० के० गोकक भी थे, जो वहीं बाबा के आश्रम में रहते थे, वे इससे पूर्व बंगलौर विश्वविद्यालय के कुलपति तथा शिमला के एडवांस्ड स्टडी सेन्टर के निदेशक भी रह चुके थे तथा शिमला में एक बार मेरी उनसे भेंट भी हो चुकी थी। इसी परिचय के आधार पर मैं डॉ० गोकक से मिला। उन्होंने प्रेमपूर्वक बाबा से मेरी भेंट करवाई। बाबा मुझे देखकर बहुत प्रसन्न हुए। जब उन्हें बताया गया कि मेरी नियुक्ति

---

1. इन पुस्तकों के भी प्रकाशक 'मैकमिलन इंडिया लिमिटेड', 2/10 अंसारी रोड, नई दिल्ली-2 हैं।

कुलपति के रूप में हुई है तो उन्होंने प्रसन्नता व्यक्त करते हुए कहा—'मैं बहुत खुश हूँ।' मैंने उनसे प्रार्थना की कि विश्वविद्यालय चलाने के लिए मुझे अपनी शक्ति व आशीर्वाद दीजिए तो उन्होंने तुरन्त अपना हाथ हवा में घुमाया और उनकी मुट्ठी सुगंधित विभूति से भर गई। उन्होंने वह मुझे प्रदान कर दी। मेरी अंजलि बाबा की विभूति से भर चुकी थी जिसे मैंने बाद में कागज की पुड़िया में बाँध लिया। किन्तु दुर्भाग्य से तब तक हम इस विभूति के महत्व को पूरी तरह नहीं समझ सके थे। यह बहुत बाद में अनुभव हुआ कि बाबा के द्वारा सृजित करके दी गई विभूति सारे कष्टों की रामबाण दवा है। फलस्वरूप शिमला लौटने के बाद कुछ दिनों तक तो वह पुड़िया सुरक्षित रही पर बाद में वह खो गई और हम उसका कोई उपयोग नहीं कर सके।

वास्तविकता यह थी कि अब तक मेरा यह विश्वास तो सुदृढ़ हो गया था कि बाबा बहुत ही पहुँचे हुए व्यक्ति हैं। वे योगी, महात्मा एवं सिद्धपुरुष हैं। उन्होंने अनेक सिद्धियाँ प्राप्त कर रखी हैं। किन्तु फिर भी मन में अब तक यह विश्वास नहीं जमा था कि वे कृष्ण की भाँति साक्षात् भगवान् या भगवान् के अवतार हैं। सिद्ध पुरुष होना कुछ और बात है और भगवान् का अवतार होना कुछ और! इसीलिए मेरी पत्नी बाबा का कीर्तन करते समय उनकी तस्वीर को राम और कृष्ण की तस्वीर के बराबर रखकर जब 'जय साई रामा', 'जय साई कृष्णा' की रट लगाती हुई श्री सत्य साई को राम और कृष्ण का दर्जा देने लगती थी तो मुझे इससे बहुत कष्ट होता था। मैंने उसे कितनी बार समझाया कि कोई सिद्ध पुरुष कितना ही महान् क्यों न हो किन्तु वह अवतार के समकक्ष नहीं हो सकता। पर यह बात उसके दिमाग में बैठती ही नहीं थी।

यह मेरा दुर्भाग्य था कि मैं लगभग चार-पाँच वर्षों तक इसी भ्रम में पड़ा रहा कि बाबा सिद्ध पुरुष हैं—परमात्मा के अवतार नहीं, किन्तु सन् 1986 में आकर कुछ ऐसी घटनाएँ हुईं कि मैंने पहली बार अनुभव किया कि बाबा अवतार ही नहीं पूर्णावतार हैं। यह बोध मुझे दूसरों की पुस्तकें पढ़कर नहीं अपितु स्वयं बाबा के निकट सम्पर्क में आने पर हुआ। 20 फरवरी, 1986 से लेकर 27 अप्रैल, 1986 तक मैं पुट्टपर्ती में बाबा के आश्रम में ही उनके सान्निध्य में रहा और उस समय प्रत्यक्ष रूप में मैंने जो अनुभव प्राप्त किये, उसके बाद मेरी सारी शंकाएँ निर्मूल हो गईं और यह दृढ़ विश्वास उत्पन्न हो गया कि भगवान् श्री सत्य साई बाबा पूर्णरूपेण ईश्वर के अवतार हैं। इस विश्वास के दृढ़ करने वाले प्रत्यक्ष अनुभव क्या थे, उन सबको लिपिबद्ध करना तो कठिन है किन्तु फिर भी कुछ बातों का विवरण नीचे प्रस्तुत है।

मेरे मन में भगवान् श्री सत्य साई बाबा के निकट सम्पर्क में आने की बलवती इच्छा जून, 84 के पश्चात् उत्पन्न हुई जबकि कुरुक्षेत्र विश्वविद्यालय के कुलपति पद से त्याग-पत्र दे चुका था। इसके कुछ महीनों बाद ही नवम्बर, 1984 में मुझे विश्वविद्यालय की पी-एच० डी० की मौखिकी के सन्दर्भ में हैदराबाद जाने का अवसर प्राप्त हुआ। हैदराबाद से पुट्टपर्ती अधिक दूर नहीं है। अतः मैं मौखिकी सम्पन्न हो जाने के बाद पुट्टपर्ती के लिए रवाना हो गया तथा वहाँ पहुँचकर बाबा से व्यक्तिगत

रूप में भेंट करने की चेष्टा की किन्तु उसका सौभाग्य प्राप्त नहीं हुआ। अतः लगभग एक सप्ताह रहकर वापस कुरुक्षेत्र लौट आया। किन्तु इस यात्रा से बाबा के प्रति भक्ति भाव में अभिवृद्धि हुई। मैं उनके चिन्तन-मनन में लीन रहने लग गया। 24 फरवरी 1985 को रात्रि में उन्होंने स्वप्न में मुझे दर्शन एवं आशीर्वाद देकर कृतार्थ किया।

जनवरी '86 के आरम्भ में मैं पुनः पुट्टपर्ती पहुँचा किन्तु वहाँ पहुँचकर पता चला कि बाबा बंगलौर गये हुए हैं। लोगों ने मुझे बताया कि सम्भवतः वे तीन-चार दिन में लौट आयेंगे। अतः मैंने आश्रम में ही एक कमरा लेकर बाबा के लौटने तक ठहरने का कार्यक्रम बनाया। इसी बीच मैंने आश्रम के पुस्तक विक्रय केन्द्र से बाबा पर प्रकाशित कुछ पुस्तकें खरीदीं और उनका अध्ययन आरम्भ कर दिया। इस समय जो पुस्तक मुझे सबसे अच्छी लगी वह अमेरिकन लेखक जे० हिस्लॉप द्वारा लिखित 'माई बाबा एण्ड आईं'। हिस्लॉप आध्यात्मिकता के क्षेत्र में बहुत आगे बढ़े हुए व्यक्ति थे। उन्होंने 16 वर्ष की आयु से ही आध्यात्मिक साधना शुरू कर दी थी। आध्यात्मिकता की खोज में वे अनेक देशों का भ्रमण कर चुके थे, जिनमें भारत और बर्मा भी सम्मिलित हैं। अंततः उनकी आध्यात्मिक भूख श्री सत्य साई बाबा के सान्निध्य में आने पर ही शान्त हुई। उन्होंने इस पुस्तक में अपने अनुभवों के साथ-साथ बाबा के अनेक चामत्कारिक कार्यों एवं उनकी दिव्य शक्तियों का भी विवरण सप्रमाण दिया है।

इन्हीं दिनों मेरे मन में विचार उत्पन्न हुआ कि मैं भी एक पुस्तक लिखूँ जिसका शीर्षक हो—'क्या सत्य साई बाबा अवतार हैं?' इसी प्रकार उन दिनों मैं एक आध्यात्मिक शोध प्रतिष्ठान भी स्थापित करने के लिए उत्सुक था तथा इसके सम्बन्ध में भी बाबा से परामर्श कर लेना चाहता था। कुछ और भी प्रश्न थे जो मैं बाबा से करना चाहता था किन्तु बाबा के बंगलौर से लौटने की तिथि प्रतिदिन आगे बढ़ती जाती थी। जब 6-7 दिन तक भी बाबा नहीं लौटे तो मुझे बड़ी निराशा हुई। अगले दिन वहाँ से रवाना हो जाने का विचार कर लिया किन्तु इससे पहली रात्रि में सोने से पूर्व मैंने बाबा से उपालम्भ मिश्रित प्रार्थना की। मैंने कहा—'मैं आया भी और निराश जा रहा हूँ। लगभग एक सप्ताह यहाँ ठहरा किन्तु फिर भी आप नहीं लौटे; जो प्रश्न आपसे पूछना चाहता था वे भी सब मन में ही रह गये हैं!' आदि।

रात्रि में अचानक एक चमत्कार हुआ। मुझे ऐसा लगा कि बाबा स्वप्न में मेरे सामने उपस्थित हैं और मुझे बड़ी तीव्र दृष्टि से देखते हुए कह रहे हैं, 'लो मैं आ गया, पूछो क्या पूछना चाहते हो?' मैंने एक-एक करके वे सारे प्रश्न पूछे जो मेरे मन में थे। बाबा ने उन सबका समाधान समुचित रूप में कर दिया। जब मैंने आध्यात्मिक शोध प्रतिष्ठान स्थापित करने के बारे में पूछा तो उन्होंने बड़े व्यंग्यात्मक ढंग से कहा कि 'तुम्हें आध्यात्मिकता का कितना ज्ञान है, अभी तो तुमने उसकी प्राइमर (प्रथम पुस्तक) भी नहीं पढ़ी! अतः संस्थान स्थापित करने से पूर्व कुछ आध्यात्मिक साधना करो।' इस स्वप्न के पश्चात् मेरी आँख खुल गई और मैंने बाबा के द्वारा दिये गये सभी उत्तरों को लिपिबद्ध कर लिया। इस अनुभव से मेरे मन को जहाँ एक ओर अपार शान्ति मिली

वहाँ दूसरी ओर बाबा के प्रति मेरी आस्था में भी अभिवृद्धि हुई। फिर भी बाबा से प्रत्यक्ष रूप में भेंट करने के लिए जल्दी ही पुनः कभी आने की इच्छा को मन में दबाये हुए पुट्टपर्ती से लौट आया।

इस यात्रा के बाद बाबा के प्रति मेरी भक्ति भावना एवं आस्था में तीव्र गति से वृद्धि होने लगी। मैं अनुभव करने लगा कि बाबा सर्वव्यापी हैं। फिर भी उनका साक्षात्कार प्राप्त करके और बहुत कुछ जाना जा सकता है। अतः मैंने पुनः पुट्टपर्ती की यात्रा का कार्यक्रम फरवरी, 1986 में बनाया। इस बार सौभाग्य से बाबा पुट्टपर्ती में ही थे। पुट्टपर्ती पहुँचते ही मैंने बाबा से व्यक्तिगत भेंट करने का प्रयास करना आरम्भ कर दिया।

इसके लिए मैं बाबा के सचिव श्री कुटुम्बराव से मिला तो उन्होंने बताया कि बाबा से व्यक्तिगत भेंट करने की अनुमति देना उनके वश की बात नहीं है। इस सम्बन्ध में स्वयं बाबा ही सम्बन्धित व्यक्ति को निर्देश देते हैं। वैसे इसकी सामान्य प्रक्रिया यह है कि बाबा दिन में दो बार भक्तों को दर्शन देने के लिए अपने कक्ष से बाहर निकलते हैं। एक प्रातःकाल लगभग 7-8 बजे, दूसरे सायंकाल लगभग 5 बजे। उस समय स्थानीय तथा बाहर से आये हुए सभी श्रद्धालुजन एकत्रित होकर मन्दिर के अहाते में बैठ जाते हैं। अहाते तक पहुँचने के लिए भी पहले दर्शनों के लिए लगने वाली पंक्तियों में बैठना पड़ता है। फिर बारी-बारी से प्रत्येक पंक्ति के लोगों को अहाते में घुसने दिया जाता है। जिस पंक्ति की पहले बारी आ जाती है, उसी पंक्ति के लोग अहाते की सबसे आगे की जगह में बैठ जाते हैं। इसके बाद में आने वाले लोग उनके पीछे बैठते हैं। बाबा सभी लोगों को दर्शन देने के लिए अहाते का पूरा राउंड लेते हैं। उसी समय लोग उन्हें अपने-अपने प्रार्थना-पत्र आदि भेंट करते हैं। बाबा राउंड लेते समय बीच-बीच में रुककर कुछ लोगों से बातचीत भी करते हैं तथा कुछ को उसी समय अपने हाथ से विभूति, अक्षत या और कोई वस्तु सृजित करके देते रहते हैं। कुछ व्यक्तियों को जिनकी संख्या संभवतः हजारों दर्शनार्थियों में से 15-20 होती है, उन्हें वे अपने इन्टरव्यू कक्ष की ओर जाने का संकेत देते हैं—जिसका अर्थ है कि व्यक्तिगत भेंट के लिए बाबा ने निर्देश दे दिया है। राउंड लेने के बाद बाबा इन चुने हुए व्यक्तियों को अपने व्यक्तिगत कक्ष में ले जाते हैं और उनकी मनोकामना प्रायः पूरी कर देते हैं। अस्तु, बाबा से भेंट प्राप्त करने के लिए इस सारी प्रक्रिया में से गुजरना प्रत्येक व्यक्ति के लिए आवश्यक है, चाहे वह सामान्य मजदूर हो या किसी विश्वविद्यालय का भूतपूर्व कुलपति।

अतः मैंने भी बाबा से व्यक्तिगत भेंट प्राप्त करने की आकांक्षा से दर्शकों की पंक्ति में बैठना आरम्भ किया। लोग सबसे आगे जगह पाने की लालसा से दर्शनों के समय एक-डेढ़ घंटे पूर्व ही आकर दर्शनार्थियों की पंक्ति में बैठ जाते थे। मैं भी ऐसा ही करने लगा। चूँकि दर्शन दिन में दो बार होते हैं। अतः यह तपस्या भी दो बार करनी होती थी। 'तपस्या' इसे इसलिए कह रहा हूँ कि जहाँ बैठना होता था वहाँ धरती पर बालू मिट्टी या धूल बिछी रहती थी और सिर पर सूर्य देवता के प्रकाश की किरणें मँडराती

रहती थीं। जिनको पालथी लगा कर बैठने का अभ्यास नहीं होता है, वे तो इस डेढ़-दो घंटे की बैठक में थककर चूर हो जाते हैं। ऐसी स्थिति में मुझे उन सैकड़ों विदेशी श्रद्धालुओं पर भी दया आती थी, जिन्हें कुर्सी या तिपाई से नीचे जमीन पर बैठने का या पालथी लगाने का बिल्कुल भी अभ्यास नहीं होता था किन्तु बाबा के दर्शनों के लिए वे इतने आतुर होते थे कि इस कष्ट को भी हँसते हुए सहन कर लेते थे। सच पूछें तो भारतीय दर्शनार्थियों की अपेक्षा इन विदेशी दर्शनार्थियों के चेहरे से बाबा के प्रति अधिक भक्ति भावना एवं आस्था झलकती थी।

मैं पाँच-छः दिन तक निरन्तर उपर्युक्त साधना में भाग लेता रहा किन्तु कई बार तो मुझे सबसे पीछे की पंक्ति में बैठने का अवसर मिलता था और किसी दिन सौभाग्य से अगली पंक्तियों में बैठने का मौका मिल भी जाता तो बाबा पास से या कभी दूर से इस तरह निकल जाते थे कि मानो वे मेरा मुँह भी नहीं देखना चाहते हों। अतः हर बार मैं अत्यधिक निराश होकर अपने कमरे में लौटता था। सोचता था क्या मैं सचमुच इतना बड़ा पापी या दोषी हूँ कि बाबा मेरी ओर झाँकते तक नहीं, जबकि दूसरे लोगों के निकट जाकर उनके पत्र लेते हैं तथा उनसे प्रेमपूर्वक बात करते हैं। यदि उन्हें कुछ कष्ट हुआ तो तुरन्त ही उसे दूर करने के लिए सारे दर्शनार्थियों के समक्ष अपने दाहिने हाथ को हवा में घुमाकर विभूति या अक्षत् भी सृजित करके उन्हें दे देते हैं। इस दृश्य को सभी लोग प्रत्यक्ष रूप में देखते थे। अतः उनके प्रति आकर्षण और भी अधिक बढ़ता जाता था। मैं भी प्रतिदिन बाबा के नाम एक पत्र लिखकर अपने साथ इस आशय से ले जाता था कि यदि वे मेरे पास से गुजरें तो मैं उन्हें उसे अर्पित कर दूँगा। किन्तु हर बार पत्र को वापस लिए ही लौटना पड़ता था।

अन्त में लगभग एक सप्ताह की तपस्या के पश्चात् वह दिन भी आया जबकि बाबा ने मेरे पास आकर मुझसे प्रार्थना-पत्र ले लिया जिसमें मैंने उनसे व्यक्तिगत भेंट के लिए अनुरोध किया था। वह सौभाग्यशाली दिन 23 फरवरी, 1986 का था। बाबा ने पत्र तो ले लिया किन्तु उस समय किसी प्रकार का कोई संकेत नहीं दिया। किन्तु अगले दिन ही मुझे प्रातःकाल के दर्शनों के समय व्यक्तिगत भेंट का सन्देश बाबा की तरफ से प्राप्त हो गया। मैं भी 15-20 अन्य व्यक्तियों सहित बाबा के व्यक्तिगत कक्ष में पहुँचा। वहाँ उन्होंने पहले तो प्रत्येक व्यक्ति से अलग-अलग सामान्य बातचीत की। जैसे—आप कब आये, कहाँ से आये, कब लौटोगे? आदि। फिर उन्होंने कुछ व्यक्तियों से पूछा कि क्या चाहते हो? कुछ लोग किसी वस्तु का उल्लेख कर देते तो बाबा उसी समय वहीं हवा में अपना हाथ घुमाकर वह वस्तु सृजित करते हुए उसे दे देते थे। कुछ लोगों का उत्तर होता था कि बाबा आप जो ठीक समझें वही दे दें। ऐसी स्थिति में बाबा अपनी इच्छानुसार अँगूठी, लॉकिट, रुद्राक्षमाला, शिवलिंग आदि कुछ भी सृजित करके दे देते थे। इसके अनन्तर वे प्रत्येक व्यक्ति को अलग-अलग उसकी समस्याओं या जिज्ञासाओं का समाधान करने के लिए तथा व्यक्तिगत बात करने के लिए एक और कमरे में ले जाते थे जो उसी कमरे के ठीक पीछे था। इस तरह वे प्रत्येक व्यक्ति को 5-7

मिनट में निपटाकर फिर दूसरे व्यक्ति को भीतर ले जाते थे। जब सभी व्यक्तियों के साथ बातचीत हो जाती थी तो बाबा इन्टरव्यू का कार्यक्रम समाप्त करके सभी व्यक्तियों को प्रेमपूर्वक विदा कर देते थे।

वास्तव में मुझे पुट्टपर्ती के अन्य सारे कार्यक्रमों में सबसे अधिक रोचक एवं आश्चर्योत्पादक कार्यक्रम यही लगा। मैंने अपनी आँखों से देखा कि बाबा हर व्यक्ति के लिए अलग-अलग वस्तुएँ तत्क्षण उत्पन्न करके उसे दे रहे हैं। अँगूठी, लॉकेट, रुद्राक्ष आदि उत्पन्न करना तो सामान्य सी बात है किन्तु इससे भी अधिक आश्चर्य की बात यह लगी कि एक 19-20 वर्ष के नवयुवक ने बाबा से कहा मैं तो हलुवा लूँगा। उसके कहने की देर थी कि इतने में बाबा की अंजलि गरमा-गरम हलुवे से भर गई, हलुवा इतनी अधिक मात्रा में था कि थोड़ा जमीन पर भी बिखर गया। बाबा ने अधिकांश तो उस नवयुवक को दे दिया किन्तु शेष सभी लोगों को भी थोड़ा-थोड़ा वितरित कर दिया। बाबा के द्वारा सृजित उस दिव्य हलुवे को न केवल मैंने ही चखा अपितु उसके कुछ कण घर पर बच्चों के लिए भी भेज दिये।

बाबा के साथ साक्षात्कार के समय मुझे जो कुछ अनुभव हुआ, वह तो और भी विचित्र था। जब बाबा दूसरे लोगों को पूछ-पूछकर उनकी मनोवांछित वस्तुएँ भेंट कर रहे थे, उसी समय मैंने मन में यह निर्णय ले लिया था कि यदि बाबा ने मुझसे कुछ माँगने को कहा तो मैं एक ऐसी अँगूठी माँगूँगा जिस पर बाबा का चित्र अंकित हो और उसमें वे आशीर्वाद देने की मुद्रा में हों। किन्तु अन्त में जब मेरी बारी आई और बाबा ने पूछा कि आप क्या चाहते हैं तो मेरे मुँह से केवल यही निकला कि बाबा मैं तो आपका प्रेम और आपकी कृपा चाहता हूँ। इस पर वे मुस्करा कर बोले—'प्रेम और कृपा तो देंगे ही। पर प्रेम के प्रतीक-स्वरूप कोई भौतिक वस्तु भी तो पास में होनी चाहिए। अत: बताओ क्या चाहते हो।' मैंने पुन: उत्तर दिया—'बाबा आप तो सर्वज्ञ हैं, सबके मन की बात जानते हैं तो मुझसे क्यों पूछते हैं।' इस पर बाबा थोड़े मुस्कराये और हवा में हाथ हिलाया और तत्क्षण एक अँगूठी उनकी मुट्ठी में आ गई और बोले—'हाथ आगे बढ़ाओ' और उन्होंने मेरे दायें हाथ की दूसरी उँगली में वह अँगूठी अपने हाथ से पहना दी। अँगूठी मेरी उँगली के नाप की तो थी ही किन्तु मुझे यह देखकर आश्चर्य हुआ कि उस पर अंकित चित्र भी वैसा ही था जैसा कि मैं चाहता था। वही आशीर्वाद देने की मुद्रा में अपना हाथ ऊपर उठाये हुए! उसे देखकर मेरे मुँह से निकल पड़ा—'हाँ, बाबा मैं भी ऐसी ही अँगूठी चाहता था।' इस पर बाबा मुस्कराते हुए बड़े प्यार से बोले—'हाँ, अब बताया न कि ऐसी ही अँगूठी चाहता था।'

इसके पश्चात् मुझे भी बाबा भीतरी कक्ष में प्राइवेट वार्ता के लिए ले गये। मैंने बाबा के चरणों में मस्तक रखकर आशीर्वाद माँगा। जब उन्होंने बातचीत करने के लिए कहा तो मैं इतना भावविह्वल हो रहा था कि एक शब्द भी बोलने में असमर्थ हो गया था। किन्तु बाबा तो अन्तर्यामी हैं। उन्होंने स्वयं ही मेरा सारा इतिहास बताया। कुरुक्षेत्र में मेरे साथ जो कुछ घटित हुआ था—वह भी बाबा जानते थे। उन्होंने कहा कि वहाँ

का वातावरण अभी तुम्हारे प्रतिकूल है, किन्तु धीरे-धीरे मैं सब कुछ ठीक कर दूँगा। मेरे चरित्र, स्वभाव एवं पारिवारिक परिस्थितियाँ आदि सबके सम्बन्ध में उन्होंने बिना कहे ही बहुत कुछ बता दिया। यह भी कहा कि तुम लेखन कार्य बहुत कर सकते हो किन्तु परेशानी के कारण तुम्हें रात में नींद भी नहीं आती। इसके अतिरिक्त भी उन्होंने मेरे व्यक्तिगत जीवन से सम्बन्धित बहुत कुछ कहा, जिसे मैं यहाँ उल्लिखित करना उचित नहीं समझता किन्तु बाबा ने मुझे पूरी तरह आश्वस्त किया कि अब मैं किसी प्रकार की कोई चिन्ता न करूँ। धीरे-धीरे सभी परिस्थितियाँ ठीक हो जायेंगी।

उसके पश्चात् लगभग दो महीने मैं उन्हीं के आश्रम में रहा और वहाँ रहते हुए नित्य ही कोई न कोई दिव्य घटना, अलौकिक वृत्तान्त या आश्चर्यजनक चमत्कार देखने को मिलता। उन सबका वर्णन यहाँ करना कठिन है। यदि किया भी जाये तो मैं समझता हूँ कि उन पर कोई विश्वास नहीं करेगा। विश्वास वही कर सकता है जिसने उन सब बातों को स्वयं देखा हो। वैसे भी इस प्रकार की घटनाओं और चमत्कारों का थोड़ा विवरण इस पुस्तक में दे दिया गया है, अतः उसकी पुनरावृत्ति करने का कोई लाभ नहीं है। एक वाक्य में मैं यही कह सकता हूँ कि लगभग तीन महीने के पुट्टपर्ती के आश्रम में निवास के अनन्तर मैं इस दृढ़ विश्वास एवं अडिग आस्था को लेकर लौटा कि बाबा सम्पूर्ण शक्तियों से युक्त पूर्ण अवतार हैं। यह बात केवल उनके चमत्कारों पर ही आधारित नहीं है, अपितु उनके द्वारा दिये गये प्रवचनों, उनके द्वारा किये गये कार्यों, उनके सम्बन्ध में लिखे गये स्वदेशी एवं विदेशी विद्वानों के अनुभवों एवं उनके सम्बन्ध में विदेशी वैज्ञानिकों द्वारा किये गये शोध कार्य के परिणामों के अध्ययन पर आधारित है। फिर भी यह नहीं कहा जा सकता कि इन सब साधनों से ही प्रत्येक व्यक्ति बाबा के दिव्य स्वरूप का बोध प्राप्त करने में सफल हो सकता है। वस्तुतः ये सब तो बाबा की कृपा और अनुग्रह-प्राप्ति के साधन हैं—अन्ततः उनकी दिव्यता का बोध तो तभी सम्भव है जबकि स्वयं बाबा अनुग्रह करें।

इस पुस्तक का प्रकाशन भी अपने आप में एक चमत्कार है। जब भी मैं 'लोक-भारती प्रकाशन' के संचालकों से मिलता हूँ तो उनसे मेरी साहित्यिक पुस्तकों के ही लेखन एवं प्रकाशन के बारे में बातचीत होती है किन्तु जनवरी, 1986 में जब मेरी उनसे भेंट हुई तो पता नहीं क्यों उन्होंने मुझसे एकाएक पूछा कि 'क्या आप किसी सन्त या महात्मा पर भी कोई पुस्तक लिखना चाहेंगे।' मैंने तुरन्त उत्तर दिया—'हाँ, यदि आप चाहते हैं तो मैं 'श्री सत्य साई बाबा' पर पुस्तक लिख सकता हूँ।' मेरे इस उत्तर को सुनकर रमेश जी (जो इस संस्था के भागीदार हैं।) ने उल्लसित होकर पूछा—'क्या आप भी साई बाबा को मानते हैं?' तो मैंने स्वीकृति सूचक उत्तर दिया। इसके पश्चात् उन्होंने भी बाबा के बारे में अपने जीवन की एक चामत्कारिक घटना का विवरण सुनाया जो कि उनके साथ घटित हो चुकी थी किन्तु वे इस घटना का विवरण केवल उन्हीं लोगों को सुनाते हैं जिनका बाबा पर विश्वास हो। अस्तु, तत्क्षण यह निर्णय हो गया कि मैं बाबा पर शीघ्र ही पुस्तक लिखकर दूँगा और जिसका प्रकाशन वे रुचिपूर्वक

करेंगे।

यद्यपि पुस्तक के लेखन एवं प्रकाशन में आशा से अधिक समय लग गया है, जिससे मुझे बीच-बीच में गहरी व्यग्रता का अनुभव हुआ। फिर भी यह अन्त में सुरुचिपूर्ण एवं सुन्दर रूप में प्रकाशित हो गयी है—इसका मन में संतोष है। इसके लेखन के बहाने मुझे बाबा के साहित्य एवं उन पर लिखे गये स्वदेशी-विदेशी विद्वानों के ग्रंथों के पारायण का अवसर मिला। इन विद्वानों का भी मैं हृदय से आभारी हूँ। वस्तुत: मेरे लिए तो यह कार्य—लेखन कार्य न रहकर भगवान् सत्य साई की 'पूजा-अर्चना' करने जैसा अनुष्ठान रहा है। इसके लेखन में मुझे **श्री राजबहादुर शर्मा** (सेवा निवृत्त इंजीनियर), तत्कालीन क्षेत्रीय संयोजक भगवान् श्री सत्य साई सेवा-समिति, आगरा का भी सहयोग प्राप्त हुआ है। उन्होंने न केवल श्री सत्य साई विश्व संगठन के चार्टर की प्रति मुझे उपलब्ध करवाई, अपितु कई अध्यायों को देखकर अनेक महत्वपूर्ण सुझाव दिये हैं, अत: मैं उनका हृदय से कृतज्ञ हूँ। साथ ही इसकी पांडुलिपि के टंकित करने में श्री अशोक धवन एवं केशव कुमार शर्मा का सहयोग भी महत्वपूर्ण रहा, जिसके लिए मैं उनकी प्रशंसा करता हूँ।

अन्त में मैं इस कृति को स्वयं भगवान् सत्य साई के कर-कमलों में इस प्रार्थना के साथ अर्पित करता हूँ कि मेरी अल्पज्ञता या असावधानी के लिए इसमें जो भी त्रुटियाँ रह गयी हैं, उसके लिए वे मुझे क्षमा करेंगे।

आगरा
24 सितम्बर, 88

गणपति चन्द्र गुप्त
निदेशक, क० मुं० हिन्दी एवं
भाषा-विज्ञान विद्यापीठ
आगरा-विश्वविद्यालय,
आगरा—282004

नये संस्करण की भूमिका

प्रस्तुत पुस्तक की रचना मूलतः भगवान् बाबा के प्रति अपनी भावनाओं एवं श्रद्धा की अभिव्यक्ति के लक्ष्य से हुई थी। पुस्तक के प्रकाशित होते ही दिसम्बर के अन्तिम सप्ताह में मैं इसकी प्रतियाँ भगवान् बाबा को अर्पित करने के लिए अपनी पत्नी श्रीमती विद्यादेवी के साथ पुट्टपर्ती गया था। 30 दिसम्बर को दर्शनों के समय भगवान् बाबा ने प्रेमपूर्वक इसकी प्रतियाँ स्वीकार करते हुए अपना कृपा पूर्ण आशीर्वाद भी प्रदान किया। उन्होंने अपने दाहिने हाथ से विभूति सृजित करके उसमें से थोड़ी मेरे मस्तक पर मली और शेष मुझे देने की कृपा की। सम्भवतः मेरे ललाट पर अपने हाथ से विभूति मलकर उन्होंने विधाता के द्वारा अंकित अशुभ लेख को मिटा दिया-ऐसा मेरा विश्वास है। उस समय तक हृदय-रोग का एक आक्रमण मेरे पर हो चुका था तथा दूसरे आक्रमण की आशंका थी। किन्तु पुट्टपर्ती से लौटने के पश्चात् मैं धीरे-धीरे इस रोग से पूर्णतः मुक्त हो गया जो निश्चय ही यह भगवान् बाबा की ही अनुकम्पा का प्रसाद है।

पुस्तक को साई-भक्तों ने बहुत पसन्द किया-यह मेरा सौभाग्य है। पिछले संस्करण में प्रूफ की भूलें रह गई थीं, इस बार उनका पूरी तरह परिमार्जन कर लिया गया है। इस कार्य में मेरे मित्र प्रो० तोलाराम जी शर्मा का सहयोग प्राप्त हुआ जिसके लिए मैं उनका आभारी हूँ।

इसी बीच इस पुस्तक का अंग्रेजी-अनुवाद भी—'श्री सत्य साई बाबा : द लार्ड इन्कारनेट' (Sri Sathya Sai Baba : The Lord Incornate) शीर्षक से प्रकाशित हो गया है जो भगवान् बाबा की ही कृपा का फल है।

अन्त में मैं इस संशोधित नये संस्करण को पुनः श्री सत्य साई बाबा एवं उनके भक्तों को सादर समर्पित करता हूँ।

बीकानेर
23-6-1995

गणपति चन्द्र गुप्त
भू०पू० कुलपति
हिमाचल प्रदेश-विश्वविद्यालय एवं
कुरुक्षेत्र-विश्वविद्यालय

1. वह भाग्यशाली परिवार

किसी भाग्यशाली परिवार में ही पूर्वजों के संचित पुण्यकर्मों के फलस्वरूप किसी महापुरुष, संत, महात्मा या महान् आत्मा का अवतरण होता है। यह बात आन्ध्र प्रदेश के पुट्टपर्ती ग्राम के निवासी रत्नाकर राजू परिवार पर भी भलीभाँति लागू होती है। यही वह सौभाग्यशाली परिवार है जिसमें आज के विश्व प्रसिद्ध भगवान् श्री सत्य साई बाबा ने जन्म लिया था।

श्री सत्य साई बाबा के पिता का नाम पेदद्वेंकप्पा एवं माता का नाम ईश्वरम्मा था। उनके पितामह का नाम कोंडम्राजू था। कोंडम्राजू एक सात्विक वृत्ति के महापुरुष एवं असाधारण व्यक्ति थे। सत्य साई जैसे पौत्र का जन्म संभवत: उनकी साधना एवं प्रार्थना का ही परिणाम था। वे गृहस्थी में रहते हुए भी एक महान् योगी समझे जाते थे। उन्होंने अपने 110 वर्ष के जीवन-काल में अधिकांश समय भगवान की ही प्रार्थना एवं उपासना में बिताया। वे नियमित रूप से ईश्वर का नाम जपते और ध्यान करते थे। संगीत, नाटक, अभिनय आदि में भी उनकी विशेष रुचि थी, इसलिए वे पास के गाँव में जाकर रामलीलाओं के आयोजन में भाग लेते थे। प्राय: वे लक्ष्मण के रूप में अभिनय भी करते थे। उन्होंने रामायण कंठस्थ कर रखी थी और उसका नियमित रूप से पारायण करते थे। प्रत्येक त्योहार, व्रत आदि का पालन वे नियमपूर्वक करते थे। कहना चाहिए कि वे आज के युग में राजा जनक के आदर्श को चरितार्थ करते हुए गृहस्थी में ही योगी का जीवन व्यतीत कर रहे थे।

यह उनकी भक्ति-भावना का ही परिणाम था कि एक बार स्वप्न में भगवान् श्रीकृष्ण की पटरानी सत्यभामा ने कोंडम्राजू को दर्शन दिये और उन्हें प्रेरित किया कि वे उनका मन्दिर बनवायें। उन्होंने इस निर्देश के अनुसार ही सत्यभामा मन्दिर बनवा दिया जो आज भी पुट्टपर्ती में विद्यमान है। संभवत: सारे भारत में सत्यभामा जी का यही एक मन्दिर है। इससे कोंडम्राजू की सात्विक प्रवृत्ति का पता चलता है।

कोंडम्राजू एक बहुत बड़े संन्यासी वेंका अवधूत के भी श्रद्धालु थे जिन्हें वे गुरु के रूप में स्वीकार करते थे। वेंका अवधूत से उनकी भेंट प्राय: होती रहती थी। जब भी वेंका अवधूत भ्रमण करते हुए पुट्टपर्ती पहुँचते तो कोंडम्राजू उनकी हर प्रकार से सेवा करते थे। इनकी सेवा से प्रसन्न होकर अवधूत वेंका समय-समय पर कोंडम् को अनेक आध्यात्मिक बातें बताते रहते थे। वस्तुत: ये अवधूत परम आध्यात्मिक शक्ति से सम्पन्न थे इसीलिए वे जिसको भी हाथ लगा देते थे वह आनंदानुभूति में लीन हो जाता था।

एक बार वेंका अवधूत ने कोंडम्राजू को बताया कि उनके घर में कोई महान् आत्मा अवतरित हो रही है। उनके शब्दों में—"एक दोपहर को जब मैं बरगद के वृक्ष के नीचे अवधूत के पास बैठा हुआ था तो उन्होंने मुझसे कहा कि भू-देवी रो रही है,

अतः नारायण आ रहे हैं। तुम उन्हें देख सकोगे।'' कोंडम्राजू ने इस भविष्यवाणी पर तो विश्वास किया किन्तु वे यह नहीं समझ सके कि इसका तात्पर्य उनके परिवार से ही था। यह तो उन्हें बहुत बाद में सत्य की लीलाओं और चमत्कारों को देखने से अनुभव हुआ कि वेंका अवधूत द्वारा कथित नारायण कोई और नहीं स्वयं उनके पौत्र सत्यनारायण राजू ही हैं।

जहाँ सत्यनारायण राजू के पितामह कोंडम्राजू धार्मिक एवं पुण्यशाली व्यक्ति थे वहीं दूसरी ओर उनके नाना सुब्बाराजू भी शिव के अनन्य उपासक थे। वे हैदराबाद के कर्नूल क्षेत्र के कोलीमिकुंतला नामक गाँव में रहते थे जो कि पुट्टपर्ती से लगभग सौ मील दूर था। सुब्बाराजू का भी धर्म एवं ईश्वर में गहरा विश्वास था तथा उन्होंने भी अपने गाँव में शिव का एक मन्दिर बनवाया था। भगवान् शिव की अनुकम्पा से ही उन्हें एक कन्या रत्न की प्राप्ति हुई जिसका नाम उन्होंने 'ईश्वरम्मा' रखा। 'ईश्वरम्मा' नाम का अर्थ होता है—'ईश्वर की माँ'। आगे चलकर उन्होंने सत्य साई बाबा की माँ बनकर इस नाम को सार्थक सिद्ध कर दिया।

कोंडम्राजू के पुत्र पेदद्वेंकप्पा के साथ सुब्बाराजू की कन्या ईश्वरम्मा के विवाह की घटना भी अनूठी है। एक बार कोंडम्राजू तीर्थयात्रा करते हुए सुब्बाराजू के यहाँ पहुँच गये क्योंकि उनके साथ उनके बहुत पुराने पारिवारिक सम्बन्ध थे। वहाँ कोंडम्राजू की दृष्टि उनकी पुत्री ईश्वरम्मा पर पड़ी तो वे उसके दिव्य स्वरूप एवं उसकी चारित्रिक भंगिमाओं पर मुग्ध हो गये और उन्होंने सुब्बाराजू से उसका विवाह अपने पुत्र से कर देने के लिए कहा। सुब्बाराजू ने तुरन्त ही यह प्रस्ताव स्वीकार कर लिया और कुछ समय के बाद ही पेदद्वेंकप्पा और ईश्वरम्मा दोनों परिणय-सूत्र में बँध गये। सुब्बाराजू जिस गाँव में रहते थे वह कई दृष्टियों से ठीक नहीं था, एक तो वहाँ की भूमि उपजाऊ नहीं थी और न ही वहाँ पानी की व्यवस्था थी। दूसरे वह असुरक्षित भी था, वहाँ डाकुओं के आक्रमण प्रायः होते रहते थे, इसलिए कोंडम्राजू के आग्रह को स्वीकार करते हुए सुब्बाराजू पुट्टपर्ती के निकट ही बुक्कापतनम् में आकर बस गये।

यहाँ यह भी उल्लेखनीय है कि कोंडम्राजू की भाँति ही उनकी पत्नी लक्ष्मम्मा भी धर्म-परायण महिला थीं। वे सत्यनारायण की उपासना करती थीं। स्वयं ईश्वरम्मा भी सत्यनारायण की भक्त थीं और साथ ही अन्य देवी-देवताओं की भी आराधना करती थीं। वे प्रत्येक शनिवार को हनुमान जी के मन्दिर तथा प्रति सोमवार शिवजी के मन्दिर में जाती थीं। इस प्रकार सास और बहू दोनों ही धार्मिक प्रवृत्ति की थीं। अतः कहना न होगा कि कोंडम्राजू के घर का वातावरण सदैव ही धार्मिक भावनाओं से ओत-प्रोत रहता था।

व्यवसाय की दृष्टि से भी कोंडम्राजू का परिवार ऐसे कार्य में लगा हुआ था जिससे उनका जीवन सदा धार्मिक पुरुषों, संतों, भक्तों और अवतारों के ही गुण-गान में व्यतीत होता था। यद्यपि उनका जातिगत कार्य युद्ध था जिसे वे बहुत पूर्व छोड़ चुके थे और अब कविता, संगीत और नाटक के माध्यम से धार्मिक लीलाओं के अभिनय का कार्य

करते थे। पहले वे स्वयं ही किसी पद्य, संवाद, नाटक या लीला की रचना करते थे तथा फिर उसे कंठस्थ करके संगीत और वाद्य यंत्रों के साथ मंच पर प्रस्तुत करते थे। इस प्रकार धार्मिक संतों, भक्तों, महात्माओं एवं अवतारों की लीलाओं के ही अध्ययन, मनन, चित्रण एवं अभिनय में ही उनका सारा समय व्यतीत होता था। इस दृष्टि से हम कह सकते हैं कि राजू परिवार एक ऐसा परिवार था जो प्रत्येक दृष्टि से धार्मिकता से ओत-प्रोत था।

सत्य साई का जन्म— विवाह के दो वर्ष बाद ही ईश्वरम्मा ने अपने पहले पुत्र को जन्म दिया जिसका नाम शेषम्राजू रखा गया। उसके बाद क्रमशः उनकी दो पुत्रियाँ हुईं—वेंकम्मा और पार्वतम्मा। किन्तु इसके अनंतर ईश्वरम्मा के लगातार चार गर्भ गिर गये जिससे परिवार के लोग चिंतित थे। एक के बाद एक गर्भपात का कारण किसी की भी समझ में नहीं आ रहा था। कुछ लोग इसे किसी देव का कुदृष्टि का परिणाम समझ रहे थे तो कुछ इसे ईश्वरम्मा की शारीरिक व्याधि का फल। जब ईश्वरम्मा ने आठवीं बार गर्भ धारण किया तो उन्होंने भगवान् से विशेष रूप से प्रार्थना की कि इस बार उनका गर्भ सुरक्षित रहे। ईश्वरम्मा की सास ने भी इसके लिए अपने सभी देवी-देवताओं को प्रसन्न करने के निमित्त विभिन्न धार्मिक अनुष्ठानों तथा सत्यनारायण की पूजा का व्रत लिया। उनकी यह पूजा-उपासना और आराधना अंततः सफल हुई जबकि 23 नवम्बर, 1926 के दिन प्रातःकाल 5 बजकर 6 मिनट पर ईश्वरम्मा ने एक पुत्र रत्न को जन्म दिया। भारतीय पंचांग के अनुसार इस समय कार्तिक मास के कृष्णपक्ष की तृतीया थी एवं सोमवार का दिन समाप्त होकर मंगल का आरम्भ हो रहा था। ज्योतिष के अनुसार उस समय चंद्रमा मिथुन राशि में था एवं नक्षत्र मृगशिर था।[1] उस दिन जब ईश्वरम्मा को प्रसव-वेदना आरम्भ हुई तो उसकी सास प्रातः चार बजे ही अपने गाँव के पुजारी के घर सत्यनारायण की कथा का आयोजन करवाने के लिए चली गयी थीं। यद्यपि बीच में उसे घर से कई बार बुलावे भी आये किन्तु वह कथा अधूरी छोड़कर घर नहीं लौटी। अंत में कथा समाप्त होने पर ही वह भगवान् सत्यनारायण का प्रसाद लेकर घर आई और उसे ईश्वरम्मा को दिया। उसके कुछ क्षणों बाद ही बच्चे का जन्म हुआ जिसका नाम 'सत्यनारायण' रखा गया तथा आगे चलकर जो 'सत्य साई' के नाम से प्रसिद्ध हुए।

●

---

1. कुछ पुस्तकों में श्री सत्य साई के जन्म की तिथि त्रयोदशी एवं नक्षत्र आर्द्रा दिया है किन्तु हमने सुयोग्य विद्वान् डा० उपेन्द्र कुमार शर्मा से बाबा की जन्म-कुण्डली बनवाई है जिससे स्पष्ट है कि उनका जन्म 23 नवम्बर, 1926, प्रातः 5 बजकर 6 मिनट पर हुआ जिसके अनुसार तिथि तृतीया, नक्षत्र मृगशिर, जन्म लग्न तुला (वृश्चिक नहीं) एवं जन्मराशि मिथुन सिद्ध होती है। बाबा की संक्षिप्त जन्म-कुण्डली पुस्तक के अन्त में परिशिष्ट 'क' में दी जा रही है।

2. श्री सत्य साई : बाल्यकाल एवं शिक्षा

यद्यपि सत्य साई का जन्म 23 नवम्बर, 1926 को हुआ किन्तु इससे पूर्व ही उनके परिवार में कुछ ऐसी घटनाएँ घटित हुईं जिनसे उन्हें आभास हो गया था कि उनके यहाँ किसी महान् आत्मा का अवतरण हो रहा है।

एक बार ईश्वरम्मा ने बताया कि जब सत्य गर्भ में थे तो उनकी सास को स्वप्न में भगवान् सत्यनारायण के दर्शन हुए तथा उन्होंने ईश्वरम्मा को सचेत करते हुए कहा—'यदि परमात्मा की इच्छा से तुम्हारे साथ कोई भी घटना घटित हो, तो तुम डरना मत।' इसके कुछ दिनों बाद ही जब वे कुएँ से पानी भर रही थीं तो नीले रंग का एक प्रकाश-पुंज गोले की भाँति लुढ़कता हुआ उनके पास आया जिसे देखकर वे मूर्च्छित होकर गिर पड़ीं। बाद में उन्हें ऐसा प्रतीत हुआ मानो वह प्रकाश-पुंज उनके उदर में ही समा गया हो। यह उन्हें बहुत बाद में ज्ञात हुआ कि जब कोई महान आत्मा अवतरित होती है तो वह सामान्य रूप में गर्भ में विकसित होने के स्थान पर इसी प्रकार माँ की कोख में प्रविष्ट होती है।

इसी प्रकार एक बार रात्रि में घर में रखे हुए सभी वाद्ययंत्र—तबला, सारंगी, मृदंग आदि—मधुर स्वर में झनझना उठे। उनका मधुर स्वर सुनकर सत्य के पिता श्री वेंकप्पा की नींद खुल गयी। उन्होंने चारों ओर खोज की कि इन यंत्रों को बजाने वाला कौन है? यद्यपि यह अविश्वसनीय था किन्तु उन्हें विश्वास करना पड़ा कि सभी यंत्र स्वतः ही एक साथ मधुर संगीत में गुंजरित हो उठे! वे इसका कारण समझने में असफल रहे। अन्त में वे एक विद्वान् ज्योतिषी के पास गये और उसे घटना का विवरण सुनाते हुए इसका कारण जानना चाहा। ज्योतिषी ने पूछा—'क्या संगीत मधुर एवं प्रसन्नतादायक था?' वेंकप्पा ने उत्तर दिया—'हाँ, उसके स्वर और ताल अत्यन्त रोमांचक एवं आह्लाददायक थे।' 'क्या तुम्हारे घर में कोई महिला गर्भवती भी है?'—ज्योतिषी का दूसरा प्रश्न था। वेंकप्पा ने जब इसका भी स्वीकृति सूचक उत्तर दिया तो ज्योतिषी का निष्कर्ष था—'उक्त महिला के गर्भ में स्थित शिशु कोई दिव्य आत्मा है जिसे प्रसन्न करने के लिए देवताओं के द्वारा यह मधुर संगीत निनादित किया गया था!'

सत्य के पितामह श्री कोंडम्राजू को भी उन दिनों प्रायः स्वप्न में उनके वे गुरुदेव वेंका अवधूत दिखाई पड़ते थे और उन्हें निर्देश देते थे—'अब तैयार हो जाओ' किन्तु इस तैयारी का सम्बन्ध किस बात से था, इसे वे नहीं समझ पाते थे।

अस्तु, इस प्रकार की विभिन्न घटनाओं से परिवार के लोगों को थोड़ा आभास अवश्य हो गया था कि ईश्वरम्मा के आठवें गर्भ से (भगवान् कृष्ण भी अपनी माता के आठवें गर्भ थे) कोई महान् विभूति जन्म धारण कर रही है।

(क) शैशव काल

नामकरण— भगवान् सत्यनारायण की विशेष पूजा-उपासना से तथा उन्हीं की अनुकम्पा से ईश्वरम्मा का आठवाँ गर्भ सुरक्षित रह पाया था, अत: उन्हीं के आधार पर नवजात शिशु का नाम भी 'सत्यनारायण' रखा गया था। पारिवारिक परम्परा के अनुसार उनका पूरा नाम 'रत्नाकर वेंकप्पा सत्यनारायण राजू था' किन्तु व्यावहारिक दृष्टिकोण से वह संक्षिप्त रूप में केवल 'सत्य' रह गया था जिसे आगे चलकर स्वयं सत्य ने चौदह वर्ष की आयु में अपने को शिरडी साई का अवतार घोषित करते हुए 'सत्य साई' नाम से अभिहित किया।

नागराज का प्रकटीकरण— सत्य के जन्म के कुछ क्षणों बाद ही एक विचित्र घटना घटित हुई। जब नवजात शिशु को स्नानादि के बाद मोटे गद्दे पर लिटा दिया गया तो वहाँ उपस्थित महिलाओं ने देखा कि बच्चे की शैय्या अगल-बगल से हिल-डुल रही है। एकाएक किसी की समझ में नहीं आया कि क्या बात है? जब शिशु को उठाकर शैय्या के नीचे देखा गया तो ज्ञात हुआ कि एक सर्पराज वहाँ विद्यमान हैं! किन्तु कुछ क्षणों के बाद यह सर्प वहाँ से लुप्त हो गया। भक्तों की दृष्टि में संभवत: 'वह सर्प आदि शेष था जिसकी शैय्या पर भगवान् विष्णु विश्राम करते हैं।'

बालक की विचित्र प्रकृति— सत्य जन्म से ही एक विचित्र शिशु के रूप में प्रतीत होते थे। वे सामान्य बच्चों की भाँति न तो कभी रोते या चीखते थे और न ही कभी अशान्त होते थे। अपनी सौम्य एवं मधुर छवि के कारण वे सबको आकर्षित कर लेते थे। वातावरण की पवित्रता या अपवित्रता के प्रति वे अवश्य संवेदनशील प्रतीत होते थे। जहाँ सात्विक या धार्मिक वातावरण होता था वहाँ जाने में वे विशेष उल्लास व्यक्त करते थे। जब किसी घर में सामिष भोजन बन रहा हो या कोई अन्य कृत्य हो रहा हो तो वहाँ ठहरना उन्हें रुचिकर प्रतीत नहीं होता था। उनके घर के पास ही ब्राह्मण जाति के कर्णम् का घर था जो कि शुद्ध शाकाहारी थे। कर्णम् की पत्नी सुब्बम्मा भी सात्विक प्रकृति की ईश्वर परायण महिला थीं। सत्य शैशवकाल से ही सुब्बम्मा के पास जाना पसन्द करते थे। आगे चलकर सुब्बम्मा का उनके प्रति इतना प्यार हो गया था कि पड़ोसी ईश्वरम्मा को 'देवकी' की तथा सुब्बम्मा को 'यशोदा' की संज्ञा देने लग गये थे। वस्तुत: सुब्बम्मा सत्य की दिव्यता को उनके परिवार के लोगों की अपेक्षा बहुत पहले पहचान गई थी, इसीलिए वह उसके प्रति एक साधारण शिशु का-सा नहीं अपितु किसी दिव्य शक्ति सम्पन्न बालक का-सा भाव—श्रद्धा-भाव—अनुभव करती थी।

सत्य के पितामह कोंडम्राजू अपने घर में न रहकर पास ही एक छोटी-सी कुटिया में रहते थे जिसे उन्होंने अपना उपासना-गृह भी बना रखा था। कोंडम्राजू जब भी सत्य को अपनी इस कुटिया में ले जाते थे तो वहाँ वह अत्यन्त उल्लसित अनुभव करता था। उनके शब्दों में—'सत्य कभी भी मेरे ध्यान और जप में विघ्न उपस्थित नहीं करता। इसके विपरीत उसकी उपस्थिति में ईश्वर की आराधना एवं ध्यान में मेरा मन और भी अधिक लगता था।'

सांसारिक पदार्थों एवं वस्तुओं के प्रति सत्य का शैशवकाल से ही विराग था। जैसा कि उनकी माता ईश्वरम्मा ने बाद में अनेक लोगों को स्पष्ट किया—उन्हें स्मरण नहीं कि कभी भी सत्य ने शैशव या बचपन में किसी भी वस्तु को पाने या लेने के लिए हठ करना तो दूर रहा, कभी इच्छा भी व्यक्त की हो। इतना ही नहीं वे खाने-पीने के रुचिकर पदार्थों, व्यंजनों, खिलौनों, वस्त्रों आदि के प्रति सदा अरुचि ही दिखाते रहते थे। कई बार उनके पिता या बाबा जब पास के शहरों—हिन्दूपुर या अनन्तपुर—में जाते थे तो वहाँ से परिवार के बच्चों के लिए भाँति-भाँति के वस्त्रादि ले आते थे जिन्हें पाने के लिए सभी बच्चे उत्सुक रहते थे, किन्तु सत्य सबसे दूर खड़े रहते थे। जब उनसे कहा जाता था कि तुम भी अपनी इच्छा के अनुसार कोई वस्त्र चुन लो तो उसका उत्तर होता था—'औरां को ले लेने दो, मुझे जो चाहो दे देना।' वस्तुतः बालक सत्य को अपने लिए कुछ पाने की कोई उत्सुकता नहीं होती थी अपितु वे दूसरों को अपनी मनचाही वस्तु पाकर प्रसन्न होते देखकर ही स्वयं प्रसन्नता अनुभव करते!

ईश्वरम्मा को उसकी एक बात और अजीब लगती थी। बालक सत्य जब भी घर में होते अत्यन्त गंभीर बने रहते थे किन्तु बाहर प्रकृति की गोद में जाकर या चित्रावती नदी के तट पर पहुँचकर प्रसन्नतापूर्वक गाने या नृत्य करने में लीन हो जाते थे। निश्चय ही उन्हें निरन्तर बाहर घूमना, पहाड़ियों की ओर देखना, आकाश के नक्षत्र को चुपचाप निहारना बहुत अच्छा लगता था।

गाँव के समवयस्क बच्चों के साथ खेलते समय भी वे सदा इस बात का ध्यान रखते थे कि उनके किसी भी व्यवहार से किसी के मन को आघात न लगे। हाँ, यदि कोई शैतान बच्चा उनके साथ दुर्व्यवहार करता या उनकी पिटाई तक भी कर देता तो वे उसकी शिकायत किसी से भी नहीं करते थे। उनके हाथ या शरीर पर लगी हुई चोट को देखकर—चाहे यह चोट उनके किसी साथी ने पहुँचाई हो या अन्य किसी ने—जब उनकी माँ उनसे पूछतीं तो वे कभी भी उस व्यक्ति का नाम नहीं बताते जिसने उन्हें चोट पहुँचाई हो।

गाँव के लड़कों की आदत होती है कि वे खेल ही खेल में कभी किसी कुत्ते को डंडा मार देते हैं, किसी मुर्गी को उलटा लटका देते हैं, किसी गाय या भैंस पर पत्थर मार देते हैं या किसी गधे, खच्चर या घोड़े पर आसीन होकर सवारी का आनन्द लूटते हैं, भले ही इससे इन मूक पशुओं को कितनी ही पीड़ा क्यों न होती हो! किन्तु बालक सत्य को यह सब अत्यन्त अरुचिकर लगता था, इतना ही नहीं किसी भी प्राणी को पीड़ित होते देखकर उनके मन में आंतरिक वेदना होती थी। अतः वे अपने बाल साथियों को दूसरों को कष्ट पहुँचाने से प्रायः रोकते थे तथा विभिन्न युक्तियों द्वारा उन्हें समझाने की चेष्टा करते थे। सत्य की ऐसी वयस्कों—गुरुजनों—जैसी प्रवृत्ति को देख कर ही उनके साथी उन्हें बचपन में ही 'गुरु' नाम से तथा दूसरी ओर उनकी आध्यात्मिक बातों के कारण गाँव के लब्धप्रतिष्ठ विद्वान् उन्हें 'ब्रह्मज्ञानी' उपनाम से पुकारने लग गये थे।

(ख) विभिन्न विद्यालयों में शिक्षा

सत्य साई ने क्रमशः चार शालाओं में शिक्षा ग्रहण की—पुट्टपर्ती की प्राइमरी स्कूल, बुक्कापटनम् की मिडिल स्कूल, कमलापुरम् की हाईस्कूल एवं उर्वकौण्डा की हाईस्कूल। प्रारम्भ में उन्हें गाँव की ही पाठशाला में प्रविष्ट कराया गया। वहाँ सभी उनकी प्रतिभा एवं ग्रहण शक्ति को देखकर मुग्ध थे। वस्तुतः उनके पिता के शब्दों में, 'उन्हें लिखाई-पढ़ाई की आवश्यकता नहीं थी।' ऐसा लगता था कि सारा ज्ञान उन्हें पहले से ही प्राप्त हो फिर भी वे शाला में अपने साथी बालकों के प्रति पूर्ण सहानुभूति एवं अध्यापकों के प्रति पूर्ण सम्मान प्रदर्शित करते थे। अपने सहपाठियों के किसी भी कष्ट को देख पाना उन्हें सह्य नहीं था, इसीलिए जब वे वर्षा एवं शिशिर ऋतुओं में उन्हें सर्दी से ठिठुरते हुए देखते थे तो घर से कम्बल, तौलिये, चादर आदि लाकर उन्हें बाँट देते थे, यह दूसरी बात है कि उनके घरवालों को उनकी यह उदारता सह्य नहीं थी, अतः वे अपने सारे कपड़े संदूकों में बन्द करके ताले में रखने लग गये।

बुक्कापटनम् स्कूल में प्रवेश—स्थानीय पाठशाला में शिक्षा पूरी हो जाने के बाद उन्हें बुक्कापटनम् के 'हायर एलिमेंटरी स्कूल' या मिडिल स्कूल में प्रवेश करवाने के लिए प्रार्थना-पत्र दिया गया। इसमें प्रवेश पाने के लिए तहसील के सभी गाँवों के इच्छुक विद्यार्थियों को तालुका हेडक्वार्टर पेनुकोण्डा में एक प्रतियोगिता-परीक्षा में बैठना पड़ता था। यह कस्बा पुट्टपर्ती से 26 किलोमीटर दूर था। सत्यनारायण भी गाँव के अन्य सत्रह विद्यार्थियों के सहित इस परीक्षा में बैठे किन्तु उनमें प्रथम श्रेणी प्राप्त करने वाले वे अकेले ही थे। इससे गाँव वालों को अत्यन्त गौरव का अनुभव हुआ। सत्य के प्रति उनकी प्रशंसापूर्ण दृष्टि एवं सद्भावना का विकास तो बहुत पहले ही हो चुका था किन्तु इस घटना से उन्हें पूर्णतः बोध हो गया कि सत्य असाधारण प्रतिभा-संपन्न विशिष्ट बालक है। अतः जब स्कूल खुला तो पहले दिन गाँव के लोग सत्य को एक फूलों से सजी हुई बैलगाड़ी में एक आसन पर बिठाकर एक जुलूस के साथ उनका जय-जयकार करते हुए सम्मानपूर्वक नयी शाला में पहुँचाकर आये। गोकुल के गिरधारी की भाँति पुट्टपर्ती का सत्य भी अपनी किशोरावस्था में ही गाँव के लोगों का हृदय-स्वामी बन चुका था।

बुक्कापटनम् में शिक्षा अर्जित करते समय सत्यनारायण राजू को अनेक कठिनाइयों का सामना करना पड़ता था। एक तो यह स्थान पुट्टपर्ती से चार किलोमीटर दूर था जहाँ उन्हें प्रतिदिन आना-जाना पड़ता था। स्कूल पहुँचने के लिए उन्हें प्रातःकाल नाश्ता लेकर घर से रवाना होना पड़ता था। दोपहर का भोजन वे अपने साथ ही टिफ्फिन बक्स में ले जाते थे। साथ ही पुस्तकों से भरा हुआ बस्ता भी उनकी पीठ पर लदा रहता था। सर्दी, गरमी, वर्षा सभी में वे प्रकृति की प्रतिकूलता का सामना करते हुए प्रतिदिन आठ किलोमीटर की यात्रा करते थे। इसके अतिरिक्त रास्ते में कई बार शरारती लड़कों, ईर्ष्यालु सहपाठियों एवं उच्चकक्षा के शैतान युवकों की कुप्रवृत्तियों का भी शिकार बनना पड़ता था। वे छोटी-छोटी बात पर भी नौ वर्षीय सत्य को जो कि विनम्रता, उदारता

एवं सहिष्णुता की मूर्ति था, अपनी यौद्धेय वृत्ति का आलम्बन बनाकर मनःतुष्टि किये बिना नहीं रहते थे। यद्यपि सत्य उनसे किसी प्रकार की भी छेड़छाड़ नहीं करते थे किन्तु कई बार उजले साफ़-सुथरे कपड़े पहनकर आना भी उनकी दृष्टि में बहुत बड़ा अपराध हो जाता था जबकि उनके अपने कपड़े उनकी असावधानी एवं गंदी आदतों के कारण मैले हो जाते थे। भला सत्य को क्या अधिकार था कि वह उनसे अधिक सुन्दर एवं साफ-सुथरा दिखाई दे! इस अपराध की सामान्य सजा यही दी जाती थी कि सत्य को पकड़कर मार्ग में पड़ने वाली चित्रावती नदी के कीचड़ में घसीटा जाय! क्षति-पूर्ति के सिद्धान्त के अनुसार इसी से उनके आत्मसम्मान की संतुष्टि हो पाती थी। 'किन्तु सत्य सब कुछ करने में समर्थ होते हुए भी इस व्यवहार को प्रसन्नतापूर्वक सहन कर लेते थे—मानो वे उन्हें बताना चाहते थे कि सहिष्णुता किसे कहते हैं! घर लौटने पर जब माँ कपड़ों के कीचड़ में लथपथ हो जाने के कारण पूछतीं तो वे किसी भी सहपाठी का नाम लेने के बजाय कह देते थे—कीचड़ में गिर गया था।'

इस बड़े स्कूल के अध्यापकों की भी हैसियत प्राइमरी स्कूल के अध्यापकों से ऊँची थी। अतः उनके कानून-कायदे भी उसी के अनुसार थोड़े सख्त थे। एक बार किसी अध्यापक ने सत्य की पूरी कक्षा से एक सवाल पूछा जिसका उत्तर सत्य के अतिरिक्त कोई और नहीं दे पाया, अतः सत्य को आदेश दिया गया कि वह सभी सहपाठियों के गाल पर एक-एक थप्पड़ लगाये। न चाहते हुए भी सत्य को मास्टरजी के आदेश का पालन करना पड़ा किन्तु थप्पड़ जितनी शक्ति से मास्टर जी चाहते थे, उतनी शक्ति से वे नहीं लगा पाये! 'थप्पड़' के स्थान पर हलकी 'चपत' ही लगाकर उन्होंने ऐसा अपराध किया था जिसे गुरुदेव क्षमा नहीं कर सकते थे। अतः उन्होंने सत्य को पास बुलाकर बताया कि थप्पड़ किस तरह लगाया जाता है! क्योंकि सत्य ने तीस विद्यार्थियों के साथ रियायत की थी, अतः उसकी क्षतिपूर्ति के लिए अध्यापक महोदय ने सत्य के गाल पर उतने ही थप्पड़ जड़कर अपनी न्यायप्रियता को प्रमाणित करना आवश्यक समझा!

कमलापुरम् के विद्यालय में शिक्षा— बुक्काटनमू के मिडिल स्कूल में पढ़ाई समाप्त करने के अनन्तर सत्यनारायण राजू को कमलापुरम् के उच्च विद्यालय में प्रवेश दिलवाया गया। वैसे यह स्थान पुट्टपर्ती से बहुत दूर पड़ता था, अतः सत्यनारायण का यहाँ से प्रतिदिन घर आना-जाना संभव नहीं था। वहीं उसके बड़े भाई शेषम्राजू की ससुराल थी, अतः वहीं सत्य के रहने व खाने-पीने की व्यवस्था की गयी। भाभी के पितृगृह में रहते हुए सत्य उनके सुख-दुःख का भी पूरा ख्याल रखते थे—इसलिए उनकी कई कठिनाइयों को दूर करने में भी पूरा सहयोग देते थे।

इस विद्यालय में सत्य को विभिन्न खेलों में भी भाग लेने का अवसर मिला जिनमें उसने अपनी गहरी अभिरुचि, क्षमता एवं कुशलता का परिचय दिया। उन्होंने न केवल समय-समय पर दौड़, कबड्डी, बॉलीबाल, बैडमिंटन, टेबिलटेनिस आदि की प्रतियोगिताओं में भाग लिया अपितु उनमें अनेक पुरस्कार भी प्राप्त किये। इसी प्रकार वे अपने विद्यालय के स्काउट-दल के भी सदस्य बनना चाहते थे किन्तु इसके लिए

अपेक्षित पोशाक आदि के लिए पैसा न जुटा पा सकने के कारण वे ऐसा नहीं कर सके फिर भी एक बार उन्होंने ग्रामीण लोगों की सहायता के लिए आयोजित स्काउट कैम्प में, अपने साथियों के अनुरोध से अवश्य भाग लिया जिसका वृत्तान्त भी काफी रोचक है।

यह कैम्प कमलापुरम् से लगभग 13-14 किलोमीटर दूर पुष्पगिरि में आयोजित किया गया था। जिन विद्यार्थियों ने कैम्प की निर्धारित फीस बारह रुपये जमा करा दी थी उनकी यात्रा, आवास एवं भोजन आदि की व्यवस्था विद्यालय की ओर से हो गयी थी किन्तु सत्य के लिए इतनी राशि जुटाना संभव नहीं था—वे दूसरों के लिए अपनी दिव्य शक्ति द्वारा सब-कुछ सृजित कर सकते हैं किन्तु इसका उपयोग स्वयं के लिए कभी नहीं करते। उन्होंने अपनी कुछ पुस्तकें बेचकर पाँच रुपये जुटाये किन्तु वे भी बाद में पास में रहने वाली एक महिला को दे दिये। अन्ततः गरमी के मौसम में भूखे-प्यासे पैदल चलकर ही पुष्पगिरि तक की यात्रा सम्पन्न की। हाँ, मार्ग में उन्हें कहीं एक आना (छह नये पैसों के बराबर) गिरा हुआ मिल गया था उसी से उन्होंने कैम्प में सेवाकार्य करते हुए अपने खाने-पीने का भी काम चलाया। उन दिनों एक पैसे में दो-तीन डोसे मिल जाते थे—अतः उन्होंने एक आने से ही किसी प्रकार तीन दिन तक गुजर किया और कैम्प समाप्त होने पर पैदल ही वापस लौटे।

कैम्प में जाते समय सत्य के एक सहपाठी रमेश ने जो कि अत्यन्त धनी एवं समृद्ध परिवार से सम्बद्ध था, सत्य को एक नयी स्काउट-वर्दी देने का प्रस्ताव रखा किन्तु उसने उसे लेने से इन्कार करते हुए एक पत्र लिखा जिसकी कुछ पंक्तियाँ इस प्रकार हैं—

'यदि तुम चाहते हो कि हमारी मित्रता बनी रहे तो तुम्हें इस लेने-देने के चक्कर में नहीं पड़ना चाहिए। जब कोई गरीब व्यक्ति धनी से कुछ लेता है तो उसे यह चिन्ता हो जाती है कि उसका बदला वह कैसे चुका पायेगा जबकि दूसरी ओर धनी व्यक्ति का मन और मस्तिष्क अपनी इस दानशीलता के गर्व से अभिभूत हो जाता है।...सच्ची मित्रता एक दूसरे के हृदय तक सीमित रहनी चाहिए, जब उसका आधार पारस्परिक लेन-देन हो जायेगा तो वह अधिक दिन नहीं चल पायेगी।'

बारह वर्ष की आयु में व्यक्त उपर्युक्त उद्‌गार किसी भी प्रौढ़ विद्वान् के सुचिन्तित विचारों से कम महत्वपूर्ण प्रतीत नहीं होते!

उर्वकौण्डा हाईस्कूल में शिक्षा—जब सत्य के बड़े भाई शेषम्राजू की नियुक्ति उर्वकौण्डा के हाईस्कूल में हो गयी तो उनके साथ-साथ सत्य को भी वहाँ स्थानान्तरित होना पड़ा। किन्तु सत्य को यहाँ भी अध्यापकों एवं विद्यार्थियों से वैसा ही सम्मान मिला जैसा पिछले विद्यालयों में प्राप्त था क्योंकि उनके वहाँ पहुँचने के पूर्व भी उनकी दिव्य शक्तियों की ख्याति पहले ही वहाँ फैल चुकी थी। इसलिए वहाँ भी सभी वर्गों ने उनका स्वागत किया। अनेक अध्यापक एवं उनके परिवार के लोग भी उनके सम्पर्क में आये और वे उन्हें श्रद्धा की दृष्टि से देखने लग गये। इनमें एक अध्यापक मंचीराजू का

नाम विशेष रूप से उल्लेखनीय है। इनकी पत्नी कामेश्वरम्मा जो कि अत्यधिक सात्विक प्रकृति एवं धार्मिक प्रवृत्ति की महिला थी, धीरे-धीरे सत्य की अनुयायिनी बन गयी। सत्य ने उसे एक बार घर की दीवार पर ही दशों अवतारों के दर्शन अपनी दिव्य शक्ति के बल पर करवाये थे। जब नृसिंह अवतार प्रकट हुआ तो उसकी सिंह-गर्जना से कामेश्वरम्मा भयभीत हो गयी तथा उसकी कर्णभेदी गर्जना से वह बहरी भी हो गयी। कई वर्षों बाद में इसका रहस्य प्रकट करते हुए सत्य साई ने बताया कि उसका हित बहरी हो जाने में ही था क्योंकि उसका पति रात-दिन उसे इस तरह डाँटता रहता था कि यदि वह बहरी न हुई होती तो उसका जीना मुश्किल हो जाता!

(ग) सत्य : बाल कलाकार के रूप में

कविता, गीत, नृत्य, अभिनय आदि कलात्मक गतिविधियों में सत्य की अभिरुचि बाल्यकाल से ही थी। जब वे छह-सात वर्ष की आयु के थे तब ही कविताओं और गीतों की रचना करने लग गये थे। पुट्टपर्ती के बाल विद्यालय में पढ़ते समय भी उन्होंने कई गीतों की रचना की तथा उन्हें अपने साथियों को कंठस्थ करवाया। उनकी कविताएँ या गीत सोद्देश्य होते थे—वे किसी-न-किसी व्यक्ति की चारित्रिक दुर्बलताओं, वर्ग या समाज की विसंगतियों पर व्यंग्य करने के लक्ष्य से प्रेरित होते थे। अपने गाँव का एक पटवारी जिसने एक ओर तो घर में दो पत्नियाँ रखी हुई थीं तथा दूसरी ओर वह अपने पदाभिमान के कारण गर्व और अहंकार के कारण लोगों के साथ दुर्व्यवहार करता था। उसकी इस प्रकृति एवं प्रवृत्ति की स्पष्ट परिचायक उसकी तीखी मूँछें भी थीं जो सम्भवत: हिटलर की मूँछों का अनुसरण करती थीं। सत्य ने उसके मिथ्याभिमान को खंडित करने के लिए अपने साथियों की एक टोली बनायी जो सत्य के रचे हुए कुछ गीत उसके सामने से गाते हुए जाती थीं। इन गीतों में उसकी विभिन्न प्रवृत्तियों एवं उसकी 'हिटलरी मूँछों' पर तीखा व्यंग्य किया गया था। यद्यपि प्रारम्भ में पटवारी को बड़ी झुँझलाहट हुई किन्तु अन्त में सत्य की वानरसेना के समक्ष हार मानने के लिए विवश हुआ और उसने अपनी हिटलरी मूँछों को विदाई दे दी जो उसके गर्व-भंजन की सूचक है।

इसी प्रकार सत्य ने अपनी इस टोली को और भी कई गीत एवं कविताएँ रचकर दीं जिनमें अशिक्षा, वेश्यावृत्ति, बहुपत्नी, गरीबों के शोषण, मद्य-पान आदि सामाजिक बुराइयों की आलोचना या भर्त्सना की गई थी। इन व्यंग्यात्मक गीतों के अतिरिक्त उन्होंने अनेक भजनों, प्रार्थनाओं, कविताओं आदि की भी रचना अपनी भजन-मंडली के द्वारा गाये जाने के लिए की थी। उन्होंने गाँव के लड़कों की एक टोली को इनमें दीक्षित करते हुए 'पंडरी-भजन-मंडली' का गठन किया था जो रात्रि में पूरे गाँव में भजन-कीर्तन करती हुई घूमती थी। गाँव वालों का विश्वास था कि जहाँ आस-पास के प्रदेशों में हैजे की महामारी भयंकर रूप में फैली वहाँ पुट्टपर्ती उसके प्रभाव से बिलकुल अछूता रहा : इसका कारण 'पंडरी भजन-मंडली' के द्वारा वातावरण को पवित्र कर देने की ही बात थी। जब यह बात आस-पास के अन्य गाँवों और कस्बों में फैली तो वहाँ के लोग

भी इस मंडली को अपने यहाँ आमंत्रित करने लगे। यह विचित्र बात थी कि जहाँ-जहाँ इस मंडली के चरण पड़े वहाँ-वहाँ से महामारी विदा हो गई।

कमलापुरम् की शाला में अध्ययन करते समय सत्य को आर्थिक कठिनाइयों का भी सामना करना पड़ा। अब वे नित्य-प्रतिदिन घर नहीं जा सकते थे। घर से उन्हें यथेष्ट राशि प्राप्त नहीं होती थी। यहाँ उनकी जान-पहचान कोटे सुब्बया नामक एक दुकानदार से हो गयी थी जो सत्य की प्रतिभा पर मुग्ध था। उसने सत्य को एक कार्य सौंपा—उसकी दुकान पर आई हुई नयी वस्तुओं, दवाइयों, कपड़ों आदि के सम्बन्ध में आकर्षक शैली में गीतों की रचना करना। सत्य ने यह कार्य स्वीकार कर लिया क्योंकि इससे न केवल उक्त दुकानदार का हित होता था अपितु कस्बे के लोगों का भी हित होता था क्योंकि इससे वे भी अनेक नयी वस्तुओं, दवाइयों आदि की जानकारी प्राप्त करके उनसे लाभान्वित हो सकते थे। इस संदर्भ में उनके द्वारा लिखी गयी कविताओं, गीतों आदि के नमूने के रूप में एक उदाहरण यहाँ प्रस्तुत है। यह कविता उन्होंने 'बालभास्कर' औषधि के प्रचारार्थ तेलगू में लिखी थी—उसका हिन्दी अनुवाद इस प्रकार है :

'सुनो! सुनो! सब लोगो!
आ गया है 'बालभास्कर'—
आपके शहर में!
—बालभास्कर जो अनूठा है
बच्चों की बीमारियों में—
बुड्ढों की बीमारियों में—
करता है दूर सारे दुःख दर्द!
जुकाम हो या खाँसी!
दर्द हो जोड़ों में
या पीड़ा हो पेट की
पेचिश हो या कब्ज हो—
कर देगा ठीक सबको
बालभास्कर!
आयुर्वेदिक औषधि यह—
बनाई है जिसे पंडित गोपालचर्लु ने!
बालभास्कर! बालभास्कर!!'

यहाँ कविता के कुछ भावों को ही प्रस्तुत करने की चेष्टा की गई है, किन्तु मूल तेलगू रचना की शैली एवं व्यंजना के सौन्दर्य को इसमें ला पाना संभव नहीं था।

नृत्य कला और अभिनय कला के भी अनेक प्रदर्शन सत्य ने कई बार लोकमंच पर किये थे। गाँव में एक बार एक नाटक मंडली आई थी जिसमें ऋष्येन्द्रमणि नामक एक नृत्यांगना के नृत्य पर सारा गाँव मुग्ध था। जब सत्य ने इस नृत्य को देखा तो अगले दिन

वैसा ही नृत्य उसने अपनी बहनों के समक्ष प्रस्तुत करके दिखाया। धीरे-धीरे यह बात सारे गाँव में फैल गयी—अत: जब भी कोई नाटक या लीला होती थी तो उसमें भाग लेने के लिए सत्य को भी आमंत्रित किया जाने लगा। सत्य को मुख्यत: महिलाओं की भूमिकाएँ दी जाती थीं। उसने 'बाणासुर' में मोहिनी का, 'कनकतारा' नाटक में तारा का, 'कृष्णलीला' में देवकी का एवं 'द्रौपदी मान संरक्षणम्' में द्रौपदी का अभिनय जिस कुशलता से प्रदर्शित किया वह अनिर्वचनीय है! करुण एवं मधुर भावों के अभिनय में वह जितनी सफलता प्राप्त करता था, वैसी ही कठोर भूमिकाओं में भी। शिव के ताण्डव नृत्य का प्रदर्शन करते समय तो वे साक्षात् प्रलयंकारी शिव के रूप बन जाते थे!

(घ) हिटलर की आत्महत्या की भविष्यवाणी

द्वितीय महायुद्ध के आरंभ के कुछ समय बाद ही कुछ राष्ट्रवादी नेता बुक्कापटनम् आये जो जनता को एकत्रित करने के लिए किसी सांस्कृतिक कार्यक्रम का आयोजन करना चाहते थे। उन्होंने बालक सत्य—जो उस समय वहाँ के विद्यालय में पढ़ रहे थे तथा अपनी कला के लिए प्रसिद्ध हो चुके थे—से भी सहयोग के लिए प्रार्थना की। सत्य ने रुचिपूर्वक उनका प्रस्ताव स्वीकार कर लिया और इस अवसर पर उन्होंने बच्चे को लोरी देते हुए एक गान महिला के वेश में नृत्य और अभिनय के साथ प्रस्तुत किया। यह गान भी स्वयं सत्य द्वारा रचित था। इसकी कुछ पंक्तियों का हिन्दी अनुवाद यहाँ प्रस्तुत है—

'मत रो नन्हे बच्चे, मत रो!
तुम हो भारत माँ के लाल!
दुनिया देखेगी जब हाल!!
कैसे मानेगी कि तुम हो
भारत माँ के प्यारे लाल!!
क्यों रोते हो? मुझे बता—
क्या इसलिए कि—
करता है हमला हिटलर,
बेचारी, रूस की जनता पर!
पर चिन्ता की कोई बात नहीं—
जीतेगी रूस की जनता प्यारी
और कर लेगा हत्या अपनी
हत्यारा हिटलर अत्याचारी!
क्यों रोते हो मेरे लाल?
क्या इसलिए कि—
देश हमारा नहीं आजाद?

पर मत रो मेरे लाल;
जल्दी ही होगा आजाद,
देश हमारा प्यारे लाल!'

यह कविता न केवल चौदह वर्षीय सत्य की विवेक बुद्धि, सामान्य ज्ञान, राष्ट्रीय भावना एवं अन्तर्राष्ट्रीय जानकारी की द्योतक है अपितु इस बात की भी सूचक है कि सन् 1941 में ही उन्होंने तीन बड़ी भविष्यवाणियाँ अपनी इस कविता में कर दी थीं—एक हिटलर पराजित होकर आत्महत्या कर लेगा, दूसरी, रूस की विजय होगी और तीसरी कि भारत शीघ्र ही स्वतंत्र होगा! कहना न होगा कि सत्य की ये सभी भविष्यवाणियाँ कुछ ही वर्षों में सही सिद्ध हो गयीं।

(ङ) नाटक 'कहते कुछ, करते कुछ'

उर्वकौण्डा के उच्च विद्यालय में पढ़ते समय उनके एक अध्यापक श्री तम्मी राजू—जो कि विद्यालय की विद्यार्थी-सभा के अधिष्ठाता थे—ने सत्य को एक मौलिक नाटक की रचना करके उसे विद्यालय के मंच पर प्रस्तुत करने का निर्देश दिया। सत्य तो ऐसे अवसरों के लिए सदैव उद्यत रहते थे, उन्होंने तेलगू में एक नाटक की रचना की जिसका शीर्षक—'कहते कुछ हैं, करते कुछ हैं' था। इसमें मुख्य नायक कृष्ण नामक बालक के द्वारा लोगों की कथनी और करनी के भेद को तीक्ष्ण व्यंग्यात्मक शैली में उद्घाटित किया गया है। पहले दृश्य में परदा उठते ही कृष्ण की माता दिखाई पड़ती है जो अपने पड़ोस की महिलाओं को भागवत की कथा सुनाती हुई दान की महिमा का बखान करती है। किन्तु उसी समय जब एक अन्धा अपाहिज कुछ माँगने आता है तो उसकी माँ उसे डाँटकर भगा देती है। दूसरे दृश्य में कृष्ण के पिता सचिवालय में अधिकारी के रूप में दिखाई पड़ते हैं जो एक ओर तो किसी गरीब विद्यार्थी के द्वारा अपनी शिक्षण-शुल्क के लिए एक रुपया माँगने पर उसे इन्कार कर देता है किन्तु अपने उच्चअधिकारी की पार्टी के लिए बीस रुपये भी तुरन्त दे देते हैं। तीसरे दृश्य में एक अध्यापक महोदय दृष्टिगोचर होते हैं जो पाठ तो सत्य हरिश्चन्द्र का पढ़ाते हैं किन्तु अपने विद्यार्थियों को निर्देश यह देते हैं कि जब इन्स्पेक्टर साहब निरीक्षण के लिए आएँ तो उन्हें ये मत बताना कि केवल तेईस पाठ ही पढ़ाये हैं अपितु यह बताना है कि बत्तीस पाठ पढ़ा दिये हैं। अगर किसी भी विद्यार्थी ने सही बात बता दी तो बाद में उसकी चमड़ी उधेड़ दी जायेगी!

कथनी और करनी के इस भेद को देखकर नाटक के नायक कृष्ण को इन सबसे वितृष्णा हो जाती है। अन्त में जब कृष्ण की माता, पिता और शिक्षक—तीनों एकत्रित होते हैं तो उसके प्रभाव से भविष्य में जो कहते हैं, वही करने की प्रतिज्ञा करते हैं। इसी के साथ नाटक समाप्त हो जाता है।

इस नाटक के नायक कृष्ण की भूमिका भी स्वयं सत्य ने प्रस्तुत की थी! कहना न होगा कि नाटक प्रत्येक दृष्टि से एक उच्चकोटि का व्यंग्य है जो कि बारह-तेरह वर्षीय किशोर सत्यनारायण राजू की अप्रतिम प्रतिभा एवं योग्यता को प्रमाणित करता है!

वस्तुतः सत्य ने एक विद्यार्थी के रूप में अध्ययन, सामान्य ज्ञान, खेल-कूद एवं कलात्मक प्रवृत्तियों आदि सभी के क्षेत्र में ऐसे नये प्रतिमान स्थापित किये जो किसी विशिष्ट दिव्य शक्ति से सम्पन्न बालक के लिए ही संभव है!

(च) सत्य की विचित्र बीमारी

उर्वकौण्डा के हाईस्कूल में सत्यनारायण राजू की शिक्षा नियमित रूप से चल रही थी कि 7 मार्च, 1940 को एकाएक एक ऐसी घटना घटित हुई जिससे उनकी पढ़ाई में अवरोध उपस्थित हो गया। बात यह हुई कि सत्यनारायण उस दिन सायंकाल लगभग 7 बजे अपने भाई के घर में टहल रहे थे कि अचानक उनके पैर के एक अँगूठे में किसी जन्तु के काटने की-सी पीड़ा हुई। चूँकि वहाँ साँप और बिच्छुओं की अधिकता थी इसलिए सभी का विचार था कि उन्हें किसी बिच्छू ने ही काट लिया है—यह दूसरी बात है कि बहुत खोजने पर भी उस बिच्छू का पता नहीं चला। अगले दिन स्थिति और भी गंभीर हो गई। सत्य मूर्छित होकर गिर पड़े। उनकी साँस रुकने लगी, आँखें लाल हो गईं, होंठ काँपने लगे। उनकी इस स्थिति को देखकर उनके बड़े भाई शेषम् राजू बहुत ही घबरा गये और उन्होंने तुरन्त पुट्टपर्ती संदेश भेजकर अपने माता-पिता को भी वहाँ बुला लिया।

उस दिन से ही सत्यनारायण की स्थिति दिन-पर-दिन बिगड़ती गई। कभी वे बिलकुल चुप हो जाते तो कभी जोर-जोर से मन्त्रोच्चारण करने लगते। कभी संस्कृत के श्लोकों का पाठ करने लगते तो कभी वेदान्त के विषयों पर व्याख्यान देने लगते। उनकी इस स्थिति का कारण किसी की भी समझ में नहीं आ रहा था। कोई कहता कि यह बिच्छु के दंश का प्रभाव है; सम्भवतः उसका विष उनके मस्तिष्क पर चढ़ गया है! किसी के विचार से कोई देवी या देवता रुष्ट हो गया है जिसके कोप के कारण ऐसा हो रहा है। किसी का मानना था कि कोई भूत-प्रेत उनके पीछे लग गया है तो किसी के अनुमान से उनके मस्तिष्क में कोई दोष आ गया है! अस्तु, अलग-अलग लोगों के अलग-अलग विचार थे। परिवार के सभी लोग दुःखी थे। उन्होंने लोगों की राय के अनुसार सभी प्रकार के उपचार किये। एक ओर उन्होंने गाँव के देवी-देवताओं को चढ़ावा चढ़ाया जिससे कि यदि उनका कोई कोप हो तो वह शान्त हो जाय। दूसरी ओर आस-पास के सभी प्रमुख डाक्टरों, वैद्यों और चिकित्सकों को दिखाकर उनके द्वारा दी गई औषधियाँ सत्य को सेवन करवायीं, किन्तु इनसे भी कोई लाभ नहीं हुआ। अंत में दुःखी होकर उनके माता-पिता सत्य को पुट्टपर्ती ले आये तथा वहाँ भी तरह-तरह के लोगों से उनकी चिकित्सा करवायी गयी, किन्तु सब व्यर्थ!

किन्तु इसी बीच किसी ने सुझाव दिया कि ब्राह्मणपल्ली नामक गाँव में एक बहुत बड़ा तान्त्रिक रहता है जो कि अपनी तन्त्र-मन्त्र विद्या के द्वारा बड़ी-से-बड़ी शक्ति को भी अपने वश में कर सकता है, अतः यदि सत्य पर किसी प्रेतात्मा या दुरात्मा का प्रभाव हुआ हो तो वह उससे मुक्त करवा देगा। ब्राह्मणपल्ली गाँव पुट्टपर्ती से 40 मील की दूरी पर था जिसके लिए बैलगाड़ी से यात्रा करनी पड़ती थी। परिवार के लोग सत्य

को लेकर इतनी दूर जाना नहीं चाहते थे किन्तु करते क्या, विवशता थी! उनके सामने और कोई विकल्प भी न था। अत: जैसे-तैसे वे अनेक कठिनाइयों का सामना करते हुए अंत में ब्राह्मणपल्ली गाँव पहुँचे।

ब्राह्मणपल्ली के ये तान्त्रिक एक भीमकाय व्यक्ति थे। उनकी वेशभूषा, बातचीत, चाल-ढाल आदि सभी से रौद्र एवं भयानक रूप की अभिव्यक्ति थी। उनकी आँखें ऐसी थीं मानो दो जलते हुए अंगारे रख दिये गये हों जिनसे क्रोध की झलक मिलती थी। घरवालों ने डरते-डरते सत्य को उसे दिखाया। उसने आश्वासन दिया कि यदि वे पूरी तरह सत्य को उसके हवाले कर दें तो वह उसे बिलकुल ठीक कर देगा। अस्तु, तान्त्रिक का उपचार आरम्भ हुआ। सबसे पहले उसने सत्य में प्रविष्ट दुरात्मा या प्रेतात्मा को भगाने के मंत्रोच्चार करते हुए उस पर डंडों की वर्षा की, ऐसा करते-करते जब उसके हाथ भी थक गये तो घरवालों ने विरोध किया किन्तु उसने उत्तर दिया कि यह पिटाई सत्य की नहीं अपितु इसमें विद्यमान प्रेतात्मा की हो रही है! इसके बाद उसने और भी कई प्रकार से सत्य को शारीरिक एवं मानसिक यातनाएँ दीं किन्तु जब इसका भी कोई अनुकूल परिणाम दृष्टिगोचर नहीं हुआ तो उसने उस्तरे से सत्य के सिर के सारे बाल मूँड़ दिये और उस पर घाव करके नीबू का रस निचोड़ दिया। इससे सत्य को कितनी पीड़ा हुई होगी इसकी कल्पना नहीं की जा सकती। 'जले पर नमक छिड़कने वाली बात' कहावतों में आती है किन्तु यहाँ तो ऐसा वास्तव में हो रहा था। इस भयंकर दृश्य को देखकर सत्य के माता-पिता और भाई-बहन हिल गये और उन्होंने उस तान्त्रिक से प्रार्थना की कि वह सत्य को मुक्त कर दे। उन्हें अब और चिकित्सा की आवश्यकता नहीं, किन्तु तान्त्रिक ने फिर भी उनकी बात नहीं मानी। अगले दिन उसने सत्य की आँखों में विभिन्न जड़ी-बूटियों का नमकीन रस निचोड़ा जिससे सत्य की आँखें लाल अंगारे जैसी हो गईं और उनके सारे चेहरे पर सूजन आ गयी, किन्तु इससे भी कोई लाभ नहीं हुआ। अंत में जैसे-तैसे सत्य के माता-पिता ने कुछ महीनों के बाद पुन: आने की बात कहकर उस तान्त्रिक से जान छुड़ायी और वे सत्य को लेकर पुट्टपर्ती लौट आये।

पुन: पुट्टपर्ती में—ब्राह्मणपल्ली से लौटकर सत्य पुट्टपर्ती में ही रहने लग गये—उर्वकौण्डा के स्कूल से उनका नाम कट गया था। इस समय वे विचित्र स्थिति से गुजर रहे थे। कभी वे शान्त रहते तो कभी द्रुतगति से दौड़ने लगते। कभी विद्वानों की तरह गम्भीर स्वर में बात करने लगते तो कभी मिलने-जुलने वालों की त्रुटियाँ निकालने लगते। कभी रात्रि में आसमान की ओर देखते हुए चीख पड़ते—'देखो! वह देवता जा रहा है, अमुक की आत्मा जा रही है!' आदि। संभवत: सत्य की दिव्य चेतना के जागृत एवं सक्रिय हो जाने के कारण वे यह सब कुछ स्वाभाविक रूप में—जैसा यथार्थ में अनुभव कर रहे थे, वैसा ही कर रहे थे, किन्तु परिवार के लोग इसे समझ पाने में असमर्थ थे। अत: चिकित्सा के सभी प्रयासों के विफल हो जाने के बाद भी वे प्रत्येक नव आगन्तुक से सत्य के स्वास्थ्य की बात करते तथा उससे कोई उपाय पूछते।

'नृसिंह मैं ही हूँ'—इसी प्रकार एक बार राजू परिवार के एक पुराने परिचित वकील श्री कृष्णमाचारी जो पेनुकौण्डा में प्रैक्टिस करते थे, पुट्टपर्ती आये। उसने भी सत्य के बारे में सारी बातें सुनकर उसकी वास्तविकता का पता लगाने के लिए विस्तृत वार्तालाप किया। सत्य ने पूरे आत्मविश्वास से उसकी बातों का उत्तर देते हुए उससे आध्यात्मिक स्तर पर बातचीत की। किन्तु वकील महोदय को विश्वास नहीं हुआ कि एक तेरह वर्षीय बालक इस प्रकार की बातें कर सकता है, अत: उन्होंने घर वालों को अपना निर्णय सुनाते हुए कहा—'इसमें किसी शक्तिशाली राक्षस (या ब्रह्मराक्षस?) की आत्मा प्रविष्ट कर गयी है, अत: तंत्र-मंत्र से कुछ नहीं होगा...इसे उपचार के लिए घटिकाचलम् में स्थित भगवान् नृसिंह के मन्दिर में ले जाओ, वे ही इसे ठीक कर सकते हैं!'

घर के सभी लोग वकील साहब की बात को बड़े ध्यान से सुन रहे थे क्योंकि एक तो गाँवों में वैसे ही वकील या 'बैरिस्टर' का उन दिनों बड़ा रोब होता था, फिर वह उनका हितैषी भी था। अत: वे उसके द्वारा दिये गये निर्णय को कैसे अस्वीकार कर सकते थे। उन्होंने उनसे घटिकाचलम् जाने के लिए मार्ग आदि के बारे में पूछना चाहा किन्तु इसी बीच सत्य खिल-खिलाकर हँस पड़े और उन्होंने वकील महोदय से कहा—'वाह! कृष्णमाचारी जी! आपने बड़ी अच्छी सम्मति दी है—क्या आप समझते हैं कि उस मन्दिर में कोई और है? क्या नृसिंह मेरा ही (पूर्ववर्ती) अवतार नहीं है? फिर मुझे मेरे ही रूप के पास ले जाने का क्या लाभ है?'

सत्य की उपर्युक्त बातें सुनकर कृष्णमाचारी ने तो भयभीत होकर वहाँ से विदाई ली—क्योंकि जिस विश्वास से सत्य ने जो-कुछ कहा था, उसे अस्वीकार करने की शक्ति उनमें नहीं थी किन्तु जो निर्णय उन्होंने स्वयं ही पहले दे दिया था उसे वापस लेना भी उनके लिए संभव नहीं था। यदि वे ऐसा करते तो उनकी प्रतिष्ठा को ठेस पहुँचती। किन्तु इस घटना से सत्य के पिता वेंकप्पाराजू को अवश्य गहरा आघात लगा। वे सोचने लगे—यह गाँव का छोकरा जिसने अभी मैट्रिक भी पास नहीं की कितना दुस्साहसी हो गया है, जो वकील साहब जैसे लोगों के समक्ष भी इस तरह की डींग हाँकने से नहीं चूकता! कहाँ घटिकाचलम् के भगवान नृसिंह और कहाँ यह उद्दण्ड बालक! भगवान् क्षमा करें, अब तो किसी-न-किसी तरह इसका मुँह बंद करवाना ही होगा! मैं इसके लिए पूरा प्रयास करूँगा चाहे इसके लिए कुछ ही क्यों न करना पड़े!

साई अवतार की घोषणा—वेंकप्पा के उपर्युक्त संकल्प की पूर्ति का अवसर भी शीघ्र ही उपस्थित हो गया जबकि इसके कुछ ही दिनों बाद 23 मई, 1940 बृहस्पतिवार को प्रात: सत्य ने बिस्तर से उठते ही स्नान किया और अपने श्रद्धालुओं को एकत्रित करके अपने हाथ से सृजित मिश्री, मिठाई, फूल आदि बाँटने लगे। कुछ ही क्षणों में यह बात सारे गाँव में फैल गई और उनके पास एक बहुत बड़ी भीड़ एकत्रित हो गयी जो कि सत्य के द्वारा प्रसाद पाने के लिए आतुर थी क्योंकि घरवाले मानें या न मानें, गाँव वाले तो अब तक सत्य के इतने चमत्कार एवं क्रिया-कलाप देख चुके थे कि

उनका उनकी दिव्य शक्ति में विश्वास हो गया था। सत्य के हाथ से प्राप्त प्रसाद उनकी सारी चिन्ताओं को दूर करने एवं उनकी मनोकामनाओं की पूर्ति में सहायक सिद्ध होगा—इसमें उन्हें कोई सन्देह नहीं था! साथ ही अपने हाथ से ही भाँति-भाँति की वस्तुओं को सृजित करते हुए सत्य को देखना भी अपने-आप में कम आकर्षक नहीं था।

जब वेंकप्पा ने यह सब-कुछ देखा तो उसके मन का सुषुप्त रोष एवं अमर्ष सोये हुए साँप की तरह फन फैलाकर पूरी शक्ति से फुफकार उठा। उन्होंने सोचा कि जिस अवसर की मैं प्रतीक्षा में था, वह यही है। आज ही इस लड़के का भंडाफोड़ करना है, भले ही इसके लिए मुझे इसके सिर के टुकड़े ही क्यों न करना पड़े।

घर में इधर-उधर झाँक कर देखा—एक मोटा-सा डंडा उन्हें कहीं पड़ा हुआ मिल गया। उसे हाथ में लिए हुए रौद्र मूर्ति बने वेंकप्पा जो क्रोध के कारण पूरी तरह बोल नहीं पा रहे थे—हाथ-पैर काँप रहे थे, लपक कर सत्य के पास पहुँचे। 'अरे! अरे! ऐसे ही कैसे जा रहे हो! हाथ-पैर धोकर जाओ! इस समय सत्य में कोई दिव्य शक्ति प्रकट हुई है। देखो न किस तरह वे लोगों को अपने हाथ से सृजित करके मिश्री-मिठाई-फूल आदि बाँट रहे हैं!' भीड़ में से एक श्रद्धालु ने वेंकप्पा को टोकते हुए कहा। किन्तु वे उस समय क्रोध से इस प्रकार उन्मत्त हो रहे थे उन्हें कुछ भी सुनाई नहीं दिया।

वे हाथ में डंडा उठाये हुए सत्य के पास पहुँचे और चीखकर बोले—'सच-सच बता तू कौन है? कोई भूत है? प्रेत है? देवता है? या पागल हो गया है...आज मुझे सब कुछ बता दे वरना तुम्हारी खोपड़ी के टुकड़े-टुकड़े कर दूँगा!'

सत्य पर उनकी इस डाँट-डपट, चीख-पुकार एवं दंड प्रदर्शन का कोई प्रभाव नहीं हुआ। वे अविचलित भाव से अपनी मुद्रा में ही शान्त भाव से बैठे रहे। फिर बड़े ही धीर, गंभीर एवं संयत स्वर में बोले—'मैं साई बाबा हूँ।' 'साई बाबा कौन? कौन है यह साई?' वेंकप्पा ने पूछा क्योंकि तब तक उन्होंने कभी भी 'साई बाबा' का नाम नहीं सुना था किन्तु फिर भी 'बाबा' शब्द से उन्हें आभास हो गया कि यह किसी संन्यासी-महात्मा का नाम है। महात्माओं के प्रति उनके मन में श्रद्धा थी—उनके पूर्वजों के संस्कार भी उन्हें ऐसे ही प्राप्त हुए थे कि 'बाबा' का नाम सुनते ही, डंडा स्वतः ही उनके हाथ से गिर पड़ा! मन का सारा क्रोध एक ही क्षण में इन तरह शान्त हो गया मानों उफनते हुए दूध पर पानी का छींटा पड़ गया हो! अब चीखने-पुकारने के स्थान पर सत्य की बात ध्यानपूर्वक सुनने लग गये। सत्य ने बताया—तुम्हारे पूर्वज वेंकावधूत ने मुझसे प्रार्थना की थी, अतः तुम्हारे घर में अवतार लिया है। लोक-रक्षा के लिए ही आया हूँ!'

'ठीक है, पर हम क्या करें?' सकपकाते हुए वेंकप्पा ने पूछा। सत्य ने संक्षेप में उत्तर दिया—'प्रत्येक गुरुवार को मेरी पूजा करो। अपने घर का वातावरण पवित्र और अपने मन को शुद्ध रखो!'

धीरे-धीरे गाँव की भीड़ छँट गयी किन्तु यह बात भी तत्क्षण सब जगह फैल गयी कि सत्यनारायण राजू साई बाबा का अवतार हैं। इसके साथ-साथ ही यह

जिज्ञासा भी उत्पन्न हुई कि यह साई कौन है? वह क्या करेगा! किसी को ज्ञात हुआ कि पुट्टपर्ती से कुछ ही दूर पेनुकौण्डा कस्बे में एक सब-रजिस्ट्रार हैं जो कि साई बाबा की उपासना करते हैं। वे प्रत्येक गुरुवार को एक विशेष पूजा का भी आयोजन अपने घर में करते हैं। ऐसी स्थिति में क्यों न सत्यनारायण को उक्त व्यक्ति को दिखाया जाय। यदि यह साई का अवतार है तो निश्चय ही सब-रजिस्ट्रार महोदय इसे पहचान लेंगे। लोगों का यह प्रस्ताव वेंकप्पा को भी पसन्द आया और वे सत्य को लेकर उसके पास पहुँचे।

सब-रजिस्ट्रार ने सत्य की परीक्षा के लिए तरह-तरह के प्रश्न पूछे। सत्य ने शान्तिपूर्वक सबका उत्तर दिया किन्तु जब इससे भी अधिकारी महोदय की संतुष्टि न हुई तो सत्य ने उनसे तीखे स्वर में पूछा—'तुम जिसकी वर्षों से पूजा करते आ रहे हो, वह आज तुम्हारे सामने उपस्थित है, क्या तुम उसे भी पहचान नहीं रहे हो। लो, मेरी यह ऊदी (विभूति) लो!' यह कहते हुए सत्य ने उसी समय सृजित विभूति देने के लिए सब-रजिस्ट्रार की ओर हाथ बढ़ाया। किन्तु वह व्यक्ति यह सब-कुछ देखकर इस तरह हतप्रभ हो गया था कि कुछ भी सोच नहीं पाया। घबराहट में वह ऊदी भी पूरी तरह ग्रहण नहीं कर सका! उसकी वर्षों की उपासना पर अहम् का परदा इस प्रकार पड़ा हुआ था कि अपने आराध्यदेव को सामने पाकर भी वह उन्हें पहचानने में असमर्थ हो गया, अपितु उसने भी यही निर्णय दिया, 'सत्य को भ्रम की बीमारी है, किसी अच्छे चिकित्सक को दिखाओ।'

एक दिन पेनुकौण्डा से राजू परिवार का एक सम्बन्धी पुट्टपर्ती आया। उसने पहले तो सत्य को अपने मिथ्या-भ्रम के परित्याग के लिए समझाया। जब इसका भी कोई प्रभाव नहीं हुआ तो उसने डाँट-डपट शुरू की और अन्त में क्रुद्ध होकर सत्य को चुनौती देते हुए कहा—'यदि सचमुच तुम वही साई बाबा हो, जिसकी उपासना हमारे सब-रजिस्ट्रार साहब करते हैं, तो इसका प्रमाण दो अन्यथा अपनी यह बकवास बन्द करो!' सत्य ने धैर्यपूर्वक बड़ी गंभीरता से कहा—'हाँ, तुम्हें प्रमाण दूँगा। मेरे पास कुछ फूल लाओ।'

उसी समय सामने से चमेली के फूल तोड़कर लाये गये और उन्हें सत्य को सौंप दिया गया। सत्य ने उन्हें मुट्ठी में भरकर सामने फर्श पर फेंकते हुए कहा—'लो देखो! यह रहा प्रमाण!

सब यह देखकर चकित थे कि वे फूल इधर-उधर बिखरने के स्थान पर इस क्रम से धरती पर सजे हुए थे कि उनसे तेलगू भाषा में 'साई बाबा' नाम अंकित हो गया।

निश्चय ही इस घटना से न केवल पेनुकौण्डा से आने वाले सज्जन अपितु परिवार एवं आस-पास के लोग भी बहुत प्रभावित हुए। न चाहते हुए भी यह विचार धीरे-धीरे उनके मन और मस्तिष्क में प्रवेश कर रहा था कि सत्य हो न हो साई बाबा का ही अवतार है।

पर सत्य के बड़े भाई शेषम्राजू अब भी इस बात को स्वीकार करने के लिए तैयार नहीं थे। उनके विचार से यह सब-कुछ सत्य की मानसिक विकृति के कारण हो रहा था, अत: उन्हें आशा थी कि एक-न-एक दिन सत्य अवश्य 'ठीक' हो जाएगा और वह पढ़-लिखकर सरकारी नौकरी—क्लर्की—प्राप्त करके देश के 'जेन्टिलमैनों' की श्रेणी में आ जाएगा—इसकी आकांक्षा उनके मन में अब भी बनी हुई थी। अत: उन्होंने घर वालों को समझाया कि भले ही सत्य अपनी पूजा-पाठ करे तथा सप्ताह में एक दिन 'साई बाबा' की भूमिका का भी निर्वाह करता रहे किन्तु इससे उसकी शिक्षा का क्रम भंग नहीं होने देना चाहिए—इस पर सत्य के माता-पिता भी सहमत हो गये।

(छ) सत्य की उर्वकौण्डा में वापसी

शेषम्राजू के विशेष आग्रह से जून, 1940 में सत्य को पुन: उर्वकौण्डा के हाईस्कूल में प्रविष्ट करवाया गया किन्तु इस शर्त के साथ कि सत्य को इस बात की स्वतंत्रता होगी कि वह प्रत्येक गुरुवार को अपने घर पर अर्थात् शेषम्राजू के यहाँ अपने भजन-कीर्तन आदि का आयोजन निर्द्वन्द्व रूप में करता रहेगा। शेषम्राजू ने सोचा—सप्ताह में एक दिन भी यदि वह पढ़-लिख लेगा तो परीक्षा उत्तीर्ण कर लेगा।

अस्तु, प्रति गुरुवार को शेषम्राजू के यहाँ बड़े धूम-धाम से भजन-कीर्तन का आयोजन होने लगा। श्रद्धालु भक्तों की या ऐसे लोगों की जो कि 'बाल साई' की अनुकम्पा से अपना कोई कष्ट निवारण करना चाहते थे या अपनी किसी विशिष्ट मनोकामना की पूर्ति चाहते थे अथवा साई के चमत्कारों के प्रत्यक्ष रूप में देखना चाहते थे—बहुत बड़ी भीड़ वहाँ जुटने लग गयी। वैसे तो उर्वकौण्डा में बहुत पहले ही सत्य की दिव्य शक्ति का प्रचार हो चुका था, किन्तु उनकी इस नयी घोषणा ने कि वे साई के अवतार हैं, उनकी ख्याति को चारों ओर फैलाने में योग दिया। फिर प्रत्येक गुरुवार को वहाँ जो कुछ घटित होता था वह भी कम आश्चर्यजनक नहीं था। बाल साई न केवल भजन-कीर्तन करके अपनी दिव्य शक्ति से सृजित भाँति-भाँति के प्रसाद का वितरण उपस्थित लोगों में करते अपितु अलग-अलग लोगों को अपने निकट बुलाकर उनके दु:ख-दर्द को सुनते और बात की बात में चुटकियों में उसका निराकरण कर देते। किसी को तुरन्त नव सृजित विभूति देकर, किसी के हाथ में स्वहस्त निर्मित रुद्राक्ष रखकर, किसी को सद्य: निर्मित ताबीज या यंत्र देकर या किसी को उसके इष्ट देवता—गणेश, शिव, हनुमान, वेंकटेश्वर आदि—की ताँबे, चाँदी या सोने की प्रतिमा तुरन्त सृजित करके दे देते और कहते—'लो! इसकी पूजा करो! तुम्हारे कष्ट दूर हो जायेंगे' और सचमुच ऐसा हो जाता।

कहना न होगा कि प्रति सप्ताह ज्यों-ज्यों पिछले गुरुवार को घटित घटनाओं का प्रचार होता त्यों-त्यों अगले गुरुवार को भीड़ पहले की अपेक्षा अधिक ही होती जाती थी। अब इस भीड़ में न केवल जन-सामान्य लोग, आर्त एवं दु:खी प्राणी होते थे अपितु शहर के अनेक गणमान्य प्रतिष्ठित लोग भी सम्मिलित होने लगे। शेषम्राजू के लिए यह सुखद आश्चर्य था कि उनके अपने 'बॉस' अर्थात् उनके हाईस्कूल के हैडमास्टर श्री

तम्मीराजू भी अत्यन्त विनीत एवं श्रद्धापूर्ण भावों के साथ इस साप्ताहिक आयोजन में सम्मिलित होकर बाल साई की वन्दना करते थे।

किन्तु सभी लोग बाल साई के दिव्यत्व को समझ गये थे—ऐसा नहीं कहा जा सकता। समाज में सदा से अस्तिवादी लोगों के साथ-साथ 'नास्ति' कहने वाले निषेधात्मक प्रवृत्ति के लोगों का भी अस्तित्व रहा है। अत: यदि 'बाल साई' की दिव्यता को चुनौती देने वाले लोग भी वहाँ आ रहे हों तो आश्चर्य नहीं। उस समय उर्वकौण्डा हाईस्कूल में भी अध्यापकों का एक वर्ग था जो सत्य की लीला को पाखण्ड एवं अपने 'हैडमास्टर' की श्रद्धा को 'अन्धविश्वास' से अधिक महत्व नहीं देता था। अन्तत: इस वर्ग के लोगों ने एक दिन सत्य की परीक्षा लेकर उसके 'कपट-कौशल' को उद्‌घाटित कर देने का निश्चय किया।

वे लोग एक समूह में सत्य के पास पहुँचे और बोले कि हम कुछ सवाल आपसे पूछना चाहते हैं। उनका विचार था कि वे अलग-अलग उनसे कुछ प्रश्न करेंगे। किन्तु सत्य ने उत्तर दिया—'आप सब जो-जो प्रश्न पूछना चाहते हैं वे सब कुछ पूछ लें, उनका उत्तर मैं एक ही साथ दे दूँगा।' उन्होंने ऐसा ही किया—एक के बाद एक प्रश्नों की झड़ी लगा दी। सब बोल चुके तो सत्य ने उनके सभी प्रश्नों को क्रमश: लेकर इतने स्पष्ट एवं विश्वसनीय उत्तर दिये कि वे सब दंग रह गये। अन्तत: उन्होंने स्वीकार किया कि सत्य—बाल साई—निश्चय ही दिव्य शक्ति सम्पन्न बालक हैं।

गृह त्याग— अन्त में वह दिन भी आया जबकि सत्य साई ने अपने घोषित उद्देश्य को पूरा करने के लिए अपने घर और परिवार से सदा के लिए सम्बन्ध विच्छेद करके जीवन के नये अध्याय का आरम्भ कर दिया। यह बात 20 अक्टूबर, 1940 की है। उस दिन सत्य विद्यालय से प्रार्थना के बाद ही घर लौट आये। उन्होंने घर का दरवाजा खटखटाया तो उनकी भाभी सुशीलम्मा दरवाजा खोलकर बाहर आयी। सत्य को एकाएक इस समय स्कूल से वापस आया देखकर वह हैरान हो गई, किन्तु उसी क्षण उसने सुना कि सत्य अपनी पुस्तकों के बस्ते को बाहर से ही फेंकते हुए कह रहे हैं—'लो! अब मेरा आप लोगों से कोई सम्बन्ध नहीं है! मेरा बहुत-सा काम बाकी है—मैं जा रहा हूँ। मेरे भक्त मुझे पुकार रहे हैं!' यह कहकर सत्य वहाँ से चल पड़े।

सुशीलम्मा ने तुरन्त इसकी सूचना शेषमराजू को दी। वे दौड़कर सत्य के पास पहुँचे और उन्हें समझा-बुझाकर वापस घर लाने का प्रयास करने लगे किन्तु सब व्यर्थ! सत्य ने स्पष्ट रूप में कह दिया—'अब मुझे समझाने-बुझाने या ठीक कराने का प्रयास छोड़ दो! माया हट गयी है! तुम्हारा और हमारा अब कोई सम्बन्ध नहीं है—याद रखो मैं अब साई बाबा हूँ।'

बाल साई वहाँ से चलकर अपने एक श्रद्धालु सज्जन आजनेयलु के घर के पास से होते हुए उसके उद्यान में आकर एक चट्टान पर प्रतिष्ठित हो गये। यह उद्यान काफी लम्बा-चौड़ा था। कुछ ही क्षणों में आस-पास के लोग वहाँ एकत्रित हो गये। सत्य ने सबको पंक्तिबद्ध होकर बैठ जाने के लिए कहा। वहीं बैठे-बैठे उन्होंने अपने द्वारा

निर्मित एक गीत की दो पंक्तियाँ पहले स्वयं गायीं और श्रोताओं को गाने का संकेत दिया। वे पंक्तियाँ थीं—

'मानस भज रे गुरु चरणम्
दुस्तर भव सागर तरणम्'

सत्य ने अब इसी उद्यान में अपना डेरा डाल दिया तथा शेषम्राजू एवं अन्य लोगों के बहुत आग्रह करने पर भी वे वहाँ से टस-से-मस नहीं हुए। पूरे उर्वकौण्डा में यह समाचार चारों ओर फैल गया कि सत्य ने—बाल साई ने—घर छोड़ दिया है और उद्यान में आश्रम बना लिया है। सारे दिन और रात्रि में काफी देर तक लोगों की भीड़ आती-जाती रही।

किसी भक्त ने लाकर एक कुर्सी उद्यान में रख दी थी जिस पर सत्य विराजमान हो गये थे। आने वाले लोग बराबर पुष्प मालाएँ एवं रंग-बिरंगे पुष्प उन्हें अर्पित करते जाते थे जिससे वे चारों ओर पुष्पों के ढेर से आवृत्त हो गये थे। कोई अगरबत्ती, धूप आदि जलाकर उनकी मन-ही-मन पूजा कर रहा था, तो कोई उनके चरणों के स्पर्श के लिए लालायित हो रहा था। जो लोग उनके निकट पहुँचने में सफल हो गये थे वे बाल साई द्वारा उच्चरित शब्दों, उपदेशों एवं भजनों का आनन्द ले रहे थे किन्तु जो दूर थे वे उनकी एक झलक पाने के लिए आतुर हो रहे थे!

यह दृश्य था जब ईश्वरम्मा—सत्यनारायण राजू की माँ—अपने बड़े बेटे शेषम्राजू का संदेश पाकर भाव विह्वल दशा में पुट्टपर्ती से आकर उस उद्यान में पहुँची। वेंकप्पा राजू भी साथ ही थे। अन्ततः वही हुआ, जिसकी आशंका थी। सत्य बारबार कहता था कि वह साई बाबा का अवतार है, क्या वह अब सचमुच बाबा बनने जा रहा है! क्या वह सचमुच हमें छोड़कर चला जायगा! हाय! संन्यासी रूप में वह कैसा लगेगा! क्या वह दूसरे संन्यासियों की भाँति घर-घर भीख माँगता फिरेगा! हाय! भगवान्, यह सब क्या हो रहा है! यही सब-कुछ सोच-सोच-कर ईश्वरम्मा का दिल बैठा जा रहा था।

माँ को दूर से आते देखकर ही बाल साई ने अपने आस-पास के लोगों से कहा—'वह देखो' 'माया' आ रही है। जब माँ-बाप निकट आ गये तो उन्होंने पूछा—'बेटे सत्य, पहचानो हम कौन हैं? क्या हमें छोड़कर जा रहे हो।' किन्तु सत्य का एक ही उत्तर था—'यह सब माया है! भ्रम है ! ईश्वरम्मा प्रेमपूर्वक भोजन तैयार करके लायी। सत्य ने उसके हाथ से केवल तीन ग्रास ग्रहण किये और कहा—'अब हमारा सम्बन्ध समाप्त हुआ।' यह परम्परागत धारणा है कि जब कोई व्यक्ति संन्यास लेता है तो वह उस समय घर से विदा होने के पूर्व तीन ग्रास ग्रहण कर लेता है जो कि उसके सम्बन्धों की समाप्ति के सूचक होते हैं।

अनेक प्रकार से अनुनय-विनय एवं आग्रह करने के बाद भी जब सत्य ने वापस घर लौटना स्वीकार नहीं किया तो ईश्वरम्मा ने अंतिम रूप से एक प्रस्ताव रखा—'ठीक

है! तुम यही काम करो, हम तुम्हारे कार्य में किसी प्रकार का विघ्न नहीं डालेंगे, किन्तु एक वचन दो कि तुम पुट्टपर्ती में ही रहोगे, जिससे कम-से-कम तुम हमारी आँखों के सामने रह सको!

सत्य ने इस प्रस्ताव को स्वीकार करते हुए कहा—'ठीक है, मैं पुट्टपर्ती में ही रहूँगा क्योंकि मैंने अपना कर्मक्षेत्र पुट्टपर्ती को ही चुना है।...किन्तु यह वरदान तुम्हें नहीं उस गाँव को दिया गया है। मैं इस स्थान को छोड़ दूँगा तथा गुरुवार को वहाँ पहुँचूँगा।'

उर्वकौण्डा से विदाई— श्री सत्यनारायण राजू अर्थात् 'बाल साई' उर्वकौण्डा छोड़कर जा रहे हैं—यह समाचार पूरे शहर में बिजली की भाँति कौंध गया। साथ ही उनकी यह घोषणा भी कि वे अब जिस कार्य के लिए आये हैं, उसे पूरा करने में लग गये हैं, अपना घरबार भी छोड़ रहे हैं। बाल साई के अद्भुत क्रिया-कलापों, चमत्कारों एवं लोगों के कष्ट निवारणार्थ किये गये विभिन्न कार्यों से अब तक पूरा शहर अवगत हो चुका था। उसकी यश-कीर्ति का प्रसार केवल उसके विद्यालय के सहपाठियों व अध्यापकों तक ही सीमित नहीं था अपितु उनके माध्यम से उर्वकौण्डा के अधिकांश लोग इस अद्भुत बालक के नाम से अवगत हो चुके थे। अत: जब उसके स्थायी रूप से उर्वकौण्डा छोड़कर चले जाने की बात फैली तो उसकी प्रतिक्रिया तीव्र गति से हुई जो स्वाभाविक थी।

एक ओर तो जो लोग अब तक उनके दर्शनों एवं आशीर्वाद से वंचित थे वे भी आंजनेचलु के उद्यान की ओर दौड़े हुए गये—पता नहीं उन्हें ऐसा सौभाग्य पुन: मिले या नहीं! दूसरी ओर उनके विद्यालय के विद्यार्थी एवं अध्यापक विभिन्न समूहों में अपने सत्य के पास आने लगे। क्या वह सचमुच एक दिन में ही 'विद्यार्थी' से बाबा बन गया है? क्या वह हमसे अब भी पहले की तरह बात करेगा? यदि वह दूसरों को सब-कुछ दे रहा है तो उनकी उपेक्षा करेगा? इसी प्रकार की शंकाओं, आशंकाओं एवं भावनाओं से आन्दोलित पूरा विद्यालय उस बगीचे की ओर उमड़ आया। यह भी बताया जाता है कि जब तक सत्य इस बगीचे में विद्यमान् रहे तब तक पूरा विद्यालय बंद रहा। यह तीन दिन का अवकाश घोषित था या विद्यार्थियों की अनुपस्थिति में स्वत: ही हो गया था—यह शोध का विषय है।

इन दिनों बाल साई के दर्शनों के लिए आने वाली भारी भीड़ में एक विशिष्ट महिला भी थी जिसका नाम यहाँ उल्लेखनीय है। वह थी विद्यालय के हैडमास्टर की पत्नी कामेश्वरम्मा जो कि सत्य के उर्वकौण्डा आगमन के दिन से ही उनकी भक्त हो गयी थी तथा उनके प्रस्थान के समाचार से सम्भवत: उस समय सबसे अधिक त्रस्त एवं विह्वल थी। जब उन्होंने सुना कि सत्य घर छोड़कर चले गये हैं तब से ही खाना-पीना छोड़ दिया था, अन्त में तीसरे दिन जब सत्य ने स्वयं उन्हें उद्यान में अपने हाथ से भोजन परोसते हुए कहा—'मैं भी अब तुम्हारे साथ ही भोजन ग्रहण करूँगा'—तो बड़ी कठिनाई से उसने कुछ ग्रास लिये।

अन्ततः वह घड़ी आ ही गई जबकि बाल साई को उर्वकौण्डा से विदाई लेनी थी। यद्यपि उनके विद्यालय के छात्र एवं अध्यापक अपने प्रिय साथी को वहाँ रोकने में तो सफल नहीं हो पाये किन्तु अपने हृदय के कोमल एवं पवित्र भावों का परिचय उन्होंने दूसरी प्रकार से दिया। एक ओर तो उन सारे मार्गों को जिनसे सत्य की गाड़ी (बैलगाड़ी) निकलने वाली थी, बिजली के बल्बों, फूलों, बन्दनवारों, आदि से सजा दिया। दूसरे उनकी गाड़ी को रंग-बिरंगे फूलों से, मालाओं से लाद दिया। जो बैल उस गाड़ी को खींचने का सौभाग्य प्राप्त करने वाले थे, उन्हें भी रंग-बिरंगे वस्त्रों से सजा दिया गया। वस्तुतः यह विदाई-समारोह जो कि उर्वकौण्डा एवं आस-पास के जन-समूह की स्नेहपूर्ण भावनाओं का प्रतीक था, प्रत्येक दृष्टि से अभूतपूर्व था। इस समय के दृश्य को अंकित करते हुए प्रो० कस्तूरी ने जो-कुछ लिखा है, उसके कुछ अंश यहाँ प्रस्तुत हैं—'सारा नगर का नगर इस समय सड़क पर धीरे-धीरे जलूस की तरह जा रहा था। सत्य एक सजी हुई बैलगाड़ी पर बैठे थे, जिसे सजे-सजाये बैल धीरे-धीरे खींच रहे थे। शेषम्राजू और जानकी राम (सत्य के छोटे भाई) गाड़ी के आगे-आगे चल रहे थे। ईश्वरम्मा और उसकी पुत्रियाँ एवं बहू सैकड़ों स्त्रियों की भीड़ के साथ-साथ गाड़ी के पीछे चल रही थीं। एक उत्साही भक्त ने सत्य के माता-पिता के गले में भी पुष्पहार डाल दिये थे...।

शेषम्राजू के साले रामाराजू और उसके मित्र सुबन्ना ने मिलकर स्वयंसेवकों का एक दल तैयार कर लिया था, जो पंक्तिबद्ध रूप में जलूस के साथ-साथ चल रहा था। उस लम्बे जलूस में सबसे आगे ढोल, बीन, बाजा, झाँझ, मंजीर आदि बजाते हुए बैंडवाले चल रहे थे।

जब नगर की सीमा आ गयी तो सत्य ने सबसे लौट जाने का अनुरोध किया पर किसी का भी मन लौटने को तैयार नहीं था। वे भाव विह्वल हृदय से उन्हीं के साथ आगे तक जाना चाहते थे किन्तु राम को विदाई देने वाले अयोध्यावासियों की भाँति उनमें से भी अधिकांश को अन्ततः घर लौटने के लिए विवश होना पड़ा।

23 अक्टूबर, 1940 के दिन उर्वकौण्डा हाईस्कूल के उस अध्यापक ने जो कि नवीं कक्षा के विद्यार्थियों की उपस्थिति अंकित करता था, भारी मन से अपने रजिस्टर में एक विद्यार्थी के नाम के आगे लम्बी लकीर खींचते हुए लिखा—'पढ़ाई छोड़कर चला गया, बिना ट्रान्सफर सर्टिफिकेट लिए!'

●

3. बाल साई-केन्द्र (1940-50)

उर्वकौण्डा से विदा होकर सत्य अपने परिवार के लोगों, सम्बन्धियों एवं श्रद्धालु व्यक्तियों की भीड़ के साथ पुट्टपर्ती पहुँचे किन्तु इसका समाचार उनके पहुँचने के पूर्व ही गाँव में सर्वत्र फैल चुका था। जब गाँव के पटवारी की पत्नी सुबम्मा को इसका पता लगा तो उसकी प्रसन्नता की सीमा नहीं रही। उसने सत्य के स्वागत के लिए अपने घर के आसपास के क्षेत्र की सफाई करके उसे फूलों और बन्दनवारों से सजा दिया तथा अपने घर का एक कक्ष सत्य के ठहरने के लिए अलग से सुसज्जित कर दिया। उसे विश्वास था कि भले ही सत्य बीच के कुछ वर्षों में उससे दूर रहे हैं किन्तु वे उसे भूले नहीं हैं। सत्य ने पुट्टपर्ती पहुँचते ही अपने माता-पिता के घर में जाने के पूर्व अपनी इस स्नेहमयी आराधिका के यहाँ जाना आवश्यक समझा। सत्य वहीं अपने साथियों के सहित ठहरकर अपने भजन-कीर्तन आदि में लग गये और सुबम्मा सभी आगन्तुकों के खान-पान, विश्राम आदि की सुख-सुविधाएं जुटाने में लग गयी।

ईश्वरम्मा सत्य को अपने घर ले जाने के लिए आतुर थीं। सत्य उसकी भावनाओं को ध्यान में रखते हुए चले तो गये किन्तु उनका मन वहाँ नहीं लगा और अंत में अपने माता-पिता से यह कहकर कि 'मैं केवल तुम्हारा नहीं हूँ अपितु उन सबका हूँ जो मुझे चाहते हैं', अपनी बहन वेकम्मा के घर चले गये। वहाँ भी वे अधिक देर नहीं रहे और अन्तत: सुबम्मा के ही घर लौटकर उसे ही कुछ वर्षों के लिए अपना आवास बना लिया। अब सुबम्मा का ही घर उनका केन्द्र या आश्रम बन गया था। सुबम्मा प्रेमपूर्वक सत्य साई एवं उनके दर्शनार्थ आने वाले लोगों के खान-पान, रहन-सहन, विश्राम आदि की व्यवस्था में लग गई। आगे चलकर जब सत्य के दर्शनार्थ आने वाले लोगों की संख्या बढ़ने लगी तो उसने पास ही एक बड़ा हॉल और बनवा दिया। जब इससे भी काम नहीं चला तो सुबम्मा ने अपने घर के निकट ही खाली पड़ी हुई जमीन पर कुछ कमरे और भजन हॉल आदि बनवा दिये जिसे 'भजन मन्दिर' या 'साई-मन्दिर' का नाम दिया गया था किन्तु जब से सत्य साई नव निर्मित 'प्रशान्तिनिलयम्' में गये हैं इसे 'पुराना मन्दिर' के नाम से पुकारा जाने लगा है।

बाल साई की गतिविधियाँ

अब 'सत्यनारायण राजू' को न तो कोई 'सत्यनारायण' कहता था और न ही 'राजू'। उनकी ख्याति अब सर्वत्र 'बाल साई' के रूप में हो गई थी और दूर-दूर से लोग बाल साई या नव अवतरित साई के दर्शनों के लिए आने लग गये। अब बाल साई के भजन-कीर्तन का कार्यक्रम केवल सप्ताह में एक दिन ही नहीं अपितु प्रतिदिन प्रात: एवं सायंकाल होने लगा। उसमें गाँव के श्रद्धालु लोग तो सम्मिलित होते ही थे साथ ही नित्य प्रति बाहर से आये हुए लोगों की भीड़ भी उसमें उत्साहपूर्वक भाग लेती थी।

उन दिनों पुट्टपर्ती आने के लिए मोटर या बस आदि तो उपलब्ध नहीं थी, अतः केवल बैलगाड़ियों से ही लोग आ-जा सकते थे। ज्यों-ज्यों बाल साई के द्वारा किये गये कार्यों व चमत्कारों का विवरण फैलता गया त्यों-त्यों दूर-दूर से अधिक लोग पुट्टपर्ती आने लग गये। प्रायः लोग धर्मावरम्, अनन्तपुर, उर्वकौण्डा आदि रेलवे स्टेशनों से उतरकर बैलगाड़ियों से पुट्टपर्ती पहुँचते थे। इन लोगों की संख्या आज की तुलना में बहुत कम होती थी, सामान्यतः 7-8 बैलगाड़ियों में 25-30 व्यक्ति प्रतिदिन पहुँचते थे। गुरुवार को उनकी संख्या अधिक हो जाती थी। बाहर से आगन्तुक व्यक्तियों के खान-पान, विश्राम, शयन आदि की व्यवस्था का सारा भार अकेले ही सुबम्मा ने अपने पर ले रखा था। किन्तु सुबम्मा को इस गुरु उत्तरदायित्व को वहन करने की शक्ति एवं सामर्थ्य प्रदान करने वाले तो वस्तुतः स्वयं सत्य साई ही थे, सुबम्मा तो मानो निमित्त मात्र थी। निश्चय ही सत्य के प्रति अपनी अटूट श्रद्धा एवं निश्छल भक्ति के बल पर वह बाहर से आने वाले यात्रियों की निस्वार्थ सेवा के कार्य में तथा आश्रम के विभिन्न कार्यक्रमों की देखभाल में रात-दिन लगी रहती थी। यहाँ यह उल्लेखनीय है कि सत्य के उर्वकौण्डा से पुनः लौटने से पूर्व अनेक पारिवारिक विपदाओं में से सुबम्मा गुजर चुकी थी। एक ओर उसके पति का स्वर्गवास लगभग एक वर्ष पूर्व सन् 1939 में हो चुका था तो दूसरी ओर उसके पितृ पक्ष के भी अनेक सम्बन्धियों का निधन पिछले कुछ वर्षों में हो चुका था, किन्तु इन सबसे वह हताश नहीं हुई। श्रद्धा एवं भक्ति ने उसके जीवन को नव शक्ति से प्रेरित एवं आन्दोलित कर दिया था।

सुबम्मा का विश्वास सत्य के दिव्यत्व में तथा उसके अवतार होने के सम्बन्ध में बहुत पहले दृढ़ हो चुका था, यहाँ तक कि जब सत्य 1-1½ वर्ष के थे, उसी समय से सुबम्मा को यह बोध हो गया था कि सत्य कोई साधारण बालक नहीं है अपितु उसके रूप में किसी दिव्य शक्ति ने अवतार लिया है। भले ही सत्य के परिवार के लोग इस तथ्य को वर्षों बाद ही स्वीकार कर पाये किन्तु सुबम्मा के पूर्व जन्म के संस्कार, उसके हृदय की सरलता एवं निश्छलता और उसकी आत्मा की पवित्रता के कारण उसे एक ऐसी अन्तर्दृष्टि प्राप्त हो गई थी, जिसके कारण वह सम्भवतः सारे पुट्टपर्ती में सबसे पहली महिला थी जिसने सत्य के दिव्यत्व को स्वीकार करते हुए अपने हृदय के समस्त प्रेम और भक्ति भाव को सत्य के प्रति अर्पित कर दिया था। उसके इसी प्रेम भाव के कारण सत्य भी अपने शैशवकाल से ही अपनी माँ की गोद में रहने की अपेक्षा सुबम्मा के निकट जाना अधिक पसन्द करते थे। कई बार ऐसा भी हुआ कि अप्रसन्न, खिन्न एवं उदास बालक सत्य सुबम्मा के आते ही प्रसन्न हो जाते। उसकी गोद में जाने के लिए आतुर हो उठते और उसके घर पहुँचते ही हँसी की किलकारियाँ भरने लगते! वस्तुतः बचपन में भी पुट्टपर्ती में रहते समय सत्य का अधिक समय अपने माता-पिता के घर की अपेक्षा सुबम्मा के घर में ही अधिक व्यतीत होता था। इसीलिए लोगों ने कहना शुरू कर दिया था कि ईश्वरम्मा तो 'देवकी' है जबकि 'यशोदा' बनने का गौरव तो सुबम्मा को प्राप्त हुआ है।

उन दिनों प्राय: सायंकालीन भजन के लिए सत्य अपने सभी साथियों एवं श्रद्धालुओं को लेकर चित्रावती नदी के तट पर रेत के टीले पर चले जाते थे और वहाँ भजन-कीर्तन के साथ-साथ अनेक चामत्कारिक लीलाओं का भी आस्वादन उन्हें करवाते थे। कभी सत्य किसी से पूछते—'मिश्री लोगे' और यह कहकर वे बालू के टीले में हाथ डालते तो एक बड़ा-सा मिश्री का टुकड़ा उनके हाथ में आ जाता जिसे वे आस-पास के लोगों में बाँट देते थे। कभी किसी दु:खी व्यक्ति के लिए बालू में हाथ डालकर ही गणेश, शिव या देवी की मूर्ति प्रकट कर देते थे और उसे दु:खी व्यक्ति को देकर कहते—'इसकी पूजा करो, सब ठीक हो जायेगा।' कभी किसी के लिए रुद्राक्ष की माला या जप माला सृजित कर देते थे। यद्यपि इस प्रकार प्रकट की हुई या सृजित की हुई वस्तुओं को प्राप्त करने का सौभाग्य तो थोड़े ही लोगों को प्राप्त होता था किन्तु इस प्रकटीकरण के चमत्कार को देखना भी अपने आप में कम महत्व की बात नहीं थी। इसलिए सत्य के अनुयायी उनसे चित्रावती नदी के तट पर चलने के लिए प्राय: अनुरोध करते रहते थे क्योंकि वे जानते थे कि वहाँ पहुँचकर स्वयं सत्य कोई-न-कोई अपना चमत्कार अवश्य दिखायेंगे। किन्तु यह सब सत्य अपनी लीला दिखाने के लिए तथा भक्तों को आनंदित करने के लिए ही करते थे।

चित्रावती नदी से थोड़ी दूरी पर ही एक छोटी सी पहाड़ी है जिस पर एक इमली का वृक्ष लगा हुआ है जो आज भी विद्यमान है। इसे सत्य के भक्तों ने 'कल्पवृक्ष' का नाम दिया है। उन दिनों सत्य प्राय: अपने भक्तों को लेकर इस इमली के वृक्ष के नीचे पहुँच जाते थे और उनसे पूछते थे—'बोलो कौन-सा फल लोगे?' वे जिस फल का भी नाम लेते थे उसे ही वे इमली के पेड़ से तोड़कर दे देते थे। कितने ही भाग्यशाली हैं कि उन्होंने इसी इमली के पेड़ से तोड़े हुए आम, संतरे, अमरूद, अंजीर आदि फलों को बाबा के हाथ से प्राप्त किया है। कई बार उन्होंने यह भी चमत्कार देखा है कि इस वृक्ष की एक डाल पर सन्तरा लगा हुआ है तो दूसरी पर आम और तीसरी पर कोई अन्य फल। अस्तु, मनचाहे फलों को देने वाले इस वृक्ष का नाम 'कल्पवृक्ष' रख दिया गया जो आज भी प्रसिद्ध है।

शिरडी साईं बाबा की समाधि के दर्शन—उन दिनों सत्य साई अपने पूर्व अवतार शिरडी साई की चर्चा तथा उनके क्रिया-कलापों का वर्णन प्राय: करते रहते थे। कुछ लोग जो बहुत पहले शिरडी साई के उपासक थे वे भी दूर-दूर से सत्य साई के दर्शनार्थ आने लग गये। ऐसी स्थिति में यह स्वाभाविक था कि पुट्टपर्ती के लोग भी शिरडी साई के रूप एवं उनकी समाधि के बारे में अधिक जानने की इच्छा व्यक्त करते। एक बार उनकी बहन वेकम्मा ने उनसे अनुरोध किया कि शिरडी साई बाबा का एक चित्र तो उन्हें लाकर दें, तो उन्होंने अपनी दिव्य शक्ति से सृजित शिरडी का एक चित्र उसे प्रदान किया। इसी प्रकार एक बार उन्होंने सुबम्मा, माँ ईश्वरम्मा, पिता वेंकप्पा तथा बाहर से आये हुए वकील श्री कृष्णमूर्ति को शिरडी साई की समाधि के दर्शन अपने घर के भीतर ही अपनी दिव्य शक्ति के बल पर करवाये। उन्होंने इन लोगों से पूछा कि क्या

वे शिरडी साई की समाधि देखना चाहते हैं? जब उन्होंने स्वीकृति सूचक उत्तर दिया तो वे एक-एक करके उन्हें हाथ पकड़कर अपने पुराने घर ले गये और उनसे कहा कि तुम मेरे साथ आँखें मूँदकर चलो, जब तक कि मैं तुमसे न कहूँ कि आँखें खोल दो, उन्होंने ऐसा ही किया। उनका हाथ पकड़कर सत्य कुछ दूर उन्हें ले गये, फिर एक कमरे में ले जाकर उसकी खिड़की खोल दी और खिड़की के पास उन्हें खड़ा करके कहा अब देखो यह रही शिरडी साई की समाधि। उन्हें यह देखकर आश्चर्य हुआ कि शिरडी साई की समाधि वहाँ बनी हुई है, उस पर फूल-मालाएँ चढ़ी हुई हैं, पास ही बैठा हुआ कोई भक्त नाम जप कर रहा है। कुछ दूरी पर ही वह प्रसिद्ध हनुमान का मन्दिर था जो कि अब भी शिरडी में विद्यमान है। जब यह दृश्य एक-एक करके उपर्युक्त सभी व्यक्तियों ने देख लिया तो वे आनंदविभोर हो गये और वे सत्य की दिव्यता में पूरी तरह विश्वास करने लग गये। यहाँ यह उल्लेखनीय है कि यह वकील कृष्णमूर्ति वही व्यक्ति थे जो बहुत पहले जब सत्य अस्वस्थ थे तब पुट्टपर्ती आये थे और सत्य को नृसिंह मन्दिर में ले जाने का सुझाव दिया था। इस बार भी वे आए तो पहले तो उन्होंने सत्य के मातापिता को झिड़कते हुए कहा कि वे सत्य के ढोंग और पाखंड को अनुचित बढ़ावा दे रहे हैं, किन्तु जब उन्होंने स्वयं अपनी आँखों से उपर्युक्त दृश्य देखा तो उनका सारा भ्रम दूर हो गया और वे सत्य के पैरों में गिर पड़े।

उस समय बाल साई के पास पुट्टपर्ती में आने वाले यात्रियों में से अधिकांश लोग ऐसे थे जो अपनी किसी पुरानी बीमारी या किसी असाध्य रोग से निराश होकर उसकी चिकित्सा के लिए सत्य के पास आते थे, क्योंकि यह बात चारों ओर फैल चुकी थी कि सत्य के पास जो भी रोगी पहुँचता है वह ठीक होकर ही लौटता है। बहुत से लोग अपनी विभिन्न व्यक्तिगत या पारिवारिक समस्याओं के निराकरण के लिए वहाँ पहुँचते थे, किन्तु थोड़े लोग ऐसे भी थे जो किसी दिव्य शक्ति के दर्शनों के द्वारा अपने जीवन को सार्थक करना चाहते थे। ये आने वाले व्यक्ति चाहे जिस भावना और इच्छा से आते किन्तु बाल साई को उनकी सारी बातों का पहले से ही ज्ञान हो जाता था। अत: वे आगन्तुक से उसकी इच्छा, समस्या या विपत्ति के बारे में न पूछकर स्वयं ही उसका सारा हाल-चाल बताते हुए उसके कष्ट निवारण के लिए यथेष्ट उपाय कर देते थे। किसी को अपने हाथ से सृजित करके विभूति देते हुए कहते—लो, इसे खाओ तुम स्वस्थ हो जाओगे।' किसी को रुद्राक्ष या कोई और वस्तु देकर कहते थे-'इससे तुम्हें लाभ होगा।' कई बार किसी दर्शनार्थी भक्त की किसी गूढ़ समस्या को हल करके उसे आह्लादित कर देते थे। जब ये लोग अपने-अपने प्रदेशों में लौटते थे तो उनके द्वारा भी सत्य की दिव्यता का विभिन्न क्षेत्रों में प्रचार होता था। इस प्रकार सत्य की ख्याति दूर-दूर तक फैलती गयी जिसके फलस्वरूप हैदराबाद, बंगलौर, मद्रास, त्रिचनापल्ली आदि दूर-दूर के स्थानों से लोग पुट्टपर्ती पहुँचने लगे।

सत्य की परीक्षा— सत्य के दर्शनार्थ आने वाले लोगों में कभी-कभी कुछ व्यक्ति ऐसे भी होते थे जो सत्य के चमत्कारों में संदेह करते हुए केवल उनकी परीक्षा लेने के

प्रयोजन से ही वहाँ पहुँचते थे। कहते हैं एक बार पाँच नवयुवकों ने जो निकट के ही कस्बे में रहते थे, सत्य के पास आकर निवेदन किया कि चित्रावती नदी के किनारे चला जाय। सत्य से उनके मन की बात छिपी हुई नहीं थी, किन्तु फिर भी उनकी शंका के निवारण के लिए वे नदी के तट पर चले गये और उनसे बोले—'कहो अब कहाँ बैठोगे?' वे अपनी मनपसंद की एक जगह पर बैठ गये और बोले—'बाबा हमें प्रसाद दो।' सत्य ने कहा—'बोलो, क्या चाहते हो?' उन्होंने सोचा कि आजकल आम का मौसम नहीं है इसलिए बाबा से आम देने का अनुरोध किया। सत्य ने मुस्कराते हुए कहा तुम अपने पास की जमीन को थोड़ा खोदो, तुम्हें आम प्राप्त हो जाएगा। उनके आश्चर्य की कोई सीमा नहीं रही जब उन्होंने अपने पास की ही जमीन को खोदकर देखा तो एक बड़ा सा रस से भरा हुआ ताजा आम वहाँ प्रकट हो गया जिसे पाँचों व्यक्तियों ने पेट भरकर खाया और बाबा को सिर झुकाकर वहाँ से विदा हो गये।

इसी प्रकार पुट्टपर्ती में ही रहने वाली एक ब्राह्मण स्त्री के मन में सत्य की परीक्षा लेने की इच्छा जागृत हुई। उसने सत्य को प्रेमपूर्वक अपने घर आमंत्रित किया और अपने हाथ से बनाये हुए बड़े जिनमें जहर मिला हुआ था, सत्य को प्रेमपूर्वक दिये। सत्य सब कुछ जानते थे फिर भी उन्होंने उन बड़ों को ग्रहण कर लिया। अंत में उन्होंने अपने आश्रम में लौटने के बाद वमन करके अपने द्वारा खाये हुए सारे बड़ों को निकाल दिया। अगले दिन जब उस ब्राह्मणी ने देखा कि सत्य अभी तक जीवित हैं तो वह उनके पैरों पर आकर गिर पड़ी तथा अपनी गलती के लिए क्षमा-याचना करने लगी। किन्तु सत्य तनिक भी क्रुद्ध नहीं हुए अपितु प्रेमपूर्वक बोले—'पगली मैं जानता हूँ, तुम्हारे मन में कोई बुरी बात नहीं थी, तुम केवल मेरी परीक्षा लेना चाहती थी, अब तुमने परीक्षा ले ली, ठीक है।' यह सुनकर वह महिला गद्‌गद हो गयी और सदैव के लिए बाबा की अनुयायी बन गयी। वह अब भी समय-समय पर बाबा को प्रेमपूर्वक अपने द्वारा बनाये हुए बड़े खिलाती रहती है। यह दूसरी बात है कि कभी-कभी बाबा उससे मजाक में यह अवश्य पूछ लेते हैं—'अरी! ये बड़े कहीं तुम्हारे वे स्पेशल बड़े तो नहीं हैं?' इस पर वह लज्जित होकर सिर झुका लेती है।

पुट्टपर्ती में उस समय कुछ ऐसे लोग भी थे जो गाँव के इस युवक की बढ़ती हुई महिमा और प्रतिष्ठा को देखकर ईर्ष्या की आग में जल रहे थे। उनके अब भी यही विचार थे कि सत्य किसी पाखंड या कौशल के बल पर ही बाहर से आने वाले लोगों को मूर्ख बना रहा है। ऐसे लोग कई बार जब बाहर से आने वाले यात्रियों के समीप पहुँचते तो उन्हें भी अपनी बातों से बहकाने या फुसलाने का प्रयास करते। ऐसे ही लोगों ने एक बार रात्रि में उस कमरे में मिट्टी का तेल छिड़ककर आग लगा दी जिसमें सत्य सोए हुए थे। निश्चय ही उनकी योजना सत्य को जलाकर मार देने की थी। किन्तु उसी क्षण एकाएक वर्षा होने लगी जिससे आग शान्त हो गयी और सत्य का बाल भी बाँका नहीं हुआ। इस प्रकार समय-समय पर कुछ लोग अपने मन की दूषित प्रवृत्तियों को सन्तुष्ट करने के लिए इस प्रकार की चेष्टाएँ भी करते रहते थे, किन्तु सत्य सदा इन्हें

क्षमा कर देते थे। इन लोगों के विषय में प्राय: वे यही कहते हैं कि इन बेचारों का कोई दोष नहीं है, वे तो केवल मेरी परीक्षा लेना चाहते थे।

सत्य की यात्राएँ— कुछ ही वर्षों में सत्य की ख्याति इतनी फैल गयी कि न केवल आस-पास से अपितु बाहर से भी दूर-दूर के यात्री पुट्टपर्ती पहुँचने लगे। इनमें कई राजा-महाराजा, सेठ, जागीरदार, डाक्टर, वकील आदि समाज के शिक्षित एवं प्रतिष्ठित लोग भी होते थे जो प्रेम और भक्ति से गद्गद होकर बाबा को अपने-अपने शहरों या नगरों में आने के लिए या अपने साथ चलने के लिए प्रार्थना करते। बाबा उनकी भावनाओं को ध्यान में रखते हुए उनकी प्रार्थना स्वीकार करके कई बार दूर-दूर के नगरों में जैसे—हैदराबाद, बंगलौर, मद्रास, त्रिचनापल्ली आदि स्थानों पर चले जाते थे। पुट्टपर्ती के सामान्य ग्रामीण और विशेषत: सत्य साई के परिवार के लोग यह देखकर और भी अधिक चिन्तित होने लग गये। जब तक लोग बाहर से यहाँ आते थे उन्हें चिन्ता नहीं थी किन्तु जब बड़े-बड़े धनवान लोग, रंग-बिरंगी मोटरें लेकर पुट्टपर्ती पहुँचने लगे और अपने साथ ही सत्य को ले जाने लगे तो उन्हें आशंका हुई कि कहीं सत्य इन पैसे वाले लोगों के चक्कर में पड़कर भटक न जायँ! ऐसा न हो कि इन बड़े-बड़े महलों एवं नगरों में जाकर सत्य का मन ही बदल जाय और वह वापस ही न लौटे! यह भी तो संभव है कि इन लोगों के प्रभाव के कारण सत्य पुट्टपर्ती ही छोड़कर चले जायँ! इन विचारों से वैसे तो राजू परिवार के सभी लोग चिन्तित थे किन्तु उनमें सर्वाधिक दु:खी थे सत्य के बड़े भाई शेषम् राजू। अत: उन्होंने इस अवसर पर सत्य को समझाना आवश्यक समझा और एक विस्तृत पत्र लिखकर भेजा। उस पत्र में सत्य को उन्होंने इन पैसे वाले लोगों से सावधान रहने को कहा। उनके चक्कर से उन्हें बचना चाहिए, उनकी संगति में पड़कर वह भटक सकता है या बिगड़ भी सकता है। दौलत और माया के प्रभाव से बड़े-बड़े ऋषि-मुनियों का भी पतन हो गया है, अगर सत्य के साथ भी ऐसा ही हुआ तो उसे सोचना चाहिए कि उसकी कितनी अपकीर्ति होगी!

बड़े भाई की चिन्ता स्वाभाविक थी, उसके एक-एक शब्द में भाई का निश्छल प्यार और उसकी सच्ची भावनाएँ व्यक्त हुई हैं। उसने यह सब कुछ छोटे भाई की हित-कामना से प्रेरित होकर ही लिखा था। किन्तु साथ ही इससे यह भी झलकता है कि सत्य के सम्बन्ध में शेषम् की क्या धारण थी? वे उसकी दिव्यता को कहाँ तक समझ पाये थे!

शेषम् राजू के इस पत्र का जो उत्तर सत्य साई ने दिया, वह एक ऐतिहासिक पत्र है जिसमें न केवल उपर्युक्त चिन्ता का निराकरण किया गया है अपितु उसके माध्यम से धरती के सभी प्राणियों को एक सन्देश दिया गया है जो किसी सामान्य व्यक्ति के द्वारा संभव नहीं। उसके एक-एक शब्द से किसी दिव्य-शक्ति का महान उद्घोष ध्वनित होता है। प्रोफेसर वी०के० गोकाक ने इस पत्र के महत्व पर प्रकाश डालते हुए लिखा है—'बाबा के द्वारा इक्कीस वर्ष की आयु में 25 मई, 47 को लिखा हुआ यह पत्र प्रत्येक दृष्टि से उत्कृष्ट दस्तावेज है। यह दिव्य ज्ञान से ओत-प्रोत है—ऐसा दिव्य ज्ञान

जो जीवन भर की साधना से प्राप्य नहीं है।'' वस्तुतः उन्होंने इसे सत्य साई बाबा के जीवन के नये मोड़ का सूचक ऐतिहासिक घोषणा-पत्र माना है जो ठीक ही है।

बाबा का पत्र— इस पत्र में बाबा ने अपने भाई को सम्बोधित करते हुए लिखा है, ''मेरे प्रियजन! मुझे आपका पत्र मिला। इसमें आपकी स्नेह और भक्ति की भावधाराएँ उद्वेलित हैं किन्तु साथ ही इसमें चिन्ता और स्नेह की धाराएँ भी मिश्रित हैं। मैं आपको यह स्पष्ट कर देना चाहता हूँ कि कोई भी व्यक्ति न तो ज्ञानियों, योगियों, संन्यासियों, सन्तों और महात्माओं के हृदय की थाह ले सकता है और न ही उनकी वास्तविक प्रकृति को पहचान सकता है। लोग भिन्न-भिन्न चरित्र और स्वभाव के हैं, इसलिए वे अपनी ही दृष्टि से दूसरों का मूल्यांकन करने और उनके बारे में तर्क या बहस करने की चेष्टा करते हैं...किन्तु हमें ऐसे लोगों से प्रभावित नहीं होना चाहिए।'' इस पत्र में आगे चलकर वे लिखते हैं कि ऐसे लोग जो बिना जाने, बिना समझे-बूझे दूसरों के बारे में निर्णय दे देते हैं तथा जो स्वयं काम, क्रोध और अहंकार से ग्रस्त होने के कारण सत्य से अवगत नहीं हो पाते, उन्हें घृणा की दृष्टि से देखने के स्थान पर उन पर दया करनी चाहिए। महान् व्यक्तियों का यह लक्षण नहीं है कि कोई उनकी पूजा करे तो वे फूल जायँ और कोई उनका उपहास करे तो वे संकुचित हो जायँ। जब वे स्वयं जानते हैं कि जिस पथ पर वे चल रहे हैं वह सही है तथा उनकी बुद्धि सत्य का साक्षात्कार कर रही है तो ऐसी स्थिति में उन्हें दूसरों की निन्दा से प्रभावित नहीं होना चाहिए। अन्त में वे लिखते हैं—'मेरे सामने एक महान् कार्य है—मानव जाति को आनन्द प्रदान करके उसे विकसित करना। मेरा यह संकल्प है कि जो भी पथ भ्रष्ट हैं उन्हें सच्चाई के पथ पर लाकर उनका उद्धार करना...जब मैं अपने इस महत्वपूर्ण कार्य में लगा हुआ हूँ तो आप क्यों समझते हैं कि कोई भी मेरे नाम को कलंकित करने में सफल होगा। मैं आपको परामर्श देता हूँ कि इस तरह की निराधार बातों पर ध्यान न दें।'

वस्तुतः यह पत्र न केवल शेषम् राजू के लिए अपितु उनसे सम्बद्ध सभी लोगों के लिए अत्यन्त महत्वपूर्ण है क्योंकि इसमें श्री सत्य साई ने अपनी दिव्य प्रकृति एवं अपने महत्वपूर्ण संकल्प की घोषणा अत्यन्त स्पष्टता एवं दृढ़तापूर्वक की है। अस्तु, जैसा कि प्रोफेसर गोकाक ने कहा है—यह पत्र उनके जीवन का एक महान् ऐतिहासिक घोषणा-पत्र माना जा सकता है।

●

4. प्रशान्ति निलयम् : स्थापना एवं कार्यक्रम

सन् 1947-48 के आस-पास ही जब यह अनुभव होने लगा कि प्रथम साई भजन-मन्दिर (जिसे अब 'पुराना-मन्दिर' कहा जाता है) बाहर से आने वाले दर्शनार्थियों, साधकों एवं भक्तों की उमड़ती हुई भीड़ की दृष्टि से अपर्याप्त एवं छोटा पड़ रहा है तो पास ही पहाड़ी के निकट एक नया विस्तृत आश्रम या केन्द्र बनाने की योजना भक्तों के द्वारा तैयार की गयी जिसे सत्य साई का भी समर्थन एवं आशीर्वाद प्राप्त हुआ। लगभग दो वर्ष में यह केन्द्र बनकर तैयार हुआ जिसे 'प्रशान्ति निलयम्' की संज्ञा दी गयी। 23 नवम्बर, 50 को सत्य साई के पच्चीसवें जन्म-दिवस पर निलयम् में 'गृह-प्रवेश' का उत्सव धूम-धाम से आयोजित किया गया। स्वामी को एक फूलों एवं हारों से सुसज्जित पालकी पर आसीन करके पुराने मन्दिर से नये मन्दिर—प्रशान्ति निलयम्—एक गाने-बाजे सहित पहुँचाया गया। इस अवसर पर स्थानीय लोगों की तथा बाहर से आने वाले दर्शनार्थियों की भारी भीड़ बाबा के मार्ग में दोनों ओर खड़ी हुई थी जो जय-जयकार करती हुई फूलों की वर्षा कर रही थी। बाबा भी अपनी प्रसन्न मुद्रा में पालकी में बैठे-बैठे ही मार्ग में भक्तों पर भाँति-भाँति के फूलों को न्यौछावर करते जा रहे थे। किन्तु यह विचित्र बात थी बाबा के द्वारा फेंके हुए ये फूल धरती पर गिरते-गिरते अपना रंग-रूप और आकार बदल लेते थे तथा वे प्राय: चाँदी के ऐसे सिक्कों में परिवर्तित हो जाते थे जिनकी एक ओर सत्य साई या शिरडी साई का चित्र तथा दूसरी ओर अंग्रेजी भाषा या अन्य भारतीय भाषाओं में एक वाक्य—''क्यों डरते हो, जब मैं यहाँ हूँ'—अंकित था। प्रो० कस्तूरी जैसे कुछ सौभाग्यशाली व्यक्तियों के पास उस समय के ये सिक्के आज भी सुरक्षित हैं![1]

प्रशान्ति निलयम् का विस्तार—सन् 1950 से लेकर अब तक प्रशान्ति निलयम् का विकास एवं विस्तार निरन्तर होता जा रहा है। यद्यपि प्रारम्भ में इसमें बहुत थोड़े मकान बनाये गये थे किन्तु अब पिछले 30-35 वर्षों में यह सभी दृष्टियों से विकसित होकर एक स्वतंत्र एवं आत्मनिर्भर छोटे से नगर का रूप प्राप्त कर चुका है। इसमें मुख्य भवन जिसे 'भजन-मन्दिर' या 'भजन-हॉल' कहते हैं, के अतिरिक्त एक विशाल पूर्णचन्द्र हाल—जिसमें 10-15 हजार श्रोता एक साथ बैठ सकते हैं—एक छोटा लेक्चर हाल, पुस्तकालय, कैन्टीन (पुरुषों एवं महिलाओं के लिए अलग-अलग), आवास-व्यवस्था, कार्यालय, सत्य साई बुक ट्रस्ट का भवन, डाकखाना आदि विद्यमान हैं। कैन्टीन में उत्तर भारतीय एवं दक्षिण भारतीय—दोनों प्रकार के खाद्य पदार्थों की व्यवस्था है। इसमें आश्रमवासी भक्तों के द्वारा ही प्रेमपूर्वक निर्मित भोजन अत्यन्त

---

1. प्रो० एन० कस्तूरी का कुछ वर्ष पूर्व निधन हो चुका है।

स्वच्छ, पवित्र एवं व्यवस्थित ढंग से परोसा जाता है। भोज्य पदार्थों में स्वास्थ्य एवं साधना—दोनों ही दृष्टियों को ध्यान में रखते हुए—सभी प्रकार के शाकाहारी व्यंजनों को सम्मिलित किया जाता है।

प्रशान्ति निलयम् की ही चार-दीवारी में लगभग एक हजार आवास गृह सुनियोजित ढंग से बने हुए हैं जिनमें आश्रम के स्थायी निवासियों के अतिरिक्त समय-समय पर बाहर से आने वाले यात्रियों को भी नाम मात्र के किराये पर ठहराया जाता है। प्रत्येक आवास में पानी, बिजली, स्नानघर, शौचालय आदि की अलग-अलग व्यवस्था है। इन आवासों के अतिरिक्त भी लगभग तीस बड़े-बड़े शैड या हाल बने हैं जिनमें से प्रत्येक में सैंकड़ों यात्री मेले और उत्सव के दिनों में ठहराये जा सकते हैं। इन्हीं के आस-पास पाँच गोल आकृति में विशिष्ट अतिथि भवन भी निर्मित हैं जिनमें प्रत्येक में चालीस-पचास साधक अलग-अलग कमरों में ठहर सकते हैं।

प्रशान्ति निलयम् में भजन-मन्दिर के दक्षिण-पश्चिम की ओर एक बाजार है जिसमें लगभग बीस-पच्चीस दुकानें हैं जिसमें दैनिक आवश्यकता की प्रायः सभी वस्तुएँ उचित मूल्य में प्राप्त हो जाती हैं। ये सभी दुकानें आश्रम की ही हैं जिन्हें आश्रमवासी भक्त ही अपने भजन आदि के कार्यक्रम के पहले और बाद ऑनरेरी रूप में चलाते हैं। इसीलिए इनके खुलने और बन्द होने का समय इस प्रकार निश्चित किया गया है जिससे कि इनमें कार्य—सेवा कार्य—करने वाले लोग मन्दिर में होने वाले भजन-दर्शन आदि के कार्यक्रमों में सुविधापूर्वक भाग ले सकें।

प्रशान्ति निलयम् के पास ही श्री सत्य साई अस्पताल है जो कि सभी प्रकार की सुविधाओं से सम्पन्न है। उसी के पास सत्य साई आश्रम के द्वारा ही निर्मित छात्राओं एवं छात्रों के एक उच्च शिक्षा-संस्थान (विश्वविद्यालय के समकक्ष मान्यता प्राप्त) है। इस प्रकार अर्द्धशताब्दी पूर्व के उस पुट्टपर्ती में जहाँ एक प्राइमरी स्कूल ही था, आज विश्वविद्यालय तक की सुविधाएँ उपलब्ध हैं। इस प्रकार 'प्रशान्ति निलयम्' अब केवल आश्रम मात्र ही नहीं, अपितु सात्विक जीवन के लिए अपेक्षित सभी प्रकार की सुविधाओं से सम्पन्न छोटा सा 'पुर' है जिसे आन्ध्र सरकार ने अगस्त, 1967 में ही एक अलग 'टाउन' के रूप में मान्यता दे दी थी।

प्रशान्ति निलयम् में दैनिक कार्यक्रम—प्रशान्ति निलयम् में दैनिक कार्यक्रम की व्यवस्था बाबा के आदेशानुसार विधिवत् की गई है। सामान्यतः लोग प्रातः चार बजे ही ब्राह्म मुहूर्त में उठ जाते हैं और शौच, स्नान आदि से निवृत्त होने लगते हैं। बहुत से भक्त इसी समय मन्दिर की प्रदक्षिणा के लिए चले जाते हैं जो कि साढ़े चार बजे तक चलती रहती है। इसके अनंतर मन्दिर के भजन-हाल में ही ओंकार का कार्यक्रम चलता है जो कि पाँच बजे तक चलता रहता है।[1] इसके अनंतर नगर-संकीर्तन और प्रभात फेरी के लिए मन्दिर से ही तीन अलग-अलग टोलियाँ चलती हैं इसमें पहली

1. इस अध्याय में दिये गये दैनिक कार्य-क्रम के समय में परिवर्तन भी संभव है।

टोली वेद पाठी विद्वानों की होती है जो कि वैदिक मन्त्रों से प्रशान्ति निलयम् के समस्त वातावरण को गुंजायमान करती हुई मन्दिर के चारों ओर पूरा एक चक्कर लगाती है। इसके अनंतर दूसरी टोली महिला भक्तों की होती है जो कि सुमधुर स्वर में विभिन्न वाद्य यन्त्रों के साथ विभिन्न भजन और गीत गाती हुई परिक्रमा पूरी करती है। उन्हीं का अनुसरण करती हुई लगभग पन्द्रह मिनट बाद पुरुषों की टोली कीर्तन करती हुई निकलती है जो मन्दिर की परिक्रमा के बाद गणेश-मन्दिर पर पहुँचकर विसर्जित हो जाती है। इस प्रकार यह कार्यक्रम प्रात:काल छह बजे तक सम्पन्न हो जाता है। इसके अनंतर सभी लोग अपने-अपने निवास स्थानों पर प्रात:कालीन, चाय, नाश्ते आदि के लिए चले जाते हैं।

भजन मन्दिर की उत्तर एवं पश्चिम दिशाओं की ओर एक बहुत लम्बा-चौड़ा अहाता है जिसमें बालू मिट्टी बिछी हुई है। प्रात:काल से ही आश्रमवासी महिलाएँ और स्वयंसेवक इस अहाते की सफाई में लग जाते हैं। लगभग सात बजे से इसमें दोनों ओर से दर्शनार्थी आकर बैठने लगते हैं। यहाँ यह उल्लेखनीय है कि आश्रम में सभी जगह महिलाओं और पुरुषों के बैठने के स्थान अलग-अलग निर्धारित हैं। इसलिए इस अहाते में भी पश्चिम दिशा की ओर महिलाएँ और उत्तर-पूर्व दिशा की ओर पुरुष दर्शनार्थी पंक्ति बद्ध होकर बैठते हैं। यद्यपि बाबा प्रात:कालीन दर्शनों के लिए सामान्यत: सात बजे और आठ के बीच निकलते हैं किन्तु लोगों की भीड़ वहाँ पहले से ही इसलिए एकत्रित हो जाती है जिससे कि वे अगली पंक्तियों में स्थान पाकर बाबा के निकट दर्शन एवं चरण स्पर्श का सौभाग्य प्राप्त कर सकें। जब दोनों ओर दर्शनार्थियों को स्वयंसेवकों द्वारा शान्तिपूर्वक पंक्तिबद्ध रूप में बैठा दिया जाता है तो उसके कुछ क्षणों बाद ही बाबा दर्शन देने के लिए अपने आवास से बाहर निकलते हैं। बाबा का आवास भजन मन्दिर के ऊपरी कक्ष में ही है। वहाँ से वे नीचे भेंट कक्ष में से होते हुए भजन मन्दिर के साथ के ही कमरे में से निकलकर पहले पश्चिम की ओर महिला दर्शनार्थियों की ओर जाते हैं और फिर पूर्व की ओर पुरुष दर्शनार्थियों की ओर। बाबा के दर्शन के समय यद्यपि सभी लोग उनसे बातचीत करने के लिए, उनके चरण छूने के लिए या उनका आशीर्वाद पाने के लिए उत्सुक रहते हैं किन्तु वहाँ की व्यवस्था ऐसी है कि यह सब कुछ शान्तिपूर्वक निपट जाता है। बाबा दर्शनार्थियों के समक्ष धीरे-धीरे कदम बढ़ाते हुए आगे बढ़ते हैं। दर्शनार्थियों में बहुत से लोग अपने पत्र आदि लिये हुए होते हैं जिन्हें वे बाबा को देना चाहते हैं। इन पत्रों में प्राय: उन लोगों की कष्ट गाथाएँ, प्रार्थनाएँ या अन्य बातें जो कि बाबा से वे निवेदन करना चाहते हैं, अंकित होती हैं। बाबा भीड़ के सामने से गुजरते हुए उनके पत्र लेते चलते हैं किन्तु पत्र दे पाने का सौभाग्य भी सभी को प्राप्त नहीं होता। जो लोग अगली पंक्तियों में बैठे होते हैं, प्राय: वे ही बाबा को पत्र दे पाते हैं, किन्तु बाबा का कथन है कि इन पत्रों को वे दे पायें या नहीं, इससे कोई अन्तर नहीं पड़ता क्योंकि उनके पत्रों में क्या लिखा है—यह तो बाबा को पहले से ही ज्ञात होता है। अत: पत्र तो वे केवल उनके संतोष के लिए लेते हैं।

दर्शनार्थियों की पंक्तियों में कुछ भाग्यशाली लोग ऐसे भी होते हैं जिनके सामने से गुजरते हुए बाबा एकाएक रुक जाते हैं और उनसे उनके हाल-चाल पूछने लगते हैं। तथा उनकी बीमारी या कष्ट-गाथा को सुनकर उसी समय खड़े-खड़े अपने हाथ से सृजित करके विभूति उन्हें देते हुए उनके कष्ट-निवारण का उपाय बता देते हैं। कुछ लोगों को बाबा विभूति के स्थान पर अक्षत, पुष्प, रुद्राक्ष आदि सृजित करके दे देते हैं किन्तु जो अधिक सौभाग्यशाली होते हैं उन्हें वे अपने भेंट-कक्ष (इण्टरव्यू रूम) की ओर आने का संकेत कर देते हैं जिसका अर्थ यह है कि उसे दर्शनों के बाद होने वाले इण्टरव्यू के लिए अनुमति मिल गई है। यह सौभाग्य हजारों दर्शनार्थियों में से प्रतिदिन 15-20 व्यक्तियों को ही प्राप्त होता है।

जब बाबा अहाते का राउन्ड पूरा कर लेते हैं तो इसके अनंतर अपने इण्टरव्यू रूम में चले जाते हैं और उनके साथ-साथ ही वे सब पुरुष और महिलाएँ भी भीतर चली जाती हैं जिन्हें बाबा ने भेंट-कक्ष में आने का संकेत दिया हो। वस्तुतः भेंट-कक्ष में बाबा का बुलाया जाना ही प्रशान्ति निलयम् में दर्शनार्थियों, उपासकों और भक्तों के लिए सबसे बड़ा सौभाग्य माना जाता है क्योंकि यहीं बाबा व्यक्तिगत रूप में सबसे अलग-अलग बात करते हैं। जब बाबा और दूसरे लोग कमरे के भीतर चले जाते हैं तो बाहर का दरवाजा बन्द हो जाता है अतः बाहर बैठे हुए लोगों को कुछ पता नहीं चलता कि अन्दर क्या हो रहा है? किन्तु जब लगभग एक घण्टे के बाद भेंट-कक्ष के दरवाजे पुनः खुलते हैं तो एक-एक करके सभी पुरुषों एवं महिलाओं का समूह बाहर निकलता है। उस समय उन सबकी मुद्राएँ देखने लायक होती हैं। सभी प्रेम से अभिभूत आर्द्र एवं गद्गद से प्रतीत होते हैं। जहाँ भेंट-कक्ष में जाते समय उनके चेहरों पर दुःख का भाव रहता है वहाँ बाहर निकलते समय प्रायः सबके चेहरों पर प्रसन्नता की लहर दौड़ी हुई होती है। बाद में बातचीत करने से पता चलता है कि इस कक्ष में जाकर लौटने वाले प्रत्येक व्यक्ति ने न केवल बाबा से संभाषण का सौभाग्य प्राप्त किया है अपितु उसके पास बाबा का कोई न कोई उपहार भी होता है। किसी को वे रुद्राक्ष, किसी को अँगूठी, किसी को लॉकिट, किसी को जप-माला और किसी को शिव या गणेश की मूर्ति सृजित करके दे देते हैं। अपने द्वारा सृजित विभूति तो प्रायः वे सभी को देते हैं। कुछ लोग तो उसी समय अपनी व्याधि से मुक्त हो जाते हैं तो कुछ को थोड़ा समय लगता है। किन्तु इस कक्ष में जाने वाला कोई भी व्यक्ति ऐसा नहीं होता जिसकी इच्छा पूरी न होती हो। इसीलिए प्रोफेसर कस्तूरी जी ने इस कक्ष का नाम ही 'मनोकामना-पूर्ति-कक्ष' रख दिया है जो कि ठीक है।

उपर्युक्त कार्यक्रम के साथ-साथ प्रातः 9 बजे से 9.30 बजे तक मन्दिर के भजन-हाल में सामूहिक भजन का कार्यक्रम चलता रहता है और उसक अनंतर आरती होती है। उधर बाबा भी भेंट-कक्ष से इस समय तक निवृत्त होकर आरती से पूर्व ही भजनों के कार्यक्रम में सम्मिलित हो जाते हैं। यह सारा कार्यक्रम प्रातः साढ़े नौ बजे तक समाप्त हो जाता है तथा इसके अनंतर लोग विश्राम, भोजन आदि के लिए अपने-अपने निवास-

स्थानों पर चले जाते हैं।

भजन-मन्दिर से कुछ ही दूर 'लेक्चर-हॉल' और पुस्तकालय भी हैं। लेक्चर हॉल में प्रायः आश्रम के एवं बाहर से आए हुए विद्वान् भक्तों के विभिन्न आध्यात्मिक विषयों पर व्याख्यान होते रहते हैं।

प्रातःकाल की ही भाँति सायंकोलीन कार्यक्रम तीसरे पहर चार-साढ़े चार बजे से आरम्भ होता है, जबकि दर्शनार्थियों की भीड़ अहाते में पहुँचने लगती है। लगभग पाँच बजे बाबा पुनः उसी प्रकार दर्शनों के लिए अहाते का राउण्ड लेते हैं, जिस प्रकार सुबह लेते हैं। इस समय भी वे लोगों के पत्र लेते हैं, कुछ का हाल-चाल पूछते हैं, कुछ को विभूति या अक्षत सृजित करके देते हैं तथा कुछ सौभाग्यशाली व्यक्तियों को भेंट-कक्ष में आने का संकेत देते हैं। इसके अनंतर बाबा पन्द्रह-बीस व्यक्तियों को लेकर भेंट-कक्ष में चले जाते हैं। सायंकाल छह बजे से पुनः भजन-हॉल में भजन का कार्यक्रम शुरू हो जाता है जो कि साढ़े छह बजे आरती के साथ समाप्त होता है। बाबा भी भेंट-कक्ष से निकलकर भजन और आरती में सम्मिलित हो जाते हैं। जब बाबा पुट्टपर्ती से बाहर गये हुए होते हैं तो दर्शन और भेंट को छोड़कर शेष कार्यक्रम इसी प्रकार चलते रहते हैं। यहाँ यह भी उल्लेखनीय है कि प्रशान्ति निलयम् में जो भी भजन या गीत आदि गाये जाते हैं उनमें सभी धर्मों के प्रति सम्मान होता है। इसलिए वे भजन प्रायः राम, कृष्ण, आदि अवतारों तथा ईसा, हजरत मोहम्मद, नानक आदि दिव्य विभूतियों से सम्बन्धित होते हैं। वस्तुतः बाबा के सभी कार्यक्रमों में धर्म-संप्रदायों की एकता पर बल रहता है।

विशेष कार्यक्रम—उपर्युक्त दैनिक कार्यक्रमों के अतिरिक्त समय-समय पर विभिन्न विशेष पर्वों और दिवसों पर भी आयोजन होते रहते हैं। वैसे तो प्रत्येक पर्व पर बाबा कोई न कोई विशेष सन्देश देते हैं किन्तु दशहरा, गुरुपूर्णिमा, शिवरात्रि एवं जन्मदिवस (23 नवम्बर) आदि पर अधिक धूम-धाम से आयोजन होते हैं। इन आयोजनों के अवसर पर बाहर से भी हजारों लोग आते हैं किन्तु सबके ठहरने, खाने-पीने आदि की व्यवस्था पुट्टपर्ती जैसे छोटे स्थान पर भी बाबा की कृपा से सम्यक् रूप में हो जाती है।

●

5. स्वामी शिवानन्द जी से सम्पर्क

'डिवाइन लाइफ सोसाइटी' के संस्थापक स्वामी शिवानन्द जी का नाम भारत के महान् चिन्तकों, साधकों एवं योगियों में गिना जाता है। स्वामी जी ने योग और अध्यात्म पर बीसों पुस्तकें लिखी हैं, जिनका प्रचार पूरे विश्व में है। यद्यपि स्वामी शिवानन्द जी का केन्द्रीय आश्रम हिमालय की तलहटी ऋषिकेश में स्थित है किन्तु उनकी शाखाएँ भारत में ही नहीं अपितु विश्व के विभिन्न भागों में हैं। स्वामी जी रामकृष्ण परम्परा के अनुयायियों में से थे तथा उन्होंने स्वयं भी योग-साधना के द्वारा सिद्धि प्राप्त की थी। भारत में इस महान् विभूति से श्री सत्य साई बाबा का सम्पर्क केवल 31 वर्ष की आयु में ही सन् 1957 में हो गया था। यद्यपि स्वामी जी का निवास भारत के ठेठ उत्तर में था तो सत्य साई बाबा दक्षिण भारत के एक छोर पर विद्यमान थे। किन्तु फिर भी दोनों का मिलन किस प्रकार संभव हुआ—इसकी कहानी भी अत्यन्त रोचक है।

'डिवाइन लाइफ सोसाइटी' की एक शाखा दक्षिण में भी स्थापित है जिसका नवाँ वार्षिक सम्मेलन स्वामी शिवानन्द जी के शिष्य सच्चिदानन्द एवं स्वामी सदानन्द के द्वारा सन् 1957 में वेंकटगिरी में आयोजित किया गया। वेंकटगिरी के स्थानीय कार्यकर्ताओं ने बिना स्वामी सच्चिदानन्द से परामर्श लिये इस सम्मेलन के अध्यक्ष के रूप में 'सत्य साई बाबा' को आमंत्रित कर लिया। जब स्वामी सच्चिदानन्द को इस बात का पता चला तो इसकी प्रतिक्रिया उनके मन में अनुकूल नहीं हुई। उन्होंने बाबा का नाम केवल एक चमत्कारी व्यक्ति के रूप में सुना था जबकि उनके अपने सम्प्रदाय के अनुसार किसी भी सिद्ध-पुरुष या महात्मा का चमत्कार दिखाना अच्छा नहीं समझा जाता था। फिर उनकी सोसाइटी के अधिकांश सदस्य संस्कृत और अंग्रेजी के उच्चकोटि के विद्वान थे तथा जिन्होंने इन भाषाओं में बड़े-बड़े ग्रंथ लिखे थे जबकि पुट्टपर्ती से आमंत्रित बाबा के बारे में उनहें बताया गया कि वे केवल तेलगू में ही बोलते हैं संस्कृत और अंग्रेजी में पढ़ने-लिखने का अभ्यास उन्हें नहीं है। यह सब सुनकर निश्चय ही उनके मन में भारी चिन्ता हुई कि कहीं ऐसे व्यक्ति को अध्यक्ष पद पर आसीन करने से उनकी संस्था के गौरव को ठेस न पहुँचे। अत: पहले तो उन्होंने इस निर्णय का विरोध करने का विचार किया, इसके बाद यह सोचकर कि वे स्वयं बाबा से मिलेंगे और उनसे बातचीत करके उनकी सच्चाई का पता लगायेंगे—उन्होंने अपना विचार स्थगित कर दिया।

इसी समय कुछ और लोगों ने भी एक पर्चा छपवाकर बाँटा जिसमें सत्य साई को इस सम्मेलन का अध्यक्ष बनाने का विरोध किया गया था। किन्तु जब सत्य साई बाबा ने अध्यक्ष पद से अपना भाषण दिया तो सुनने वाले सब चकित रह गये। सोसाइटी के

संन्यासियों को रंच मात्र भी इसकी आशा न थी कि सत्य साई इतना विद्वत्तापूर्ण व्याख्यान देंगे जिसमें केवल शास्त्रों से संचित ज्ञान न होकर सत्य और प्रेम की अनुभूतिपूर्ण व्याख्या होगी। उनके भाषण को सुनकर संन्यासियों के मन में जो आशंका पहले उत्पन्न हुई थी, वह दूर हो गई।

इसी सम्मेलन के अवसर पर बाबा ने इन संन्यासियों को व्यक्तिगत भेंट का भी अवसर दिया। स्वामी सच्चिदानन्द ने इस भेंट के सम्बन्ध में अपना अनुभव बताते हुए कहा है कि बाबा ने उन्हें उनके पिछले सारे इतिहास के बारे में बताते हुए यह स्पष्ट कर दिया कि वे योग-साधना में कितनी प्रगति कर चुके थे। उन्होंने उनकी उस विशेष अनुभूति का भी उल्लेख किया जो उन्हें सैंतीस वर्ष पूर्व योग-साधना करते समय प्राप्त हुई थी। बाबा ने उन्हें निर्देश दिया कि तुम योग-साधना को छोड़कर दूसरे झमेलों में पड़ गये हो इसीलिए अपने लक्ष्य तक नहीं पहुँच पाये। स्वामी सच्चिदानन्द जी बाबा के मुँह से यह सब सुनकर चकित और हैरान हो गये। उन्होंने कहा—'बाबा! आप जो अनुभव बता रहे हैं वे तो उस समय के हैं जबकि आपका जन्म भी नहीं हुआ था, अत: आपको इनके बारे में कैसे पता चला?' बाबा ने बड़ी गंभीरता से उत्तर देते हुए कहा—'क्या मेरा भी कभी जन्म और मरण होता है?' सच्चिदानन्द जी को इससे बोध हुआ कि वे जिससे बात कर रहे हैं, वह जन्म-मरण से रहित परम सत्ता है।

सम्मेलन की समाप्ति के बाद स्वामी सच्चिदानन्द और स्वामी सदानन्द कुछ दिन बाबा के सान्निध्य का सौभाग्य प्राप्त करने के लिए उनके साथ ही पुट्टपर्ती आ गये। जहाँ वे दोनों एक सप्ताह तक ठहरे।

जब उपर्युक्त दोनों संन्यासियों को बाबा के दिव्यत्व के बारे में पूरा विश्वास हो गया तो उन्होंने उनके बारे में सारा विवरण अपने गुरु शिवानन्द जी को ऋषिकेश लिख भेजा। स्वामी शिवानन्द जी उन दिनों बहुत अस्वस्थ थे फिर भी उनके मन में बाबा के दर्शनों की तीव्र लालसा जागृत हुई। अत: उन्होंने बाबा से ऋषिकेश पधारने के लिए प्रार्थना की। अंत में बाबा ने उनका निमंत्रण स्वीकार करते हुए ऋषिकेश जाने का निर्णय लिया और बाबा 20 जुलाई, 1957 को अपने अनुयायियों के साथ ऋषिकेश की यात्रा के लिए रवाना हो गये और दिल्ली होते हुए 22 जुलाई को ऋषिकेश पहुँचे। वहाँ स्वामी शिवानन्द सरस्वती ने अपने संन्यासियों के साथ बाबा का स्वागत करते हुए 'ओंकार मंत्र' के साथ उन्हें प्रणाम किया। सचमुच में यह एक विचित्र दृश्य था जिसमें एक ओर 70 वर्ष के वयोवृद्ध परमहंस योगी शिवानन्द एक 31 वर्ष के युवासदृश प्रतीत होने वाले श्री सत्य साई बाबा से भेंट कर रहे थे। बाबा ने स्वामी जी के प्रणाम को स्वीकार करते हुए अपनी अभयहस्त मुद्रा में उन्हें आशीर्वाद दिया।

ऋषिकेश में स्वामी शिवानन्द के आश्रम में बाबा लगभग 4-5 दिन तक ठहरे। वहाँ प्रतिदिन बाबा के तथा अन्य संन्यासियों के विभिन्न विषयों पर प्रवचन होते थे। उसके पश्चात् वार्तालाप एवं शंका-समाधान चलता था। संन्यासियों ने अपने साधना-मार्ग की विभिन्न त्रुटियों एवं कठिनाइयों का भी निराकरण बाबा से प्राप्त किया।

स्वयं स्वामी शिवानन्द को आशीर्वाद देते हुए उन्होंने अपने हाथ से सृजित करके एक रुद्राक्ष माला भेंट की जिसमें 108 रुद्राक्ष सोने के धागे में पिरोये हुए थे। यह माला बहुत ही सुन्दर एवं महत्वपूर्ण थी। बाबा द्वारा दी गई इस माला को स्वामी शिवानन्द जी ने अत्यन्त श्रद्धापूर्वक अपने गले में धारण कर लिया। इसके पश्चात् बाबा ने विभूति भी सृजित करके अपने ही हाथ से स्वामी शिवानन्द जी के ललाट पर लगा दी और उन्हें स्वस्थ होने का आशीर्वाद दिया। नित्य प्रति लगभग एक घण्टे तक स्वामी शिवानन्द और बाबा आपस में वार्तालाप करते थे। बाबा के आशीर्वाद से 4-5 दिनों में ही स्वामी शिवानन्द जी के स्वास्थ्य में अभूतपूर्व सुधार हो गया था। जहाँ बाबा के आने से पहले वे पहियेदार कुर्सी में ही बैठकर चल-फिर सकते थे वहाँ अब वे इतने स्वस्थ हो गये थे कि बाबा के साथ चारों ओर पैदल घूम-फिर सकते थे तथा आश्रम की विभिन्न सीढ़ियों पर चढ़ सकते थे।

अन्त में 26 जुलाई सन् 1957 को बाबा अपनी मण्डली सहित ऋषिकेश से वापस लौटे। मार्ग में उन्होंने वशिष्ठ गुफा के पास अपनी गाड़ी रुकवायी और उस गुफा के भीतर चले गये। उनके साथ के अन्य किसी भी व्यक्ति को पता नहीं था कि बाबा इस गुफा में क्यों गये? बड़ी कठिनाई के बाद में यह ज्ञात हुआ कि उस गुफा में एक 80 वर्ष के संन्यासी श्री पुरुषोत्तमानन्द जी पिछले 30 वर्षों से आध्यात्मिक साधना करते आ रहे थे। उन्होंने अपने गुरु के आदेशानुसार भगवान की प्राप्ति के लिए पिछले 30 वर्षों से कहीं भी न जाकर केवल इस गुफा में बैठकर साधना आरम्भ की थी। बाबा को अपनी दिव्य दृष्टि से यह सब-कुछ ज्ञात था अत: उन्होंने उस साधक की साधना को सफल करने के लिए और उसे दर्शन देने के लिए ही गुफा के भीतर जाना आवश्यक समझा और स्वामी पुरुषोत्तमानन्द जी जिस रूप में भगवान के दर्शन करना चाहते थे, उसी रूप में उन्हें दर्शन दिया।

वस्तुत: इस यात्रा का महत्व इस दृष्टि से भी है, बाबा की उत्तरी भारत की यह पहली यात्रा थी जिसमें उन्होंने उत्तरी भारत के सर्वप्रमुख धार्मिक केन्द्र ऋषिकेश में पहुँचकर स्वामी शिवानन्द जी जैसे विश्व-प्रसिद्ध परमहंस योगी को आशीर्वाद प्रदान किया।

●

6. श्री सत्य साई का धार्मिक अभियान

भगवान श्री सत्य साई बाबा ने समय-समय पर घोषित किया है कि वे अपने इस जीवन में 16 वर्ष की आयु तक लीलाओं का प्रदर्शन करेंगे, उसके पश्चात् 16 वर्ष तक भक्तों से व्यक्तिगत सम्पर्क स्थापित करेंगे और उसके अनंतर मुख्यत: उपदेश एवं धर्म-प्रचार के कार्य में लग जायेंगे। इसका अर्थ यह नहीं है कि इसके पश्चात् लीलाओं या व्यक्तिगत सम्पर्क का कार्य सर्वथा स्थगित हो जाएगा अपितु इसका अर्थ यह है कि तदनंतर धर्मोपदेश को प्रमुखता प्राप्त होगी। संभवत: इसी कार्यक्रम के अनुसार बाबा ने अपने 32वें वर्ष में प्रवेश करते ही विभिन्न माध्यमों से धर्मोपदेश करते हुए धार्मिक जागरण का कार्यक्रम आरम्भ कर दिया जिसकी संक्षिप्त रूप-रेखा निम्नलिखित है—

(1) पत्र-पत्रिकाओं एवं पुस्तकों के माध्यम से उपदेश— सन् 1958 में ही बाबा ने अपने सन्देश को सर्वसाधारण तक पहुँचाने के उद्देश्य से 'सनातन सारथी' नामक पत्रिका का प्रकाशन किया था जो कि प्रारम्भ में केवल दो भाषाओं में—तेलगू और अंग्रेजी में प्रकाशित होती थी किन्तु आगे चलकर यह भारत की अन्य प्रमुख भाषाओं में क्रमश: प्रकाशित होने लगी। इस समय यह तेलगू और अंग्रेजी के अतिरिक्त तमिल, मलयालम, कन्नड़, मराठी, गुजराती, बंगाली और हिन्दी—इन भाषाओं में प्रकाशित हो रही है। इस प्रकार इस पत्रिका के माध्यम से प्रतिमास नियमित रूप से बाबा के विचार, उपदेश एवं सन्देश लाखों व्यक्तियों तक पहुँच रहे हैं। इसमें समय-समय पर धारावाहिक रूप में बाबा ने विभिन्न विषयों पर योजनाबद्ध ढंग से लेख लिखकर प्रकाशित करवाये हैं जो कि आगे चलकर स्वतंत्र पुस्तकों के रूप में संकलित एवं प्रकाशित कर दिये गये। इस प्रकार विभिन्न धार्मिक एवं आध्यात्मिक विषयों से सम्बन्धित बाबा की अनेक मौलिक पुस्तकें प्रकाशित हुई हैं, जिनमें से निम्नलिखित उल्लेखनीय हैं—

(1) **'राम कथा रस-वाहिनी'**— इसमें भगवान राम की कथा को बाबा ने अपने ढंग से अत्यन्त भाव पूर्ण ढंग से प्रस्तुत किया है।

(2) **'भागवत वाहिनी'**— इसमें भागवत पुराण की कथा प्रस्तुत की गई है जिसमें मुख्यत: भगवान कृष्ण का चरित्र वर्णित है।

(3) **'गीता-वाहिनी'**— इसमें श्रीमद्भगवद्गीता के सिद्धान्तों को अत्यन्त सुन्दर एवं सुबोध रूप में प्रस्तुत किया गया है।

(4) **'धर्म-वाहिनी'**— इसमें धर्म के स्वरूप एवं व्यावहारिक पक्ष की विवेचना सारगर्भित ढंग से की गई है।

(5) **'सत्य साई-वाहिनी'**— इसमें सत्य एवं ज्ञान के स्वरूप का विवेचन सांगोपांग रूप में किया गया है।

(6) 'प्रेम-वाहिनी'— इसमें प्रेम भक्ति का निरूपण सूक्ष्मातिसूक्ष्म रूप में किया गया है।

(7) 'प्रशान्त-वाहिनी'— इसमें शान्ति या प्रशान्ति की विवेचना और उसकी प्राप्ति के उपायों पर प्रकाश डाला गया है।

(8) 'ध्यान-वाहिनी'—इसमें ध्यान की प्रक्रिया और उसके महत्व पर विस्तार से प्रकाश डाला गया है।

(9) 'ज्ञान-वाहिनी'— इसमें ज्ञान की मीमांसा की गई है।

(10) 'उपनिषद् वाहिनी'— इसमें प्रमुख उपनिषदों के सन्देश को बोधगम्य शैली में प्रस्तुत किया गया है।

(11) 'सन्देह-निवारिणी'— यह पुस्तक प्रश्नोत्तर रूप में लिखी गई है जिसमें एक श्रद्धालु भक्त के द्वारा विभिन्न आध्यात्मिक विषयों के सम्बन्ध में प्रस्तुत शंकाओं का समाधान सम्यक् रूप में किया गया है।

इस प्रकार हम देखते हैं कि उपर्युक्त पुस्तकों के माध्यम से बाबा ने प्रायः सभी आध्यात्मिक विषयों का प्रतिपादन मौलिक रूप में किया है।

उपर्युक्त पुस्तकों के अतिरिक्त बाबा के द्वारा समय-समय पर दिये गये प्रवचनों या व्याख्यानों को भी संकलित करके प्रकाशित किया गया है। इनके संकलन मुख्यतः प्रोफेसर एन० कस्तूरी के द्वारा अत्यन्त प्रामाणिक रूप में किये गये हैं। यद्यपि मूल व्याख्यान तेलगू में थे किन्तु इनके अनुवाद अंग्रेजी, हिन्दी, गुजराती आदि विभिन्न भाषाओं में भी प्रकाशित हो चुके हैं। अंग्रेजी में 'सत्य साई स्पीक्स' शीर्षक तथा हिन्दी में 'सत्य साई वचनामृत' शीर्षक से 12 खण्डों में प्रकाशित हो चुके हैं जिनके अन्तर्गत लगभग आठ सौ प्रवचन व्याख्यान संकलित हैं। इन प्रवचनों में प्रायः आध्यात्मिक, धार्मिक एवं सांस्कृतिक पक्षों से सम्बन्धित ज्ञान का प्रतिपादन अत्यन्त स्पष्ट रूप में हुआ है। इनका महत्व बाबा के द्वारा व्यक्त दिव्य ज्ञान की दृष्टि से तो है ही किन्तु साथ ही इनकी प्रतिपादनशैली भी अत्यन्त रोचक एवं प्रभावशाली है। बाबा ने अनेक गूढ़ विषयों को समझाने के लिए स्थान-स्थान पर रोचक वृत्तान्त या दृष्टान्त भी दिये हैं जिससे सामान्य व्यक्ति भी आध्यात्मिक एवं धार्मिक तत्वों को सुगमता से हृदयंगम कर सकता है। अस्तु, 'सनातन-सारथी' एवं उपर्युक्त साहित्य के माध्यम से बाबा के द्वारा विभिन्न भाषाओं के माध्यम से लाखों पाठकों को निरन्तर धार्मिक ज्ञान एवं बोध प्राप्त हो रहा है।

(2) यात्राओं के द्वारा प्रत्यक्ष सम्बोधन—यद्यपि श्री सत्य साई बाबा बाल साई के रूप में प्रसिद्ध होने के बाद ही आस-पास के स्थानों की यात्राएँ भक्तों के अनुरोध पर करते रहे हैं किन्तु फिर भी वे 1957 तक दक्षिण भारत तक ही सीमित रहे। परन्तु इसके पश्चात् वे क्रमशः भारत के सभी भागों की यात्राओं पर समय-समय पर निकले और विभिन्न क्षेत्रों के लोगों को अपने दर्शनों, प्रवचनों एवं संभाषणों के द्वारा धर्म और अध्यात्म की ओर अग्रसर होने के लिए प्रेरित किया है। अब तक बाबा दक्षिण में

कन्याकुमारी से लेकर उत्तरी भारत में श्रीनगर और बदरीनाथ तक तथा पूर्वी भारत में कलकत्ता से लेकर पश्चिम में गुजरात, सौराष्ट्र, भावनगर आदि विभिन्न क्षेत्रों की यात्राएँ सम्पन्न कर चुके हैं। ऋषिकेश, हरिद्वार, दिल्ली, मथुरा, वाराणसी, हैदराबाद, मैसूर, मद्रास, बंगलौर आदि स्थानों पर तो वे अनेक बार लाखों व्यक्तियों की भीड़ को सम्बोधित कर चुके हैं। बाबा जहाँ भी जाते हैं वहाँ लाखों व्यक्तियों की भीड़ उमड़ पड़ती है जो कि बाबा के दिव्य दर्शन एवं पवित्र वचनों से लाभान्वित होती है।

बाबा का मुख्य कार्य-क्षेत्र या केन्द्रीय स्थान पुट्टपर्ती ही है जिसे बाद में 'प्रशान्ति-निलयम्' का नाम दिया गया है किन्तु उसके अतिरिक्त भी बाबा के अनेक केन्द्र विभिन्न स्थलों पर स्थापित हो गये हैं जिनमें मुख्यत: बम्बई का 'धर्मक्षेत्र', हैदराबाद का 'शिवम्', मद्रास का 'सुन्दरम्' तथा बंगलौर का 'वृन्दावन' विशेष रूप से उल्लेखनीय हैं।

यद्यपि बाबा के भक्त भारत में ही नहीं विश्व के विभिन्न देशों में भी हैं जो कि बाबा को अपने-अपने देशों में आने के लिए आमंत्रित करते रहते हैं किन्तु बाबा विदेशों में अपना अभियान आरम्भ करने से पूर्व भारत में ही बहुत कुछ कर लेना आवश्यक समझते हैं। इसलिए उन्होंने अफ्रीका एवं युगांडा को छोड़कर अन्य देशों की यात्रा अभी तक नहीं की है। इस प्रकार बाबा के भारत भ्रमण के कार्यक्रम के माध्यम से करोड़ों व्यक्तियों को बाबा का दिव्य सन्देश सुनने का सौभाग्य प्राप्त हुआ है जो कि बाबा के धार्मिक जागरण सम्बन्धी कार्यक्रम का एक महत्वपूर्ण अंग है।

(3) विभिन्न सभाओं एवं संस्थाओं की स्थापना—बाबा ने धार्मिक जागृति के कार्यक्रम को संगठित रूप में आगे बढ़ाने के लिए विभिन्न सभाओं एवं संस्थाओं का भी संगठन किया है। सर्वप्रथम उन्होंने 'प्रशान्ति वेद सभा' का संगठन सन् 1965 में किया जिसके प्रथम अधिवेशन में देश के विभिन्न भागों से लगभग 200 पंडितों ने भाग लिया। इन्होंने वैदिक एवं धार्मिक विषयों पर प्रवचन देकर ज्ञान की ज्योति प्रज्वलित की। आगे चलकर 'प्रशान्ति वेद सभा' की विभिन्न शाखाएँ विभिन्न राज्यों में स्थापित हुईं। इस सभा के द्वारा धार्मिक एवं आध्यात्मिक विषयों पर विद्वानों के व्याख्यानों के आयोजन समय-समय पर होते रहे हैं।

इसके कुछ समय पश्चात् ही श्री सत्य साई सेवा समिति का भी संगठन किया गया। इस संगठन के कई अंग हैं तथा इसकी विभिन्न शाखाएँ भारत के विभिन्न राज्यों में तथा विश्व के विभिन्न भागों में कार्य कर रही हैं। अब यह समिति 'विश्व सत्य साई सेवा संगठन' के रूप में गठित हो गई है तथा इसके द्वारा आध्यात्मिक साधना, धर्म-प्रचार, मानव-सेवा एवं शिक्षा के क्षेत्र में क्रान्तिकारी कार्य हो रहा है। इनका विस्तृत परिचय हम आगे अलग अध्याय में दे रहे हैं। वस्तुत: इस संस्था के साथ लाखों व्यक्ति सम्बद्ध हैं जो बाबा के धर्म स्थापना के कार्यक्रम में पूरी तरह लगे हुए हैं।

(4) विद्यालयों की स्थापना—बाबा ने बच्चों और युवकों को धार्मिक संस्कार प्रदान करने के लक्ष्य से अनेक ऐसी शिक्षण संस्थायें स्थापित करवाई हैं जिनमें विभिन्न

विषयों की शिक्षा के साथ-साथ धार्मिक व आध्यात्मिक संस्कार भी प्रदान किये जाते हैं। इस दृष्टि से सन् 1963 में पुट्टपर्ती में ही 'वेद पाठशाला' की स्थापना की जिसमें बच्चों को वेदों का अध्ययन अत्यन्त शुद्ध एवं प्रामाणिक रूप में करवाया जाता है। इसके अनन्तर क्रमशः अनेक विद्यालय और महाविद्यालय देश के विभिन्न भागों में स्थापित हुए हैं जिनमें निम्नलिखित उल्लेखनीय हैं—

(1) श्रीमती ईश्वरम्मा हाईस्कूल, प्रशान्ति निलयम्।

(2) श्री सत्य साई विद्याविहार, माशाह टैंक रोड, हैदराबाद (आंध्र)।

(3) श्री सत्य साई कालेज ऑफ आर्ट्स एण्ड साइन्स फॉर वीमैन, अनन्तपुर (आन्ध्र)।

(4) श्री सत्य साई कालेज ऑफ आर्ट्स, साइन्स एण्ड कामर्स, ह्वाइटफील्ड, बंगलौर।

(5) श्री सत्य साई हाईस्कूल, मुदद्नाहली, कर्नाटक।

(6) श्री सत्य साई केन्द्रीय विद्यापीठ, श्रीशैलम् (केरल प्रदेश)

(7) श्री सत्य साई आर्ट्स एण्ड साइन्स कालेज (महिला कालेज), बी० सेक्टर पिपलानी, भोपाल (मध्य प्रदेश)।

(8) श्री सत्य साई कालेज ऑफ आर्ट्स फार वीमन, सेक्टर नं० 2 के पीछे, जवाहर नगर, जयपुर (राजस्थान)।

(9) श्री सत्य साई स्कूल, राजमहल के समीप, जामनगर (गुजरात)।

(10) प्रशान्ति विद्या मंदिर, विज्ञान नगर, कोटा (राजस्थान)।

इनके अतिरिक्त सन् 1982 में पुट्टपर्ती में एक विश्वविद्यालय की भी स्थापना हुई है जिसका नाम 'श्री सत्य साई इन्स्टिच्यूट ऑफ हायर लरनिंग' है। इस प्रकार इन संस्थाओं के द्वारा उच्च कोटि की शिक्षा के साथ-साथ धार्मिक जागरण का कार्य भी सम्पन्न हो रहा है।

(5) सर्व धर्म-संरक्षण— यद्यपि बाबा ने वैदिक धर्म को केन्द्रीय धर्म और सनातन धर्म को सबसे पुराना धर्म मानते हुए उसके प्रचार-प्रसार पर विशेष बल दिया है किन्तु इसके साथ ही उन्होंने अन्य धर्मों के अनुयायियों को भी अपना संरक्षण प्रदान किया है। जैसा कि बाबा ने घोषित किया है कि सभी धर्म मूलतः एक-दूसरे से सम्बद्ध हैं तथा उनमें मूलतः कोई अन्तर नहीं है। अतः सभी धर्मों की रक्षा होनी चाहिए। इसलिए अन्य धर्मावलम्बियों को वे अपना धर्म छोड़कर हिन्दू धर्म या सनातन धर्म ग्रहण करने का निर्देश नहीं देते अपितु वे उन्हें अपने-अपने धर्म में दृढ़ आस्था बनाये रखने के लिए ही प्रेरित करते हैं। यही कारण है कि बाबा के अनुयायियों में हिन्दू, मुस्लिम, सिख, ईसाई, बौद्ध, पारसी आदि सभी धर्मों के लोग हैं। बाबा के धर्म-स्तम्भ में विश्व के पाँच प्रमुख धर्मों के चिह्न अंकित हैं। 'प्रशान्ति निलयम्' के सभा भवन में भी सभी प्रमुख धर्मों के प्रवर्तकों के चित्र सज्जित हैं। 'प्रशान्ति निलयम्' में गाये जाने वाले भजनों में भी विभिन्न अवतारों और पैगम्बरों से सम्बन्धित भजन गाये जाते हैं।

जिस प्रकार बाबा सनातन धर्म के विभिन्न पूजा स्थलों एवं तीर्थ-स्थानों के सुधार एवं विकास में योग दे रहे हैं वैसे ही वे अन्य धर्मों के लिए भी आवश्यकतानुसार कार्य कर रहे हैं। उदाहरण के लिए पुट्टपर्ती में कोई मस्जिद न होने के कारण वहाँ के मुसलमानों को नमाज पढ़ने के लिए प्रतिदिन 3-4 किलोमीटर दूर जाना पड़ता था। बाबा ने उनकी इस कठिनाई को अनुभव करते हुए स्वयं प्रेरित होकर वहाँ एक मस्जिद बनवायी और मस्जिद के मुल्लाओं को भी लॉकेट सृजित करके दिये जिन पर 'अल्लाह' का नाम अंकित था। जब उनके मुस्लिम अनुयायी उनसे कोई मंत्र या ताबीज माँगते हैं तो वे उन्हें अल्लाह का मंत्र या ताबीज देते हैं। इसी प्रकार उन्होंने अपने ईसाई भक्तों को ईसा के अनेक चित्र एवं क्रास सृजित करके दिये हैं। यहाँ यह भी उल्लेखनीय है कि प्रतिवर्ष बड़े दिनों में बाबा के आश्रम में ईसामसीह का जन्म-दिन मनाया जाता है जिसमें ईसामसीह की महिमा के गीत गाये जाते हैं तथा इसमें बाबा पूरे उत्साह से भाग लेते हुए ईसा के व्यक्तित्व एवं सन्देश की महत्ता पर प्रकाश डालते हैं। इतना ही नहीं उन्होंने अपनी दिव्य शक्ति के बल से ईसामसीह के जीवन से सम्बन्धित अनेक ऐसे तथ्यों का उद्घाटन किया है जो कि अब तक ईसाई-जगत् को ज्ञात नहीं थे या जिनके सम्बन्ध में विवाद था। बाबा ने बताया है कि ईसामसीह अपनी युवावस्था में भारत आये थे तथा कई वर्षों तक यहाँ रहे थे। ईसा को शूली पर लटका दिये जाने के बाद भी वे पुनः जीवित होकर भारत लौट आये थे तथा जीवन के अन्तिम क्षणों के समय वे श्रीनगर (कश्मीर) में थे, जहाँ उनकी समाधि अब भी बनी हुई है। ईसामसीह का वास्तविक चित्र भी बाबा ने सृजित किया है। इसी प्रकार बाबा के कई भक्त बौद्ध मत और पारसी मत के अनुयायी हैं। वे उनके भी धार्मिक समारोहों में भाग लेकर उनका उत्साह-वर्द्धित करते हैं।

इससे स्पष्ट है कि बाबा का कार्यक्रम किसी एक धर्म को पुष्ट करना या किसी नये धर्म का प्रवर्तन करना नहीं है, अपितु सभी मनुष्यों की अपने-अपने धर्मों के प्रति आस्था को दृढ़ करना है, जिससे कि समस्त विश्व में धर्म की स्थापना हो। उनके विचार से विभिन्न धर्मों के बाह्य विधि-विधानों में अन्तर है किन्तु उनके मूल आधार एक ही हैं। प्रत्येक धर्म ईश्वर के किसी-न-किसी नाम या रूप को लेकर चलता है। ये नाम और रूप बाह्य दृष्टि से एक-दूसरे से अलग दिखाई पड़ते हैं किन्तु मूल तत्व एक ही है। अस्तु, बाबा जहाँ विभिन्न धर्मों की एकता का प्रतिपादन करते हुए धार्मिक भावना को दृढ़ करने में लगे हुए हैं, वहाँ वे आज के भौतिकतावादी मनुष्य को, जो कि वैज्ञानिक प्रगति को देखकर प्रकृति को ही सब-कुछ समझने लग गया है तथा भगवान से विमुख हो गया है, उसे अपने आत्म-स्वरूप का बोध प्रदान करके उसे सही रास्ते पर लाने में लगे हुए हैं जिससे कि उसकी दिव्य चेतना का जागरण हो सके। वस्तुतः मानव जाति को धर्म एवं अध्यात्म में प्रवृत्त करके उसकी दिव्य शक्ति को जगाते हुए, उसे 'महाभारत' के विकास की मंजिल तक पहुँचाना ही इस अवतार का उद्देश्य है जिसकी पूर्ति विभिन्न कार्यक्रमों के माध्यम से हो रही है।

7. श्री सत्य साई सेवा-संगठन

'मनुष्य को अपने भीतर विद्यमान दिव्य स्फुलिंग को एक ऐसे प्रकाश-पुंज में विकसित करना है जो व्यक्ति एवं समाज को दिव्य प्रेम की ज्योति से आलोकित कर दे। इसके लिए सबसे पहला कदम तो यह है कि वह स्वार्थ एवं लोभ पर आधारित हिंसा का बहिष्कार करे। अपनी अन्तरात्मा में विद्यमान ईश्वर या परम सत्य का साक्षात्कार व बोध प्राप्त करने के लिए उसे अपने कुविचारों, बुरी आदतों, कुकर्मों एवं दुष्प्रवृत्तियों से भी छुटकारा प्राप्त करना है। 'श्री सत्य साई सेवा-संगठन' का काम इन विचारों को अलंकृत भाषा एवं ललित शैली में प्रस्तुत करते हुए मौखिक उपदेश देना नहीं है अपितु उन्हें कार्यान्वित करके एक ऐसा उदाहरण प्रस्तुत करना है जिससे लोगों का उनमें विश्वास और आस्था जाग सके तथा वे अपने लक्ष्य की प्राप्ति के लिए आगे बढ़ सकें।''

—श्री सत्य साई बाबा

'श्री सत्य साई सेवा-संगठन' का गठन मानव की दिव्य चेतना जागृत करने के महान् संकल्प की पूर्ति के निमित्त किया गया है जिसका आधार आध्यात्मिक है। कुछ लोगों द्वारा समझा जाता है कि आध्यात्मिक कार्यों के लिए किसी संगठन या समिति की स्थापना उचित नहीं है किन्तु ऐसा सोचना ठीक नहीं। देश-काल की परिस्थितियाँ बदलती रहती हैं अतः किसी भी कार्यक्रम के आयोजन की पद्धतियाँ भी परिस्थितियों के परिवर्तन के अनुसार बदलती रहती हैं। पुराने युगों में प्रचार-प्रसार के वे साधन उपलब्ध नहीं थे जो कि आधुनिक युग में हैं। स्वामी शंकराचार्य को अपने सिद्धान्तों का प्रचार करने के लिए समस्त भारत में पैदल यात्रा करनी पड़ी, किन्तु आज के युग में इतने साधन उपलब्ध हैं कि किसी भी सिद्धान्त या विचार को कुछ ही क्षणों में विश्व के एक छोर से दूसरे छोर तक पहुँचाया जा सकता है। अतः किसी भी कार्य के लिए उचित साधन और माध्यम का उपयोग करना अनुचित नहीं है। संगठन आज के युग में उच्चकोटि का साधन या माध्यम है।

स्वयं श्री सत्य साई बाबा ने भी इस सम्बन्ध में कहा है कि ''इससे पूर्व कभी भी इस प्रकार से कोई ऐसा आन्दोलन संगठित रूप में नहीं चलाया गया जैसा कि सत्य साई सेवा-संगठन है। यदि हम समस्त मानवता को इस आन्दोलन में सम्मिलित करना चाहते हैं और उसे मुक्त करना चाहते हैं तो उसके लिए ऐसा विश्व-व्यापी आन्दोलन आवश्यक है। जब तक लोग अलग-अलग बिखरे रहते हैं तब तक उनकी शक्ति का उपयोग पूरी तरह नहीं हो पाता किन्तु जब वे संगठित होकर कार्य करते हैं तो उससे लक्ष्य की पूर्ति में सफलता मिलती है। उदाहरण के लिए वर्षा की एक-एक बूँद जब अलग-अलग रूप में बिखरी रहती है तो वह वहीं सूखकर लीन हो जाती है। किन्तु जब बहुत सी बूँदें सम्मिलित होकर किसी निर्झर, स्रोत या सरिता का रूप धारण कर

लेती हैं तो वे अपने लक्ष्य समुद्र तक पहुँच सकती हैं। इसलिए कहा भी गया है कि संगठन में शक्ति है।

सत्य साई सेवा-संगठन के द्वारा अब तक जो कार्य हुए हैं वे इस तथ्य को प्रमाणित करते हैं कि किस प्रकार संगठन के माध्यम से विभिन्न क्षेत्रों में व्यापक एवं ठोस कार्य किया जा सकता है।

संगठन का विकास क्रम— यद्यपि श्री सत्य साई संगठन के द्वारा समाज-सेवा का कार्यक्रम बहुत पहले आरम्भ हो गया था किन्तु संगठन की विधिवत् स्थापना सन् 1965 में हुई, जबकि 'श्री सत्य साई सेवा समिति' के नाम से इसका पंजीकरण करवाया गया। इसके दो वर्ष बाद ही अर्थात् सन् 1967 में इस समिति को व्यापक रूप देते हुए इसे अखिल भारतीय सेवादल के रूप में विकसित किया गया। इसके अनन्तर सन् 1968 में देश-विदेश के सभी साई संगठनों का प्रथम विश्व सम्मेलन किया गया। इसके अनन्तर प्रत्येक वर्ष संगठन के विभिन्न अंगों का अखिल भारतीय सम्मेलन एवं प्रत्येक तीन वर्ष या पाँच वर्ष बाद विश्व सम्मेलनों का आयोजन होता रहा। सन् 1975 में जबकि सातवें अखिल भारतीय सम्मेलन तथा द्वितीय विश्व सम्मेलन का आयोजन एक साथ हुआ तो इसमें यह निर्णय लिया गया कि संगठन को विश्व-व्यापी रूप देते हुए 'विश्व सत्य साई परिषद्' के रूप में गठित किया जाये। इस प्रकार क्रमशः यह संगठन दिनों-दिन अधिक व्यापक होता गया और आज यह एक विश्व-व्यापी संगठन के रूप में विकसित है। भारत के प्रत्येक राज्य में ही नहीं अपितु जिले एवं उसके विभिन्न नगरों में इसकी शाखायें व प्रशाखायें हैं। साथ ही विश्व के 36 देशों में भी इसके केन्द्र हैं। इस प्रकार समस्त विश्व में लगभग 5 हजार केन्द्रों में लाखों व्यक्ति विभिन्न रूपों में इससे जुड़े हुए हैं जो कि सत्य साई द्वारा निर्देशित विभिन्न कार्यक्रमों को कार्यान्वित करने में लगे हुए हैं।

उद्देश्य— श्री सत्य साई सेवा-संगठन के उद्देश्यों पर प्रकाश डालते हुए प्रोफेसर के० सी० सचदेवा ने, जो कि इस संगठन के सचिव भी हैं, लिखा है कि "यह संगठन न तो किसी नये धर्म के प्रवर्तन या स्थापना के लिए है और न ही कोई सामाजिक आन्दोलन है अपितु यह विशुद्ध आध्यात्मिक आन्दोलन है जिसका लक्ष्य मनुष्य की अन्तर्निहित दिव्यता को जागृत करना है। यह संगठन सभी प्रकार के धार्मिक आडम्बरों, बाह्य विधि-विधानों एवं साम्प्रदायिक मतभेदों को अमान्य करता है। इस संगठन के अनुसार सभी मनुष्य चाहे वे किसी भी जाति, धर्म, राष्ट्र या वर्ण से सम्बन्धित हों इसके सदस्य बन सकते हैं।"[1]

श्री सत्य साई बाबा ने इस संगठन के महान् उद्देश्य पर प्रकाश डालते हुए कहा है—"सत्य साई सेवा समिति का मुख्य उद्देश्य और लक्ष्य जिस पर वह जीवित और

---

1. संगठन के उद्देश्य एवं घोषणा-पत्र के सम्बन्ध में संगठन का चार्टर देखिए (परिशिष्ट 'ख')।

स्पन्दित है वह एकात्मक चेतना है जो समान रूप में सबमें व्याप्त है। वह प्रथम एकता है जो सबको एक सूत्र में बाँधे हुए है" इस प्रकार इस संगठन का लक्ष्य समस्त मानव जाति में केवल बाह्य एकता का प्रचार करना ही नहीं है अपितु उसे आन्तरिक मूलभूत एकता या आत्मिक एकता का भी बोध प्रदान कराना है। यह आत्मिक एकता न केवल सांसारिक दृष्टि से महत्वपूर्ण है अपितु आध्यात्मिक दृष्टि से भी महत्वपूर्ण है क्योंकि अध्यात्म के अनुसार—आत्मा-परमात्मा की एकता का अर्थ है सृष्टि के सभी प्राणियों में एक ही सत्ता का साक्षात्कार करना। इसलिए बाबा के सभी कार्यक्रम चाहे स्थूल दृष्टि से हमें विभिन्न प्रकार के दिखाई पड़ते हों किन्तु उन सबका लक्ष्य एक ही है, और वह है—मानव की मूलभूत दिव्य चेतना या आत्म-चेतना को जागृत करना। बाबा ने यह भी कहा है कि वे केवल उपदेश देने में विश्वास नहीं करते, उनके विचारानुसार जो भी कहा जाता है उसे क्रियान्वित भी करना चाहिए। इसलिए बाबा के द्वारा दिये गये निर्देशों एवं उपदेशों को कार्यान्वित करने के उद्देश्य से ही इस संगठन की स्थापना की गयी है।

संगठन के पाँच अवयव—बाबा के विभिन्न कार्यक्रमों को कार्यान्वित करने के उद्देश्य से इस संगठन को पाँच अंगों में विभक्त किया गया है, जो इस प्रकार हैं (1) सेवा समिति, (2) महिला विभाग, (3) सेवादल, (4) बाल-विकास और (5) भजन-मंडली। इनका परिचय आगे क्रमश: दिया जाता है।

(1) श्री सत्य साई सेवा समिति

श्री सत्य साई सेवा-संगठन विभिन्न समितियों में विभक्त है। प्रत्येक गाँव, शहर या नगर में जहाँ भी बाबा के भक्तों या अनुयायियों का समूह है, उसे एक सेवा समिति के रूप में गठित किया गया है। स्थानीय समितियाँ अपने जिले की समिति से और विभिन्न जिलों की समितियाँ अपने राज्य की समिति से सम्बद्ध होती है। प्रत्येक राज्य या प्रदेश की समिति का एक अध्यक्ष होता है जिसे 'स्टेट प्रेसिडेन्ट' या 'राज्य अध्यक्ष' कहते हैं। वही अन्य पदाधिकारियों के सहयोग से अपने-अपने राज्य या प्रदेश की समितियों का संचालन करता है। विभिन्न राज्यों की समितियाँ भी श्री सत्य साई सेवा-संगठन की केन्द्रीय समिति से जुड़ी हुई रहती हैं। इस प्रकार केन्द्रीय समिति के सभी निर्देशों का पालन जिला समितियाँ और जिला समिति के निर्देशों का पालन स्थानीय समितियाँ करती हैं।[1]

समिति का सदस्य बनने के लिए कुछ योग्यताएँ भी निर्धारित की गई हैं। चाहे जिस व्यक्ति को समिति का सदस्य नहीं बनाया जा सकता। जो लोग धार्मिकता और आध्यात्मिकता में रुचि रखते हों और जिनका लक्ष्य साधना के द्वारा आत्म सुधार करने का हो उन्हें ही समिति का सदस्य बनाया जा सकता है। संगठन का लक्ष्य मनुष्य की

---

1. अब संगठन के ढाँचे में कुछ परिवर्तन करते हुए 'राज्य अध्यक्ष' एवं अन्य कुछ पदों को समाप्त कर दिया गया है तथा उनके स्थान पर प्रान्तीय संयोजन नियुक्त किये गये हैं।

दिव्य चेतना को जागृत करना है अत: इस लक्ष्य की पूर्ति के लिए समिति के सदस्यों के लिए नौ नियमों का पालन आवश्यक माना जाता है। ये नियम निम्नलिखित हैं—

(1) जप और ध्यान— समिति के नियमानुसार उसके प्रत्येक सदस्य को कोई-न-कोई आध्यात्मिक साधना नियमित रूप में करनी चाहिए। इन साधनाओं में जप और ध्यान का विशेष स्थान है। जप और ध्यान की पद्धतियों पर बाबा ने अपने प्रवचनों में विस्तार से प्रकाश डाला है। वस्तुत: जप से ही मनुष्य में भक्ति का और ध्यान से चेतना का विकास होता है तथा इनके द्वारा आत्मानुभूति प्राप्त होती है।

(2) सामूहिक भजन एवं कीर्तन— जहाँ प्रत्येक सदस्य के लिए व्यक्तिगत रूप में प्रतिदिन जप एवं ध्यान आवश्यक है वहाँ सप्ताह में कम-से-कम एक बार सामूहिक भजन या कीर्तन में भी भाग लेना आवश्यक माना गया है। इस प्रकार का आयोजन अपने कुटुम्ब या परिवार के सदस्यों के साथ मिलकर किया जा सकता है।

(3) प्रत्येक सदस्य के लिए यह भी आवश्यक है कि वह संगठन द्वारा समय-समय पर निर्धारित एवं आयोजित होने वाले बाल-विकास सम्बन्धी कार्यक्रमों में अपने परिवार के बच्चों को भाग लेने का अवसर दे।

(4) प्रत्येक सदस्य के लिए संगठन द्वारा निर्देशित एवं आयोजित होने वाले समाज-सेवा सम्बन्धी सामूहिक कार्यक्रमों में भी भाग लेना आवश्यक है।

(5) भजन एवं नगर संकीर्तन— प्रत्येक सदस्य के लिए महीने में कम-से-कम एक बार संगठन द्वारा आयोजित भजन या नगर-संकीर्तन कार्यक्रम में भाग लेना आवश्यक माना गया है।

(6) सदस्यों के लिए साई-साहित्य का नियमित रूप से अध्ययन भी आवश्यक है।

(7) उन्हें दूसरे लोगों से धीमे एवं मधुर स्वर में ही संभाषण करना चाहिए।

(8) किसी की भी निंदा या बुराई नहीं करनी चाहिए विशेषकर उसकी अनुपस्थिति में, और दूसरों के अवगुणों या दोषों पर विचार करने की अपेक्षा अपने अवगुणों और दोषों का चिन्तन करना चाहिए।

(9) नारायण सेवा— धनहीन, गरीब या असहाय व्यक्ति को भोजन करवाना ही 'नारायण-सेवा' है। अत: प्रत्येक सदस्य को अपनी क्षमता के अनुसार गरीबों को भोजन करवाना चाहिए। इसके लिए यदि कोई व्यक्ति समर्थ नहीं है तो वह मुट्ठी भर अनाज या आटा अथवा चावल-दाल आदि बचाकर प्रतिदिन किसी अलग बर्तन में डालकर इकट्ठा कर सकता है और इस प्रकार एकत्रित अनाज को प्रति सप्ताह या मास गरीबों में वितरित कर देना चाहिए।

इस प्रकार साई भक्तों के लिए या समिति के सदस्यों के लिए साधना के उपर्युक्त नौ नियम आवश्यक माने गये हैं।

साई केन्द्र— जहाँ भारत के प्रदेशों में संगठन की प्रत्येक शाखा को 'श्री सत्य साई सेवा समिति' कहा जाता है, वहाँ विदेशों में इसे 'श्री सत्य साई-सेन्टर' या 'श्री सत्य साई-केन्द्र' की संज्ञा दी गई है। प्राय: विश्व के सभी प्रमुख देशों में साई-केन्द्र स्थापित हो चुके हैं। प्रत्येक देश के साई-केन्द्रों की व्यवस्था एवं क्रिया-कलापों के संचालन के लिए प्रत्येक देश या राष्ट्र का अलग-अलग अध्यक्ष है जो कि अन्य पदाधिकारियों के सहयोग से कार्य करता है। विश्व के विभिन्न देशों के श्री सत्य साई संगठनों के संचालन एवं उनके क्रिया-कलापों के समन्वय के लिए 'श्री सत्य साई संगठनों की विश्व-परिषद्' गठित की गई है, जिसका केन्द्रीय कार्यालय प्रशान्ति निलयम् में है।

समितियों को सामान्य निर्देश— सत्य साई बाबा इन समितियों को सम्यक् रूप में संचालित करने के लिए समय-समय पर अपने प्रवचनों में निर्देश देकर इनका मार्ग दर्शन करते रहते हैं। उदाहरण के लिए सन् 1968 में आयोजित प्रथम विश्व सम्मेलन के अवसर पर बाबा ने समितियों एवं केन्द्रों के कार्यक्रमों के सम्बन्ध में अनेक महत्वपूर्ण निर्देश दिये थे जिनमें से कुछ का उल्लेख यहाँ किया जा रहा है।

(1) भजन— बाबा ने भजन या कीर्तन पर सर्वोपरि बल देते हुए कहा है कि भजन एक ओर तो ईश्वर-भक्ति का साधन है तथा दूसरी ओर वह व्यक्ति के अहंकार और उसके अन्य विकारों को भी नष्ट करता है। इसलिए उन्होंने प्रत्येक समिति को निर्देश दिया है कि वह अपने गाँव या क्षेत्र में जितनी बार भी भजन का आयोजन कर सके, करना चाहिए। 'इसका आयोजन ऐसे स्थान पर करें जहाँ लोग अधिक संख्या में एकत्रित हो सकें, लोगों के घर पर नहीं क्योंकि वहाँ सब नहीं आ सकते। भजन का कार्यक्रम बृहस्पतिवार या रविवार की सायंकाल को रखना श्रेष्ठ है किन्तु यह कोई अपरिहार्य नियम नहीं है। लोगों की सुविधा को ध्यान में रखते हुए किसी अन्य दिन भी रखा जा सकता है। वास्तव में भजन के लिए महत्व किसी विशेष दिन का नहीं होता अपितु मन की भावना का होता है। हृदय में उत्सुकता, प्रेम और लगन होनी चाहिए जो हर समय भगवान के नाम और यशोगान के आनन्द का पान करने के लिए तैयार रहे।'

भजन के समय किन-किन बातों का ध्यान रखना चाहिए इसकी ओर भी बाबा ने संकेत किया है। एक तो यह कि भजनों में स्थान-विशेष के लोगों का ध्यान रखना चाहिए। भजन के कार्यक्रम में किस प्रकार के भजन गाने चाहिए? क्या वे ही भजन गाये जायें जो कि बाबा के आश्रम में (पुट्टपर्ती में) गाये जाते हैं? इसका उत्तर देते हुए बाबा ने स्पष्ट किया है कि यह आवश्यक नहीं है कि जो भजन आश्रम में गाये जाते हैं उन्हीं का गान किया जाये। सभी नाम भगवान के नाम हैं इसलिए सभी भजन गाये जा सकते हैं। इस बात पर भी बल नहीं देना चाहिए कि केवल सत्य साई के नाम से सम्बद्ध ही भजन गाये जायें। राम, कृष्ण, नानक, ईसा, अल्लाह आदि जो भी भगवान के रूप हैं उन सभी से सम्बन्धित भजन गाये जा सकते हैं। इसीलिए बाबा ने स्पष्ट निर्देश दिया है कि 'जो लोग भगवान के अन्य अवतारों, रूपों या नामों का पूजन करते हैं उनके साथ भी

सहयोग करो। उनमें सम्मिलित होओ, जिससे यह प्रकट हो जाये कि तुम्हारा दृष्टिकोण व्यापक है और तुम मुझे सभी नामों और रूपों में देखते हो और यह मानते हो कि साई सब नामों और रूपों में विद्यमान हैं।"

(2) ध्यान—यद्यपि बाबा के प्रत्येक अनुयायी, साधक या समिति के सदस्य से यह अपेक्षा की जाती है कि वह नियमित रूप से ध्यान करे। किन्तु यह ध्यान व्यक्तिगत साधना के रूप में होता है। बाबा ने निर्देश दिया है कि व्यक्तिगत ध्यान के अतिरिक्त समितियों के द्वारा सामूहिक ध्यान का भी आयोजन किया जाना चाहिए। सामान्यत: भजनों के कार्यक्रम के बाद ही ध्यान का कार्यक्रम रखा जा सकता है। इसके अन्तर्गत वे सभी लोग जिनकी ध्यान में रुचि हो एकत्रित होकर ध्यान की साधना कर सकते हैं। सर्वप्रथम ओंकार के जाप और मन को एकाग्र करने का प्रयास करना चाहिए। इसके अनंतर 10-15 मिनट तक ध्यान किया जा सकता है। यदि सम्भव हो तो ध्यान पूजा के दीपक की लौ पर किया जा सकता है। इससे ध्यान करने वालों की अन्तर्चेतना प्रकाशित होती है। ध्यान से प्राप्त होने वाले लाभों का उल्लेख करते हुए कहा गया है कि ध्यान से मन का नियंत्रण तथा चित्त की वृत्तियों का निग्रह हो जाता है। सामूहिक ध्यान घर पर किये जाने वाले व्यक्तिगत ध्यान को भी आधारभूमि प्रदान करता है जिससे उसमें क्रमश: अधिक आनन्द आने लगता है। इसलिए बाबा ने कहा है कि 'सत्य साई संगठन के प्रत्येक सदस्य के लिए ध्यान एक अनिवार्य और अपरिहार्य साधना है जिस पर अधिकाधिक बल दिया जाना चाहिए।'

(3) अध्ययन केन्द्र—सत्य साई समितियों के द्वारा अपने-अपने क्षेत्रों में अध्ययन-केन्द्रों की भी स्थापना की जाती है। इन केन्द्रों में एक ओर तो आध्यात्मिक साहित्य उपलब्ध करवाया जाता है तो दूसरी ओर समय-समय पर अनुभवी साधकों व विद्वानों के प्रवचनों का आयोजन करवाया जाता है। वस्तुत: अध्ययन से ही साधकों को ज्ञान की उपलब्धि होती है तथा उनकी वृत्तियों का संस्कार होता है। जहाँ सामूहिक अध्ययन केन्द्र की व्यवस्था न हो वहाँ सदस्यों को अपने-अपने घरों में भी अपनी क्षमता के अनुसार छोटा या बड़ा पुस्तकालय रखना चाहिए जिसमें चुनी हुई महत्वपूर्ण पुस्तकें हों।

कुछ लोग बिना सोचे-समझे जो भी पुस्तक उनके हाथ लग जाती है उसका अध्ययन करने लगते हैं, यह ठीक नहीं है। जहाँ अच्छी पुस्तकें हमें अच्छे विचार प्रदान करती हैं वहाँ बुरी पुस्तकें हमारे मन में कुविचार उत्पन्न कर सकती हैं। इसलिए बाबा ने कहा है कि 'पुस्तकों को बिना किसी सोच-विचार के वैसे ही पढ़ते रहने के पक्ष में मैं नहीं हूँ चाहे कोई पुस्तक कितनी भी मूल्यवान क्यों न हो।' यहाँ हमें यह समझना चाहिए कि कई बार कम पढ़ने से अधिक पढ़ना कहीं अधिक घातक सिद्ध होता है क्योंकि अधिक पढ़ने से मन में कई प्रकार की शंकायें उत्पन्न हो जाती हैं और मन दूषित हो जाता है। इसलिए बाबा कहते हैं, 'बहुत अधिक पढ़ने से मन में ऊहापोह होने लगती है, तर्क करने की शक्ति बढ़ जाती है और ज्ञानवान होने का

अभिमान पैदा हो जाता है। इसीलिए मैं तो इस बात पर बल देता हूँ कि जो कुछ पढ़ा जाये और समझा जाये उसे व्यवहार में लाना चाहिए चाहे वह एक बात हो या बीस बातें। फिर आपको यह बात भी याद रखनी चाहिए कि पुस्तकें संकेत देती हैं, मार्ग दिखाने का कार्य करती हैं किन्तु उनके अनुसार मार्ग पर चलने का कार्य तो स्वयं को ही करना पड़ता है। इसलिए पुस्तकें केवल पढ़ने के लिए ही नहीं पढ़ी जानी चाहिए अपितु उन्हें समझकर जीवन में उतारना चाहिए। इसलिए बहुत अधिक पुस्तकें अपने पास रखना या पढ़ना कोई बहुत बड़ी उपलब्धि नहीं है। बाबा के शब्दों में, 'जैसे किसी की अलमारी में दवाइयों और टानिकों की बड़ी-बड़ी शीशियाँ, डिब्बे, कैप्सूल आदि हों तो इससे उस व्यक्ति के रोगी होने का संकेत मिलता है उसी प्रकार घर में अधिक पुस्तकें होने से उसके बौद्धिक रोगी या व्यसनी होने का संकेत मिलता है।''

बाबा ने यह भी निर्देश दिया है कि पुस्तकों के अध्ययन का कार्यक्रम भजनों के साथ नहीं रखना चाहिए। पुस्तकों अथवा उनके उद्धरणों को पढ़ना किसी अन्य अवसर पर उपयुक्त हो सकता है किन्तु भजन के पहले या बाद में ठीक नहीं रहता।

अन्य निर्देश—उपर्युक्त निर्देशों के अतिरिक्त भी बाबा ने समितियों के सदस्यों एवं पदाधिकारियों को अनेक महत्वपूर्ण निर्देश देते हुए कहा कि 'सत्य साई सेवा संगठन' सेवा और प्रेम पर आधारित है, अत: सभी सदस्यों और पदाधिकारियों को इन भावनाओं से प्रेरित होकर ही संगठन के कार्य में लगना चाहिए। जो लोग पैसा देकर समितियों में स्थान प्राप्त करने के लिए अथवा अपना नाम ऊँचा करने या यश-प्राप्ति के लिए प्रवेश लेना चाहते हैं उन्हें प्रवेश देने का बाबा ने निषेध किया है।

बाबा ने इस बात पर भी बल दिया है कि संगठन के सभी पदाधिकारियों को स्वयं साधना करनी चाहिए। जब वे स्वयं साधना करेंगे तब ही उनके द्वारा दूसरे सदस्यों को साधना करने की प्रेरणा मिलेगी। दूसरे, समिति के अधिकारियों को अपने अधिकार जताने का प्रयास नहीं करना चाहिए। समिति के प्रत्येक अधिकारी को यह समझना चाहिए कि वह भगवान का सेवक है तथा भगवान के ही कार्य का निमित्त मात्र है। उन्हें ऐसा भी कोई कार्य नहीं करना चाहिए जिससे कि समुदाय में मतभेद या विचार-भेद उत्पन्न हो। बाबा के शब्दों में जब थोड़े से भी मतभेद उत्पन्न हो जाते हैं तो कुछ लोग उसे तिल का ताड़ बना देते हैं, जिसका परिणाम बहुत घातक होता है व इससे संगठन में एकता के स्थान पर विघटन की प्रक्रिया आरम्भ हो जाती है। अत: जिस संगठन का निर्माण विश्व में व्याप्त एक ही सत्य का साक्षात्कार करने के लिए हुआ है उसमें पारस्परिक मतभेद, दलबन्दी या विघटन का होना विडम्बना है तथा यह मूल उद्देश्य के प्रतिकूल है। इसके लिए आवश्यक है कि विभिन्न सदस्य एवं पदाधिकारी अपने विभिन्न विचारों, इच्छाओं और भावनाओं को नियंत्रित रखें।

श्री सत्य साई बाबा का यह भी महत्वपूर्ण सुझाव है कि समितियों के पदाधिकारियों को किसी भी कार्य के लिए चन्दा या पैसा एकत्रित करने का प्रयास नहीं करना चाहिए। उन्हीं के शब्दों में, ''मैं आपके किसी भी ऐसे विचार का समर्थक नहीं

हूँ जहाँ धन एकत्रित करने की योजना बनायी जा रही हो। मुझे यह बिलकुल पसन्द नहीं कि पहले धन एकत्रित करने के लिए चन्दा करो या सूचियाँ बनाकर घर-घर फिरो। मैं आपको विश्वास दिलाता हूँ कि यदि आप सत्य, निष्ठा और लगन के साथ अच्छे कार्य करें और उसकी पूर्ति के लिए प्रार्थना करें तो आवश्यक धन आपको कहीं-न-कहीं से प्राप्त हो ही जायेगा।'' इसलिए बाबा ने इस बात का भी निर्देश दिया है कि समिति में किसी व्यक्ति को इसलिए सदस्य या पदाधिकारी मत बनाओ कि वह धनवान है और पैसा देकर समिति की सहायता कर देगा। हाँ, यदि उसमें दूसरे गुण हों तो दूसरी बात है।

वस्तुत: साधना या आध्यात्मिक साधना सम्बन्धी कार्यक्रमों में धन की अपेक्षा नहीं होती। धन की आवश्यकता वहाँ पड़ती है जहाँ लोगों को प्रभावित करने के लिए बहुत तड़क-भड़क, दिखावा या आडम्बर किया जाता है। इसलिए बाबा ने इन सबका विरोध करते हुए कहा है कि ''बड़े लोगों की ऐसी भीड़ एकत्रित करने की आवश्यकता नहीं जिसे देखकर दूसरे लोग प्रभावित हों। साज-सजावट पर भी अधिक खर्च करना ठीक नहीं। व्यर्थ के आडम्बर भी अनुचित हैं। वस्तुत: इतिहास बताता है कि जो लोग धन एकत्रित करके व्यर्थ के आडम्बरों में पड़े हैं उनका शीघ्र ही पतन हो गया है—इसी तथ्य को ध्यान में रखते हुए बाबा ने सत्य साई समितियों को स्पष्ट रूप में निर्देश दिया है कि धन सब झगड़ों की, मतभेदों की और अविश्वासों की जड़ है। धन को गौण समझो, बिल्कुल पीछे रखो। अधिक महत्व मत दो। प्रेम, विनम्रता, वैराग्य और सेवा को ही अपनी असली दौलत या निधि समझो। इसी के द्वारा तुम्हें ईश्वर की प्राप्ति हो सकेगी।''

(2) महिला विभाग

बाबा आध्यात्मिक दृष्टि से यह आवश्यक समझते हैं कि सार्वजनिक क्षेत्रों में पुरुषों और महिलाओं को अलग-अलग रूप में कार्य करना चाहिए। इस सम्बन्ध में वे यहाँ तक दृढ़ हैं कि भजनों के कार्यक्रम के समय भी पुरुषों और महिलाओं को अलग-अलग स्थानों या पंक्तियों में बैठने का निर्देश देते हैं। एक बार कुछ विदेशी अनुय॥यियों ने बाबा से इस नियम में छूट देने की प्रार्थना की किन्तु बाबा ने इसे स्वीकार नहीं किया। चाहे स्वदेश हो या विदेश—यह नियम सभी पर समान रूप में लागू है। यह आध्यात्मिक अनुशासन का एक अंग है, अत: सभी अनुयायियों व साधकों पर लागू होता है। इसी दृष्टि से 'महिला विभाग' समितियों से अलग रूप में स्थापित किया गया है। जहाँ सामान्य समितियों के सदस्य पुरुष होते हैं वहाँ 'महिला-विभाग' में केवल महिलाएँ होती हैं। शेष बातों में दोनों में विशेष अन्तर नहीं। दोनों संगठन, नियम अनुशासन कार्यक्रम आदि की दृष्टि से समान हैं, यह दूसरी बात है कि महिलाओं की विशेष रुचि, प्रकृति, स्थिति एवं परिस्थितियों को ध्यान में रखते हुए उनका कार्यक्षेत्र एवं कार्य-प्रणाली थोड़ी भिन्न रहे। इसी तथ्य को ध्यान में रखते हुए 'बाल-विकास' कार्यक्रम के संचालन का भी उत्तरदायित्व महिला-विभाग को सौंप दिया गया था।

(3) सेवा दल

सत्य साई सेवा संगठन के विभिन्न कार्यक्रमों में सेवा को एक महत्वपूर्ण स्थान दिया गया है। जैसा कि भगवान् सत्य साई ने घोषित किया है—'सेवा व्यक्ति की एक आवश्यक साधना है। मनुष्य की सेवा भगवान की सेवा है तथा सेवा के द्वारा व्यक्ति को मोक्ष भी प्राप्त हो सकता है। इसलिए संगठन के सभी सदस्यों के लिए सेवा के कार्यक्रम में भाग लेना एक आवश्यक नियम के रूप में स्वीकार किया गया है। सेवा के कार्यक्रमों को भली प्रकार से नियोजित करने के लिए 'सेवा दल' की स्थापना की गई है। सेवा दल संगठन की एक अलग इकाई के रूप में कार्य करता है। सेवा दल के लक्ष्य एवं उद्देश्यों पर प्रकाश डालते हुए बाबा ने चौदह नवम्बर, 1975 को अखिल भारतीय सेवा दल के सदस्यों को सम्बोधित करते समय अनेक महत्वपूर्ण बातें कहीं हैं, जिनमें से कुछ का उल्लेख यहाँ किया जाता है।

सर्वप्रथम सेवा व्यक्ति के सत्वगुण की परिचायक है तथा वह उसके तमोगुण को नियंत्रित करती है। सामान्यतः व्यक्ति दूसरों के दु:खों के प्रति उदासीन रहता हुआ तमोगुण से आक्रान्त रहता है। रजोगुण के जागृत होने पर व्यक्ति सक्रिय तो हो जाता है किन्तु वह स्वार्थ, अहंकार, मिथ्याभिमान एवं लोभ से ग्रस्त हो जाता है जो कि उसके विचारों एवं भावों को भी प्रभावित करते हैं किन्तु सत्वगुण जागृत होने पर व्यक्ति समाज-सेवा, परोपकार एवं आध्यात्मिक साधना में प्रवृत्त होता है। इस प्रकार सेवा एक सात्विक एवं आध्यात्मिक वृत्ति मानी जाती है। सेवा को भगवान् का कार्य समझकर करना चाहिए और उसमें भी प्रेम मिश्रित रहना चाहिए। जब किसी भी सेवा कार्य में सहृदयता, सद्भावना अथवा प्रेम का भाव नहीं रहता तो वह सेवा सात्विक नहीं कही जा सकती।

बाबा के अनुसार मानव-सेवा ही माधव-सेवा है। वह अपने आप में एक ऐसी आध्यात्मिक साधना है जिसके द्वारा सभी मनुष्यों की एकता का बोध होता है। सेवा करते समय दूसरे व्यक्तियों को जिनकी सेवा की जा रही है, अपने से भिन्न नहीं समझना चाहिए। उन्हें अपने से अभिन्न मानना चाहिए क्योंकि हम सबमें एक ही सत्ता व्याप्त है तथा इस दृष्टि से सभी का परस्पर आत्मिक सम्बन्ध है। सेवा से मनुष्य की वृत्तियों का भी परिष्कार होता है। वह व्यक्ति के अहंकार का नाश करती है तथा उसमें विनम्रता का संचार करती है, इसलिए सेवा के साधकों के नौ आवश्यक नियमों में स्थान दिया गया है। सेवा करते समय साधक को ऊँच और नीच के विचार से मुक्त रहना चाहिए। जिसकी भी सेवा की जा रही हो उसे 'साई' या 'परमात्मा' का ही रूप मानना चाहिए। इसी प्रकार साधक को इस बात पर भी विचार नहीं करना चाहिए कि उसे किस प्रकार का कार्य सौंपा गया है? उच्चकोटि का या निम्न श्रेणी का। कुछ लोग इस बात से दु:खी होते हैं कि उन्हें ऐसा कार्य सौंपा गया है जिससे उन्हें बाबा से दूर रहना पड़ता है। ऐसा सोचना ठीक नहीं है। जो सेवा-कार्य में लगे हुए हैं वे सदैव बाबा के या भगवान् के निकट हैं।

सेवा के साथ अनुशासन की भावना भी आवश्यक है। सेवा एक महान् कार्य है और प्रत्येक महान् कार्य अनुशासन की भावना से प्रेरित एवं नियंत्रित होता है। इसके अतिरिक्त साधक को सेवा का भाव केवल सेवा करते समय ही नहीं अपितु उसके बाद भी प्रत्येक समय अनुभव करना चाहिए। कुछ लोग जब बैज या बिल्ला लगाकर स्वयंसेवक का कार्य करने के लिए ड्यूटी पर आते हैं तो उस समय वे पूरी तरह विनम्रता की मूर्ति बन जाते हैं किन्तु ज्योंही उनकी ड्यूटी समाप्त हो जाती है और वे अपना बैज या बिल्ला उतारकर रख देते हैं त्योंही वे भूल जाते हैं कि वे कभी स्वयंसेवक भी थे। ऐसा करना ठीक नहीं। एक सेवाभावी व्यक्ति चाहे वह सेवा के कार्य में लगा हुआ हो या न हो उसके मन में और उसके आचरण में सेवा का भाव सदैव विद्यमान रहना चाहिए।

कई बार यह पूछा जाता है कि सेवा से तात्कालिक लाभ क्या होगा? इसका उत्तर देते हुए बाबा ने कहा है कि सेवा का तात्कालिक लाभ तो प्रसन्नता या आनन्द है। सच्ची सेवा से सेवक को प्रसन्नता या आनन्द का अनुभव होता है—यही उसकी तात्कालिक उपलब्धि है किन्तु साथ ही इससे भगवान् की कृपा या अनुग्रह की भी प्राप्ति होती है, जो कि व्यक्ति के जीवन की सबसे बड़ी उपलब्धि है।

तीन श्रेणियाँ—सेवादल के कार्य को भी मुख्यतः तीन श्रेणियों में विभक्त किया गया है। एक, ग्रामीण-विकास सम्बन्धी कार्य। दूसरा, स्वास्थ्य सम्बन्धी कार्य और तीसरा, आर्थिक प्रगति सम्बन्धी कार्य। इन तीनों का संक्षिप्त परिचय नीचे दिया जाता है।

(1) ग्रामीण विकास—सेवादल के द्वारा ग्रामीण विकास के कार्यक्रम को बहुत विस्तार से अपनाया गया है। इसके अन्तर्गत मुख्यतः गाँवों में पाठशालायें स्थापित करना, प्रौढ़ शिक्षा को बढ़ावा देना तथा ज्ञान-केन्द्रों की स्थापना करना आदि शिक्षा सम्बन्धी कार्य हैं। दूसरे, गाँवों में सड़कों का निर्माण कराना तथा सफाई और स्वच्छता की व्यवस्था करना। तीसरे, गाँवों में पीने के पानी की सुविधा प्रदान करने के लिए कुंओं, तालाबों, ट्यूबवेलों आदि का निर्माण करवाना तथा पहले से बने हुए तालाबों और कुँओं की सफाई करवाना। चौथा, गाँव के पशुधन के स्वास्थ्य को सुधारना तथा पाँचवाँ खेती के विकास के सम्बन्ध में किसानों का मार्ग दर्शन करना। इसी प्रकार गाँवों की अन्य आवश्यकताओं को ध्यान में रखकर विभिन्न कार्यक्रम अपनाये जाते हैं।

(2) स्वास्थ्य शिक्षा सम्बन्धी कार्यक्रम—गाँवों में शिक्षा और चिकित्सा के अभाव में लाखों व्यक्ति रोगों से पीड़ित होते हैं, इसलिए सेवादल का यह कार्यक्रम है कि वे एक ओर गाँव के लोगों को विभिन्न बीमारियों से बचने का उपाय तथा विभिन्न रोगों की चिकित्सा की विधियाँ बताते हैं तथा दूसरी ओर बीमारियों को न फैलने देने का उपाय करते हैं। इसके अतिरिक्त महामारी आदि संक्रामक बीमारियों के फैलने पर उनकी रोकथाम और चिकित्सा की भी व्यवस्था की जाती है। इस प्रकार सेवादल के द्वारा लोगों के स्वास्थ्य सुधार सम्बन्धी विभिन्न कार्यक्रम आयोजित किये जाते हैं।

(3) आर्थिक कार्यक्रम—समाज के निम्न वर्ग के दीन-हीन लोगों की सेवा के लिए भी सेवादल ने अनेक कार्यक्रमों का आयोजन किया है। इसके लिए एक ओर तो गरीब मजदूरों तथा अशिक्षित लोगों को आत्म-सुधार के लिए मार्ग दर्शन दिया जाता है और साथ ही उन्हें विभिन्न प्रकार के हस्तशिल्पों, गृह उद्योगों आदि का प्रशिक्षण देकर उन्हें किसी-न-किसी धंधे में लगाने की चेष्टा की जाती है जिससे कि वे अपने श्रम के द्वारा धन अर्जित करके अपनी आर्थिक आवश्यकताओं की पूर्ति कर सकें।

इस प्रकार उपर्युक्त तीन वर्ग हैं किन्तु इससे यह नहीं समझना चाहिए कि सेवादल के कार्य उपर्युक्त वर्गों तक ही सीमित हैं। सही बात तो यह है कि बाबा के निर्देशानुसार सेवादल के कार्यों का चुनाव गरीब जनता की आवश्यकताओं को ध्यान में रखते हुए ही करना चाहिए। इस विषय में सेवादल की किसी भी एक यूनिट को दूसरी यूनिट का अनुकरण करने की आवश्यकता नहीं। सेवादल का लक्ष्य यह नहीं है कि वह कोई-न-कोई कार्य करे अपितु प्रत्येक कार्य के पीछे उसके स्पष्ट उद्देश्य होना चाहिए। इसलिए कार्यक्रमों की रूपरेखा स्थान-विशेष के लोगों की व्यावहारिक आवश्यकताओं को ध्यान में रखकर तैयार की जानी चाहिए। सेवादल का लक्ष्य प्रशंसा या यश प्राप्त करना नहीं है अपितु लोगों की वास्तविक कठिनाइयों एवं विपत्तियों को दूर करना है। अतः इस लक्ष्य को ध्यान में रखकर सेवादल को अपने कार्यक्रम की रूपरेखा बनानी चाहिए। इसी तथ्य को ध्यान में रखते हुए विभिन्न प्रदेशों और विदेशों के विभिन्न सेवादलों ने विभिन्न प्रकार के कार्यक्रमों का आयोजन किया है। यहाँ इस प्रकार के कुछ कार्यक्रमों का उल्लेख प्रो० सचदेवा जी द्वारा प्रस्तुत सूची के आधार पर किया जाता है, जैसे—अस्पताल में जाकर बीमारों का हाल-चाल पूछना, वृद्ध एवं अनाथ लोगों के घरों में जाकर उनकी सहायता करना। अन्धे बच्चों की देख-भाल करना। गूंगे, बहरे और अन्धे लोगों के लिए आवास की व्यवस्था करना। शराबियों को समझाना। जो लोग जीवन से निराश हो गये हों उन्हें उचित शिक्षा देना। कैदियों से मिलकर उनके हाल-चाल पूछना। तलाक शुदा परिवारों के बच्चों की देखभाल करना। भूकम्प, अतिवर्षा, सूखा आदि से पीड़ित लोगों की सहायता करना, गंदी बस्तियों की सफाई करना, गरीब लोगों को पुराने वस्त्र इकट्ठे करके बाँटना आदि कार्य। इस प्रकार हम देखते हैं कि सेवाकार्य की कोई सीमा नहीं है। जिस भी कार्य से किसी निर्धन, गरीब, दुःखी या संतप्त हृदय को सुख-शान्ति मिलती हो वही कार्य सेवादल का लक्ष्य है।

इस प्रकार सेवादलों के माध्यम से भारत एवं विश्व के विभिन्न भागों में लाखों, गरीबों, दुःखियों एवं संतप्त लोगों की सेवा का एक महान् अनुष्ठान चल रहा है, जो मानव-जाति के लिए नव अभ्युत्थान का सूचक है।

(4) बाल विकास

श्री सत्य साई संगठन का एक महत्वपूर्ण अंग 'बाल-विकास' है जिसका लक्ष्य बच्चों का सांस्कृतिक, नैतिक एवं आध्यात्मिक दृष्टिकोण से उत्थान करना है। बाबा ने इसके सम्बन्ध में कहा है कि "विश्व में धर्म की पुनर्स्थापना का जो अभियान चल रहा

है, बाल-विकास कार्यक्रम उसका मूल आधार है क्योंकि बड़े-बुड्ढे लोग अपने-अपने ढंग से चलने के अभ्यस्त हो चुके हैं अत: उनकी आदतों को परिवर्तित करना कठिन है, जबकि बच्चों को आरम्भ में ही विभिन्न प्रकार के संस्कार, शिक्षा एवं अभ्यास से नये रूप में ढालना सहज है।" बाल-विकास का आदर्श लड़के और लड़कियों की एक ऐसी पीढ़ी तैयार करना है जिसकी अन्तश्चेतना निर्मल और पवित्र हो। उनकी शिक्षा के लिए वास्तविक पाठ्यक्रम इतना महत्वपूर्ण नहीं जितना कि उन्हें एक ऐसा वातावरण प्रदान करना जिसमें उनके आदर्श विचार एवं भाव विकसित हो सकें तथा वे अच्छी आदतें डाल सकें। श्रीमती शान्ता दिवाकर ने बाल-विकास कार्यक्रम का उद्देश्य स्पष्ट करते हुए कहा है कि इसका लक्ष्य बच्चों की जन्मजात दिव्य शक्तियों को विकसित करना है जिससे कि उनमें मानवता का पूर्ण विकास हो सके। इसके लिए बच्चों को इस प्रकार शिक्षा दी जाती है कि जिससे उनका ऐन्द्रियक, मानसिक, बौद्धिक एवं आत्मिक स्तर पर समुचित विकास हो सके तथा वे दिव्य चेतना से अनुप्राणित होकर भावी मानवता का मार्ग-प्रदर्शन व नेतृत्व कर सकें।

विकास-क्रम— बाल-विकास आन्दोलन का प्रवर्तन सन् 1968 में बाबा के द्वारा हुआ था। बाबा ने इसकी आवश्यकता अनुभव करते हुए कहा था कि आजकल बच्चों को अपने देश की संस्कृति का ज्ञान नहीं है और न ही उनमें नैतिक मूल्यों के प्रति आस्था है। वे ब्रेक रहित मोटर कार की तरह से इधर-उधर स्वच्छन्द घूमते-फिरते हैं क्योंकि उनमें उच्छृंखलता एवं अनुशासनहीनता की भावनायें पनप रही हैं। इसी स्थिति को अनुभव करते हुए बाबा ने निर्देश दिया कि बच्चों को अपनी पाठशाला के पाठ्यक्रम के अतिरिक्त सांस्कृतिक एवं नैतिक शिक्षा भी दी जानी चाहिए। इसी उद्देश्य की पूर्ति के लिए 'बाल-विकास' कार्यक्रम की रूपरेखा तैयार की गई। प्रारम्भ में सप्ताह में केवल एक दिन ही स्कूल के अध्यापन कार्य के बाद बच्चों को अतिरिक्त समय में प्रशिक्षण दिया जाता था। सन् 1979 तक यह कार्यक्रम भारत के प्राय: प्रत्येक जिले में फैल गया था। सन् 1980 में इस कार्यक्रम को एक नयी दिशा दी गई। अब तक इसमें केवल साई भक्तों के बच्चों को ही सम्मिलित किया जाता था किन्तु अब इसके द्वार सभी वर्ग के बच्चों के लिए उन्मुक्त कर दिये गये। 12 मई, 1980 को भगवान् सत्य साई ने बम्बई में कार्यक्रम का एक नया लक्ष्य 'मानव-अभ्युदय' घोषित किया तथा इसी को आगे चलकर 'मानव-मूल्यों की शिक्षा (एजूकेशन ऑफ ह्यूमन वैल्यूज)' की संज्ञा दी गई। तबसे प्रति वर्ष बाल-विकास कार्यक्रम के संचालक अध्यापकों का प्रशिक्षण चलता रहा है। इसका पाठ्यक्रम तैयार करने के लिए कई सलाहकार समितियाँ बनाई गयी हैं जिसमें देश के विभिन्न अधिकारी विद्वानों को सम्मिलित किया गया।

प्रारम्भ में यह कार्यक्रम सत्य साई समिति द्वारा ही स्वतन्त्र रूप में चलाया जा रहा था किन्तु सन् 1984 में यह निर्णय लिया गया कि यदि राज्य सरकारें व अन्य अर्द्ध सरकारी संस्थायें चाहें तो उन्हें भी इस कार्यक्रम में सम्मिलित किया जा सकता है। इसके फलस्वरूप दिल्ली के नगर-निगम ने अपने 1525 प्राइमरी स्कूलों में इस

कार्यक्रम को लागू किया तथा इसके लिए लगभग 15 हजार अध्यापकों को प्रशिक्षण दिया गया। इसी प्रकार हिमाचल प्रदेश सरकार, मध्य प्रदेश सरकार एवं राजस्थान सरकार ने भी अपने-अपने प्रदेशों में इस कार्यक्रम को आंशिक रूप में लागू करने का प्रयास किया है। देश के अन्य राज्यों में भी लागू करने के लिए विचार हो रहा है। भारत में ही नहीं विदेशों में भी अनेक स्थानों पर यह कार्यक्रम सफलतापूर्वक चल रहा है। इस समय लगभग 30 देशों में 600 केन्द्र हैं जिनमें एक हजार से भी अधिक प्रशिक्षित अध्यापक कार्य कर रहे हैं। यह भी ज्ञात हुआ है कि पिछले वर्ष विश्व में लगभग पच्चीस सौ केन्द्रों में लगभग पचास हजार विद्यार्थी मानव-मूल्यों का विशेष प्रशिक्षण प्राप्त कर रहे थे। इससे अनुमान लगाया जा सकता है कि यह कार्यक्रम कितने व्यापक स्तर पर चलाया जा रहा है तथा कितने विद्यार्थी या युवंक-युवतियाँ इससे लाभान्वित हो रहे हैं।

कार्यक्रम की रूपरेखा—यह कार्यक्रम बच्चों की अवस्था के अनुसार मुख्यत: तीन वर्गों में विभक्त किया गया है—पहले वर्ग में छ: से नौ वर्ष की आयु तक के बच्चे प्रशिक्षण प्राप्त करते हैं। दूसरे वर्ग में नौ से बारह वर्ष तक की आयु के और तीसरे वर्ग में बारह से पन्द्रह वर्ष की आयु के बच्चों को लिया जाता है। इनमें से प्रत्येक वर्ग के बच्चों की अवस्था, क्षमता, शक्ति एवं योग्यता को ध्यान में रखते हुए उनके लिए अलग-अलग पाठ्यक्रम तैयार किया गया है।

बाल-विकास कार्यक्रम में बच्चों को केवल पुस्तकीय ज्ञान ही नहीं दिया जाता अपितु उन्हें विभिन्न प्रकार की सांस्कृतिक, नैतिक एवं आध्यात्मिक गति-विधियों में सम्मिलित करते हुए ऐसा प्रयास किया जाता है कि जिससे निम्नांकित लक्ष्यों की पूर्ति हो सके—(1) बच्चों में व्यक्तिगत स्वच्छता, शारीरिक पवित्रता, मानसिक सन्तुलन एवं विनम्रता की भावना विकसित हो। (2) बच्चों का व्यवहार अनुशासित हो और वे अपने कर्त्तव्य के प्रति सचेत रहें। वे अपने घर में, स्कूल में तथा बाहर सद्भावनापूर्ण ढंग से रह सकें। (3) बच्चों के मन में सत्य, धर्म, प्रेम, शान्ति और सेवा की भावना विकसित हो सके तथा उनका भगवान् के प्रति विश्वास बढ़ सके। (4) उनमें जीवन में संघर्ष करने की क्षमता उत्पन्न हो तथा वे व्यावहारिक जीवन की समस्याओं का सामना दृढ़तापूर्वक कर सकें। (5) वे अपने माता-पिता व समाज के प्रति अपने कर्त्तव्यों का पालन करते हुए अपने जीवन को सार्थक एवं उद्देश्यपूर्ण बना सकें।

श्री इन्दुलाल शाह ने इस कार्यक्रम की विशेषता पर प्रकाश डालते हुए कहा है कि इसमें पाठ्यक्रम को एक ऐसा रूप दिया गया है जिससे कि बच्चों के चरित्र का निर्माण और उनके व्यक्तित्व का विकास हो सके। पाठ्यक्रम का निर्माण करते समय इस बात का भी ध्यान रखा गया है कि वह आज के वैज्ञानिक युग के युवक-युवतियों को आकर्षित कर सके। आज के युग में कोई भी बात विद्यार्थियों को तभी स्वीकार हो सकती है जबकि वह तर्क-संगत हो। केवल यह कह दिया जाये कि अमुक बात पुराणों या शास्त्रों में लिखी हुई है तो इसी से वह उन्हें स्वीकार्य नहीं हो जायेगी।

इसलिए पाठ्यक्रमों में प्रत्येक तत्व के अभिप्राय को वैज्ञानिक दृष्टि एवं युक्ति-युक्त ढंग से स्पष्ट करते हुए उनके सांकेतिक अर्थ पर प्रकाश डाला गया है। वस्तुत: हमारे बहुत से पुराने आदर्श जो कि सांस्कृतिक एवं आध्यात्मिक जीवन से सम्बन्धित थे, लुप्त होते जा रहे हैं क्योंकि उनकी व्याख्या तर्कसंगत ढंग से नहीं की जाती। अत: बाल-विकास कार्यक्रम से सम्बद्ध पाठ्यक्रमों में इस बात का विशेष ध्यान रखा गया है।

बाल-विकास कार्यक्रम के सम्बन्ध में विशेष निर्देश— सन् 1978 में बाल-विकास कार्यक्रम के अध्यापकों को सम्बोधित करते हुए बाबा ने अनेक महत्वपूर्ण निर्देश दिये हैं, एक तो उन्होंने यह कहा है कि बच्चों में सांस्कृतिक मूल्यों एवं नैतिक आदर्शों को जागृत करने के लिए किसी प्रकार की कठोरता या दण्ड से काम नहीं चलेगा अपितु बाल-विकास कार्यक्रम के संचालकों को चाहिए कि वे बच्चों के हृदय को प्रेम एवं स्नेह द्वारा जीतकर अपने लक्ष्य की पूर्ति करें। दूसरे, उन्होंने इस बात पर भी बल दिया है कि बच्चों को एक ऐसा वातावरण प्रदान किया जाना चाहिए जिसमें उनके उच्च विचार स्वत: विकसित हो सकें। तीसरे, बच्चों के घर पर या परिवार में भी ऐसा वातावरण रहना चाहिए कि जिससे उनके हृदय में अच्छे विचार पनप सकें। इसके लिए बाल-विकास गुरुओं को बच्चों के संरक्षकों से मिलकर समय-समय पर उन्हें अपेक्षित सुझाव देने चाहिए। बाबा ने इस बात का भी निर्देश दिया है कि इन कार्यक्रमों में किसी एक धर्म के ही बच्चों को नहीं अपितु विभिन्न धर्मों के बच्चों को सम्मिलित करने की चेष्टा करनी चाहिए जिससे कि उनमें सभी धर्मों के प्रति सहिष्णुता, सद्‌भावना एवं एकता का भाव विकसित हो सके। इसी प्रकार बच्चों को शिक्षा के साथ-साथ साधना का भी थोड़ा-थोड़ा अभ्यास करवाना चाहिए। अन्तत: बच्चे अपने गुरुओं के व्यवहार, चरित्र एवं क्रिया-कलापों से प्रभावित होकर ही बहुत कुछ ग्रहण करते हैं अत: गुरुओं को भी चाहिए कि वे प्रत्येक दृष्टि से आदर्श बनें। इस प्रकार 'बाल-विकास' 'मानव मूल्यों की शिक्षा' के द्वारा केवल भारत में ही नहीं अपितु विश्व में एक बहुत बड़ा अभियान चला रहा है जिससे यह कहा जा सकता है कि भविष्य में एक ऐसी नयी पीढ़ी तैयार होगी जिसमें सत्य, धर्म, प्रेम, सदाचार, वैज्ञानिकता एवं आध्यात्मिकता का समन्वय होगा। बाबा ने मानव की दिव्य चेतना को जागृत करने का जो महान् लक्ष्य घोषित किया है उसकी पूर्ति में बाल-विकास कार्यक्रम का बहुत बड़ा योगदान रहेगा इसमें कोई सन्देह नहीं।

(5) भजन-मंडली

बाबा ने समिति के प्रत्येक सदस्य के लिए व्यक्तिगत रूप में नाम-जप एवं ध्यान तथा भजन को तो अनिवार्य माना ही है किन्तु इसके साथ ही उन्होंने यह भी निर्देश दिया है कि उन्हें विभिन्न अवसरों पर सामूहिक भजन, कीर्तन एवं नगर-संकीर्तन का भी कार्यक्रम आयोजित करना चाहिए। इन सामूहिक भजन, कीर्तन एवं नगर-संकीर्तन के कार्यक्रमों की सम्यक् व्यवस्था के लिए ही सत्य साई समिति के द्वारा भजन-मंडलियों का संगठन किया गया है। भजन मंडली में ऐसे व्यक्ति सम्मिलित होते हैं

जिन्हें न केवल चुने हुए सुन्दर व मधुर भजनों की जानकारी है अपितु वे उन्हें सुन्दर ढंग से प्रस्तुत करते हुए समूह के अन्य लोगों का नेतृत्व कर सकें।

भजन-मंडली का सर्वाधिक महत्वपूर्ण कार्य नगर-संकीर्तन के कार्यक्रम का आयोजन एवं नेतृत्व करना है। नगर-संकीर्तन की महत्ता पर बाबा ने बहुत बल दिया है। उन्होंने कहा है कि पुराने युगों में जयदेव, चैतन्य, तुकाराम, कबीर आदि भक्त सामूहिक रूप में कीर्तन करते हुए गाँवों, कस्बों एवं शहरों के विभिन्न मार्गों से निकलते थे जिससे जनता में भी उनके प्रभाव से प्रेम, भक्ति और आनन्द की लहर उमड़ पड़ती थी। इसी प्रकार आज भी ऐसे ही कीर्तन (नगर संकीर्तन) की आवश्यकता है। बाबा ने इनके आयोजन के सम्बन्ध में निर्देश दिया है—"प्रातः साढ़े चार या पाँच बजे एक स्थान पर एकत्रित हो जाओ और भगवान् के पवित्र नाम और यश का मधुर स्वर में गान करते हुए धीरे-धीरे गलियों से होते हुए निकलो। मधुर नाम की धुन से उस वातावरण को पवित्र बना दो जो ईर्ष्या, द्वेष, घृणा और प्रतिद्वन्द्विता के कारण दूषित हो जाता है। सोते हुए लोग प्रभु का पावन नाम सुनकर उठेंगे। इससे न केवल आपके अपितु आपके मोहल्ले वालों के दिन का शुभारम्भ परम पिता परमात्मा के प्रेमपूर्ण स्मरण के साथ होगा। नगर-संकीर्तन के कार्यक्रम से जहाँ दूसरे लोगों की भावनाएँ पवित्र होंगी वहाँ इसमें सम्मिलित होने वाले लोगों के मन के विकास दूर होंगे। "जब आप अपने मोहल्ले के लोगों के सामने गलियों में से गाते हुए निकलोगे तो आपका अभिमान जाता रहेगा। आपमें विनम्रता आयेगी। इस प्रकार नगर-संकीर्तन बहुत बड़ी साधना है और एक सामाजिक सेवा का कार्य है। इसलिए आप सभी को सत्य साई संगठनों के द्वारा प्रातः ब्राह्म मुहूर्त में नगर-संकीर्तन का कार्यक्रम अवश्य करना चाहिए।"

इस प्रकार हम देखते हैं कि श्री सत्य साई सेवा-संगठन के इन पाँचों अवयवों या अंगों—समिति, महिला विभाग, सेवादल, बाल-विकास एवं भजन-मंडली—द्वारा विभिन्न क्षेत्रों में विभिन्न रूपों में विश्व-मानव को आत्मिक विकास के लिए जागृत, प्रेरित एवं सक्रिय करके उसकी आध्यात्मिक चेतना को जगाने का एक ऐसा विश्वव्यापी अभियान चलाया जा रहा है जिसकी तुलना अतीत के किसी भी आन्दोलन या कार्यक्रम से नहीं की जा सकती। बाबा की दिव्य दृष्टि ने मानव जीवन एवं सामाजिक क्षेत्र के प्रायः महत्वपूर्ण पक्षों—व्यक्तिगत साधना, नारी-शक्ति का नियोजन, प्रत्येक प्राणी की सेवा, बच्चों के सांस्कृतिक, नैतिक एवं आध्यात्मिक विकास तथा ईश्वर-प्रेम की पवित्र धारा का प्रसार—को इन अवयवों के माध्यम से सुसमन्वित कर लिया है। वस्तुतः ये सभी अवयव एक ही दिव्य लक्ष्य की ओर पारस्परिक सहयोग सहित आगे बढ़ रहे हैं; अतः इन्हें एक-दूसरे से पृथक नहीं मानना चाहिए। बाबा के शब्दों में वे एक ही हाथ की पाँच अँगुलियों की भाँति हैं जो कि परस्पर मिलकर एक-दूसरे की सहायता करते हुए कार्य करते हैं।

संगठन की प्रगति का अनुमान इसी से लगाया जा सकता है कि अब तक न केवल भारत के प्रायः सभी मंडलों एवं प्रदेशों में अपितु विश्व के भी इक्यावन देशों में इसकी

शाखाएँ स्थापित हो चुकी हैं जिनके माध्यम से लाखों व्यक्ति समितियों, सेवादलों, बाल-विकास सम्बन्धी कार्यक्रमों एवं भजन-मंडलियों के माध्यम से क्रान्तिकारी कार्य कर रहे हैं। इस सम्बन्ध में उपलब्ध निम्नांकित आंकड़ों से संगठन के विस्तार एवं प्रसार का थोड़ा अनुमान लगाया जा सकता है—

श्री सत्य साई संगठनों की विश्व-परिषद
(31 दिसम्बर, 1979)

1.	भारत के 21 प्रदेशों में श्री सत्य साई सेवा-समितियों की संख्या	3790
2.	विश्व के 31 देशों में श्री सत्य साई केन्द्रों की संख्या	330
3.	भजन-केन्द्र	लगभग 10000
4.	बाल-विकास केन्द्र	1878
5.	बाल-विकास प्रशिक्षित अध्यापकों की संख्या	2347
6.	सेवा-दल प्रशिक्षित सदस्यों की संख्या	19424
7.	भारत में तथा विदेशों में साई-समितियों एवं केन्द्रों के पदाधिकारियों की संख्या	9899
8.	भारत में साई-समितियों की प्रबन्ध-समितियों के सदस्य	25500

उपर्युक्त विवरण दिसम्बर, 1979 का है। इसके अनन्तर इस संस्था में भारी अभिवृद्धि हुई है किन्तु पूरे आँकड़े उपलब्ध नहीं हैं फिर भी प्रो० के० सी० सचदेवा ने अपने पत्र दिनांक 12-9-87 में निम्नांकित सूचनायें दी हैं—

1.	विश्व के उन देशों की संख्या जिनमें श्री सत्य साई केन्द्र स्थापित हैं	51
2.	भारत से बाहर स्थापित श्री सत्य साई केन्द्रों की संख्या	522

इससे स्पष्ट है कि इस समय विभिन्न केन्द्रों, पदाधिकारियों एवं सदस्यों की संख्या 1979 की तुलना में कई गुनी अधिक हो चुकी है।

●

8. श्री सत्य साई के पूर्व रूप : शिरडी साई

"जब मैं इस सच्चाई को जानता हूँ कि मैं शिरडी साई बाबा का अवतार हूँ तो क्यों न इसे प्रकट करूँ? मैं इसे क्यों छिपाऊँ? इस सच्चाई को जानने या प्रमाणित करने का और कोई साधन भी तुम लोगों के पास नहीं है—केवल मैं ही इस सच्चाई को जानता हूँ।"

—श्री सत्य साई बाबा

श्री सत्य साई बाबा ने अपने बाल्यकाल में ही समय-समय पर विभिन्न व्यक्तियों को इसका संकेत दे दिया था कि वे शिरडी साई बाबा के अवतार हैं किन्तु सार्वजनिक रूप से इसकी स्पष्ट घोषणा पहली बार 23 मई, 1940 को की जबकि उनके पिता ने उनसे उपस्थित भीड़ के समक्ष आग्रहपूर्वक पूछा—'तुम कौन हो?'...इसी के उत्तर में उन्होंने बताया कि वे शिरडी साई के अवतार हैं। उस समय पुट्टपर्ती में कोई भी व्यक्ति शिरडी साई के बारे में अधिक नहीं जानता था—संभवतः किसी ने उनका नाम तक भी नहीं सुना था, अतः शिरडी साई का परिचय भी सत्य साई को ही देना पड़ा। स्वयं शिरडी साई ने अपने जीवन-काल में अपने प्रारंभिक सोलह वर्षों का विवरण किसी को नहीं बताया था, अतः इसके संबंध में भी श्री सत्य साई ने ही अपने बुक्कापटनम् के एक अध्यापक श्री बी० सी० कोण्डप्पा को विस्तार से बताया तथा उसके आधार पर उन्होंने शिरडी साई का चरित लगभग एक सौ श्लोकों में रच करके प्रकाशित करवाया। वैसे शिरडी साई का जीवन वृत (प्रारम्भिक सोलह वर्षों की घटनाओं को छोड़कर) उनके जीवन-काल में ही अत्यन्त प्रामाणिक रूप में उनके एक अनुयायी श्री गोविन्दराव दामोलकर 'हेमाडपन्त' ने स्वयं शिरडी साई बाबा से आशीर्वाद लेकर लिखा था जो मराठी में 'श्री साई सत्‌चरित्र' के नाम से प्रकाशित हुआ था। इसके अंग्रेजी, हिन्दी व अन्य भाषाओं में अनुवाद बाद में प्रकाशित हुए। शिरडी साई बाबा की लीलाओं की जानकारी की दृष्टि से यह अत्यन्त महत्वपूर्ण ग्रंथ है।

शिरडी साई का जन्म पत्तरी नामक गाँव में एक ब्राह्मण परिवार में हुआ था। उनके पिता गंगाभव एवं उनकी माता देवगिरि अम्मा दोनों शिव-पार्वती के उपासक थे, तथा शिव के आशीर्वाद से ही उनके संतान हुई थी। शिरडी साई की जन्म-तिथि का निश्चित रूप से तो पता नहीं है किन्तु अनुमान से उनका जन्मकाल सन् 1838 के लगभग माना जाता है।

जब शिरडी साई अपनी माँ के गर्भ में थे तब ही उनके पिता के मन में ब्रह्म की खोज में अरण्यवास की लालसा तीव्र हो उठी। वे अपना सब-कुछ त्याग करके जंगलों की ओर निकल पड़े। देवगिरि अम्मा भी उनका अनुसरण करती हुई उनके साथ चल

पड़ी। मार्ग में ही उसने एक शिशु को जन्म दिया किन्तु पति के आदेशानुसार उसे किसी वृक्ष के नीचे छोड़कर आगे पति के साथ चली गयी। उसी समय सौभाग्य से एक मुस्लिम फकीर उधर से निकला जो स्वयं निःसंतान था। इसी कारण उसकी पत्नी भी दुःखी रहती थी। उस फकीर ने उस बच्चे को उठा लिया और अपनी पत्नी को सौंप दिया। उसने शिशु को 'बाबा' नाम से पुकारते हुए उसका रुचिपूर्वक लालन-पालन किया।

बाबा जब बड़ा हुआ तो मोहल्ले के बच्चे उससे परेशान रहने लगे क्योंकि वह प्रत्येक खेल में सबको परास्त कर देता था। एक बार 'गोलियाँ' खेलते-खेलते उसने गाँव के साहूकार के लड़के की सारी गोलियाँ जीत लीं। अन्त में वह लड़का अपने पिता के पूजा-कक्ष से शिवलिंग ही उठा लाया और उसका उपयोग गोली के रूप में करना चाहा किन्तु बाबा को यह सहन नहीं हुआ। वह उसे उठाकर मुँह में निगल गया। इस बात को लेकर साहूकार ने बाबा के घरवालों से काफी कहासुनी की। वैसे भी बाबा का व्यवहार बड़ा विचित्र था—कभी वह हिन्दुओं के मन्दिर में घुस जाता था तो कभी मस्जिद में जाकर शिवलिंग की स्थापना करने लगता था—इससे न तो गाँव के हिन्दू उससे प्रसन्न थे और न मुसलमान। वे सभी बाबा की शिकायतें उसके घरवालों से करते थे जिनसे परेशान होकर न चाहते हुए भी उक्त फकीर ने बाबा को अपने घर से निकाल दिया।

चाँद पाटिल का आश्रय—इसके कुछ समय बाद ही बाबा को किस प्रकार औरंगाबाद जिले के धूप गाँव के एक धनाढ्य मुस्लिम सज्जन चाँद पाटिल का आश्रय प्राप्त हुआ—इसका भी एक रोचक वृतान्त 'श्री साई सत्चरित्र' में दिया हुआ है। इसके अनुसार जब ये सज्जन औरंगाबाद जा रहे थे तो मार्ग में उनकी घोड़ी खो गयी और लगभग दो माह की खोज के बाद भी जब उसका कोई पता न चला तो वे निराश होकर घर लौट रहे थे। मार्ग में एकाएक उनकी दृष्टि एक आम्रवृक्ष के नीचे चिलम पीते हुए एक फकीर-बाबा पर पड़ी। जब दोनों में बातचीत हुई तो फकीर ने उसके कष्ट का निवारण करते हुए कहा कि नाले के पास जाकर घोड़ी को देखो। पाटिल को घोड़ी वहीं मिल गयी। वह उनसे बहुत प्रभावित हुआ तथा आग्रहपूर्वक बाबा को अपने घर ले आया।

कुछ समय बाद पाटिल के एक निकट सम्बन्धी की बारात शिरडी गाँव गयी जिसके साथ बाबा भी गये। विवाह के बाद बारात तो लौट आई किन्तु बाबा को वह जगह इतनी पसन्द आयी कि वे वहीं एक जीर्ण-शीर्ण मस्जिद में रहने लग गये। यहीं एक श्रद्धालु व्यक्ति म्हालसापति ने तरुण फकीर के तेजस्वी व्यक्तित्व से अभिभूत होकर 'साई' कहकर सम्बोधित किया। धीरे-धीरे शिरडी में उन्हें सभी लोग 'साई' या 'साई बाबा' के नाम से ही पुकारने लग गये।

शिरडी में रहते हुए साई बाबा विभिन्न साधु-संतों से सम्पर्क स्थापित करने लगे। कभी कोई सन्त उनके पास आ जाता था तो कभी वे उसके साथ चले जाते थे। यद्यपि

लोग साई बाबा को मुस्लिम फकीर के रूप में जानते थे किन्तु उनका सम्पर्क हिन्दू व मुस्लिम—सभी प्रकार के लोगों से नि:संकोच रूप में रहता था। एक ओर वे शिरडी वासी सन्त देवीदास के सान्निध्य में हनुमान मन्दिर आते-जाते रहते थे तो दूसरी ओर उन्होंने जौहर अली नामक एक मुस्लिम फकीर को भी अपने आवास स्थान में प्रश्रय दिया। बाबा के अनुयायियों व श्रद्धालुओं में भी दोनों ही वर्ग के लोग थे तथा सभी उन्हें एक चामत्कारिक फकीर या महात्मा के रूप में आदर देते थे।

एक विशेष घटना—इन्हीं दिनों एक विशेष घटना घटित हुई जिसके कारण आस-पास के सभी लोगों की श्रद्धा बाबा के प्रति और भी बढ़ गयी। बाबा को रात्रि में दीपक जलाने का बड़ा शौक था, इसलिए वे शिरडी के दुकानदारों से तेल मांगकर लाते थे जिससे मस्जिद में प्रति रात्रि दीपमाला सजाई जाती थी। एक बार दुकानदारों ने मिलकर तय किया कि वे अब प्रतिदिन बाबा को इस प्रकार मुफ्त में तेल नहीं देंगे। अत: जब बाबा आये तो उन्होंने इन्कार कर दिया। बाबा किसी से भी कुछ कहे बिना मस्जिद में लौट आये और तेल के स्थान पर पानी से दिये भरकर उन्हें जला दिया। रात भर दिये बराबर जलते रहे। जब प्रात:काल उन दुकानदारों को इस बात का पता चला तो उन्होंने बाबा के चरणों में गिरकर क्षमा याचना की। बाबा ने उन्हें भविष्य में इस प्रकार की कृपणता न दिखाने के लिए चेतावनी देते हुए क्षमा कर दिया।

हिन्दू-मुस्लिम एकता—शिरडी साई बाबा सभी धर्मों की एकता पर बल देते हुए विभिन्न धर्मावलम्बियों को अपने आश्रय में स्थान देते थे। उस समय भारत के कुछ प्रदेशों में हिन्दू-मुस्लिम द्वेष व्याप्त था किन्तु बाबा का संदेश था—"राम और रहीम दोनों एक ही हैं और उनमें किंचित् मात्र भी भेद नहीं है। फिर तुम उनके अनुयायी होकर क्यों परस्पर झगड़ते हो! अज्ञानी लोगों में एकता साधकर दोनों जातियों को मिलजुल कर एक रहना चाहिए।"

बाबा ने अपने इस सन्देश को अपने आश्रम में पूरी तरह चरितार्थ कर दिया था। उनके अनुयायियों में सभी धर्मों के लोग थे। उनके आश्रम (मस्जिदों) में एक ओर हिन्दुओं के विभिन्न धार्मिक पर्वों—रामनवमी, गोपाल अष्टमी, दशहरा आदि का आयोजन धूम-धाम से होता था वहीं दूसरी ओर मुसलमानों की ईद, उर्स, संदल जलूस आदि को भी पूरे उत्साह से मनाया जाता था। उनके इन आयोजनों की व्यवस्था उनके हिन्दू और मुस्लिम—सभी श्रद्धालु मिलकर करते थे। इसी प्रकार जहाँ उन्होंने अपने हिन्दू भक्तों के सहयोग से मस्जिद की मरम्मत करवाई वहाँ अपने अन्य श्रद्धालुओं के द्वारा शिरडी के विभिन्न हिन्दू मन्दिरों—गणपति मन्दिर, शिव-पार्वती मन्दिर आदि का भी जीर्णोद्धार करवाया। गीता, कुरान, भागवत, विष्णु सहस्रनाम आदि सभी धार्मिक ग्रंथों के पठन-पाठन की प्रेरणा उन्होंने अपने शिष्यों को दी। एक बार उन्होंने बाबू साहब जोग को न केवल लोकमान्य बाल गंगाधर तिलक की 'गीता रहस्य' के अध्ययन-मनन के लिए आशीर्वाद दिया अपितु अपनी ओर से एक मुद्रा भी उन्हें स्नेह के प्रतीक के रूप में प्रदान की।

बाबा अपने धर्म में श्रद्धा रखने वाले प्रत्येक व्यक्ति को स्नेह एवं आशीर्वाद प्रदान करते थे किन्तु अपने धार्मिक क्रिया-कलापों के कारण यदि कोई व्यक्ति मिथ्याभिमान या गर्व से ग्रस्त हो जाता था तो बाबा उसे सहन नहीं करते थे। वे उसके अहंकार को नष्ट करना आवश्यक समझते थे। इसके कई उदाहरण उपलब्ध हैं—कहते हैं कि वहाँ एक कालके साहब थे जिन्हें अपनी हज-यात्रा का बड़ा गर्व था। वे कई बार बाबा से भेंट करने आये किन्तु बाबा ने उनसे भेंट करने से इन्कार कर दिया। इसके बाद कालके साहब ने बाबा के प्रिय शिष्य शामा के माध्यम से कहलवाकर अनुमति माँगी। परन्तु बाबा ने उन्हें सम्बोधित करते हुए कहा—"तुम्हें अपनी हज का बहुत अभिमान हो गया है—इसीलिए वृद्ध हाजियों की सी वेश-भूषा धारण करके अपनी (औरों से उच्चता) श्रेष्ठता का प्रदर्शन कर रहे हो! क्या तुमने कुरान शरीफ से यही पढ़ा है.... वास्तव में तुम मुझे नहीं जानते।"

इसी प्रकार वे अपने उन दर्शनार्थियों या आगन्तुकों को फटकारे बिना नहीं रहते थे जिन्हें अपने हिन्दुत्व पर बहुत गर्व होता था। एक बार एक मेघा नामक ब्राह्मण उनके यहाँ गया। उसके मन में इस बात का बहुत विचार था कि बाबा मुस्लिम हैं जबकि वह शुद्ध ब्राह्मण! बाबा उसके मन की बात जान गये और कहा—"मैं तो निम्न जाति का मुसलमान हूँ, तुम उच्च जाति के ब्राह्मण...कहीं तुम्हारी जाति नष्ट हो जायेगी.... इसे बाहर निकालो।" आगे चलकर यही मेघा अपने जाति-अभिमान से मुक्त होकर बाबा का पक्का भक्त हो गया और उनकी अनुकम्पा प्राप्त की।

दूसरों का कष्ट अपने पर ले लेना—बाबा अत्यन्त कृपालु एवं दयालु थे। एक बार वे दीवाली के शुभ अवसर पर अपनी धूनी के समीप बैठे थे और उसमें लकड़ियाँ डालते जा रहे थे। किन्तु अचानक उन्होंने लकड़ी के स्थान पर अपना हाथ धूनी में डाल दिया जिसे देखकर सभी विस्मित थे। उनका हाथ जलकर बुरी तरह झुलस गया। बाद में जब माधवराव ने बाबा से इसका कारण पूछा तो उन्होंने बताया—"यहाँ से थोड़ी दूर पर एक लुहारिन अपने शिशु के साथ भट्ठी के पास बैठी हुई थी कि उसके पति ने आवाज दी तो वह उठकर चली गयी। पीछे से शिशु फिसलकर भट्ठी में गिर पड़ा मैंने तुरन्त भट्ठी में हाथ डालकर शिशु के प्राण बचा लिये हैं। मुझे अपना हाथ जल जाने का कोई दुःख नहीं है, परन्तु प्रसन्नता है कि एक मासूम बच्चे के प्राण बच गये।"

इसी प्रकार उन्होंने श्रीमती खापर्डे के छोटे लड़के की प्लेग की बीमारी अपने ऊपर लेकर उसके प्राण बचाये। यह महिला बाबा की श्रद्धालु थी तथा अपने लड़के के सहित शिरडी आई हुई थी। अचानक वह प्लेग से ग्रस्त हो गया। यह देखकर वह घबराई हुई बाबा के पास आई। बाबा ने उसे आश्वस्त करते हुए कहा—"आकाश में बहुत बादल छाये हुए हैं, उनके हटते ही आकाश पुनः स्वच्छ हो जायेगा।" ऐसा कहते हुए उन्होंने अपनी कफनी ऊपर उठाकर सबको दिखाया कि किस प्रकार प्लेग की गिल्टियाँ उनके शरीर पर उत्पन्न हो गयी हैं। दूसरी ओर वह बालक तुरन्त स्वस्थ

हो गया। बाबा ने प्रेमपूर्वक कहा—"मुझे अपने भक्तों के लिए कष्ट उठाने पड़ते हैं। उनके कष्ट मेरे हैं।"

बाबा सर्वव्यापी! सर्वशक्तिमान!!—बाबा सर्वव्यापी एवं सर्वशक्तिमान थे। इसलिए परोक्ष में शिरडी से दूर भक्तों द्वारा कही हुई या की गई बातों को प्रत्यक्ष रूप में जान जाते थे तथा उनके आने पर उन्हें प्रकट कर देते थे। शिरडी में आये हुए भयंकर झंझावत को रोक देना एवं मस्जिद की धूनी से लगी हुई आग की लपटों को अपने संकेत मात्र से बुझा देना, शामा के सर्प-दंश के विष को केवल यह कहकर उतार देना कि 'नीचे उतर जाओ!', भीमाजी पाटिल को दो स्वप्नों में दर्शन देकर उन्हें टी० बी० से मुक्त कर देना, दतोपन्त की उदर पीड़ा एवं विशूचिका को अपनी विभूति से ठीक कर देना आदि अनेक ऐसी घटनाएँ हैं जो बाबा की सर्वशक्तिमत्ता को प्रकाशित करती हैं। वे न केवल विभिन्न मनुष्यों के भूत, वर्तमान और भविष्य को जान जाते थे अपितु कई बार पशु-पक्षियों के भी पिछले जन्म की बातें प्रकट कर देते थे। एक बार उन्होंने दो बकरों के बारे में बताया कि ये पिछले जन्म में सगे भाई थे किन्तु द्वेष-भाव के कारण उन्होंने एक-दूसरे की हत्या कर दी थी। इसी प्रकार अपने आश्रम में आये हुए एक साँप और मेढक के पिछले जन्म की घटनाओं का विवरण बताते हुए कहा कि ये पहले जन्म में भी निकट सम्बन्धी थे किन्तु धन को लेकर परस्पर लड़ते रहते थे, उनका यह वैर भाव इस जन्म में भी समाप्त नहीं हुआ।

बाबा का सभी प्राणियों के प्रति दया का भाव था। एक बार जब उनकी श्रद्धालु महिला कुत्ते को रोटी खिलाने के बाद बाबा के पास भोजन लेकर पहुँची तो उन्होंने प्रेमपूर्वक गद्गद होकर कहा—"माँ! आज तुमने बड़े प्रेम से मुझे पहले ही खिला दिया है। मेरी भूखी आत्मा को उससे बड़ी सांत्वना मिली है।" इसी प्रकार अपनी शरण में आये हुए एक चीते को जिसे तीन लोगों ने जंजीरों से जकड़ रखा था, मोक्ष प्रदान की। जब उनके भक्तों ने उनसे पूछा कि साँप-बिच्छू को मारना चाहिए या नहीं, तो उनका उत्तर था—"उन सबमें भगवान् का निवास है।"

देह-त्याग—शिरडी साई बाबा ने 15 अक्टूबर, 1918 में अनुमानत: 80 वर्ष की आयु में अपने शरीर का त्याग किया। उनके निधन के बाद उनके अनुयायियों में तीन दिन तक इस बात को लेकर विवाद चलता रहा कि उन्हें कहाँ दफनाया जाये। अन्त में बाबा द्वारा स्वप्न में दिये गये संकेतों के अनुसार उनके आश्रम में ही उस मंदिर में दफना दिया गया जहाँ पहले गोपाल कृष्ण की मूर्ति स्थापित करने का विचार था। वस्तुत: मूर्ति के स्थान पर गोपाल कृष्ण के ही नव अवतरित रूप ने उस मंदिर में स्थान ग्रहण कर लिया।

शिरडी साई और सत्य साई की अभिन्नता—शिरडी साई के चरित के अध्ययन से यह स्पष्ट हो जाता है कि धार्मिक जागरण का जो कार्य उन्होंने आरम्भ किया था उसी को आगे बढ़ाने में वे अपने नये रूप—सत्य साई—में लगे हुए हैं। इसीलिए दोनों रूपों की विचारधारा, प्रवृत्तियों एवं कार्यप्रणाली में भी गहरा साम्य है।

जिस प्रकार शिरडी साई ने हिन्दू-मुस्लिम एकता का प्रचार किया था उसी प्रकार सत्य साई भी सभी धर्मों की एकता का प्रतिपादन कर रहे हैं तथा उनके अनुयायियों में विश्व के प्राय: सभी धर्मों का योग है। दोनों ही रूपों में उन्होंने किसी को भी अपना धर्म त्यागने या अपने इष्ट देव या आराध्य को बदलने का समर्थन नहीं किया। हिन्दू, मुसलमान, ईसाई, बौद्ध, सिक्ख आदि सभी को उनका यही उपदेश है कि वे अपने-अपने धर्म पर पूर्ण आस्था रखते हुए उसके यथार्थ रूप को ग्रहण करें।

धार्मिक पुनर्जागरण के साथ-साथ साई बाबा अपने दोनों ही रूपों में—अपनी शरण में आये हुए दु:खी, पीड़ित एवं संतप्त लोगों की पीड़ा का भी निवारण करते हुए अपने 'दीनबन्धु', 'दयालु', 'कृपासिन्धु' आदि विशेषणों को सार्थक कर रहे हैं। कई बार वे विधि के विधान की रक्षा करते हुए अपने भक्तों के कष्टों को अपने ऊपर लेकर भी उनकी सहायता करते हैं। उनकी करुणा का प्रसार न केवल समस्त मानव जाति तक है अपितु सभी प्राणियों—पशु, पक्षियों एवं जन्तुओं तक है। दोनों ने ही सभी प्राणियों में ब्रह्म की विद्यमानता का समर्थन किया है।

दोनों ने ही औषधि के रूप में विभूति का प्रयोग करते हुए उसके महत्व एवं प्रतीकार्थ पर बल दिया है। अपने भक्तों को समय-समय पर स्वप्न में दर्शन देकर उनका मार्ग-प्रदर्शन करना या उनके कष्ट को दूर कर देना, उनके पूर्व जन्मों की घटनाओं को बता देना तथा उनके भविष्य के सम्बन्ध में चेतावनी दे देना आदि बातें दोनों के ही जीवन-चरित्र में मिलती हैं। अन्तत: दोनों एक ही दिव्य शक्ति के रूप हैं जो बाहर से—शरीर की दृष्टि से—भिन्न दृष्टिगोचर होते हुए भी मूलत: एक ही हैं।

शिरडी साई के भक्तों का सत्य साई से सम्पर्क—इस प्रसंग में कुछ ऐसे भक्तों का भी उल्लेख किया जा सकता है जो कि अपने जीवन के आरम्भ-काल में शिरडी साई के भक्त थे किन्तु बाद में जब उन्होंने सत्य साई का नाम सुना तो उनके निकट पहुँचे और उन्हें अपने पूर्व आराध्य के ही नये अवतार के रूप में स्वीकार किया। वैसे तो इस प्रकार के भक्तों की संख्या बहुत अधिक है किन्तु यहाँ केवल तीन व्यक्तियो के ही विवरण प्रस्तुत किये जा रहे हैं।

शारदा देवी नामक एक वृद्ध महिला पुट्टपर्ती में बाबा के आश्रम में सन् 1958 से स्थायी रूप से रह रही हैं। इनका जन्म सन् 1888 में एक समृद्ध एवं शिक्षित परिवार में हुआ था। वे शिरडी साई के सम्पर्क में आईं। देह-त्याग के कुछ समय पूर्व बाबा ने इन्हें बताया था—''मैं पुन: आन्ध्र में जन्म लूँगा तब तुम मेरे पास स्थायी रूप से रहना।'' जब सन् 1940 में शारदा देवी ने बाल साई के बारे में सुना तो वह उनके दर्शनार्थ उर्वकौण्डा में आई। सत्य साई ने उन्हें देखते ही उनके प्रचलित नाम से न पुकार कर 'गौरी' नाम से सम्बोधित किया क्योंकि शिरडी बाबा भी उसे इसी नाम से पुकारते थे। यह तथ्य केवल शारदा देवी को ही ज्ञात था किन्तु जब सत्य ने—बाल साई ने—उसे इसी नाम से पुकारा तो वह गद्गद हो गयी। सत्य ने बाद में उससे यह भी कहा कि शिरडी साई के रूप में तुमसे हुण्डी के सोलह रुपये लेने बाकी हैं, वे अब दे दो! यह बात भी सच थी।

अस्तु शारदा देवी को शिरडी साई एवं सत्य साई की अभिन्नता में पूरा विश्वास हो गया तथा आगे चलकर वे प्रशान्ति निलयम् में ही स्थायी रूप से रहने लग गयीं।

इसी प्रकार हैदराबाद में चिंचोली नामक स्थान के राजा भी शिरडी साई के भक्तों में से थे। उनका तो देहान्त हो चुका था किन्तु जब उनकी पत्नी को नये अवतार—सत्य साई—का पता चला तो वह उनके दर्शनार्थ आई। उससे उन्होंने उन दो हनुमान-मूर्तियों के बारे में पूछा जो शिरडी साई के रूप में उन्होंने राजा साहब को दी थीं।

काका दीक्षित भी शिरडी साई के भक्त थे। उन्हें भी बाबा ने अपने निधन के पूर्व बताया था कि आठ वर्ष के बाद वे पुनः बालक के रूप में प्रकट होंगे। बाबा का निधन सन् 1918 में हुआ था तथा सत्य ने 1926 में—आठ वर्ष बाद ही—जन्म धारण किया था। जब काका दीक्षित के भतीजे श्री एम० जी० दीक्षित सत्य साई के दर्शनार्थ आये तो उन्होंने काका साहब का एक चित्र सृजित करके उन्हें दिया तथा पिछले अवतार के अनेक ऐसे प्रसंगों का उल्लेख किया जिनका सम्बन्ध काका साहब से था। श्री एम० जी० दीक्षित ने धीरे-धीरे शिरडी साई और सत्य साई—दोनों की अभिन्नता का बोध प्राप्त किया तथा अपने तत्सम्बन्धी अनुभवों के आधार पर एक पुस्तक भी लिखी।

अस्तु, अब जहाँ भी सत्य साई की पूजा होती है वहाँ शिरडी साई को भी समान स्थान दिया जाता है। बाबा के मंदिर में, चित्रों में, मूर्तियों में, बाबा के द्वारा सृजित लाकेटों, अँगूठियों आदि में सर्वत्र ही दोनों ही विद्यमानता अभिन्न रूप में है। फिर भी दोनों की एकता का बोध प्राप्त करने के लिए दोनों के व्यक्तित्व एवं चरित का तुलनात्मक दृष्टि से चिन्तन-मनन आवश्यक है।

●

9. संभवामि युगे युगे!

यदा यदा ही धर्मस्य ग्लानिर्भवति भारत!
अभ्युत्थानमधर्मस्य तदात्मानं सृजाम्यहम्॥
परित्राणाय साधूनां विनाशाय च दुष्कृताम्।
धर्म संस्थापनार्थाय सम्भवामि युगे युगे॥

—श्रीमद्भगवद्गीता, अध्याय 4/7-8

भारतीय आध्यात्मिक चेतना के आधारभूत ग्रंथ श्रीमद्भगवद्गीता में हजारों वर्ष पूर्व भगवान् कृष्ण ने अपना दिव्य घोष करते हुए पार्थ से स्पष्ट कहा था—"हे भारत! जब-जब धर्म का पतन एवं अधर्म का अभ्युत्थान होता है, तब-तब मैं अपने स्वरूप को साधुओं के परित्राण, दुष्कर्मियों के विनाश एवं धर्म की सम्यक् प्रतिष्ठा के लिए विभिन्न युगों में प्रकट करता रहता हूँ।"

यह घोषणा न केवल भारतीय ग्रंथों में अपितु विश्व के विभिन्न धर्म-ग्रंथों में थोड़ी-बहुत शब्दावली के अन्तर के साथ प्राय: उपलब्ध होती है जिससे इस तथ्य की पुष्टि होती है कि समय-समय पर पथ-भ्रष्ट मानव को नया मार्ग—सच्चाई का मार्ग जिसे हम 'धर्म का मार्ग' भी कहते हैं—दिखाने के लिए परमात्मा स्वयं या उसकी शक्ति का एक अंश इस धरती पर विभिन्न रूपों में अवतरित होता रहता है जिसे अलग-अलग धर्मों में अलग-अलग संज्ञाओं—अवतार, पैगम्बर, दूत, महामानव, ईश्वर का पुत्र आदि—से विभूषित किया गया है। भले ही इस शब्दावली में बाह्य दृष्टि से परस्पर अन्तर दृष्टिगोचर होता है किन्तु तात्विक दृष्टि से अन्ततः वे सभी किसी एक ही सत्ता के पूर्ण या आंशिक रूप के अवतरण के सूचक हैं, अत: उनमें अधिक अन्तर नहीं है।

बौद्ध धर्म के प्रवर्त्तक भगवान् बुद्ध ने, जिन्हें हिन्दू धर्म के अनुसार अवतार के रूप में मान्यता दी गई है तथा जिनके बारे में यह धारणा प्रचलित है कि वे ईश्वर के अस्तित्व के सम्बन्ध में मौन थे—स्वयं अपने एक शिष्य को स्पष्ट रूप में कहा था—

"वसेत्या! इसे जानो कि समय-समय पर इस संसार में एक तथागत जन्म लेता है जो कि पूर्णत: प्रकाशमान, आनन्द स्वरूप एवं परम श्रद्धेय होता है, जो ज्ञान एवं अच्छाई से परिपूर्ण होता है, वह विश्व के समस्त ज्ञान से युक्त होता है, जो धरती के पथभ्रष्ट प्राणियों के लिये पथ-प्रदर्शक होता है जिसकी समानता कोई अन्य नहीं कर सकता, वह न केवल मनुष्यों अपितु देवताओं का भी गुरु होता है, वह आनन्द स्वरूप बुद्ध होता है। वह सत्य की उद्घोषणा न केवल शब्दों में अपितु उनकी सूक्ष्म भावना (चेतना) के रूप में करता है।...वह संसार को एक ऐसे उच्च जीवन का आदर्श प्रस्तुत करता है जो सम्पूर्ण रूप में पवित्र एवं परिपूर्ण होता है।"

भारतीय धर्म ग्रंथों एवं पौराणिक साहित्य—महाभारत, विष्णु पुराण, अग्नि पुराण—में धर्म स्थापना के उद्देश्य से भगवान् के अवतरण की विवेचना करते हुए यह भी स्पष्ट रूप में बताया गया है कि भगवान् बुद्ध के बाद अगला अवतार कल्कि के रूप में एक ब्राह्मण विष्णु यश शर्मा के पुत्र के रूप में होगा। ईसाइयों के धर्म ग्रंथ 'न्यू टेस्टामेंट' में भी अवतार सम्बन्धी भविष्यवाणियाँ उपलब्ध होती हैं। इस्लाम के प्रवर्त्तक हजरत मोहम्मद साहब ने अपने पश्चात् अवतरित होने वाले एक महान् गुरु या पैगम्बर का वर्णन विस्तार से करते हुए कहा है कि वह स्वयं उनसे भी अधिक महान् होगा। इनके अतिरिक्त और भी कई संतों, महापुरुषों, दिव्य साधकों एवं विभिन्न भविष्यद्रष्टाओं ने भी अवतार के सम्बन्ध में भविष्यवाणी करते हुए उसके विभिन्न लक्षणों का संकेत दिया है जिससे अवतार को पहचाना जा सके। अस्तु, इसमें तो कोई संदेह नहीं कि किसी दिव्य शक्ति सम्पन्न महान् बुद्ध, पैगम्बर, गुरु के अवतरण की बात तो प्राय: सभी धर्मों में स्वीकार की गयी है किन्तु प्रश्न यह है कि क्या वह अवतार श्री सत्य साई के रूप में अवतरित हो गया है? इसके समाधान के लिए इन भविष्यवाणियों का विवेचन विश्लेषण आवश्यक है।

क्या ईसा का पुनरागमन हो गया?— ईसाई मतावलम्बियों में यह विश्वास प्रचलित है कि ईसा मसीह एक बार पुन: धरती पर लौटेंगे, किन्तु कब और कहा?—यह स्पष्ट नहीं है। इस संदर्भ में एक विदेशी ईसाई रॉन लैंग ने, जो कि आध्यात्मिक विषयों पर वर्षों से विभिन्न लेख लिखते रहे हैं, बाबा के विभिन्न ग्रंथों के आधार पर उनके व्यक्तित्व, संदेश एवं विचारों का ईसा मसीह की शिक्षाओं से तुलनात्मक अध्ययन करते हुए दोनों की आन्तरिक समानता का प्रतिपादन किया है। सन् 1972 में स्वयं बाबा ने क्रिसमस दिवस पर अपने ईसाई-भक्तों को सम्बोधित करते हुए इस तथ्य का उद्‌घाटन किया था कि ईसा-मसीह ने यह नहीं कहा था कि वे पुन: स्वयं धरती पर आवेंगे अपितु उन्होंने कहा था—"जिसने मुझे भेजा है, वह स्वयं आवेगा।" इस संबंध में बाइबिल के वर्तमान संस्करणों में जो विवरण उपलब्ध है वह थोड़ा त्रुटिपूर्ण है क्योंकि उसमें 'जिसने मुझे भेजा है'—अंश उल्लिखित नहीं है।

19 जनवरी, 1980 को जब रॉन लैंग ने सपत्नीक भारत में आकर बाबा से साक्षात्कार किया तो उन्होंने स्पष्ट रूप में उनसे पूछा—"बाबा! क्या जिसने ईसा को धरती पर भेजा था, वह स्वयं आप ही हैं? बाबा ने प्रश्न का जिस ढंग से समाधान किया उससे उनके मन में कोई शंका नहीं रही कि वह महान् दिव्य सत्ता जिसे ईसा ने 'पिता' के नाम से पुकारा था, वह उनके सामने विद्यमान है। लैंग महोदय ने अपनी इन क्षणों की अनुभूति को लिपिबद्ध करते हुए लिखा है—"बाबा ने जिस सहजता से, जिस परिपूर्ण विश्वास से एवं जिस प्रकार की आत्मा-चेतना के मुक्त भाव से कोमल एवं मधुर स्वय में उत्तर दिया, उसे शब्दों में व्यक्त करना संभव नहीं। मैं केवल इतना ही कह सकता हूँ कि उनके कथन पर विश्वास न करना असम्भव था। वस्तुत: जब मैं और मेरी पत्नी इन्टरव्यू के बाद बाहर निकले तो इस सत्य से पूर्णत: अभिभूत एवं चमत्कृत थे।

कितना आश्चर्य है—जिसे क्राइस्ट ने 'पिता' के रूप में सम्बोधित किया था आज वह सत्य साई के रूप में प्रत्यक्ष रूप में विद्यमान है—क्राइस्ट महान् का अवतरण हो गया—54 वर्ष बीत गये फिर भी हाय! केवल थोड़े से ईसाइयों को ही अभी तक इस सच्चाई का पता चला है।"

बाबा के अनेक ईसाई भक्तों ने गम्भीरता से अध्ययन करके उपर्युक्त विषय के संदर्भ में और भी कई नये तथ्यों का उद्घाटन किया है। रूबन लानबर्ग, जो कि सत्य साई सम्बन्धी अनेक महत्वपूर्ण पुस्तकों के रचयिता हैं, अन्ततः 'न्यू टेस्टामेंट' में उन पंक्तियों को खोजने में सफल हो गये हैं जिनमें सत्य साई के अवतरण का संकेत दिया गया है। इसके उन्नीसवें अध्याय के ग्यारहवें से लेकर पन्द्रहवें छन्द में जो-कुछ लिखा है, उसका हिन्दी रूपान्तरण इस प्रकार है—"मैंने स्वर्ग के द्वारा खुलते हुए देखे जिससे एक सफेद घोड़े पर आसीन व्यक्ति को देखा जिसे आस्थावान एवं सत्य के नाम से पुकारा गया, वह सच्चाई के लिए निर्णय दे रहा था एवं युद्ध कर रहा था। उसकी आँखें आग की लपटों की तरह लाल थीं, उसके सिर पर (बालों के) कई मुकुट थे, उसका नाम अंकित था, किन्तु उस नाम को वह स्वयं ही जानते थे और कोई भी नहीं। उसने पूरी तरह रक्त में सने हुए (लाल रंग के) वस्त्र धारण कर रखे थे और उसका नाम (सत्य नारायण?) भगवान् का पर्यायवाची था। स्वर्ग में रहने वाली सेनाओं (अनुयायियों) ने स्वच्छ एवं सफेद वस्त्रों में उनके सफेद घोड़े का अनुसरण किया। उसके मुँह से तीक्ष्ण तलवार प्रकट हो रही थी, जिससे वह बड़े-बड़े राष्ट्रों पर विजय प्राप्त करके उन पर लोहे के डंडे से शासन कर रहा था...।"

इस उद्धरण पर टिप्पणी करते हुए स्वयं लानबर्ग ने स्पष्ट किया है कि इसमें सत्य साई बाबा का निर्देश निम्नांकित रूपों में मिलता है—

(1) 'सफेद घोड़ा' भारतीय पुराणों के अनुसार भी कल्कि अवतार का चिह्न है तथा बाबा के अनुयायी भी उन्हें कल्कि अवतार के रूप में स्वीकार करते हैं।

(2) बाबा भी लाल रंग के वस्त्र धारण करते हैं एवं सिर पर घुंघराले बाल मुकुट की तरह प्रतीत होते हैं जिसका निर्देश इस भविष्यवाणी में किया गया है।

(3) 'बाबा का नाम' 'साई' स्वयं बाबा को ही ज्ञात था, उन्होंने ही अपनी चौदह वर्ष की आयु में इसे प्रकट किया।

(4) 'साई' और 'सत्यनारायण'—ये नाम भगवान् के ही पर्यायवाची हैं।

(5) बाबा के अनुयायी स्वच्छ एवं सफेद रंग के वस्त्र नियमपूर्वक धारण करते हैं। बाबा प्रारम्भ में केवल सफेद रंग की कार का ही उपयोग करते थे।

(6) उनके मुँह से प्रकट होने वाली 'तलवार' सत्य की वाणी या सत्य की प्रतीक है जिसके बल पर वे सभी राष्ट्रों के लोगों को विजित कर रहे हैं।

इस प्रकार लानबर्ग महोदय ने, जो कि स्वयं ईसाई धर्म के अनुयायी हैं, इस भविष्यवाणी में उल्लिखित अवतरण का सम्बन्ध सत्य साई बाबा से स्थापित करते हुए

लैंग महोदय के इस मत की पुष्टि की है कि ईसा द्वारा उल्लिखित 'पिता' का आगमन (अवतरण) बाबा के रूप में हो गया है।

कल्कि अवतार सम्बन्धी भविष्यवाणियाँ— जैसा कि पहले संकेत किया जा चुका है, भारतीय साहित्य में कलियुग में बुद्ध के अनन्तर कल्कि के अवतरण की भविष्यवाणी कई स्थलों पर उपलब्ध होती है। महाभारत के आरण्यक पर्व (वन पर्व) के अध्याय 190 एवं 191 में महर्षि मार्कण्डेय युधिष्ठिर को स्वयं भगवान् नारायण की कृपा से उपलब्ध ज्ञान के आधार पर कलियुग में धर्म की अधोगति का वर्णन करते हुए कल्कि अवतार के विषय में बताते हैं—''जब कलियुग का आगमन होगा तब चारों वर्ण कपट-रूपी कर्मों को करके अधर्म करेंगे और पंडितों के अभिमान के कारण धर्म क्षीण हो जायेगा।...सब मनुष्य कामी, क्रोधी, लोभी और अज्ञानी होकर परस्पर द्वेष-ग्रस्त होकर एक-दूसरे के शत्रु हो जायेंगे...सबका मन हिंसा करने में रहेगा और परस्पर चोरी करेंगे और नास्तिक हो जायेंगे।' इस प्रकार कलियुग की स्थिति का विस्तार से निरूपण करने के अनन्तर महर्षि कहते हैं—''उसी समय में संभल ग्राम में एक ब्राह्मण के घर भगवान् कल्कि का अवतार होगा। नाम उसका विष्णुयशा होकर बड़ा पराक्रमी और बुद्धिमान होगा। संकल्पमात्र से ही उसके पास सब वाहन, आयुध, योद्धा और कवच वर्तमान हो जायेंगे और वही बड़ा धर्मात्मा और चक्रवर्ती राजा होकर, ब्राह्मणों को साथ लेकर...इस व्याकुल लोक को परमानन्द देगा।...इसके पीछे सत्ययुग का आगमन हो जायेगा... ।''

विष्णु पुराण के चतुर्थ खण्ड के चौबीसवें अध्याय में तथा अग्नि पुराण के सोहलवें अध्याय में भी कल्कि अवतार का निरूपण विस्तार से करते हुए उपर्युक्त बातों को दोहराया गया है किन्तु उनमें तथ्यों की दृष्टि से कुछ बातें महाभारत के उपर्युक्त वर्णन से मेल नहीं खातीं। एक तो इन दोनों में 'विष्णुयशा' का उल्लेख कल्कि के पिता के रूप में किया गया है न कि स्वयं कल्कि के रूप में। दूसरे, इनमें 'याज्ञवलक्य' को अपना पुरोहित बनाने का भी उल्लेख है—जिसका महाभारत में अभाव है। हमारे विचार से यह अन्तर इन प्राचीन ग्रंथों के पाठ-भेद का अन्तर है जो कि विभिन्न लिपिकारों की असावधानी के कारण आ सकता है।

जहाँ तक सत्य साई के जीवन-चरित से कल्कि विषयक विवरण से तुलना की बात है, उससे कलियुग सम्बन्धी सामान्य वर्णन एवं अवतार द्वारा किये जाने वाले धर्म-स्थापना के विवरण को छोड़कर शेष तथ्यों की दृष्टि से उनमें मेल नहीं है। सत्य साई का जन्म संभलपुर नामक ग्राम में नहीं, पुट्टपर्ती में हुआ, जिस परिवार में उनका जन्म हुआ वह भी ब्राह्मण न होकर क्षत्रिय जाति का है; तथा उनके पिता का नाम भी 'विष्णुयशा' न होकर 'वेंकप्पा' है।

किन्तु जैसा कि स्वयं सत्य साई ने बताया कि उनका यह अवतार तीन रूपों में—शिरडी साई, सत्य साई एवं प्रेम साई—में क्रमश: प्रकट हो रहा है। शिरडी साई का जन्म अवश्य गोदावरी नदी के समीप पात्तरी गाँव में ब्राह्मण परिवार में हुआ था; अत:

संभव है कि कल्कि सम्बन्धी भविष्यवाणी का यह अंश उन पर लागू हो। 'संभलपुर' नामक ग्राम भी प्राचीन युग में प्रसिद्ध रहा हो पर संभवतः अब उसका नाम बदल गया हो। वैसे सत्य साई के पिता का नाम 'वेंकप्पा' विष्णु का पर्यायवाची है।

अस्तु, हमारे विचार से पुराणों में वर्णित कल्कि सम्बन्धी विवरण केवल एक ही रूप—सत्य साई—से सम्बन्धित नहीं है; इसमें तीनों साई रूपों से सम्बन्धित तथ्य मिश्रित हो सकते हैं। वैसे सत्य साई भी कल्कि अवतार के एक रूप हैं—इसकी पुष्टि कुछ अन्य साक्ष्यों के आधार पर अवश्य होती है। एक तो बाल्यकाल में सत्य साई ने अपने भक्तों को दशावतार के दर्शन दीवार पर करवाये थे जिनमें दसवें अवतार कल्कि के रूप में स्वयं सत्य साई ही श्वेत अश्व पर आसीन दिखाये गये थे। दूसरे, हिल्डा चार्टन नामक एक अमरीकन महिला को भी उन्होंने कल्कि के रूप में दर्शन दिये थे। चार्टन ने लिखा है—"मुझे प्रशान्ति निलयम् के भजन-हॉल में भजनों में भाग लेते समय एक बार एकाएक बाबा के सिर पर एक बहुत सुन्दर व्यक्ति दिखाई पड़ा जो कि सफेद घोड़े पर आसीन था। उस समय मैं कल्कि अवतार के विषय में कुछ भी नहीं जानती थी, अतः 'सफेद घोड़े' का कोई अर्थ नहीं समझ सकी। किन्तु बाद में एक हिन्दू शास्त्रों के ज्ञाता से इसके बारे में पता चला।"

यहाँ यह भी उल्लेखनीय है कि महाभारत, विष्णु पुराण, अग्नि पुराण आदि के अतिरिक्त एक उप पुराण 'कल्कि पुराण' भी मिला है जिसमें कल्कि का चित्रण प्रेम-कथानकों के नायक के अनुरूप करते हुए उसका लक्ष्य बौद्धों एवं म्लेच्छों का नाश करना बताया गया है। इस पुराण में दिया गया इतिवृत्त सत्य साई के चरित से बिलकुल भिन्न है। इस उपपुराण की प्रामाणिकता पर विचार करते हुए पं० श्रीराम शर्मा आचार्य ने इसे 'एक मनोरंजक कल्पना' की संज्ञा दी है। अतः ऐसी स्थिति में इस उपपुराण के आधार पर सत्य साई एवं कल्कि अवतार की तुलना करना समीचीन प्रतीत नहीं होता। वस्तुतः कल्कि अवतार का रहस्य अभी तक भली भाँति स्पष्ट नहीं हो पाया है।

हजरत मोहम्मद साहब की भविष्यवाणी—इस्लाम के प्रवर्त्तक हजरत मोहम्मद साहब की भी बहुत-सी भविष्यवाणियाँ अरबी के प्रसिद्ध ग्रंथ 'प्रकाश सागर' में संकलित हैं। इस ग्रंथ की तेरहवीं जिल्द का शीर्षक 'महेन्दी माउद' है, जिसका अर्थ है 'वह महान् शिक्षक (पैगम्बर) जो आयेगा।' इस ग्रंथ में भावी पैगम्बर का विवरण अत्यन्त विस्तार से दिया गया है जो सत्य साई के अनुरूप है। इसी विवरण को श्री आर० लावैनबर्ग ने अपनी पुस्तक 'दी हार्ट ऑफ साई" में (पृष्ठ संख्या 173-78) प्रस्तुत किया है।

जब मोहम्मद साहब से उनके शिष्यों या अनुयायियों ने पूछा कि क्या आप ही समस्त विश्व के नियंता हैं तो उन्होंने उत्तर दिया—"मैं नहीं हूँ और न ही आज तक जितने पैगम्बर और महापुरुष आये हैं, उनमें से कोई भी उतनी शक्ति लेकर आया जितनी शक्ति लेकर वह आयेगा।....उसे कोई भी जीत नहीं सकेगा।"

शिष्यों के इस अनुरोध पर कि वे उस भावी पैगम्बर को कैसे पहचानेंगे? मोहम्मद साहब ने उसके लगभग तीन सौ लक्षणों का वर्णन करते हुए कहा है—"वह महान् पैगम्बर सारे संसार का मालिक होगा। उस पर भूत, भविष्य एवं वर्तमान अर्थात् काल का कोई बन्धन नहीं होगा। वह समस्त संसार का स्वामी होगा और यही समझ लो कि खुदा की ही शक्ति का एक बहुत बड़ा अंश धरती पर अवतरित हो जायेगा। वह खुदा स्वयं लोगों से वार्तालाप करेगा, उन्हें उपदेश देगा...उनके सिर पर घने बाल होंगे। उसका ललाट चौड़ा होगा। उसका नाक चपटा होगा। उसके आगे के दाँत चौड़े होंगे। उसके दाढ़ी या मूच्छें नहीं होंगी। उसके गाल पर एक मस्सा होगा। वह आग की तरह लाल रंग के वस्त्र धारण करेगा।....उसके शरीर का कद छोटा होगा। उसके पैर युवतियों के से होंगे।"

इस प्रकार यहाँ भविष्य के महान् पैगम्बर के जो शारीरिक एवं वेशभूषा सम्बन्धी लक्षण बताये हैं वे सभी सत्य साई बाबा के अनुरूप हैं। आगे चलकर मोहम्मद साहब ने उसकी अन्य विशेषताओं पर भी प्रकाश डालते हुए बताया है—"अपने जन्मकाल से ही वह अपने हृदय में विश्व के सारे धर्मों का ज्ञान धारण कर लेगा। उसके मस्तिष्क में भी जन्म के समय से ही विश्व का समस्त ज्ञान-विज्ञान स्वतः ही प्रकट हो जायेगा। वह जिस वस्तु की भी इच्छा करेगा वही उसके सामने तुरन्त सृजित हो जायेगी। विश्व की सारी निधियाँ उसके चरणों में होंगी। वह (अपने सम्पर्क में आने वाले) प्रत्येक व्यक्ति को उसकी इच्छानुसार छोटे-छोटे आकार वाली वस्तुएँ पुरस्कार के रूप में देगा। जो भी व्यक्ति उसके दर्शन क़रेगा वह आनन्दित हो जायेगा। न केवल धरती के मनुष्य अपितु अन्य लोकों से भी विभिन्न आत्मायें उससे शान्ति प्राप्त करने के लिए उसके पास आयेंगी। उसकी आयु 95 वर्ष के लगभग होगी।"

यहाँ यह उल्लेखनीय है कि उपर्युक्त सभी बातें सत्य साई पर अक्षरशः चरितार्थ होती हैं किन्तु इसमें थोड़ा-सा अन्तर अवश्य है। बाबा ने स्वयं अपने इस शरीर की आयु 96 वर्ष घोषित की है जबकि यहाँ '95 वर्ष के लगभग' उल्लिखित है। किन्तु यह अन्तर विशेष महत्वपूर्ण नहीं है।

मोहम्मद साहब ने आगे चलकर इस अवतार की एक बड़ी विशेषता का उल्लेख करते हुए यह भी कहा है—"वह दुनिया का मालिक अपने शरीर से ही तथा अपने मुँह से ही विभिन्न वस्तुएँ उत्पन्न करेगा।" कहना न होगा कि यहाँ बाबा की उस संकल्प-शक्ति की ओर संकेत है जिसके द्वारा वे अपने हाथ से ही विभूति, अंगूठी, रुद्राक्ष, जपमाला, आदि वस्तुएँ सृजित करके तथा विभिन्न अवसरों पर अपने मुँह से 'शिवलिंग" प्रकट करके अपने आराधकों को प्रदान करते रहते हैं। वस्तुतः यह विशेषता सत्य साई अवतार को पूर्ववर्ती सभी अवतारों, पैगम्बरों एवं सिद्ध पुरुषों से अलग करती है।

हजरत मोहम्मद साहब ने अपनी दिव्य शक्ति के बल पर सहस्राधिक वर्षों के बाद अवतरित होने वाले भावी पैगम्बर की सभी विशेषताओं का तो साक्षात्कार प्रत्यक्ष रूप में

कर ही लिया था किन्तु साथ ही उसके अनुयायियों के व्यक्तित्व एवं रूप का भी प्रत्यक्षीकरण उन्होंने कर लिया था। इस सम्बन्ध में वे कहते हैं—"वह एक पहाड़ी पर रहेगा तथा उसके अनुयायी एक वृक्ष के नीचे एकत्रित हो जायेंगे। उनके (अनुयायियों के) ललाट पर (संभवत: विभूति, चंदन या कुमकुम का) टीका लगा होगा।" किन्तु उन्होंने इस बात पर गहरा अफसोस व्यक्त किया है कि उनके अपने अनुयायी आने वाले पैगम्बर को बहुत देर से पहचान पायेंगे। जहाँ यह पैगम्बर अपने जीवन के अंतिम बीस वर्षों में समस्त विश्व का स्वामी हो जायेगा वहाँ मुसलमान उसे उसके निधन के केवल नौ वर्ष पूर्व ही पहचान पायेंगे।"

अस्तु, इस पुस्तक में जो कि बाबा की एक आराधिका—'ईरानी माँ'—को तेहरान के बाजार में एक पुरानी पुस्तकों के विक्रेता से प्राप्त हुई थी, भविष्य के महान् पैगम्बर के जो लक्षण बताये गये हैं वे प्राय: सभी श्री सत्य बाबा में मिलते हैं। संभवत: इतनी स्पष्टता से एवं इतने विस्तार से बाबा के व्यक्तित्व, चरित एवं लीलाओं से संबंधित लक्षण अन्य क़िसी भी भविष्यवाणी में उपलब्ध नहीं होते। इस भविष्यवाणी से न केवल बाबा की महत्ता का बोध होता है अपितु इस्लाम के इस महान् प्रवर्तक की दिव्य शक्ति का भी ज्ञान उन सबको हो जाता है जो कि उससे अनभिज्ञ हैं—खास तौर से गैर मुस्लिमों को।

अरविन्द का साक्ष्य— सत्य साई के अवतरित होने का आभास महर्षि अरविन्द को भी उनके जन्म के अगले दिन ही हो गया था—इसका प्रमाण उनके प्रसिद्ध ग्रंथ "श्री अरविन्द ऑन हिम सैल्फ एण्ड द मदर' (पृष्ठ 208) में उपलब्ध है। इसके अनुसार दिनांक 24 नवम्बर, 1926 को महर्षि जी ने अपने आश्रमवासियों के साथ सामूहिक रूप में पैंतालीस मिनट तक ध्यान किया और उसके बाद घोषित किया—"कृष्ण भौतिक रूप में अवतरित हो गये हैं।...कृष्ण के अवतरण का तात्पर्य है कि ईश्वरस्वरूप परामानस का अवतरण जो कि अति मानस एवं आनन्द का अवतरण भी माना जा सकता है। कृष्ण ही आनन्दमय है, वे परामानस के माध्यम से विकास को आगे बढ़ाते हुए आनन्द तक पहुँचायेंगे।" आगे चलकर श्री अरविन्द ने अक्टूबर 1935 में लिखित वक्तव्य में इसे और स्पष्ट करते हुए लिखा है—"24 नवम्बर, 1926 को श्रीकृष्ण का भूतत्व में अवतरण हुआ था।....श्रीकृष्ण के अवतरण का अर्थ है अधिमानसिक ईश्वरीय सत्ता का अवतरण, जिससे अब अतिमानसिक सत्ता के अवतरण में सहायता मिलेगी।" (उत्तरयोगी : श्री अरविन्द; पृ० सं० 263-4) वस्तुत: महर्षि जी जीवन भर परमसत्ता के अवतरण के लिए जो साधना करते रहे थे, उसकी पूर्ति का बोध उन्हें 24 नवम्बर, 1926 को अर्थात् सत्य साई के जन्म (23 नवम्बर, 1926) के अगले दिन ही हो गया था—इसीलिए इसे **'सिद्ध दिवस'** भी माना जाता है।

इससे प्रतीत होता है कि महर्षि अरविन्द को अपनी दिव्य चेतना के बल पर श्रीकृष्ण के अवतरित होने का तो बोध हो गया था, यह दूसरी बात है कि उस समय तक इस तथ्य का पता नहीं लग पाया कि वे कहाँ और किस रूप में अवतरित हुए हैं?

सत्य साई के जन्म के बारे में भी उस समय तक कोई जानकारी संभव नहीं थी। फिर भी महर्षि जी को इस बात का दृढ़ विश्वास—अपितु बोध—था कि धरती पर कोई ऐसी दिव्य सत्ता अवतरित हो गई है जो मानवता के विकास को महामानव या अतिमानव के स्तर तक पहुँचाने का कार्य सम्पन्न करेगी। अस्तु, इसके बाद महर्षि जी अपने आश्रम के भीतरी कक्ष में ही समाधिस्थ रहने लग गये तथा बाहर के लोगों से (वर्ष के केवल चार दिनों को छोड़कर) मिलना-जुलना बन्द कर दिया। इन चार दिनों में से एक दिन 24 नवम्बर का निश्चित था।

वैसे महर्षि अरविन्द के अनुयायी स्वयं महर्षि जी को ही अवतार मानते हैं, यह दूसरी बात है कि स्वयं उन्होंने इस बात का खण्डन बार-बार किया है। डॉ० वी० के० गोकाक जो कि बाद में सत्य साई बाबा के सम्पर्क में आये, पहले अरविन्द के ही उपासक थे तथा उन्हें अवतार के रूप में ही स्वीकार करते थे; अतः उन्होंने स्वयं बाबा से एक बार प्रश्न किया था कि क्या अरविन्द और वे (सत्य साई) दोनों अवतार हैं—इसका उत्तर देते हुए बाबा ने कहा—"हाँ, अरविन्द व्यक्तिनाथ थे जबकि मैं लोकनाथ हूँ।"

शुकनाड़ी का साक्ष्य— बंगलौर के एक ज्योतिषी श्री गंजुर नारायण शास्त्री को पुराने ग्रंथों की खोज करते हुए शुकदेव ऋषि द्वारा रचित तथा ताड़ के पत्तों पर लिखित एक अत्यन्त प्राचीन ग्रंथ उपलब्ध हुआ है जिसे 'शुक-नाड़ी ग्रंथ' कहा जाता है। इसमें लगभग सौ पृष्ठों में 'साई चरितामृत ग्रंथम्' शीर्षक से संस्कृत में लिखित इतिवृत्त है जिसमें साई अवतार का पूरा विवरण दिया है। इसमें साई के जीवन की विभिन्न घटनाओं के साथ-साथ उनकी संकल्प सिद्धि, उनके अवतार के लक्ष्य प्रयोजन आदि उन सारी बातों का निरूपण किया गया है जो सत्य साई बाबा के अनुरूप है। यह ग्रंथ शताब्दियों पुराना माना जाता है। 'लिविंग डिविनिटी' की लेखिका श्रीमती एस० बालुजा ने अपनी पुस्तक में इस ग्रंथ की प्रामाणिकता एवं उसकी विषय-वस्तु की यथातथ्यात्मकता का विवेचन विस्तार से किया है।

इसके अतिरिक्त अनेक स्वदेशी-विदेशी भविष्यवक्ताओं की घोषणाओं से भी सत्य साई अवतार के संकेत अप्रत्यक्ष रूप में मिलते हैं। यूरोप में बहुमान्य ग्रंथ 'सेन्चुरीज' में भी दक्षिण भारत में अवतरित होने वाले एक ऐसे महापुरुष का उल्लेख किया गया है जो बीसवीं शताब्दी के अन्त में तथा इक्कीसवीं शती के आरम्भ में अपनी दिव्य शक्ति के बल पर मानवता की रक्षा करके उसे नया मार्ग दिखायेगा तथा सारा विश्व उससे प्रभावित होगा। उसकी सबसे बड़ी पहचान यह बताई गई है कि उसकी पूजा का दिन बृहस्पतिवार होगा।

साई अवतार का रहस्य

किसी भी सामान्य व्यक्ति के लिए अवतार की वास्तविकता को समझ पाना सम्भव नहीं, अतः साई बाबा ने अपने भक्तों पर अनुग्रह करके समय-समय पर अपनी वास्तविकता को प्रकट करते हुए उन्हें सत्य से अवगत कराने की कृपा अपने दोनों ही

रूपों में की है। शिरडी साई के रूप में उन्होंने एक दिन दोपहर की आरती के पश्चात् अपने भक्तों को विदा करते समय सहज भाव से कहा था—''तुम चाहे कहीं भी रहो, जो इच्छा हो सो करो, परन्तु यह सदैव स्मरण रखना कि तुम जो कुछ भी करते हो, वह सब मुझे ज्ञात है। मैं समस्त प्राणियों का प्रभु और (उनके) घट-घट में व्याप्त हूँ; मेरे ही उदर में समस्त जड़ और चेतन प्राणी समाये हुए हैं। मैं ही समस्त ब्रह्माण्ड का नियन्त्रणकर्ता व संचालक हूँ। मैं ही उत्पत्ति, स्थिति व संहारकर्त्ता हूँ। मेरी भक्ति करने वालों को कोई हानि नहीं पहुँचा सकता। मेरे ध्यान की उपेक्षा करने वाला माया के पाश में फँस जाता है। विश्व के समस्त जीव-जन्तु एवं उसके सभी रूप—दृश्यमान, परिवर्तनशील एवं स्थिर—मेरे ही रूप हैं।' (श्री साई सत् चरित—हेमाद पन्त)।

जिस प्रकार भगवान् श्रीकृष्ण ने अर्जुन को अपना विराट-रूप दिखाकर उसके मन की शंकाओं को निर्मूल करने एवं उसे सत्य का बोध प्रदान करने का यत्न किया था, उसी प्रकार श्री सत्य साई बाबा भी अपने भक्तों को अपनी दिव्यता का संकेत समय-समय पर देते रहते हैं।

वैसे तो सत्य साई ने अपनी छह-सात वर्ष की आयु में ही अपने गाँव के लोगों को अपनी दिव्यता से चमत्कृत कर दिया था जिससे वे उन्हें 'गुरु' एवं 'ब्रह्मज्ञानी' के नाम से पुकारने लग गये थे, किन्तु 23 मई, 1940 को अपार भीड़ के समक्ष अपने पिता के द्वारा अपनी वास्तविकता को बताने का आग्रह किये जाने पर उन्होंने स्पष्ट रूप में उद्घोषित किया था कि 'मैं साई हूँ!' इस घटना का विस्तृत विवरण पीछे बाल्यकाल सम्बन्धी अध्याय में दिया जा चुका है।

सत्य साई समय-समय पर अपने भक्तों को भगवान् की पूजा-उपासना की विधि बताते हुए अनेक भजनों, गीतों एवं प्रार्थनाओं की भी रचना करते रहे हैं। सन् 1945 की बैकुण्ठी एकादशी के अवसर पर भी उन्होंने एक गीत तेलुगु भाषा में रचा था जिसके कुछ अंशों का हिन्दी अनुवाद इस प्रकार है—

'आओ भाइयो! आओ बहनो!
चलो चलें हम पवित्र पुट्टपर्ती—
सुनते हैं कि पहनते हैं वे,
मोहक नारंगी रेशमी परिधान!

* * *

कहते हैं कि शिव हैं, राम हैं, वे
कृष्ण भी हैं और हनुमान भी हैं वे,
समाहित हैं परमात्मा के सभी रूप,
यदि तुम अच्छे और सच्चे हो
तो देख सकते हो सभी रूप उनमें!
कलियुग में अवतरित हैं,
परम प्रभु परमात्मा!

इस प्रकार धीरे-धीरे उन्होंने अपनी रचनाओं एवं अपनी दिव्य लीलाओं द्वारा यह सांकेतिक किया कि अवतार अवतरित हो गया है।

25 मई, 1947 को उन्होंने अपने बड़े भाई श्री शेषम् राजू के पत्र का उत्तर देते हुए भी इस तथ्य की ओर संकेत किया—"मैं न तो किसी स्थान विशेष से आबद्ध हूँ और न ही किसी नाम-विशेष से।....कोई किसी भी नाम से पुकारे मैं उसका उत्तर देता हूँ। ....कोई मेरी महिमा या मेरे गौरव की थाह नहीं पा सकता, मुझे पूर्ण रूप से समझ नहीं सकता, वह चाहे कोई भी क्यों न हो, कैसा भी साधन इसके लिए वह अपनाये और चाहे जितना समय लगाये।"

बंगलौर में श्रद्धालु-भक्तों की एक भीड़ को सम्बोधित करते हुए दिनांक 10 जुलाई, 1959 को बाबा ने पुनः अपने रहस्य की ओर संकेत करते हुए कहा था—"अब अवतार आ गया है, अतः मनुष्य की आध्यात्मिक प्रगति का मार्ग स्वच्छ (निष्कंटक) होगा। मनुष्य जिस अशान्ति से पीड़ित है वह दूर होगी।....तभी जीवों को शान्ति और संतोष मिलना ही चाहिए; इसी उद्देश्य से भगवान् बार-बार धरती पर अवतरित होते हैं। वे इसके लिए एक ऐसा स्थल चुनते हैं जो कि पवित्रता एवं दिव्यता से परिपूर्ण हो। वे मनुष्य का रूप धारण करते हैं जिससे कि तुम उनसे मिल सको, बात कर सको, समझ सको और उनका अनुसरण कर सको तथा उनका प्रत्यक्ष अनुभव (या साक्षात्कार) करके लाभान्वित हो सको।"

यह विडम्बना है कि कई बार अवतार जिन लोगों का हित करने अवतरित होता है, वे ही उसे पहचान पाने में असमर्थ हो जाते हैं जिससे वे उसके नैकट्य का पूरा लाभ नहीं उठा पाते। सत्य साई बाबा ने इसी तथ्य को रेखांकित करते हुए अपने उपर्युक्त प्रवचन में आगे कहा है—"दुर्भाग्य यह है कि जब भगवान् अपने निराकार अदृश्य रूप में होता है तो तुम उसे मनचाहा रूप देकर और उससे सुख और शक्ति प्राप्त करने के लिए प्रार्थना करते हो किन्तु जब वह तुम्हारे सामने प्रत्यक्ष मानव रूप में उपस्थित है तो तुम संदेह और शंकाओं में पड़कर उसे अस्वीकार कर देते हो!...यदि तुम समुद्र से मोती चुनना चाहते हो तो तुम्हें गहराई में गोता लगाना होगा, केवल समुद्र के किनारे बैठकर लहरों को गिनते रहने से काम नहीं चलेगा।...इसी प्रकार यदि तुम इस अवतार से पूर्णतः लाभान्वित होना चाहते हो तो साई बाबा में गहराई से डूबकर लीन हो जाओ। अधूरे मन से, संदेह, शंका, संकोच एवं भ्रान्ति से भरी हुई कहानियों के सुनने से तुम्हें कोई लाभ न होगा।"

इसी प्रकार उन्होंने कृष्ण-जन्माष्टमी, 1967 के अवसर पर प्रशान्ति निलयम् में कृष्ण-अवतार की विशेषताओं पर प्रकाश डालते हुए अन्त में अपने भक्तों को संकेत दिया था—"हर युग में भगवान् का अवतार होता है—पुनरुद्धार, पुनर्जागरण और पुनर्निर्माण के लिए। संप्रति, महाशक्ति, मायाशक्ति और योगशक्ति तीनों एक साथ एक ही मानवीय रूप में प्रकट हुई हैं; आप लोगों का प्रयास होना चाहिए कि उसके निकट पहुँचें और अनुग्रह अर्जित करें।"

विश्व सम्मेलन में दिव्य घोषणा—यद्यपि भगवान् सत्य साई समय-समय पर अपने दिव्यत्व का संकेत अपने भक्तों को देते रहे हैं किन्तु स्पष्ट रूप से विस्तारपूर्वक उसका रहस्य दिनांक 17 मई, 1968 को बम्बई में सत्य साई संगठन के प्रथम विश्व-सम्मेलन को सम्बोधित करते हुए प्रकट किया।

उन्होंने बताया कि वैसे तो समय-समय पर विश्व में अनेक आध्यात्मिक सम्मेलन हुए हैं और होते रहेंगे किन्तु यह पहला सम्मेलन है जबकि एक अवतार स्वयं उसमें साकार रूप में विद्यमान है तथा उनकी दिव्य उपस्थिति में उसके भक्तगण यह सम्मेलन कर रहे हैं। इस सम्मेलन में भाग लेने वाले भक्तों का यह परम सौभाग्य है कि वे मानव रूप में परमात्मा के दर्शन कर रहे हैं जो कि बड़े-बड़े साधुओं, संतों, मुनियों एवं योगियों को भी सहज रूप में सुलभ नहीं है।

श्री सत्य साई ने इस संदर्भ में यह भी स्पष्ट किया कि यह तथ्य उन्हें इसलिए बताना पड़ रहा है कि वहाँ उपस्थित लोगों में से 99 प्रतिशत लोग इस सत्य से, भगवान् की इस वास्तविकता से अवगत नहीं थे। वैसे भी परमात्मा के वास्तविक रूप को समझना किसी के लिए भी संभव नहीं। भगवान् के शब्दों में—''वास्तविक रूप में तो आप मेरे सत्य स्वरूप को न तो आज समझ सकते हैं और न ही हजारों वर्ष के बाद, चाहे आप इसके लिए कितनी ही तपस्या और साधना क्यों न करें और चाहे इसके लिए सम्पूर्ण मानवता भी मिलकर प्रयास क्यों न करें!'' वस्तुत: उस विराट सत्ता के समक्ष मानव-बुद्धि एक बूँद के समान है जिसके लिए उस विशाल सागर की पूरी थाह पाना कभी सम्भव नहीं। फिर भी वह उसी की कृपा से उसका आंशिक रूप में बोध प्राप्त करके असीम आनन्द की उपलब्धि कर सकता है।

साई अवतार का वैशिष्ट्य—वैसे तो विभिन्न युगों में विभिन्न अवतार हुए हैं किन्तु प्रत्येक अवतार अपने समय की विशिष्ट परिस्थिति, स्थिति एवं अपेक्षा के अनुसार किसी विशिष्ट लक्ष्य एवं उसके अनुरूप शक्ति लेकर अवतरित होता है। इस दृष्टि से साई अवतार का वैशिष्ट्य क्या है—इसका स्पष्टीकरण करने की भी कृपा बाबा ने समय-समय पर की है। 'मैं अवतार क्यों लेता हूँ' शीर्षक वार्ता में बाबा ने इस विषय पर प्रकाश डालते हुए कहा है—''जब संसार में अशांति और अराजकता उत्पन्न हो जाती है तो भगवान् मनुष्य के रूप में अवतार धारण करते हैं और वे उसे धर्म और शान्ति का मार्ग दिखाते हैं। आज के युग में घृणा और द्वेष के कारण शान्ति और एकता की भावना परिवार से, विद्यालय से, समाज से, गाँव से, शहर-नगर और राज्यों से विदा हो गयी है। भगवान् के अवतार के लिए संत, महात्मा एवं साधु लोग काफी समय से प्रार्थना तथा प्रतीक्षा करते रहे हैं, इसीलिए मैं आया हूँ। मेरा कार्य वेदों का पोषण एवं भक्तों का रक्षण है।''

यहाँ प्रश्न उठता है कि क्या भक्तों के संरक्षण के लिए भगवान् पूर्व अवतारों की भाँति दुष्टों का संहार भी करेंगे? इसका स्पष्टीकरण करते हुए उन्होंने कहा कि इस अवतार में ऐसा नहीं होगा। राम और कृष्ण के अवतार दुष्ट व्यक्तियों एवं पापियों का

संहार करने के लिए हुए थे किन्तु वर्तमान युग में अवतार ऐसा नहीं करेगा क्योंकि आज हर व्यक्ति किसी-न-किसी पाप से ग्रस्त है, अतः यदि भगवान् दुष्टों का नाश करने लगे तो संभवतः उन्हें सारी ही मानव-सृष्टि को नष्ट करना पड़े। इसलिए यह अवतार उन्हें नष्ट करने के स्थान पर विभिन्न प्रकार से उनकी बुद्धि को ठीक करने का उपाय करेगा। वह प्रेमपूर्वक उन्हें समझायेगा, शिक्षा देगा, सहायता करेगा और उन्हें अच्छे कार्यों की प्रेरणा देगा तथा साथ ही उन्हें बुरे कर्मों के दुष्परिणाम से अवगत करवायेगा जिससे कि वे सही मार्ग पर चल सकें।" इससे स्पष्ट है कि साई-युग में जो क्रान्ति होगी वह एक अहिंसक क्रान्ति होगी जिसमें परिवर्तन भौतिक स्तर की अपेक्षा मानसिक स्तर पर अधिक होगा। आज मनुष्य की बुद्धि भौतिकवादी विचारधाराओं से विकृत हो गयी है जिसमें अपेक्षित सुधार करने के लिए एक ऐसी वैचारिक क्रान्ति की जायेगी जिससे मानव की चिन्तना के नये आयामों का विकास हो सकेगा। यदि महर्षि अरविन्द के शब्दों में कहें तो मनुष्य की अति मानसिक चेतना का विकास होगा जिससे वह अतिमानव या महामानव (सुपरमैन) की दिव्यता से युक्त हो सकेगा।

पश्चिम के भौतिकवादी विचारकों के प्रभाव से ही आज का तथाकथित बुद्धिजीवी वर्ग जड़ को चेतना की अपेक्षा, स्थूल को सूक्ष्म की अपेक्षा तथा काम एवं अर्थ को धर्म एवं मोक्ष की अपेक्षा अधिक महत्व देने लग गया है जिसके फलस्वरूप उसका परम्परागत वैदिक ग्रंथों, धर्म के सनातन मूल्यों एवं समाज के नैतिक आदर्शों से विश्वास उठता जा रहा है। भगवान् सत्य साई का लक्ष्य इसी स्थिति का निराकरण करते हुए वैदिक ग्रंथों, धर्म शास्त्रों, आध्यात्मिक तत्वों एवं नैतिक मूल्यों की पुनर्स्थापना करते हुए मानव की दिव्य चेतना को जागृत करना है।

आज मानव जाति विभिन्न वर्गों, विचारों, वादों, राष्ट्रों आदि में विभक्त होकर पारस्परिक द्वेष से ग्रस्त हो रही है। "इसीलिए आज साई का अवतरण समस्त मानव जाति को आत्मिक एकता का बोध प्रदान करके उसे भ्रातृत्व के प्रेम-सूत्र में बाँधकर एक परिवार के रूप में संगठित करने के लिए हुआ है। इसके लिए वे सभी मनुष्यों की आंतरिक एकता का बोध कराते हुए उसकी उस दिव्यता को जागृत करेंगे जिससे कि वह अपने पशुत्व से मुक्त हो सके।"

आधुनिक विज्ञान की उपलब्धियों से चमत्कृत होकर जहाँ आज का मनुष्य अपनी दिव्य सत्ता—परम तत्व—को ही भूल गया है वहाँ साथ ही वह उस तीसरे महायुद्ध की विभीषिका की कल्पना से भी आक्रान्त है जिसमें परमाणु-साधनों से समस्त मानव-जाति का संहार कुछ ही क्षणों में संभव है। बाबा ने अपने भक्तों को स्पष्ट रूप में बताया है कि वे मानव को इस महान् विपत्ति से बचायेंगे। उनके शब्दों में—"विश्वास करो कि तुम सब लोगों को मुक्त किया जायेगा। तुम सबका बचाव किया जायेगा। बहुत से लोगों को इस बात में संदेह है कि परिस्थितियाँ बदलेंगी या उनमें सुधार होगा। उन्हें विश्वास नहीं होता कि समस्त मानवता का कल्याण होगा, उनका जीवन सुख और

आनन्द से परिपूर्ण होगा, या स्वर्णिम युग का पुनरागमन होगा। किन्तु मैं आश्वासन देता हूँ कि यह धर्मस्वरूप—दिव्य अवतार—व्यर्थ ही अवतरित नहीं हुआ है। यह मानवता को उसके महान् संकट से उबारने में निश्चय ही सफल होगा।''

साई कृष्ण के रूप में—भारतीय धर्मग्रंथों के अनुसार सभी अवतार विष्णु के ही विभिन्न रूप हैं, अतः वे एक दूसरे से अभिन्न हैं। इस तथ्य की पुष्टि स्वयं सत्य साई बाबा ने भी अनेक संदर्भों में की है। शिरडी साई को तो अपना पूर्व रूप मानते हुए उन्हें अपने से अभिन्न घोषित किया ही है किन्तु नृसिंह, राम, कृष्ण एवं बुद्ध के प्रसंग में भी उन्होंने इन सबसे साई की अभिन्नता का प्रतिपादन किया है। इनमें श्रीकृष्ण के साथ अपने तादात्म्य की घोषणा उन्होंने अनेक बार की है। सन् 1977 की जन्माष्टमी के पर्व पर उन्होंने श्री सत्य-साई-छात्रावास के विद्यार्थियों को सम्बोधित करते हुए भगवान् कृष्ण के पावन चरित पर विस्तार से प्रकाश डाला। अपने इसी प्रवचन के बीच में एक प्रसंग पर उन्होंने उपस्थित समूह को सम्बोधित करते हुए कहा—''तुम लोग कितने भाग्यशाली हो कि वही कृष्ण—पूर्ण प्रेमावतार के रूप में—आज तुम्हारे मध्य विद्यमान है।'' इसके बाद उन्होंने कहा कि ''उस समय मैं कृष्ण के रूप में कैसी कौस्तुभ मणि धारण करता था, वह तुम्हें दिखाता हूँ।'' यह कहकर उन्होंने अपना हाथ लहराया तो उसमें कौस्तुभ मणि आ गयी जिसे उन्होंने वहाँ उपस्थित सभी लोगों को देखने के लिए दी। इसके अनन्तर उन्होंने अपने सिर पर एक लम्बा तौलिया बाँधकर भी दिखाया कि किस प्रकार कृष्णावतार के समय वे साफा बाँधते थे। यह दृश्य देखकर सभी दर्शक गद्गद हो गये। उस समय का एक चित्र श्रीमती एस० बालूजा की पुस्तक 'लिविंग डिविनिटी' में उपलब्ध है।

इस संदर्भ में बाबा के अमरीकन भक्त श्री जॉन हिस्लप का भी एक अनुभव उल्लेखनीय है। वे एक बार बाबा के साथ कहीं जा रहे थे—बाबा पीछे की सीट पर दो अन्य व्यक्तियों के साथ बैठे थे और हिस्लप आगे की सीट पर। मार्ग में हिस्लप ने बाबा की ओर झाँक कर देखा तो उन्हें बाबा के स्थान पर एक अत्यन्त मनोमुग्धकारी नीलवर्ण की छवि वाला कोई दिव्य पुरुष दिखाई पड़ा। हिस्लप यह देखकर चमत्कृत हो गये। कुछ दिनों बाद उन्होंने बाबा से इसका रहस्य पूछा तो उन्होंने बताया कि वह कृष्ण का वास्तविक रूप था, जो उन्हें दिखाई दिया था। साथ ही बाबा ने इस बात की भी पुष्टि की कि कृष्ण के रूप में भी वे स्वयं ही अवतरित हुए थे। इसी प्रकार प्रो० एन० कस्तूरी ने भी अपनी पुस्तक 'लविंग गॉड' में एक स्थल पर लिखा है कि बाबा प्रायः दूध-दही या मक्खन बहुत कम लेते हैं। एक बार जब किसी भक्त ने उनसे बहुत आग्रह किया तो बाबा ने बड़े सहज भाव से कहा—''दूध-दही तो मैं कृष्णावतार में ही बहुत ले चुका हूँ...।''

अस्तु, सत्य साई कृष्ण से अभिन्न हैं तथा इसीलिए भक्तगण उन्हें 'साई-कृष्ण' के नाम से भी पुकारते हैं, यह दूसरी बात है कि अवतार की इस दिव्य अनुभूति को प्राप्त करने का सौभाग्य कुछ लोगों को ही प्राप्त होता है।

अवतार के बोध की प्रक्रिया—यहाँ यह भी उल्लेखनीय है कि अब भी बहुत से लोग हैं जो कि इस तथ्य को हृदयंगम नहीं कर पाते हैं कि सत्य साई भगवान् के अवतार हैं—ऐसे लोग अपनी तर्क बुद्धि एवं बाह्य साक्ष्यों के आधार पर ही अवतार का बोध प्राप्त करना चाहते हैं। यद्यपि स्वयं श्री सत्य साई बाबा ने इस सम्बन्ध में जो कुछ कहा है वह हमारी शंकाओं के समाधान के लिए पर्याप्त है, फिर भी जो लोग केवल बौद्धिकता के आधार पर ही इस तथ्य पर विचार करना चाहते हैं, उन्हें यह स्पष्ट रूप में जान लेना चाहिए कि अवतार का वैशिष्ट्य उसके दिव्यत्व में है और दिव्यत्व का बोध अवतार के स्वरूप, उनके क्रिया-कलापों, धर्म-स्थापना के लिए अब तक किये गये विभिन्न कार्यों, सज्जनों एवं भक्तों की सहायता एवं रक्षा से सम्बन्धित सहस्राधिक घटनाओं, उनके द्वारा प्रतिदिन प्रत्यक्ष रूप में की जानी वाली दिव्य चामत्कारिक लीलाओं तथा उनके निकट संपर्क का सौभाग्य प्राप्त करने वाले विभिन्न साधकों एवं अनुयायियों की प्रामाणिक अनुभूतियों का चिन्तन-मनन गम्भीरतापूर्वक करने से ही सम्भव है। इस चिन्तन-मनन के फलस्वरूप धीरे-धीरे उनमें आस्था एवं विश्वास जागृत होगा तथा अन्त में स्वयं प्रभु की कृपा से ही उन्हें उस परम तत्व की दिव्यता का बोध प्राप्त हो सकेगा। अतः इस उद्देश्य की पूर्ति के निमित्त आगे अवतार की दिव्य लीलाओं एवं भक्तों की अनुभूतियों का विवरण प्रस्तुत किया जा रहा है; पर साथ ही सच्चे जिज्ञासुओं को स्वयं अपने इष्टदेव या भगवान् से ही प्रार्थना करनी चाहिए जिससे उनके दिव्यत्व को हृदयंगम करने में सफल हो सकें। पिछले कुछ वर्षों में अनेक व्यक्तियों ने अपने-आपको 'अवतार' या 'भगवान्' घोषित किया है जिनमें से कुछ आगे चलकर अवतार के छद्मरूप सिद्ध हो गये—ऐसी स्थिति में किसी भी महापुरुष की अवतार सम्बन्धी घोषणा पर सहज ही विश्वास कर लेना न तो उचित ही है और न ही संभव। 'दूध का जला छाछ को भी फूँक-फूँक कर पीता है'—यह कहावत भी इस प्रसंग में सार्थक होती है। फिर भी इस सम्बन्ध में अवतार के सच्चे जिज्ञासुओं के लिए कुछ विचार-सूत्र यहाँ प्रस्तुत किये जाते हैं :

- वैसे तो प्रत्येक प्राणी में भगवान् की शक्ति किसी-न-किसी मात्रा में विद्यमान है, अतः प्रत्येक व्यक्ति अवतार है, किन्तु सामान्य भाषा में 'अवतार' उसे कहा जाता है जिसमें दिव्य शक्ति सामान्य व्यक्ति से कई गुना अधिक हो। कुछ लोग अपनी जन्मजात शक्तियों को भी अपनी साधना के द्वारा विकसित करके महान् या दिव्य रूप प्राप्त कर लेते हैं। ऐसे व्यक्तियों को उनकी शक्ति, सिद्धि या उपलब्धि के अनुसार महापुरुष, सिद्ध पुरुष, योगी, महायोगी, परमहंस आदि कहा जाता है। महर्षि अरविन्द के अनुसार वे 'विभूति' हैं, पर अवतार नहीं।

- राम, कृष्ण, साई की कोटि के अवतार अपनी साधना या योगाभ्यास द्वारा शक्तियों का विकास नहीं करते अपितु वे जन्म से ही विशेष एवं विशिष्ट शक्तियाँ लेकर अवतरित होते हैं। वैसे प्रत्येक अवतार की भी जन्मजात शक्तियों में परस्पर मात्रा की दृष्टि से अन्तर रहता है। भारतीय अवतारवाद में 'आंशिक' एवं 'पूर्ण' अवतार की

धारणा इसी तथ्य की सूचक है। [अवतार की विभिन्न शक्तियों या कलाओं के लिए द्रष्टव्य अगला अध्याय।]

• पूर्ण अवतार ईश्वर की पूर्ण शक्तियों—सर्वज्ञाता, सर्वव्यापी, सर्वशक्तिमान की शक्तियों से तथा स्वेच्छानुसार सृजन, संरक्षण एवं संहार करने के सामर्थ्य से युक्त होता है। सत्य साई बाबा में इन सभी शक्तियों एवं सामर्थ्य के प्रमाण उपलब्ध हैं। फिर भी जैसा कि स्वयं बाबा ने कहा है—इस सम्बन्ध में दूसरों की बातों पर विश्वास न करके आत्मानुभूति को ही प्रमाण मानना चाहिए। आत्मानुभूति प्राप्त करने का उपाय है ज्ञातव्य का अधिक-से-अधिक ज्ञान, अध्ययन, सम्पर्क, बोध एवं अनुभूति। ज्ञान>प्रत्यक्षीकरण>बोध>अनुभूति—यही मनोवैज्ञानिक प्रक्रिया है।

●

10. अवतार की कलाएँ और दिव्य लीलाएँ

प्रत्येक प्राणी में ब्रह्म की शक्ति विद्यमान है—यह भारतीय वैदिक विचारधारा का सार तत्व है, इस दृष्टि से विश्व के सभी प्राणी—जिनमें मनुष्य प्रमुख हैं—भगवान् के ही रूप हैं, किन्तु उनमें शक्ति की मात्रा एवं गति की दृष्टि से परस्पर सूक्ष्म अन्तर है। किसी में शक्ति अधिक है, किसी में कम। इसी प्रकार किसी प्राणी में वह कम सक्रिय है, जबकि किसी में अधिक है। इसी अन्तर के कारण इन प्राणियों में परस्पर स्तर-भेद दृष्टिगोचर होता है।

मनुष्य, महामानव एवं अवतार भी मूलतः ब्रह्म की ही अभिव्यक्ति के विभिन्न रूप हैं किन्तु उनमें दिव्य शक्ति की मात्रा एवं गति की दृष्टि से परस्पर सूक्ष्म अन्तर है। बौद्धिक एवं आध्यात्मिक शक्तियों की दृष्टि से जहाँ मनुष्य धरती के अन्य जीवधारियों—पशु-पक्षियों, कीट-पतंग आदि—से उच्च स्तर का प्राणी है वहाँ महामानव एवं सिद्ध पुरुष मनुष्य के भी उच्चतम् स्तर का प्रतिनिधित्व करते हैं। सामान्य मनुष्य में जो सूक्ष्म आध्यात्मिक शक्तियाँ सुषुप्त या निष्क्रिय रूप में विद्यमान रहती हैं, उन्हें ही सिद्ध पुरुष या महामानव अपनी साधना के द्वारा जागृत कर लेता है तथा उनके द्वारा ऐसे कार्य संपादित कर पाता है जो साधारण मनुष्य की दृष्टि में असंभव एवं आश्चर्यजनक होते हैं।

अवतार सिद्ध पुरुष या महामानव से भी अधिक उच्च स्तर का तथा अधिक शक्तियुक्त होता है। जहाँ सिद्ध पुरुष आंशिक रूप में अपनी आध्यात्मिक शक्तियों को अपनी साधना के द्वारा जागृत करके अतिरिक्त शक्तियाँ—जिन्हें योग की शब्दावली में 'सिद्धियाँ' कहा गया है—उपलब्ध करता है, वहाँ अवतार को ये शक्तियाँ जन्म से ही प्राप्त होती हैं। इसीलिए वे उसके लिए सहज, स्वाभाविक एवं स्थायी होती हैं, क्योंकि सिद्ध का पतन होने पर या उसके द्वारा शक्तियों का दुरुपयोग किये जाने पर वे लुप्त हो सकती हैं, किन्तु अवतार के साथ ऐसा नहीं होता।

परिस्थिति-विशेष के अनुसार अवतार के कई प्रयोजन एवं लक्ष्य हो सकते हैं तथा उन्हीं के अनुरूप अवतार विशिष्ट रूप एवं शक्ति लेकर अवतरित होता है। अतः इसी के फलस्वरूप विभिन्न अवतारों के भी बाह्य रूपों, लक्षणों एवं उनकी आन्तरिक शक्तियों में पारस्परिक अन्तर दृष्टिगोचर होता है।

अवतारों में विद्यमान शक्ति को ही भारतीय शास्त्रों में 'कला' की संज्ञा दी गयी है। कौन-सा अवतार कितनी शक्ति लेकर अवतरित होता है, इसका अनुमान उसकी 'कलाओं' के आधार पर लगाया जाता है। कलाओं की अधिकतम संख्या सोलह मानी गयी है तथा यह भी मान्यता है कि भगवान् कृष्ण सोलह कलाओं से युक्त थे, इसीलिए

इन्हें 'पूर्णावतार' कहा गया है। वस्तुतः अवतार के संदर्भ में 'कलाएँ' उसकी शक्ति की ही द्योतक हैं।

सोलह कलाएँ या शक्तियाँ— एक बार डा० गोकाक के द्वारा अवतार की विशेषताओं के सम्बन्ध में पूछे जाने पर स्वयं श्री सत्य साई बाबा ने उसकी इन सोलह कलाओं या शक्तियों का स्पष्टीकरण करते हुए बताया कि इनमें से पाँच शक्तियाँ तो वे पाँच इन्द्रियाँ—स्पर्श, घ्राण, स्वाद, श्रवण एवं दृष्टि से सम्बन्धित हैं—जो कि विभिन्न पशु-पक्षियों एवं मनुष्य को भी उपलब्ध हैं। इनके अनन्तर चार शक्तियाँ मन, हृदय, बुद्धि एवं प्रज्ञा (सहजानुभूति) से सम्बन्धित हैं जो कि अवतार के साथ-साथ मनुष्य को भी प्राप्त हैं किन्तु शेष सात शक्तियाँ ऐसी हैं जो कि अवतार में विशेष रूप से विद्यमान होती हैं। वे क्रमशः इस प्रकार हैं—(1) अनुकम्पा (2) अनुग्रह करने की क्षमता (3) सृजन-क्षमता (4)पालन एवं संरक्षण की क्षमता (5) संहार की क्षमता (6) विशिष्ट रूप एवं (7) विशेष नाम। अंतिम दो का स्पष्टीकरण करते हुए यह भी बताया गया है कि अवतार के रूप एवं नाम की यह विशेषता है कि जब भी इनका समुचित ध्यान या उच्चारण कहीं भी किया जाता है तो अवतार आध्यात्मिक रूप में वहीं उपस्थित होकर अपना कार्य कर सकता है। यहाँ यह उल्लेखनीय है कि इन सभी शक्तियों का प्रयोग या उपयोग सभी अवतार नहीं करते। जैसा कि पहले संकेत किया जा चुका है, परिस्थिति एवं प्रयोजन-विशेष के अनुसार ही वे इनका व्यवहार करते हैं, इसीलिए विभिन्न अवतारों में इस दृष्टि से पारस्परिक अन्तर दृष्टिगोचर होना स्वाभाविक है।

शक्ति की सहज अभिव्यक्ति ही लीला— अवतार जो भी क्रिया-कलाप करते हैं वे उसकी शक्ति की सहज अभिव्यक्ति के रूप में ही होते हैं, जिन्हें 'कार्य' न कहकर 'लीला' कहना अधिक उचित होगा। सामान्य व्यक्ति अपने रागद्वेष से प्रेरित होकर किसी विशेष स्वार्थ की पूर्ति के लिए जो कार्य करते हैं, उनसे अवतार के क्रिया-कलापों की कोई तुलना नहीं। जिस प्रकार एक व्यक्ति किसी नाटक का अभिनय करते समय किसी से प्रेम करता है, किसी पर क्रोध एवं किसी का संहार किन्तु वह यह सब-कुछ निर्लिप्त भाव से करता है तथा उसकी इस 'क्रिया' को भी हम 'कर्म' न कहकर 'अभिनय' कहते हुए उससे अनुरंजित होते हैं—चाहे उसका यह अभिनय किसी सुखद प्रसंग का हो या त्रासद का—, वैसे ही अवतार की लीलाएँ किसी अहं, स्वार्थ या राग-द्वेष से प्रेरित न होकर सदा किसी दिव्य प्रयोजन से प्रेरित होती हैं तथा वे अपने प्रत्येक रूप में—चाहे वे सृजन से सम्बन्धित हो या संहार से—असाधारण, अद्वितीय एवं अलौकिक (आध्यात्मिक) होती हैं जिनके वैशिष्ट्य को पूरी तरह समझने के लिए उसी स्तर की बौद्धिक क्षमता अपेक्षित है।

अवतार की लीलाओं का चामत्कारिक पक्ष— अवतार अपनी विशेष कला या शक्ति के बल पर जो लीला या कार्य सहज ही सम्पन्न करता है, वह सामान्य मनुष्य की दृष्टि में 'चमत्कार' बन जाती है क्योंकि यह एक मनोवैज्ञानिक सत्य है कि जिस कार्य को हम अपने लिए असंभव समझते हैं, उसी को यदि कोई अन्य व्यक्ति करके

दिखा दे तो हम उससे चमत्कृत होते हैं। उदाहरण के लिए जब नट किसी रस्से पर चलता है या कोई पहलवान अपने हाथों के बल चलती हुई कार को रोक लेता है अथवा जादूगर शून्य में से कोई वस्तु उत्पन्न कर देता है तो इन सबको हम सामान्य भाषा में 'चमत्कार' कहते हैं, इसीलिए कुछ व्यक्ति अवतार की लीलाओं को भी 'चमत्कार' की संज्ञा दे देते हैं। किन्तु वे इनके वैशिष्ट्य को समझ पाने में असमर्थ होते हैं।

यदि हम अवतार की लीलाओं को समझने की चेष्टा करते हुए उनकी तुलना उपर्युक्त चमत्कारों से करें तो इनमें परस्पर सूक्ष्म अन्तर दृष्टिगोचर होगा। जहाँ सामान्य व्यक्तियों द्वारा किये जाने वाले चमत्कार उनके किसी पूर्वाभ्यास, हस्तकौशल या किसी विशिष्ट मोहिनी शक्ति पर आधारित होते हैं, जो प्राय: स्थायी एवं वास्तविक नहीं होते, जबकि अवतार की लीलाएँ उसकी विशिष्ट शक्तियों की सहज अभिव्यक्ति के रूप में होती हैं; उसके लिए उसे किसी विशेष परिश्रम, पूर्वाभ्यास या साधना की अपेक्षा नहीं होती। वह अपनी 'अनुकम्पा' के द्वारा 'जाकी कृपा पंगु गिरि लंघई, अंधे को सब कुछ दरसाई' को चरितार्थ कर सकता है तो अपने 'अनुग्रह' से क्षण भर में 'रंक को राजा' या भिखारी को विश्व के समस्त ऐश्वर्यों का स्वामी बना सकता है। वह अपनी सृजन-क्षमता के बल पर विभूति, रुद्राक्ष, शिवलिंग, मूर्ति, जप-माला और रत्नहार तो क्या समस्त विश्व की सृष्टि कर सकता है और राई को पर्वत में तथा पर्वत को राई में परिवर्तित कर सकता है। वह मिट्टी के ढेर को मिठाई के ढेर में, पत्थर को मिश्री की डली में या इमली के पेड़ को कल्पवृक्ष में परिवर्तित उतनी ही सुगमता से कर सकता है, जितनी सुगमता से हम लोग अपनी वाणी से शब्दों को उत्पन्न कर सकते हैं या फूँक मारकर दीपक को बुझा सकते हैं। इसी प्रकार वह अपनी 'पालन या संरक्षण' की शक्ति के बल पर किसी भी असाध्य रोग से पीड़ित व्यक्ति को एक क्षण में स्वस्थ कर दे या किसी मृत को पुनर्जीवित कर दे तो आश्चर्य की कोई बात नहीं। अस्तु, वह अपनी विभिन्न शक्तियों के बल पर हमारे भूत, भविष्य और वर्तमान का सब-कुछ जान ले या वह देश-काल की सीमाओं का उल्लंघन करके कहीं भी और किसी भी समय प्रकट हो जाय तो यह उसके लिए अत्यन्त स्वाभाविक है, अन्यथा उसे 'सर्वज्ञ', 'सर्वव्यापी' एवं सर्व शक्तिमान के विशेषणों से विभूषित नहीं किया जाता।

जब हम अवतार को अवतार के रूप में स्वीकार करते हुए उसकी शक्तियों का बोध प्राप्त कर लेते हैं तो उसकी सभी लीलाएँ हमें सहज प्रतीत होने लगती हैं किन्तु जब तक हम उसके इस वैशिष्ट्य को हृदयंगम न करके अपनी बुद्धि के बल पर तथा अपनी शक्ति के परिमाण के आधार पर इन लीलाओं—चमत्कारों—की थाह लेने लगते हैं तो निराशा होती है। वस्तुत: ऐसा करते समय हम अपनी सीमाओं को भूल जाते हैं। जिस प्रकार एक रोते हुए शिशु के समक्ष कोई वयस्क चुटकी बजाने लगता है तो वह रोना भूलकर बड़े आश्चर्य से इस चमत्कार को देखने लगता है, क्योंकि वह शिशु स्वयं चुटकी बजाने में समर्थ नहीं है, उसी प्रकार हम भी अवतार के द्वारा किये गये ऐसे

सहज कार्यों को भी जो कि उसके लिए चुटकी बजाने के तुल्य हैं, चमत्कार के रूप में ग्रहण करने लगते हैं। हम अपनी ही क्षमताओं के पैमाने से अवतार की दिव्य शक्तियों के अनुमापन का प्रयास करते हैं, यह वैसा ही है कि जैसे समुद्र की मछलियाँ धरती पर चलते-फिरते प्राणियों को देखकर घोर आश्चर्य प्रकट करें क्योंकि वे स्वयं धरती पर चलना-फिरना तो दूर रहा, एक क्षण भी जीवित नहीं रह पातीं। वे भूल जाती हैं कि मनुष्य की क्षमताओं से उनकी कोई तुलना नहीं है।

अवतार की लीलाएँ एवं सृष्टि के नियम—जैसा कि भगवान् सत्य साई बाबा के संदर्भ में भी हुआ है, विभिन्न वैज्ञानिक अवतार की लीलाओं की व्याख्या अपने द्वारा उपलब्ध ज्ञान या विज्ञान के आधार पर करने की चेष्टा करते हैं, जिसमें वे असफल होते हैं। ऐसी स्थिति में वे अवतार के क्रिया-कलापों को प्रकृति के नियमों के प्रतिकूल या उनसे परे घोषित करते हैं, जो ठीक नहीं। ऐसा करते समय वे भूल जाते हैं कि अभी तक विज्ञान ने जिन नियमों की खोज की है, वे प्रकृति के कुछ ही रहस्यों की व्याख्या करने में सक्षम हैं, उनके द्वारा सृष्टि के सभी क्रिया-कलापों की व्याख्या का दावा नहीं किया जा सकता। दूसरे, प्रकृति के नियम भी सर्वत्र समान नहीं होते, स्थिति-विशेष में एक नियम किसी अन्य व्यापक नियम के आगे अनियमित सिद्ध हो जाता है। उदाहरण के लिए प्रत्येक वस्तु को धरती की आकर्षण-शक्ति अपनी ओर खींच लेती है, यह गुरुत्वाकर्षण शक्ति का सामान्य नियम था, किन्तु अब इससे भी एक व्यापक नियम की खोज एवं स्थापना हुई है—वह यह कि यदि धरती से कोई भी वस्तु एक सेकिण्ड में 11.2 किलोमीटर की या उससे अधिक गति से फेंकी जाय तो वह आकर्षण-शक्ति के प्रभाव से मुक्त रहेगी। अस्तु, जो नियम एक स्थिति, गति या शक्ति पर लागू होता है, वही किसी व्यापक स्थिति, गति या शक्ति के संदर्भ में अमान्य भी सिद्ध हो सकता है। अवतार की लीलाएँ भी प्रकृति एवं सृष्टि के ऐसे व्यापक एवं सूक्ष्म नियमों पर आधारित हो सकती हैं, जिनकी खोज अभी मनुष्य नहीं कर पाया और शायद उसके लिए ऐसा करना संभव भी न हो।

इसके अतिरिक्त एक क्षेत्र एवं एक स्तर के नियमों को अन्य क्षेत्र एवं स्तर पर भी लागू करना ठीक नहीं। कई बार एक ही कार्य को अश्व-शक्ति, वाष्प-शक्ति, विद्युत-शक्ति, आणविक-शक्ति या इलैक्ट्रॉनिक की शक्ति से सम्पादित किया जा सकता है, किन्तु इसी से सभी शक्तियों के पारस्परिक अन्तर को गौण नहीं किया जा सकता तथा एक निम्न स्तरीय शक्ति के नियमों के आधार पर उच्च स्तरीय शक्ति के कार्यों की व्याख्या नहीं की जा सकती। मनुष्य की शक्ति, योगी एवं सिद्ध पुरुष की शक्ति एवं अवतार की शक्ति में वैसा ही सूक्ष्म अन्तर है, जैसा कि अश्व-शक्ति, विद्युत-शक्ति एवं परमाणु-शक्ति में है, अतः एक के आधार पर दूसरे को जाँचने की चेष्टा सफल सिद्ध नहीं हो सकती।

आज की वैज्ञानिक शक्तियों और अवतार की क्षमताओं की तुलना करते समय प्रायः हम इस तथ्य को भी भूल जाते हैं कि एक बाह्य भौतिक पदार्थों में अन्तर्निहित शक्ति का

उपयोग करके अपने विभिन्न लक्ष्यों की पूर्ति करता है जबकि दूसरा किसी बाह्य साधन का उपयोग न करके अपनी आन्तरिक आध्यात्मिक शक्ति के द्वारा ही सारी लीलाएँ करता है। यद्यपि आज हम वैज्ञानिक चमत्कारों से भ्रमित होकर भौतिक पदार्थों से जागृत शक्ति एवं आध्यात्मिक शक्ति के अन्तर को भूल गये हैं, किन्तु यह तथ्य है कि दोनों के आधारभूत तत्व, सिद्धान्त एवं नियम अलग-अलग हैं। आध्यात्मिक शक्तियों के अपने नियम हैं, जिनकी खोज आध्यात्मिक महापुरुष ही अपनी दिव्य चेतना के बल पर कर सकते हैं तथा इस विज्ञान को 'अध्यात्म विज्ञान' की संज्ञा दी जा सकती है। फिर भी जो लोग आधुनिक विज्ञान के आधार पर आध्यात्मिक प्रक्रियाओं की व्याख्या का प्रयास करते हैं, वे एक ऐसा ही प्रयास करते हैं, जैसा कि कोई भौतिक विज्ञान के आधार पर जीव-विज्ञान की प्रक्रियाओं को समझने की चेष्टा करे। किन्तु जब तक अध्यात्म-विज्ञान की स्थापना नहीं हो जाती, तब तक ऐसे निष्फल प्रयासों का होना भी स्वाभाविक है।

वस्तुतः जैसा कि श्री सत्य साई बाबा ने घोषित किया है कि मानव-बुद्धि के द्वारा भगवान् की दिव्य लीलाओं की व्याख्या करना संभव नहीं है। उनके शब्दों में— "तुम्हारी सांसारिक बुद्धि ईश्वर के विधि-विधानों की थाह नहीं ले सकती। उसे केवल बुद्धि या कौशल से समझना संभव नहीं। तुम भगवान् से उनका अनुग्रह प्राप्त करके लाभान्वित हो सकते हो, किन्तु उनकी व्याख्या नहीं कर सकते। तुम्हारी व्याख्याएँ तुम्हारे कोरे अनुमान हैं, जिनमें तुम्हारी बुद्धि की असमर्थता शैली के बाह्य आडम्बरों या अलंकारों से आवृत्त हैं।"

●

11. विराट का बोध

जब धरती पर परम सत्ता मानव रूप धारण करके अवतरित होती है तो उस समय उसके विराट रूप का बोध प्राप्त करना हर किसी के लिए संभव नहीं होता। "ऐसा सभी युगों में हुआ है। चाहे लोग भौतिक दृष्टि से अवतार के कितने ही समीप क्यों न रहते हों, किन्तु फिर भी वे प्राय: अपने इस महान् सौभाग्य—अवतार के सामीप्य के सौभाग्य—से अनभिज्ञ रहते हुए ही अपना सारा जीवन व्यतीत कर देते हैं।" इसका एक कारण तो यह है कि हम जिस व्यक्ति को रात-दिन अपने समीप देखते हैं, उसे 'भगवान' के रूप में स्वीकारने में मनोवैज्ञानिक कठिनाई अनुभव करते हैं। स्वयं सत्य साई बाबा के शब्दों में—"मैं आप लोगों के बीच एक मनुष्य की भाँति ही चलता-फिरता रहता हूँ, खाता-पीता हूँ और बातें करता हूँ इसलिए आप लोग माया के कारण भ्रम में पड़ जाते हैं और मुझे भी सामान्य मनुष्य जैसा समझने लगते हैं।"

फिर भी बाबा के संपर्क में आने वाले या निरन्तर उनके साथ रहने वाले सभी व्यक्तियों की स्थिति एक-सी नहीं होती—कुछ उन्हें प्रथम दर्शन से ही पहचान जाते हैं, कुछ महीनों या वर्षों के सम्पर्क के बाद ही उनके परम स्वरूप का साक्षात्कार कर पाते हैं तो कुछ ऐसे भी हैं, जो जीवन-भर निकट रहने के बाद भी उनके विराट रूप की एक झलक भी प्राप्त करने में असमर्थ रहते हैं—ऐसा क्यों?

हमारे विचार से परम सत्ता के बोध के लिए इस जन्म की धारणाओं, भावनाओं एवं आस्थाओं के अतिरिक्त पूर्व जन्म के पुण्यों एवं संस्कारों का भी योग अपेक्षित है। जिसे ईश्वर के अस्तित्व में ही विश्वास नहीं है या जो अवतारवाद को ही भावुक भक्तों की भ्रान्त कल्पना समझता है तथा जो अपनी स्थूल दृष्टि को ही सत्य की सबसे बड़ी कसौटी मानता है, उसके लिए किसी भी सूक्ष्म तत्त्व का बोध असंभव होगा।

अवतार के स्वरूप-बोध के लिए अपनी पूर्ववर्ती आस्थाओं से उत्पन्न द्वन्द्व एवं पूर्वाग्रहों से भी मुक्त होना आवश्यक है। श्री सत्य साई बाबा के पास अनेक ऐसे महान् साधक एवं भक्त पहुँचे हैं, जो कि बाबा का सान्निध्य प्राप्त करने से पूर्व भगवान के किसी अन्य रूप, अवतार या किसी अन्य दिव्य पुरुष की आराधना करते हुए उसे ही अवतार के रूप में मान्यता देते रहे हैं। ऐसी स्थिति में यह स्वाभाविक है कि पूर्व प्रतिष्ठित छवि या मूर्ति के स्थान पर जब किसी नयी छवि या मूर्ति की प्रतिष्ठा का प्रयास किया जाता है तो मन में भारी द्वन्द्व उत्पन्न हो जाय! बाबा ने इस सम्बन्ध में स्पष्ट रूप में चेतावनी दी है कि अपने पूर्व स्वीकृत आराध्य देव को बदलने या उसके स्थान पर किसी नये को प्रतिष्ठित करना आवश्यक नहीं है। सभी रूप एक ही परम शक्ति से सम्बद्ध है, अत: जिस रूप में ही हमारी सहज प्रवृत्ति या अनुरक्ति हो, उसी

की हमें आराधना करते रहना चाहिए।

उपर्युक्त द्वन्द्वात्मक स्थिति के निराकरण के लिए कुछ आराधकों ने एक और उपाय भी किया है—वे अपने आराध्य से ही प्रार्थना करते हैं कि वह उनका मार्ग-प्रदर्शन करे। कई बार ऐसा भी हुआ है कि उनके आराध्य ही उन पर कृपा करके उनका सम्बन्ध प्रत्यक्ष रूप में उपलब्ध दिव्य अवतार से स्थापित कर देते हैं। जैसा कि प्रो० कस्तूरी को बाबा ने बताया कि वे रामकृष्ण परमहंस के सच्चे अनुयायी रहे हैं, इसलिए रामकृष्ण परमहंस ने ही उन पर कृपा करके उन्हें सत्य साई के द्वार तक पहुँचाया है। ऐसी ही स्थिति डॉ० गोकाक की रही है। वे भी पहले महर्षि अरविन्द एवं माताजी के उपासक थे। अतः बाबा से भेंट करते समय प्रारम्भ में वे भी इस द्वन्द्व से ग्रस्त रहते थे कि कहीं उनका बाबा को स्वीकार करना उनके आराध्य के प्रति उपेक्षा—या अश्रद्धा का परिचायक तो न होगा। किन्तु उनके इस द्वन्द्व का निराकरण स्वयं बाबा ने ही उन्हें अनेक बार उनके आराध्य के रूप में दर्शन देकर किया और उन्हें यह बोध करवाया कि महर्षि अरविन्द उनसे भिन्न नहीं हैं। इसी प्रकार महर्षि रमण के अनुयायी स्वामी अभेदानन्द जी की भी शंकाओं का समाधान बाबा ने दोनों की एकता की झलक देकर किया।

अस्तु, अवतार के स्वरूप-बोध के लिए अपने जन्म-जन्मान्तर के पुण्यों, संस्कारों, विश्वासों, धारणाओं, आस्थाओं एवं साधनाओं के अतिरिक्त पूर्वाग्रह रहित स्वच्छ एवं स्पष्ट दृष्टि की आवश्यकता है, किन्तु यही सब-कुछ नहीं है, इनके अतिरिक्त एक बड़ी आवश्यकता—अपेक्षा—और है, वह है स्वयं बाबा की अनुकम्पा की। बिना उनकी अनुकम्पा के उन्हें देखकर भी सम्भवतः कुछ नहीं देख पाते तथा उनकी अनुकम्पा प्राप्त करने का सबसे बड़ा उपाय है, सच्चे हृदय से उनकी प्रार्थना करना। अनेक विदेशी जो भारत में किसी परम तत्व की खोज में आये थे और निराश हो गये थे, उन्होंने अन्ततः इसी उपाय को अपनाकर अपने लक्ष्य में सिद्धि प्राप्त की—ऐसा अनेक भक्तों ने अपने संस्मरणों में उल्लिखित किया है।

कुछ भाग्यशाली लोग— जैसा कि उपर्युक्त विवेचन से स्पष्ट है कि अन्ततः भगवान के सच्चे स्वरूप या विराट रूप का बोध स्वयं उनकी ही अनुकम्पा से होता है जैसा कि अर्जुन को प्राप्त हुआ था, किन्तु फिर भी ऐसे भाग्यशाली लोग भी कम नहीं हैं, जिन्हें बाबा की यह अनुकम्पा प्राप्त हुई है तथा जिन्होंने अपनी तत्सम्बन्धी अनुभूति को लिपिबद्ध भी किया है। अवश्य ही उनकी अनुभूतियों की चर्चा सत्य साई बाबा की दिव्यता के बोध में तथा उनके अन्य अनुयायियों की निष्ठा एवं भावना को दृढ़ करने में एवं उनकी साधना को आगे बढ़ाने में सहायक सिद्ध हो सकती है, इसी दृष्टि से यहाँ कतिपय ऐसे महानुभावों की कुछ पंक्तियाँ प्रस्तुत की जा रही हैं, जिनकी सदाशयता में किसी को सन्देह नहीं हो सकता।

जीवन के सही अर्थ का बोध— सर्वोच्च न्यायालय के न्यायाधीश माननीय श्री वी० बालकृष्णा एराडी ने अपने 'आनन्द और कृपा के सागर' शीर्षक लेख में बाबा के

सम्बन्ध में अपने विचारों एवं अनुभवों को प्रस्तुत करते हुए लिखा है—"बाबा की असीम महिमा के एक अंश मात्र को भी शब्दों में सम्यक् रूप में व्यक्त नहीं किया जा सकता और न ही मानव-मस्तिष्क कभी भी बाबा के वास्तविक स्वरूप का बोध प्राप्त करने में सफल हो सकता है, क्योंकि बाबा मनुष्य के द्वारा ज्ञात नियमों से बहुत ऊपर हैं तथा वे समय और स्थान की सीमाओं से भी परे हैं। वे सर्वव्यापी, सर्वज्ञाता और सर्वशक्तिमान हैं।"[1]

अपने इसी लेख के अन्तिम अंश में एराडी महोदय ने यह भी स्पष्ट किया है, कि बाबा की महत्ता का बोध उनकी अनुकम्पा से प्राप्त अन्तर्दृष्टि के द्वारा ही संभव है और जब भी किसी भाग्यशाली पर यह कृपा हो जाती है तो उसे परम सत्ता के परिपूर्ण अवतार का बोध होने लगता है। जिस परम सत्ता के दर्शनों के लिए बड़े-बड़े ऋषि, मुनि और योगी युग-युगों तक लम्बी साधना या तपस्या करते हैं, उसी के दर्शन उसे सहज ही प्राप्त हो जाते हैं।

एराडी महोदय ने अपने एक अन्य लेख—'अवतार का समय चक्र'—में लिखा है कि हम लोग कितने भाग्यशाली हैं, जो कि उस समय धरती पर विद्यमान हैं जबकि दिव्य अवतार इस पर अवतरित है। उनके समकालीन होने के कारण ही हम उनके दर्शन प्राप्त करने, उनसे सम्पर्क स्थापित करने, तथा उनका दिव्य प्रेम, मार्ग-दर्शन और संरक्षण प्राप्त करने का सौभाग्य प्राप्त कर सकते हैं। "यदि मैं अपनी व्यक्तिगत बात कहूँ तो यह निःसंकोच रूप में स्वीकार करता हूँ कि मुझे जीवन के वास्तविक अर्थ, प्रयोजन एवं सही मार्ग का अनुभव अगस्त सन् 1963 में भगवान सत्य साई बाबा के चरणों के निकट पहुँचने के बाद ही हुआ।"[2]

ईश्वर की परम शक्ति का बोध— सुप्रीम कोर्ट के भूतपूर्व न्यायाधीश माननीय श्री वी०आर० कृष्ण अय्यर भी बाबा के बहुत पुराने अनुयायियों में से हैं। उन्हें अनेक बार बाबा के निकट सम्पर्क में आने का और उनकी अनुकम्पा प्राप्त करने का सौभाग्य प्राप्त हुआ है। उन्होंने भी अपने एक लेख 'ईश्वर स्वयं ही परिपूर्ण है' में बाबा के सम्बन्ध में अपने अनुभवों को प्रस्तुत करते हुए अंत में लिखा है, "भगवान सत्य साई बाबा हमारी इस पीढ़ी के लिए वरदान हैं। जहँ वे चरण रखते हैं, वही भूमि पवित्र हो जाती है। जहाँ वे बैठते हैं, वहाँ दिव्य मन्दिर बन जाते हैं और जहाँ उनका नाम-स्मरण किया जाता है, वहाँ सारा वातावरण उनकी दिव्य उपस्थिति से अभिभूत हो जाता है। उनकी लीलाएँ भले ही आज के स्थूल विज्ञान के लिए चुनौती सिद्ध हों, परन्तु उनकी शिक्षाएँ हमारी सांस्कृतिक परंपराओं को नयी शक्ति प्रदान करती हैं। उनकी करुणा के दिव्य संदेश, उनके द्वारा जीवन के उच्चतर मूल्य के समर्थन और मानव सम्बन्धी महान् सत्य की अभिव्यंजना से हमारे भाव औदात्य से परिपूर्ण हो जाते हैं—वस्तुतः ईश्वर की

---

1. इस अध्याय में उल्लिखित अधिकांश लेख श्री सत्य साई बुक ट्रस्ट से प्रकाशित 'गोल्डन एज' 1979 एवं 1980 में संकलित हैं।
2. वही।

परम शक्ति का ही बोध प्रत्यक्ष मानवीय अवतार के रूप में प्रकट है।

बाबा : प्रेम के अवतार—भारत के सर्वोच्च न्यायालय के न्यायाधीश श्री पी०एन० भगवती ने भी 'बाबा : प्रेम के अवतार' शीर्षक लेख में उनके सम्बन्ध में अपने विचारों और अनुभवों को प्रस्तुत करते हुए अंत में अपना निष्कर्ष इन शब्दों में दिया है "किसी भी अवतार का सबसे अधिक महत्वपूर्ण और विश्वासोत्पादक लक्षण यह है कि उसमें एक ऐसी शक्ति होती है, जिसके बल पर वह मानव-जाति में महान् परिवर्तन ला देता है। बाबा में यह क्षमता सर्वाधिक एवं अतुलनीय मात्रा में विद्यमान है। प्रत्येक व्यक्ति को, जिसे बाबा के दिव्य दर्शनों का सौभाग्य प्राप्त हुआ है, वह उनके महान् व्यक्तित्व के प्रभाव से अछूता नहीं रह सकता। उनके साक्षात्कार से कोई भी व्यक्ति उनके परिपूर्ण प्रभा मण्डल से आह्लादित हुए बिना नहीं रहता। बाबा की उपस्थिति से सारा वातावरण इस प्रकार दिव्यता और पवित्रता से अनुरंजित हो जाता है कि जिसके प्रभाव से अनेक व्यक्तियों में उसी क्षण परिवर्तन हो जाता है। जो भी व्यक्ति बाबा के सम्पर्क में आता है, वह उनके गहरे प्रभाव को अनुभव किये बिना नहीं रहता। उनकी उपस्थिति में मन की सारी चिन्ताएँ दूर हो जाती हैं, सभी द्वन्द्व शान्त हो जाते हैं और वह आनन्द के सागर में गोते लगाने लगता है।"

माननीय भगवती जी ने अपने इसी लेख में उन लोगों की भी चर्चा की है जो कि बाबा के सम्बन्ध में बिना कुछ जाने और अनुभव किये ही अपने पूर्वाग्रहों या दुराग्रहों के फलस्वरूप बाबा की आलोचना में प्रवृत्त हो जाते हैं। वस्तुतः यह अपने-आप में अवैज्ञानिक, असंगत और तर्क शून्य है कि जिन्हें बाबा के सम्बन्ध में किसी प्रकार का अनुभव नहीं, वे ही बाबा की आलोचना करने लगें। किन्तु यह बाबा की महानता है कि वे अपने आलोचकों के प्रति भी सहानुभूति, प्रेम और करुणा की भावनाएँ व्यक्त करते हैं। वस्तुतः न्यायमूर्ति पी०एन० भगवती जी के शब्दों में, "वे एक ऐसे अवतार हैं जिन्हें अपनी दिव्यता का पूरी तरह बोध है और इसलिए वे निरन्तर अपने इस चैतन्य स्वरूप के साथ सम्बन्ध बनाये रखते हैं।"[1]

अरविन्द की भविष्यवाणी की सत्यता—भारत के सुप्रसिद्ध बैरिस्टर श्री एन०ए० पालखीवाला (जो कि अमेरिका में भारत के राजदूत भी रह चुके हैं) को भी बाबा के सम्पर्क में आने का सौभाग्य प्राप्त हुआ है। उन्होंने अपने एक लेख 'हमारा प्राचीन सांस्कृतिक दाय' में बाबा के सम्बन्ध में अपने विचारों को प्रस्तुत करते हुए अंत में कहा है कि बाबा ही एक ऐसे व्यक्ति हैं, जो कि अपने सूक्ष्म बोध के द्वारा विश्व के आध्यात्मिक मूल्यों और दिव्य चेतना को हृदयंगम करते हुए राष्ट्र में उनकी पुनर्स्थापना कर सकते हैं। हमारे समूचे राष्ट्र को उनका कृतज्ञ होना चाहिए कि वे एक ऐसी महान्, नैतिक और आध्यात्मिक शक्ति के रूप में कार्य कर रहे हैं कि जिसने अपने समस्त जीवन को मानवता की सेवा के लिए अर्पित कर दिया है और यही कारण है कि आज

1. श्री सत्य साई बुक ट्रस्ट से प्रकाशित 'गोल्डन एज' 1979 एवं 80 में संकलित लेखों से उद्धृत एवं अनूदित।

लाखों व्यक्ति उनके पीछे चल रहे हैं। जहाँ भी वे जाते हैं भारी भीड़ श्रद्धापूर्वक उनका नमन करती है। वस्तुतः हमारे देश की वास्तविक शक्ति भौतिक समृद्धि की अपेक्षा आध्यात्मिक तत्वों के सहज बोध में अन्तर्निहित है। इसके अनन्तर वे लिखते हैं, "बाबा का हम लोगों के प्रति जो गंभीर एवं उदार प्रेम है, उससे मैं गहराई से प्रभावित हूँ। साथ ही भारत देश के पुरुत्थान के लिए वे जो महत्वपूर्ण कार्य कर रहे हैं, उससे भी प्रभावित हूँ। महर्षि अरविन्द ने भविष्यवाणी की थी कि भारत कभी समस्त विश्व का गुरु बनकर उसे नैतिकता का मार्ग दिखायेगा। इस भविष्यवाणी को बाबा ही सत्य सिद्ध करके दिखा रहे हैं।"[1]

बाबा का अवतार मानवता के लिए—माननीय गोविन्द नारायण, जो कि किसी समय कर्नाटक के राज्यपाल थे तथा भारत सरकार के गृहसचिव एवं राज्यसचिव रह चुके हैं, बाबा के अनुयायियों में से हैं। उन्होंने 'कृपा के कण' शीर्षक से एक लेख में बाबा के सम्बन्ध में अपने अनुभवों को प्रस्तुत करते हुए लिखा है कि "जब बाबा भीड़ के समूह के मध्य में से धीरे-धीरे कदम बढ़ाकर आगे बढ़ते हुए दिखाई पड़ते हैं तो ऐसा प्रतीत होता है कि मानो प्रेम और करुणा की कोई साकार मूर्ति दीन-दुखियों को आशीर्वाद देती हुई, सांत्वना के शब्द कहती हुई और उनके कष्टों को निवारण करने के लिए विभूति प्रदान करती हुई जा रही हो! लोग उनके पास अपनी सभी प्रकार की कठिनाइयाँ, समस्याएँ और विपत्तियाँ लेकर जाते हैं, लेकिन यह एक सामान्य अनुभव है (जिसके भागीदार हम भी हैं) कि बाबा की कृपा से उनके सभी कष्ट दूर हो जाते हैं और जब वे वहाँ से वापस लौटते हैं तो उनके चेहरे से प्रसन्नता टपकती है, जिसे देखकर यह सोचना कठिन है कि ये वही लोग हैं, जो पहले इतने चिन्तित और दुःखी थे। यह सचमुच एक विचित्र अनुभव है कि बाबा जो कि एक ओर तो बच्चों की तरह सरल, सीधे, विनम्र एवं प्रेमपूर्ण हैं, तो दूसरी ओर वे इतने शक्तिशाली और तेजस्वी हैं कि हर व्यक्ति की समस्याओं और चिन्ताओं को दूर कर देते हैं।"

अपने लेख के अंत में माननीय श्री गोविन्द नारायण जी ने अपना निष्कर्ष प्रस्तुत करते हुए कहा है कि इसमें कोई सन्देह नहीं कि भगवान सत्य साई बाबा समस्त बौद्धिक अंधकार को एवं विचारों की संकीर्णता को दूर कर देते हैं क्योंकि वे स्वयं सम्पूर्ण ज्ञान, सम्पूर्ण प्रेम, सम्पूर्ण प्रकाश एवं सम्पूर्ण कल्याण के रूप हैं। उनके बारे में उपलब्ध सभी तथ्यों, अनुभवों और प्रमाणों की जानकारी के बाद इस निष्कर्ष तक पहुँचे बिना नहीं रहा जा सकता कि भगवान सत्य साई बाबा ने मानवता की भलाई के लिए ही यह अवतार धारण किया है।

बाबा 'आध्यात्मिकता की गंगा'—"यह आध्यात्मिकता की गंगा और नैतिकता की यमुना सभी के लाभ के लिए प्रवाहित हो रही है, जिसके द्वारा भारत राष्ट्र समस्त

---

1. श्री सत्य साई बुक ट्रस्ट से प्रकाशित 'गोल्डन एज' 1979 एवं 80 में संकलित लेखों से उद्धृत एवं अनूदित।

विश्व के कल्याण के लिए अपने गौरव को प्रकाशित करेगा।"—ये शब्द हैं माननीय श्री आर०आर० दिवाकर के, जो कि बहुत पूर्व भारत सरकार केन्द्रीय मंत्री और उसके बाद बिहार के राज्यपाल रह चुके हैं तथा जिन्होंने महायोगी श्री अरविन्द, परमहंस श्री रामकृष्ण, भगवान बुद्ध आदि पर उच्चकोटि की आध्यात्मिक पुस्तकें लिखी हैं। उन्होंने सत्य श्री साई बाबा के सम्बन्ध में 'पुनर्विचार' शीर्षक से एक लेख लिखते हुए उसमें उपर्युक्त शब्द कहे हैं। उन्होंने लिखा है "आनन्द ही हमारे जीवन का सबसे बड़ा स्रोत है और यही उसका सबसे बड़ा उद्देश्य है। आनन्द ही भगवान का दूसरा नाम है। सत्य साई बाबा भी निश्चय ही स्वयं आनन्द होने के साथ-साथ आनन्ददाता हैं। कई लोग मुझसे पूछते हैं कि सत्य साई बाबा के बारे में मेरे क्या विचार हैं? मैं उनसे स्पष्ट रूप में कहता हूँ कि मैं उनके सम्बन्ध में जो कुछ भी अनुभव करता हूँ, उसे शब्दों में व्यक्त करना कठिन है। मेरे लिए बाबा सोचने की वस्तु नहीं, अपितु अनुभव करने की वस्तु हैं। फिर भी यदि कुछ लोग आग्रह करते हैं कि मैं बाबा के सम्बन्ध में कुछ न कुछ कहूँ तो उन्हें मेरा स्पष्ट उत्तर होता है कि जाओ और उन हजारों लोगों से पूछो जो कि बाबा की एक झलक प्राप्त करने के लिए घण्टों प्रतीक्षा करते हैं। यह मत समझो कि वे लोग कोई अन्धविश्वासी हैं या वे ऐसे श्रद्धालु भक्त हैं, जो कि मन्दिरों और तीर्थों में केवल इसलिए जाते हैं कि उनके पाप धुल जायँ। वास्तव में बाबा के अधिकांश भक्त उच्चकोटि के शिक्षित लोग हैं, जिनमें डॉक्टर, इन्जीनियर, प्रोफेसर, विधायक, मंत्री एवं विद्वान् लेखक आदि सभी आ जाते हैं। फिर ये लोग समुद्र पार से बड़ी कठिनाई से अपना समय और धन खर्च करके यहाँ पहुँचते हैं। वे लोग ऐसे नहीं हैं, जिन्हें कोई अपना चमत्कार दिखाकर, बहका या फुसला सके। वास्तव में वे लोग बाबा के दर्शनों के लिए घंटों पंक्तिबद्ध होकर प्रतीक्षा करते रहते हैं इसलिए कि वे इसका महत्व समझते हैं। वे जानते हैं कि भगवान की प्रतीक्षा करना भी अपने-आप में एक तपस्या है और साथ ही यह भी मत समझो कि वे लोग किसी बहुत बड़े दुःख या संकट या किसी विपत्ति से घबराये हुए लोग हैं। इसमें कोई संदेह नहीं कि बाबा के पास सबके संकटों को दूर करने की शक्ति है—इससे भी बड़ी शक्ति यह है कि वे लोगों के मन और उनकी आत्मा को भी स्वस्थ और प्रसन्न कर सकते हैं।"[1] इस प्रकार दिवाकर महोदय ने बाबा के सम्बन्ध में जो शब्द कहे हैं, उनमें उनके कोरे विचार ही नहीं हैं, अपितु एक ऐसी अनुभूति भी संवलित है जो श्री दिवाकर जी जैसे किसी दिव्य चेतना से युक्त आध्यात्मिक चिन्तक एवं लेखक के लिए ही सम्भव है!

'वे सर्वज्ञ हैं'—राजस्थान के भूतपूर्व राज्यपाल माननीय श्री ओ०पी० मेहरा ने भी बाबा के सम्बन्ध में अपने लेख 'बाबा और उनका संदेश' का आरम्भ करते हुए लिखा है कि जब भी मैं बाबा के सम्बन्ध में कुछ लिखने लगता हूँ तो मुझे अपनी अनेक

---

1. श्री सत्य साई बुक ट्रस्ट से प्रकाशित 'गोल्डन एज' 1979 एवं 80 में संकलित लेखों से उद्धृत एवं अनूदित।

त्रुटियाँ, न्यूनताएँ तथा अयोग्यताएँ दृष्टिगोचर होने लगती हैं।[1] इसका कारण यह है कि बाबा कोई सामान्य मनुष्य नहीं हैं, वे अवतार हैं इसलिए उनके सम्बन्ध में कुछ लिखना साधारण बात नहीं है। बाबा सर्वज्ञ होने के कारण सब-कुछ जानते हैं और उनका सन्देश, जो कि प्रेम का सन्देश है, वह भी इतना महान् है कि जिसका गुणगान बड़े-बड़े ऋषि-मुनियों ने समय-समय पर किया है।

श्री मेहरा जी ने अपने लेख में बाबा के अनन्त प्रेम एवं उनकी महिमा के अनेक पक्षों पर प्रकाश डालते हुए लिखा है कि "मानव जाति के इतिहास में समय-समय पर स्वयं भगवान धर्म की स्थापना के लिए अवतार लेते रहे हैं। यह हमारा बहुत बड़ा सौभाग्य है कि हम उस युग में उत्पन्न हुए हैं, जबकि इतनी बड़ी विभूति मानव के रूप में अवतरित हुई है। यह हमारे पर निर्भर है कि हम इस महान् विभूति या दिव्य अवतार की विद्यमानता का लाभ उठायें और उसके बताये हुए मार्ग पर चलें या नहीं।"[2]

'वह हमारा ईसामसीह है'—बाबा के सम्बन्ध में यह एक विचित्र तथ्य है कि उन्हें न केवल हिन्दू धर्म के बड़े-बड़े विद्वानों एवं आध्यात्मिक पुरुषों को श्रद्धा प्राप्त हुई है, अपितु विदेशों में रहने वाले अनेक ईसाई पादरियों ने भी बाबा के सम्बन्ध में अपेक्षित जानकारी प्राप्त करने, उनके ग्रंथों के अध्ययन करने एवं बाबा के दर्शनों के बाद यह अनुभव किया है कि बाबा के रूप में उनके आराध्य ईसामसीह ही इस धरती पर पुनः अवतरित हुए हैं। इस तथ्य की घोषणा उन्होंने स्पष्ट रूप में अपने अनेक लेखों में की है। वैसे तो बाबा के ईसाई भक्तों की संख्या हजारों से भी बढ़कर है, किन्तु हम यहाँ केवल दो-तीन प्रमुख ईसाई लेखकों के ही विचार प्रस्तुत कर रहे हैं।

आदरणीय राबर्ट अर्ल पाइप्स अमेरिका के गिरजाघरों से सम्बन्धित हैं। वे अमेरिकन सरकार के स्वास्थ्य, शिक्षा एवं लोक-कल्याण विभाग के सलाहकार भी रह चुके हैं तथा स्वयं भी एक आध्यात्मिक आन्दोलन के संचालक रहे हैं। उन्होंने अपने एक लेख 'ज़ीसस क्राईस्ट और सत्य साई बाबा की एकता' में ईसामसीह और सत्य साई बाबा के क्रिया-कलापों एवं विचारों का तुलनात्मक अध्ययन प्रस्तुत करते हुए दोनों की अभिन्नता का स्पष्टीकरण किया है।[3] वे लिखते हैं कि ईसा महान् के विभिन्न चमत्कार, दिव्य संकेत, क्रिया-कलाप और उनकी शिक्षायें इतनी अद्भुत रही हैं कि विगत दो सहस्राब्दियों के इतिहास में कोई ऐसा व्यक्ति उत्पन्न नहीं हुआ, जो उनकी समानता कर सकता। केवल सत्य साई बाबा ही इसके अपवाद हैं। सत्य साई बाबा ने ईसामसीह की इस भविष्यवाणी को भी सही सिद्ध कर दिखाया है "निश्चय ही मैं तुमसे कहता हूँ कि जिसका भी मुझ पर विश्वास है, वह इसे ठीक समझे कि जो कार्य

---

1. द्रष्टव्य—'गोल्डन एज' 1979 एवं 1980 में संकलित लेख।
2. वही।
3. वही।

मैं कर रहा हूँ, उससे भी बड़े काम वह करके दिखायेगा। मैं उसी पिता के पास वापस लौट रहा हूँ।'' पाइप्स महोदय के अनुसार ईसामसीह ने अपने जिस 'पिता' के सम्बन्ध में कहा था—''वह धरती पर आकर स्वयं उनसे भी बड़े कार्य करके दिखायेगा''—वह पिता अब धरती पर आ गया है। वह कौन है? इसका उत्तर देते हुए उन्होंने स्पष्ट रूप में स्वीकार किया है कि वह स्वयं श्री सत्य साई बाबा हैं।[1]

पाइप्स महोदय ने विभिन्न दृष्टियों से ईसामसीह और सत्य साई बाबा के उपदेशों का गम्भीर तुलनात्मक अध्ययन करने के अनन्तर जो निष्कर्ष प्रतिपादित किये हैं, वे उन्हीं के शब्दों में इस प्रकार हैं—''श्री सत्य साई बाबा अपने पुत्र ईसामसीह के द्वारा दिये हुए वचनों की रक्षा करते हुए अवतरित हो गये हैं और वे उन सभी महान् कार्यों को सम्पादित कर रहे हैं, जिनकी भविष्यवाणी ईसामसीह ने की थी। ईसामसीह ने कहा था कि जिसने भी उन्हें देख लिया है, उसने उसके पिता को भी देख लिया है, लेकिन ईसामसीह आज धरती पर अवतार के रूप में विद्यमान नहीं हैं, जबकि सत्य साई बाबा अवतार के रूप में विद्यमान हैं। अत: जिसने भी सत्य साई बाबा को देख लिया है, उसने ईसामसीह के भी दर्शन कर लिये हैं—ऐसा भी कहें तो अनुचित नहीं है।''

'बाबा का अवतार केवल हिन्दुओं के लिए नहीं'—आदरणीय केनन जॉन रॉस्नर कनाडा के ईसाई पादरी हैं, जो कि वहाँ के एक विश्वविद्यालय में तुलनात्मक धर्म सम्बन्धी विभाग के प्रोफेसर भी हैं। उन्होंने धर्म और अध्यात्म के विषयों पर गम्भीर अनुसंधान करते हुए अनेक पुस्तकें और शोध-पत्र प्रकाशित करवाये हैं। उन्होंने अपने एक लेख 'एक पादरी और अवतार' शीर्षक में विस्तार से यह बताया है कि किस प्रकार वे धीरे-धीरे सत्य साई बाबा के सम्पर्क में आये और किस प्रकार उन्होंने बाबा के स्वरूप का बोध प्राप्त किया।

रॉस्नर महोदय का बाबा से सम्पर्क सबसे पहले सन् 1977 में हुआ था जबकि वे योग और परामनोविज्ञान सम्बन्धी विषयों पर व्याख्यान देने के लिए भारत आये थे। उन्होंने भारत में रहते हुए बाबा के सम्बन्ध में बहुत-कुछ सुना, साथ ही एक-दो व्यक्ति उन्हें ऐसे भी मिले, जो कि बाबा के कटु आलोचक थे, फिर भी उन्होंने इन आलोचकों पर ध्यान न दे करके बाबा के सम्बन्ध में बिना किसी पूर्वाग्रह के जानकारी प्राप्त करने की चेष्टा की। उन्हें प्रोफेसर गोकाक से बाबा के सम्बन्ध में कुछ पुस्तकें भी प्राप्त हुईं, जिनका उन्होंने अध्ययन प्रारम्भ किया। इसके पश्चात् जब वे कनाडा वापस लौट गये तो उन्हें और उनकी पत्नी को बाबा ने अनेक बार स्वप्न में दर्शन दिये और उनकी अनेक संकटों में सहायता की। अन्त में जब उनके मन में भगवान सत्य साई बाबा की दिव्य शक्ति के विषय में किसी भी प्रकार का कोई सन्देह नहीं रह गया तो उन्होंने सन् 1979 में बाबा को एक विस्तृत पत्र लिखकर अपने साथियों सहित पुट्टपर्ती उनके दर्शनार्थ आने की अनुमति प्राप्त की।

---

1. द्रष्टव्य—'गोल्डन एज' 1979 एवं 1980 में संकलित लेख।

रॉस्नर महोदय बाबा के दिव्यत्व से अभिभूत होकर अंत में अपने 35 साथियों सहित 13 नवम्बर, 1979 को बाबा के आश्रम में पहुँचे। बाबा से मिलकर उन्हें और भी कई अनुभूतियाँ हुईं, जिनके बाद वे बाबा के पक्के भक्त हो गये और उन्होंने अपने-आपको बाबा के चरणों में समर्पित कर दिया। बाबा से भेंट करने के बाद उन्हें विश्वास हो गया कि बाबा के रूप में महान् ईसामसीह पुनः अवतरित हो गये हैं। उन्होंने लिखा है—"ईसाई पादरी के रूप में मैं इस तथ्य को भली-भाँति पहचान गया कि विश्वव्यापी ईसामसीह ही बाबा के रूप में अवतरित हुए हैं।"

रॉस्नर महोदय ने यह भी प्रश्न उठाया है कि सम्भवतः कुछ लोग मुझसे यह पूछना चाहेंगे कि एक ईसाई पादरी होते हुए भी मैंने किसी हिन्दू गुरु या अवतार से सहायता क्यों ली? क्या ऐसा करके मैंने अपने धर्म की उपेक्षा की है? इसका उत्तर देते हुए उन्होंने स्वयं ही कहा है कि न तो मैं केवल ईसाइयों का पादरी हूँ और न ही सत्य साई बाबा केवल हिन्दुओं के अवतार हैं। यदि ईसाई पादरी होने के नाते मुझे भगवान की सेवा का अधिकार है तो दूसरी ओर भगवान भी किसी एक धर्म की सीमाओं में बँधे हुए नहीं हैं। वस्तुतः मैं इसे अपना परम सौभाग्य समझता हूँ कि सत्य साई बाबा के रूप में मैं भगवान के दिव्य रूप का दर्शन एवं सान्निध्य प्राप्त कर सका।"[1]

'मुझे मेरा भगवान मिल गया है!'—श्री विक्टर कनु स्वयं ईसाई धर्म के अनुयायी हैं तथा इंग्लैंड के एक आध्यात्मिक संगठन के उपाध्यक्ष और कामन वेल्थ ऑफ चर्चेज के सचिव हैं। उन्होंने अपने लेख 'मेरी सत्य साई बाबा तक आध्यात्मिक यात्रा' में बाबा के सम्बन्ध में अपने अनुभवों को प्रस्तुत करते हुए अपने इस लेख का आरम्भ ही इन शब्दों से किया है कि "मेरे इस लेख का उद्देश्य किसी भी धर्म की आलोचना करना या अवज्ञा करना नहीं है। इसमें मैंने यह देखने की चेष्टा की है कि किस प्रकार मेरी आध्यात्मिक यात्रा विभिन्न धर्मों से आरम्भ हुई और अन्त में वह दिव्य अवतार भगवान सत्य साई बाबा तक पहुँचकर समाप्त हो गई। मेरा यह लेख न तो किसी निराशा की कहानी है और न ही किसी के प्रति घृणा की अभिव्यक्ति है। मैं अनुभव करता हूँ कि जिस सच्चाई को मैंने अपनी आध्यात्मिक यात्रा से उपलब्ध किया है, उसे मुझे प्रकट कर देना चाहिए। मैं अपनी इस यात्रा के अन्तिम छोर तक पहुँच गया हूँ, जहाँ मेरी आध्यात्मिक खोज पूर्ण हो गई है। मुझे मेरा भगवान मिल गया है और वह है सत्य साई बाबा, जो कि सदैव मेरी आकांक्षाओं को संतुष्ट करता रहेगा।!"[2]

कनु महोदय ने बाबा का नाम सबसे पहले सन् 1978 में सुना था। उन्होंने स्वीकार किया है कि तबसे ही उनके जीवन की और उनकी आध्यात्मिक यात्रा की दिशा ही परिवर्तित हो गयी। उन्होंने सबसे पहले अपने गिर्जाघर में एक राबर्ट्स नामक महिला का व्याख्यान सुना था, जिसमें ईसामसीह की तुलना दक्षिण भारत के निवासी सत्य साई बाबा नामक किसी व्यक्ति से की गई थी। इससे उनके मन में सत्य साई बाबा के बारे में

---

1. द्रष्टव्य—'गोल्डन एज' 1979 एवं 1980 में संकलित लेख।
2. वही।

और अधिक जानने की रुचि और जिज्ञासा उत्पन्न हुई। इसके पश्चात् उन्होंने बाबा के सम्बन्ध में कई पुस्तकें पढ़ीं। बाबा के सम्बन्ध में विभिन्न विद्वानों के द्वारा उल्लिखित चमत्कारों को पढ़कर वे कई बार संशय में पड़ जाते थे। वे सोच नहीं पाते थे कि बाबा सचमुच कोई महान् शक्ति है या नहीं? अन्त में उन्होंने 3 फरवरी, 1980 को रात्रि में सोने से पूर्व बाबा से प्रार्थना की कि "हे साई बाबा! मैं नहीं जानता कि आप कौन हैं? आप मेरे से इतनी दूर दक्षिण भारत में हैं। मैंने आपके बारे में बहुत पुस्तकें पढ़ी हैं तथा लोगों से भी बहुत-कुछ सुना है। जो-कुछ मैंने पढ़ा-सुना है, उससे यही लगता है कि आप भगवान के अवतार हैं। मैं और मेरी पत्नी आपकी आराधना करना चाहते हैं। अत: यदि आप हमें अपने आराधक के रूप में स्वीकार करते हैं तो इसका कोई संकेत मुझे आज रात में देने की कृपा करें।"[1]

कनु महोदय ने लिखा है कि उसी रात्रि में एक बजकर पन्द्रह मिनट पर वे अचानक एक स्वप्न को देखकर जाग पड़े। उन्होंने स्वप्न में देखा कि साई बाबा अपने घने बालों के सहित उनके कमरे में आये हुए हैं और उनकी मेज पर बैठे हुए हैं। घर की सारी बिजलियाँ एकदम बुझ गयी हैं। उन्हें स्वप्न में ऐसा लगा, मानो उनके कमरे में बहुत बड़ी शक्ति आ गयी हो। इस दृश्य को देखकर स्वप्न में ही उनके मुँह से निकल पड़ा—

'हे ईसामसीह! हमें बचाओ',
'हे भगवान! हमें बचाओ',
'हे साई बाबा! हमें बचाओ',

जब उनकी आँखें खुलीं तो उन्होंने अनुभव किया कि बाबा ने उनकी प्रार्थना सुन ली है और उन्हें बोध हो गया कि ईसामसीह, भगवान और सत्य साई बाबा एक ही हैं। उनकी आँखों से दिव्य आनन्द के आँसू बहने लगे। उपर्युक्त घटना के बाद कनु अपनी पत्नी सहित दक्षिण लन्दन में स्थित साई-केन्द्र में जाकर उसके सदस्य बन गये तथा उसके पश्चात् भी उन्हें बाबा के दर्शन कई बार स्वप्न में हुए। 13 अगस्त, 1980 को उन्होंने भारत में आकर भगवान् बाबा के दर्शन किये और उनसे व्यक्तिगत साक्षात्कार करने का सौभाग्य प्राप्त किया। बाबा ने इस साक्षात्कार में उनके जीवन की अनेक समस्याओं का समाधान करते हुए उनका मार्ग प्रदर्शन किया। अपने इस लेख के अन्त में विक्टर कनु लिखते हैं कि "उनके जीवन में बाबा के आगमन से न केवल भगवान के रूप में उनके प्रति आस्था दृढ़ हुई है, अपितु वे सभी धर्मों और भगवान् के सभी रूपों का आदर करने लग गये हैं तथा वे ईश्वर की योजना को, अवतार की महिमा को एवं जीवन के महान् उद्देश्यों को इस तरह समझने लग गये हैं मानो भगवान ने उनकी आँखें खोल दी हों।"[2]

---

1. द्रष्टव्य—'गोल्डन एज' 1979/80 में संकलित लेख।
2. वही।

अपने धर्म का सम्यक् बोध— बाबा के भक्तों में विभिन्न धर्मों के अनुयायी हैं। मुस्लिम अनुयायियों में डॉ० वशीरुद्दीन का नाम उल्लेखनीय है जो कि उस्मानिया विश्वविद्यालय, हैदराबाद में पत्रकारिता विभाग के अध्यक्ष हैं। वे लगभग 10-11 वर्षों से बाबा के निकट संपर्क में हैं। उन्होंने बाबा के सम्बन्ध में अपने लेख में विस्तार से प्रतिपादित किया है कि किस प्रकार धीरे-धीरे वे बाबा के सम्पर्क में आये और उनके अनुयायी और भक्त बन गए। इस विषय में उन्होंने अपने कई महत्वपूर्ण अनुभव प्रस्तुत किये हैं। वे कहते हैं कि एक बार जब हावर्ड मर्फेट की नई पुस्तक 'साई बाबा: एक अवतार' प्रकाशित हुई तो उनके मन में उसे पढ़ने की गहरी इच्छा उत्पन्न हुई। उन्होंने अनेक पुस्तक-विक्रेताओं से उस पुस्तक के सम्बन्ध में पूछा, किन्तु वे उसकी प्रति प्राप्त करने में सफल नहीं हो सके। इसी बीच जब वे बाबा के आश्रम में पहुँचे तो बाबा का एक स्वयंसेवक उनके पास दौड़ता हुआ आया और उन्हें वही पुस्तक जिसकी वे अब तक खोज कर रहे थे, देते हुए कहा, 'यह लीजिए, बाबा ने भेजी है।' इस पुस्तक पर बाबा के हस्ताक्षर भी अंकित थे। यद्यपि प्रोफेसर वशीरुद्दीन ने पुस्तक के सम्बन्ध में आश्रम में किसी से भी चर्चा नहीं की थी, किन्तु बाबा उनके मन की बात को जान गये और उन्हें पुस्तक भिजवा दी। इसी प्रकार उन्हें और भी कई अनुभव हुए।

यद्यपि प्रो० वशीरुद्दीन बाबा के पक्के अनुयायी हैं, किन्तु फिर भी बाबा सदैव उन्हें इसी बात की प्रेरणा देते रहते हैं कि वे अपने ही धर्म में सुदृढ़ आस्था रखें। एक बार प्रोफेसर साहब ने बाबा से मन्त्र माँगा तो उन्होंने कहा कि मैंने तुम्हें वह मन्त्र पहले ही दे रखा है। उसी क्षण उन्होंने उस लॉकेट की ओर ध्यान आकर्षित किया, जिसमें 'अल्लाह' का नाम अंकित था। यह लॉकेट भी बाबा ने ही सृजित करके उन्हें दिया था। कहने का तात्पर्य यह है कि बाबा अपने भक्तों से यही अपेक्षा करते हैं कि वे अपने धर्म का अनुसरण पूरी आस्था के साथ करें। प्रोफेसर वशीरुद्दीन के शब्दों में, "बाबा के प्रभाव से हर व्यक्ति को अपने-अपने धर्म के दिव्य पुरुषों के प्रति आस्था बढ़ती है तथा वे स्वयं अपने धर्म के भी तत्वों को भली-भाँति समझने लगते हैं।"[1]

'सभी धर्म मेरे हैं'— डॉ०ई०बी० फैनीबुन्दा बम्बई के एक सुप्रसिद्ध डॉक्टर हैं, जो कि पारसी धर्म के अनुयायी हैं। वे भी बाबा के सम्पर्क में सर्व प्रथम सन् 1970 में आये। तब से उन्हें कई अनुभव हुए हैं। प्रारम्भ में उनके मन में सन्देह था कि बाबा विभूति आदि का सृजन सम्भवतः हाथ की सफाई से करते होंगे। वे स्वयं भी जादूगरी की कला में प्रवीण थे। इसलिए वे बाबा के हस्तकौशल को उद्घाटित करने के उद्देश्य से ही बाबा के पास पहुँचे थे, किन्तु उनके समीप पहुँचकर उन्होंने जो कुछ देखा और अनुभव किया, उससे उनका सन्देह दूर हो गया और वे बाबा के अनुयायी हो गए। उन्होंने बाबा पर एक पुस्तक भी लिखी है, जिसमें उन्होंने अपने अनुभवों को प्रस्तुत करते हुए प्रतिपादित किया है कि बाबा दिव्य शक्ति के अवतरण हैं। उन्होंने लिखा है

1. द्रष्टव्य—'गोल्डन एज' 1979/80 में संकलित लेख।

कि मुझसे कुछ लोग पूछते हैं कि बाबा किस धर्म का प्रचार करते हैं या बाबा ने किसी नये धर्म का प्रवर्तन किया है? इसका उत्तर मैं स्वयं बाबा के ही शब्दों में देता हूँ। बाबा ने स्पष्ट शब्दों में कहा है, "सभी धर्म मेरे हैं। इस बात की कोई आवश्यकता नहीं है कि आप अपने धर्म को छोड़ कर किसी दूसरे धर्म को ग्रहण करें। आप लोग अपने धर्म की परम्पराओं और विधियों के अनुसार ही भगवान के किसी भी रूप की पूजा कर सकते हैं। भगवान के सभी रूप और नाम मेरे ही रूप और नाम हैं। इसलिए किसी भी रूप या नाम की आराधना करें, वह मेरी ही आराधना है।"[1] इस प्रकार डॉक्टर फैनीबुन्दा बाबा के पक्के भक्त होते हुए भी अपने धर्म के आदर्शों का पालन कर रहे हैं।

यहाँ हमने देश-विदेश के विभिन्न क्षेत्रों के विद्वानों, लेखकों, विधिवेत्ताओं, न्यायाधीशों, सेवानिवृत्त सेनाधिकारियों, राज्यपालों एवं विभिन्न धर्म के अनुयायियों व ईसाई पादरियों के बाबा सम्बन्धी विचारों, अनुभवों एवं अनुभूतियों को यथासंभव उन्हीं के शब्दों में प्रस्तुत करने की चेष्टा की है, जिससे स्पष्ट है कि बाबा के दिव्यत्व एवं उनके विराट रूप का बोध प्राप्त करने में विश्व के विभिन्न जिज्ञासुओं, साधकों एवं भक्तों ने सफलता प्राप्त की है। इस अध्याय में हम बहुत थोड़े लोगों के ही अनुभव प्रस्तुत कर सके हैं, किन्तु बाबा के ऐसे श्रद्धालु अनुयायियों की संख्या सहस्राधिक है, जिन्हें बाबा के रूप में दिव्य शक्ति या अलौकिक सत्ता का बोध प्राप्त हुआ है। साथ ही इन्होंने यह भी स्पष्ट किया है कि वे अपने लक्ष्य में किस प्रकार सफल हो सके हैं; अतः इनके अनुभवों के सम्यक् अध्ययन-मनन से हम अवतार के वैशिष्ट्य एवं विराट रूप की एक झलक प्राप्त करने के साथ-साथ उसकी प्राप्ति का मार्ग या उपाय भी खोज सकते हैं।

●

1. द्रष्टव्य—'विज़न आफ डिवाइन'; लेखक—इ०बी० फैनीबुन्दा।

12. बाबा के भक्तों के चामत्कारिक अनुभव

भगवान् श्री सत्य साई बाबा के सम्पर्क में आने वाले विभिन्न भक्तों को समय-समय पर विभिन्न प्रकार के अनुभव हुए हैं जो सामान्य दृष्टि से असाधारण, विचित्र, आश्चर्यजनक या चामत्कारिक कहे जा सकते हैं। इन अनुभवों से बाबा की दिव्य शक्ति, अनन्त महिमा एवं उनकी कार्य-प्रणाली को समझने में सहायता मिलती है। इस प्रकार के अनुभवों का विवरण विभिन्न भक्तों ने समय-समय पर अपनी पुस्तकों एवं पत्र-पत्रिकाओं में प्रस्तुत किया है। यद्यपि इस प्रकार के अनुभवों की संख्या सहस्राधिक है किन्तु हम यहाँ कुछ चुने हुए थोड़े से अनुभव प्रस्तुत कर रहे हैं। इतना प्रयास अवश्य किया गया है कि इन अनुभवों से सम्बद्ध भक्तों में विभिन्न वर्गों का प्रतिनिधित्व हो जाय। इसीलिए यहाँ जिन भक्तों के अनुभव प्रस्तुत किये जा रहे हैं, वे किसी एक वर्ग या व्यवसाय से सम्बद्ध नहीं हैं—इनमें क्रमशः श्री द्वारिका प्रसाद अग्रवाल जैसे उद्योगपति, प्रोफेसर कस्तूरी जैसे बुद्धिजीवी प्राध्यापक, श्री इन्दुलाल शाह जैसे चार्टेड एकाउण्टेण्ट, श्री टी०ए० पाई जैसे राजनीतिक नेता एवं भूतपूर्व मंत्री, श्री भगवन्तम् जैसे महान् वैज्ञानिक, फील्ड मार्शल ओ०पी०मेहरा जैसे सेवा निवृत्त सेनानायक, श्री के०एम० मुंशी जैसे महान् लेखक एवं चिन्तक, रांग लैंग जैसे विदेशी ईसाई चिन्तक आदि के अनुभव सम्मिलित हैं जिनमें बाबा के सम्बन्ध में विभिन्न वर्ग के लोगों के व्यक्तिगत सम्पर्क की अनुभूतियाँ प्रायः उन्हीं के द्वारा लिखित विवरणों के आधार पर प्रस्तुत हैं। इनसे पता चलता है कि किस प्रकार जो लोग पहले बाबा के प्रति उदासीन थे या उनके कटु आलोचक एवं विरोधी थे, वे ही उनके चामत्कारिक प्रभाव से क्रमशः उनकी ओर आकर्षित एवं प्रभावित हुए तथा धीरे-धीरे उनमें जिज्ञासा, विश्वास, आस्था और भक्ति का उदय हुआ। अस्तु, बाबा के दिव्यत्व का बोध प्राप्त करने में ये अनुभव सहायक सिद्ध हो सकते हैं; इसी दृष्टि से इन्हें यहाँ क्रमशः प्रस्तुत किया जा रहा है।

(1) "मैं बाबा लोगों के चक्कर में नहीं पड़ता !"

—श्री द्वारिका प्रसाद अग्रवाल

"मैं बाबा लोगों के चक्कर में नहीं पड़ता!"—ये शब्द हैं कलकत्ता के करोड़पति सेठ श्री द्वारिका प्रसाद अग्रवाल के, जबकि उन्हें पहली बार उनके एक परिचित व्यक्ति ने ह्वाइटफील्ड में बाबा के दर्शनार्थ जाने का सुझाव दिया था तो इसे अस्वीकार करते हुए उन्होंने कहे थे, किन्तु यह एक विचित्र बात है कि इस घटना के दो वर्ष बाद ही अग्रवाल जी पर बाबा का कुछ ऐसा रंग चढ़ा कि वे अपना कलकत्ते का बंगला छोड़कर स्थायी रूप से बाबा के आश्रम में बस गये हैं और जीवन के अन्तिम क्षण तक यहीं रहने के लिए कृत-संकल्प हैं।

पिछले वर्ष जब मैं प्रशान्ति निलयम् गया था तो मेरा पहली बार उनसे वहीं परिचय हुआ था। बाबा के आश्रम में वैसे तो देश एवं विदेश के विभिन्न भागों के लोग प्राय: दिखाई पड़ते हैं—राजस्थान के बनिये (जिन्हें बाहर के लोग 'मारवाड़ी' कहते हैं) अपनी धोती-कमीज की विशेष पोशाक में वहाँ बहुत कम दिखाई पड़ते हैं। अत: जब मैंने पहली बार अग्रवाल जी को वहाँ इस पोशाक में देखा तो मेरे मन में सहज ही उनसे परिचय प्राप्त करने की उत्सुकता जागृत हो गई। जब उनसे यह ज्ञात हुआ कि वे भी मूलत: राजस्थान के उसी जिले (सीकर जिले) के हैं जिससे मैं सम्बन्धित हूँ तो सहज ही उनसे निकटता का अनुभव होने लगा। वैसे भी वे अत्यन्त सरल, मिलनसार एवं सहज व्यक्ति हैं अत: जो व्यक्ति उनसे एक बार मिल लेता है वह उनसे प्रभावित हुए बिना नहीं रहता।

बाबा के प्रति उनके मन में दृढ़ आस्था एवं गहरी भक्ति है, तथा उन्हें बाबा की दिव्यता के सम्बन्ध में कई अनुभव हुए हैं अत: इस बार जब मैं पुट्टपर्ती गया तो उनसे इस विषय पर विस्तृत चर्चा के लिए अनुरोध किया। उन्होंने मेरे प्रस्ताव को स्वीकार करते हुए दिनांक 12-7-87 को अपने प्रशान्ति निलयम् स्थित आवास पर ही मेरे प्रश्नों का उत्तर देते हुए अपने अनुभवों की चर्चा की, जिन्हें यहाँ क्रमश: प्रस्तुत किया जा रहा है।

श्री द्वारिका प्रसाद जी का संक्षिप्त परिचय—इससे पूर्व कि बाबा के सम्बन्ध में उनके अनुभवों को प्रस्तुत किया जाय स्वयं श्री अग्रवाल जी के बारे में थोड़ी जानकारी प्राप्त कर लेना उचित एवं उपयुक्त होगा।

श्री अग्रवाल जी का जन्म सन् 1915 में राजस्थान के सीकर जिले के लक्ष्मणगढ़ कस्बे में हुआ था। उनका परिवार 'बगड़िया' नाम से प्रसिद्ध है। उनके पिता श्री केदारमल बगड़िया बहुत पूर्व आसाम में चले गये थे और वहाँ उन्होंने अपना व्यवसाय शुरू कर दिया था। श्री द्वारिका प्रसाद भी पाँचवीं श्रेणी तक की पढ़ाई लक्ष्मणगढ़ में ही पूरी करके अपने पिता के पास आसाम चले गये थे। वहाँ उन्होंने गौहाटी से मैट्रिक की परीक्षा प्रथम श्रेणी में उत्तीर्ण की। इसके बाद उन्होंने कलकत्ता में विद्यासागर कालेज ऑफ कामर्स में प्रवेश लिया। किन्तु आर्थिक कारणों से उन्हें एक वर्ष के बाद ही पढ़ाई छोड़ कर व्यवसाय में लगना पड़ा।

व्यवसाय के क्षेत्र में श्री अग्रवाल को भारी सफलता मिली। आसाम के बाद क्रमश: उन्होंने कलकत्ता और बंगलौर में भी कई फैक्टरियाँ स्थापित की हैं।

श्री अग्रवाल अपनी युवावस्था से ही महात्मा गाँधी के प्रति श्रद्धालु रहे हैं तथा उनके पूरे साहित्य का अध्ययन किया है। इसलिए जीवन के प्रति उनका दृष्टिकोण आदर्शवादी रहा है किन्तु वे पुरानी रूढ़ियों, अन्ध-विश्वासों एवं बाह्य धर्माचारों में विश्वास नहीं करते। धर्म के नाम पर समाज को लूटने वाले ढोंगी साधुओं पर भी उनकी आस्था नहीं रही। व्रत, उपवास, तीर्थाटन आदि को भी वे पहले कोई महत्व

नहीं देते थे पर गरीबों की सेवा, दान, परोपकार, लोकहित आदि को ही वे धर्म का सच्चा रूप मानते रहे हैं।

बाबा में रुचि कैसे उत्पन्न हुई?

मैंने बाबा सम्बन्धी चर्चा आरम्भ करते हुए श्री अग्रवाल जी से पहला प्रश्न यही पूछा कि बाबा में उनकी रुचि कब और कैसे उत्पन्न हुई? मेरे प्रश्न का उत्तर देते हुए उन्होंने बताया कि जब वे सन् 1980 में बंगलौर आये थे तो उनके एक पुराने कर्मचारी श्री मल्होत्रा ने उन्हें सुझाव दिया था कि बाबा ह्वाइट फील्ड में ही हैं—अतः उनके दर्शन कर आवें। किन्तु उस समय यह बात उन्हें पसन्द नहीं आयी तथा यह कहकर कि 'मैं बाबा लोगों के चक्कर में नहीं पड़ता' उनके सुझाव को ठुकरा दिया।

किन्तु इसके कुछ समय बाद ही उनकी भेंट डॉ० हाजरा से हुई। डॉ० हाजरा की बंगलौर में केमिकल्स की फैक्टरी थी जिसे खरीदने का सौदा श्री अग्रवाल के बड़े पुत्र श्री कैलाश बगड़िया ने सत्तर लाख में किया था तथा सौदे के एडवान्स के रूप में उन्हें केवल सौ रुपये की राशि दी थी। वैसे यह बात बड़ी हास्यास्पद लगती है कि इतनी बड़ी राशि के सौदे के लिए इतनी तुच्छ रकम अग्रिम राशि के रूप में दी जाय। प्रायः ऐसी स्थिति में कोई 'सौदे' को गम्भीरता से नहीं लेता। फिर श्री कैलाश बंगलौर के निवासी नहीं थे—वे कलकत्ता से कुछ दिनों के लिए यहाँ आये हुए थे। फिर भी श्री हाजरा ने श्री कैलाश के प्रस्ताव को विश्वसनीय मान लिया—इसके पीछे एक विशेष कारण था। इसकी चर्चा श्री हाजरा ने बहुत दिनों बाद श्री अग्रवाल से करते हुए निम्नांकित बात बताई।

डॉ० हाजरा सत्य साई बाबा के बहुत पुराने अनुयायियों में से थे तथा वे कई वर्षों से अपनी कैमिकल्स की फैक्टरी चलाते आ रहे थे। एक दिन बाबा से भेंट हुई तो उन्होंने डॉ० हाजरा से कहा—"कब तक फैक्टरी के गोरख-धंधे में पड़े रहोगे? निकलोगे नहीं।"

बाबा से फैक्टरी को बेच देने का निर्देश पाकर डॉ० हाजरा किसी अच्छे ग्राहक की खोज करने लगे। जब श्री कैलाश से उनकी बात हो गई तो उसके बाद पुनः उनकी भेंट बाबा से हुई। बाबा ने उन्हें कहा कि वे अच्छे आदमी हैं, उसे मैंने ही भेजा है! फैक्टरी दे दो!

इस प्रकार डॉ० हाजरा ने बाबा के निर्देशों के अनुसार ही अपनी फैक्टरी श्री अग्रवाल के सुपुत्र को बेच दी थी।

वस्तुतः डॉ० हाजरा की बाबा के प्रति अटूट श्रद्धा देखकर ही श्री अग्रवाल की बाबा में रुचि उत्पन्न हुई। बाबा का यह कथन कि "वे अच्छे आदमी हैं, मैंने ही भेजा है" श्री अग्रवाल के मन में गहराई से बैठ गया और अब वे बाबा के सम्बन्ध में और अधिक जानने के लिए उत्सुक हो गये।

जब श्री अग्रवाल के मन में बाबा के सम्बन्ध में गहरी जिज्ञासा एवं उत्सुकता जागृत हो गयी तो वे बाबा का साहित्य एवं उन पर प्रकाशित पुस्तकों के अध्ययन में लग गये।

इससे उनके मन में बाबा के प्रति विश्वास दृढ़ होता गया। वे बीच-बीच में ह्वाइटफील्ड भी जाकर बाबा के दर्शन प्राप्त करते रहे। जब उनकी भावना और गम्भीर हुई तो वे ह्वाइटफील्ड में ही जाकर रहने लग गये जिससे कि बाबा का अधिकाधिक सान्निध्य प्राप्त हो सके। किन्तु इतना सब-कुछ करने के बाद भी उन्हें बाबा से 'इण्टरव्यू' प्राप्त नहीं हुआ। जब भी वे बाबा से इसके लिए प्रार्थना करते थे तो उन्हें उत्तर मिलता था—"वेट! वेट!! अर्थात् अभी प्रतीक्षा करो।"

किन्तु लगभग दो वर्ष की भाग-दौड़ के बाद अन्त में उनके जीवन में उस शुभ घड़ी का आगमन हुआ—जबकि बाबा ने उन्हें 'इण्टरव्यू' के लिए बुलाया। यह प्रथम मई 1983 की बात है। इस समय उनकी पत्नी, उनका बड़ा पुत्र कैलाश और उसकी पत्नी उनके साथ थीं। इस इण्टरव्यू के बाद श्री अग्रवाल के मन की सभी शंकाएँ दूर हो गयीं तथा वे बाबा के प्रति पूर्णत: श्रद्धालु हो गये।

जब मैंने श्री अग्रवाल से उनके इस प्रथम इण्टरव्यू की सर्वाधिक महत्वपूर्ण बात बताने के लिए अनुरोध किया तो उन्होंने उत्तर दिया कि वैसे तो बाबा ने इसी इण्टरव्यू में उन्हें एक अँगूठी एवं उनकी पत्नी को लाकेट सृजित करके देने की कृपा की थी किन्तु जिस बात से वे सर्वाधिक प्रभावित हुए वह यह थी कि बाबा ने उनसे कहा—"तुमने आसाम में बहुत काम किया है। हजारों लोगों का भला किया है!! बहुत से विद्यार्थियों को स्कॉलरशिप दी है। इससे हम बहुत प्रसन्न हैं।

यह सचमुच आश्चर्य की बात थी कि श्री अग्रवाल बंगलौर में कलकत्ता से ही आये थे, आसाम की बात का बंगलौर में किसी को पता नहीं था—फिर भी बाबा ने वे सब बातें बता दीं जो कि आसाम में बहुत वर्षों पहले हुई थीं—इससे श्री अग्रवाल को पक्का विश्वास हो गया कि बाबा न केवल प्रत्यक्ष को ही जानते हैं अपितु वे त्रिकालदर्शी हैं, वे व्यक्ति का वर्तमान, भूत, भविष्य आदि सब-कुछ जानते हैं। उनके लिए समय और स्थान की दूरी कोई दूरी नहीं है।

यहाँ मैंने अपनी चर्चा को रोक कर श्री अग्रवाल से यह जानना चाहा कि उन्होंने आसाम में ऐसा क्या कार्य किया था जिसकी बाबा ने इतनी प्रशंसा की? (वस्तुत: स्वयं मुझे भी श्री अग्रवाल के पिछले इतिहास की कोई जानकारी नहीं थी, अत: जिज्ञासावश उपर्युक्त प्रश्न पूछा।)

श्री अग्रवाल ने बताया कि आसाम में उन्होंने 'बगड़िया चैरिटेबिल ट्रस्ट', 'बगड़िया एज्युकेशनल ट्रस्ट', 'स्टील वर्क्स पब्लिक वेलफेअर ट्रस्ट', 'केदारमल चैरिटेबल ट्रस्ट' आदि की स्थापना की थी जिनके माध्यम से हजारों निर्धन लोगों को तरह-तरह की सहायता दी गई थी तथा उन्होंने अपने जन्म-स्थान लक्ष्मणगढ़ में भी एक स्कूल व एक अस्पताल की स्थापना की थी। निश्चय ही इनके द्वारा मानव-सेवा का महत्वपूर्ण कार्य संपन्न हुआ था जिसके लिए भगवान् बाबा का प्रसन्न होना स्वाभाविक था।

भगवान् सत्य साई बाबा की दिव्यता एवं सर्वव्यापकता के सम्बन्ध में श्री अग्रवाल को समय-समय पर और भी अनेक महत्वपूर्ण अनुभव हुए हैं। बाबा के आश्रम में कभी-कभी गरीबों को मुफ्त भोजन करवाया जाता है जिसे 'नारायण-सेवा' कहा जाता है। कुछ दानी लोग इस 'नारायण-सेवा' के लिए दान भी देते हैं। जब श्री अग्रवाल को इस बात का पता चला तो उनकी इच्छा हुई कि वे भी इसके लिए दान दें। वे अपने घर से इसके निमित्त दो हजार रुपये की राशि लेकर चले थे किन्तु पुट्टपर्ती आये तो कई लोगों से पूछ-ताछ की कि यह राशि किसे सौंपी जाय? अन्त में उन्हें श्री कुटुम्बराव ने बताया कि यहाँ कोई ऐसा व्यक्ति नहीं है जो कि इसे स्वीकार कर सके। किन्तु उन्होंने एक उपाय सुझाया कि लिफाफे में राशि रखकर बाबा को उस समय प्रस्तावित कर दी जाय जबकि वे दर्शन के समय पास से निकलें। यदि बाबा की इच्छा होगी तो वे इसे स्वीकार कर लेंगे अन्यथा नहीं।

श्री अग्रवाल ने ऐसा ही करने का विचार किया किन्तु इसी बीच उन्होंने अपने खर्च के लिए उस राशि में से पाँच सौ रुपये निकाल लिए और शेष पन्द्रह सौ रुपयों की राशि लिफाफे में रखकर दर्शनों के समय बाबा को भेंट करने के लिए अपना हाथ आगे बढ़ाया किन्तु बाबा ने इससे पहले की उस लिफाफे को ग्रहण करते, दूर से ही मुसकराते हुए बोले—"चालाकी! चालाकी!! पाँच सौ रुपया चोरी किया!!"

श्री अग्रवाल यह सुनकर स्तंभित हो गये। तुरन्त उन्हें स्मरण आया कि बाबा का संकेत उन पाँच सौ रुपयों की ओर है जो उन्होंने प्रारम्भिक दो हजार की राशि में से निकाल लिये हैं। अतः उन्होंने अपना स्पष्टीकरण देते हुए कहा—"बाबा! पाँच सौ रुपये मैंने रख लिये हैं, वे भी और भेंट कर दूँगा।" इस पर बाबा ने मुस्कराते हुए उत्तर दिया—"वह भी जानता है।" अर्थात् श्री अग्रवाल के मन के इस संकल्प से भी बाबा अवगत थे कि वे पाँच सौ रुपये भी उन्होंने भेंट करने का विचार मन में कर रखा है।

इसी प्रकार एक बार बाबा पुट्टपर्ती से बंगलौर जा रहे थे तो श्री अग्रवाल ने भी उनके साथ-साथ ही अपनी गाड़ी से बंगलौर लौटने का कार्यक्रम बनाया किन्तु वे अपने आवास से जल्दी नहीं निकल सके क्योंकि पिछले दिन उन्होंने जो धोबी को कपड़े दिये थे, उनकी प्रतीक्षा करनी पड़ी। इसलिए वे विलम्ब से ही बंगलौर पहुँच पाये।

अगले दिन जब आश्रम में उनकी बाबा से भेंट हुई तो बाबा ने पूछा—'अग्रवाल! कब आये?"

अग्रवाल जी ने उत्तर दिया—"बाबा! आपके साथ-साथ कल ही आ गया था।"

"साथ-साथ कहाँ! तुम तो धोबी के चक्कर में पड़े हुए थे!" बाबा ने प्रतिवाद किया। श्री अग्रवाल यह सुनकर हतप्रभ हो गये किन्तु साथ ही उन्हें इस बात का भी बोध हो गया कि बाबा सर्वज्ञ हैं। भले ही वे स्थूलरूप में पुट्टपर्ती से बंगलौर के लिए रवाना हो गये थे किन्तु उनकी दिव्य दृष्टि से यह छिपा नहीं रहा कि अग्रवाल जो कि उनके साथ ही रवाना होने वाले थे, धोबी के कपड़ों के चक्कर में पड़े हुए हैं।

इसी प्रकार की एक घटना और हुई। श्री अग्रवाल कलकत्ता में अपने बँगले में थे। वहाँ एक दिन मारुति कार को लेकर उनके एक बेटे एवं पोते में कुछ कहा-सुनी हो रही थी। उनमें से एक दूसरे को कह रहा था—"तुम मुझसे पूछे बिना मारुति कार क्यों ले गये?" दोनों की ऊँची आवाज सुनकर श्री अग्रवाल भी अपने कमरे से निकल कर सीढ़ियों में आ गये। उन्होंने सोचा कि कहीं दोनों में तकरार न हो जाय, अतः उन्हें शान्त करने के उद्देश्य से ही वे उधर आये थे।

इसके कुछ महीनों बाद जब श्री अग्रवाल पुट्टपर्ती गये और वहाँ बाबा से भेंट हुई तो वे बोले—'ग्रांड सन्' बेटे से मारुति कार के लिए लड़ता है! मैं वहाँ सीढ़ियों पर ही खड़ा था!

जब श्री अग्रवाल ने यह सुना तो उन्हें पिछली बात का स्मरण आया! उन्हें हैरानी थी कि सीढ़ियों में तो वे स्वयं खड़े थे, फिर बाबा कैसे कह रहे हैं कि वे सीढ़ियों पर खड़े थे। किन्तु कुछ दिनों बाद बाबा से पुनः बात हुई तो उनकी समझ में आया कि बाबा स्वयं अग्रवाल के ही घट में विद्यमान थे—अतः जो कुछ अग्रवाल ने देखा या सुना वह बाबा ने भी देख लिया। भले ही बाबा उस समय बंगलौर में तथा अग्रवाल कलकत्ते में थे।

अस्तु, श्री अग्रवाल को इस प्रकार अनेक अनुभव हुए हैं जिनसे बाबा की दिव्य महिमा का बोध होता है। उनके परिवार के सदस्यों को भयंकर रोगों से मुक्त करने तथा उनकी समय-समय पर सहायता करने के तो अनगिनत उदाहरण हैं, जिन्हें श्री अग्रवाल ने मुझे सुनाया किन्तु इस वृतान्त को अब और आगे न बढ़ाकर यहीं समाप्त किया जाता है क्योंकि बाबा की महिमा अनन्त एवं अपार है जिसे पूर्णतः लिपिबद्ध करना किसी के लिए संभव नहीं।

(2) 'मेरी बाबा के प्रति अनास्था थी'

—प्रोफेसर एन० कस्तूरी

प्रोफेसर कस्तूरी (जन्म सन् 1897) मैसूर विश्वविद्यालय में इतिहास के प्राध्यापक रह चुके हैं। उन्हें अपने आयु के पचास वर्ष तक बाबा के सम्बन्ध में कोई जानकारी नहीं थी। इस जानकारी का अवसर उन्हें एक दुर्भाग्यपूर्ण घटना के बाद प्राप्त हुआ। बात यह हुई कि अगस्त, 1947 में श्री कस्तूरी का छोटा पुत्र अचानक अस्वस्थ हो गया, उसे बचाने के बहुत प्रयास किये गये, किन्तु नौ दिन की बीमारी के बाद उसका असामयिक निधन हो गया। अठारह वर्ष के एक होनहार और नवयुवक बेटे की मृत्यु से श्री कस्तूरी को गहरा आघात लगा जिसने उनके समस्त जीवन को अस्त-व्यस्त कर दिया था।

इस घटना के लगभग एक सप्ताह बाद ही उनके पुत्र का एक सहपाठी गोपी उनसे मिलने के लिए आया। उसने बताया कि जब उसे उनके पुत्र के निधन का पता चला तो वह बहुत दुःखी हुआ। उनके पास बंगलौर आते समय उसने रास्ते में पुट्टपर्ती में बाबा

के भी दर्शन किये। जब उसने बाबा को अपने मित्र के निधन के बारे में बताया तो उन्होंने उसे विभूति की कुछ पुड़ियाँ देते हुए कहा कि ये अपने मित्र के माता-पिता को दे देना। गोपी ने श्री कस्तूरी को बाबा की दी हुई विभूति देते हुए कहा—"आप इस विभूति को ग्रहण करें इससे इस दुःख को सहन करने की शक्ति प्राप्त होगी।"

उसने ही बाबा के बारे में यह भी बताया कि वे अभी सिर्फ 21 वर्ष के हैं तथा भगवान् के अवतार हैं। कस्तूरी को ये सारी बातें बड़ी अटपटी लगीं। उन्होंने गोपी को उत्तर दिया कि जब मुझे मेरे ही भगवान् ने ठुकरा दिया है तो तुम्हारे भगवान् मेरे लिए क्या कर सकते हैं? कस्तूरी को गोपी की बातों पर कोई विश्वास नहीं हुआ। यहाँ तक की उन्होंने विभूति को भी लेने से इन्कार कर दिया।

इसके कुछ दिनों बाद ही श्री कस्तूरी की भेंट एक दूसरे मित्र से हुई जिनका नाम पोट्टी आयर था। पोट्टी आयर भी बाबा को बहुत मानते थे। उन्होंने भी कस्तूरी जी को बाबा के चमत्कारों के बारे में बताते हुए कहा कि यदि वे बाबा की दी हुई विभूति ग्रहण कर लें तो उनका दुःख दूर हो सकता है, किन्तु कस्तूरी जी को उनकी बातों पर भी विश्वास नहीं हुआ। वे स्वयं स्वामी रामकृष्ण के अनुयायी थे और इस बात में विश्वास करते थे कि चमत्कार दिखाने वाले बाबा लोगों से बचना चाहिए। इसलिए उन्होंने अपने मित्र की बातों का खंडन करते हुए यहाँ तक कह दिया कि मुझे तो 'साई' नाम ही बुरा लगता है। कन्नड़ भाषा में साई का अर्थ हेता है 'जाओ और मरो'। कस्तूरी के एक मित्र दीक्षित एक बार शिरडी साई के दर्शन के लिए गये थे और उसके एक सप्ताह बाद ही उनकी मृत्यु हो गयी थी इस बात को बताते हुए कस्तूरी ने बाबा के प्रति अपनी अनास्था व्यक्त की।

फिर भी प्रोफेसर कस्तूरी अंत में पोट्टी आयर के प्रभाव में आ गये और बाबा के दर्शनों के लिए तैयार हो गये। इस प्रभाव का कारण यह था कि पोट्टी आयर का एक दोहिता था जो कि बी० एस-सी० पास था तथा बहुत ही होनहार नवयुवक था। प्रोफेसर कस्तूरी मन-ही-मन चाहते थे कि आयर के दोहिते के साथ उनकी बेटी पद्मा का सम्बन्ध हो जाय। अतः बाबा के प्रति मन में कोई श्रद्धा न होते हुए भी वे आयर के कहने से बाबा के दर्शनों के लिए चल दिये। उन्होंने सपत्नीक बाबा के दर्शन किये किन्तु जैसा कि उन्होंने अपनी इस प्रथम भेंट का विवरण देते हुए लिखा है कि उन पर इस 21 वर्ष के युवा साई का कोई प्रभाव नहीं पड़ा।

जब कस्तूरी बाबा के दर्शन करके लौट रहे थे तो रास्ते में उन्होंने एक बात अपनी पत्नी से कही कि मेरा तो बाबा में कोई विश्वास नहीं है पर पोट्टी आयर बाबा के इतने श्रद्धालु हैं कि यदि बाबा उन्हें कह दें तो वे अवश्य अपने दोहिते का सम्बन्ध पद्मा से करने को तैयार हो जायेंगे। वैसे कस्तूरी ने आयर से इस सम्बन्ध में बातचीत की थी किन्तु आयर ने उनको टालने के लिए कह दिया था कि मैं तुम्हारी लड़की के लिए कोई और लड़का खोज दूँगा और सचमुच उसने किसी और लड़के से पद्मा के सम्बन्ध

में बातचीत भी करवा दी किन्तु वह उन्हें उतना पसन्द नहीं था जितना कि आयर का दोहिता था।

जब प्रोफेसर कस्तूरी उस अन्य लड़के से पद्मा की सगाई की रस्म करने जा रहे थे तो उससे पहली रात्रि में ही एक विचित्र घटना घटी। आयर को स्वप्न में बाबा से तुरन्त मिलने का निर्देश प्राप्त हुआ। जब आयर बाबा से मिले तो बाबा ने उन्हें फटकारा कि वे कस्तूरी की लड़की से अपने दोहिते का सम्बन्ध करने के लिए क्यों तैयार नहीं हुए! साथ ही उन्हें आदेश दिया कि वे तुरन्त अपने दोहिते का सम्बन्ध पद्मा से कर दें। फलस्वरूप आयर भागे-भागे कस्तूरी के पास आये और उन्हें सारी बात बतायी। कस्तूरी यही चाहते थे। उन्होंने तुरन्त आयर के दोहिते के साथ अपनी बेटी का विवाह निश्चित कर ही दिया।

इसके कुछ दिनों बाद ही आयर के साथ पुनः कस्तूरी बाबा के दर्शनों के लिए गये। बाबा ने उन्हें एकांत में कहा कि "तुमने मुझसे प्रार्थना की थी कि मैं आयर को तुम्हारी बेटी के सम्बन्ध के बारे में कहूँ, मैंने ऐसा कर दिया है। अब प्रसन्न रहो! मैं जानता हूँ कि तुम्हारा एक युवा बेटा कुछ दिनों पूर्व कालकवलित हो गया है जिसके कारण तुम बहुत दुःखी हो।" बाबा ने कस्तूरी को यह भी कहा—"तुम इस बात के लिए भी दुःखी हो कि तुम्हारी योग्यता को अपेक्षित मान्यता नहीं मिली। तुम छोटे से कालेज में लेक्चरर के पद पर पड़े हुए हो जबकि तुम्हारी योग्यता और अनुभव इससे कहीं अधिक है। तुम कोई चिंता मत करो, सब ठीक हो जायेगा।"

कस्तूरी को चिंता थी कि शायद विवाह में बहुत व्यय होगा इसलिए उन्होंने बाबा से प्रार्थना की कि वे विवाह भी अपने ही आश्रम में सम्पन्न करवायें। बाबा ने इसकी अनुमति दे दी और उन्होंने यह विवाह आश्रम में स्वयं सम्पन्न करवाया। इसके बाद कस्तूरी बाबा के और भी अधिक सम्पर्क में आये और ज्यों-ज्यों उनका संपर्क में आना बढ़ता गया त्यों-त्यों उनका बाबा के प्रति विश्वास भी दृढ़ होता गया और अंत में वे बाबा के पक्के भक्त हो गये।

उन्होंने बाबा के सम्पर्क में आने के बाद न केवल अनेक चमत्कार अपनी आँखों से देखे अपितु उनके जीवन में भी भारी परिवर्तन आया। थोड़े से ही समय के बाद वे अनायास ही प्रिन्सिपल के पद पर नियुक्त हो गये। यूनिवर्सिटी की सर्विस से निवृत्त होकर वे स्थायी रूप से बाबा के आश्रम में आ गये और वहाँ बाबा के सचिव के रूप में कार्य करना आरम्भ कर दिया। उन्होंने आश्रम की पत्रिका 'सनातन-सारथी' के संपादन के साथ-साथ बाबा के जीवन-चरित 'सत्यं शिवं सुन्दरम्' को कई खंडों में प्रकाशित करवाया है तथा और भी कई पुस्तकों को लिखा है।

प्रोफेसर कस्तूरी के आँखों देखे चमत्कार— वैसे तो प्रोफेसर कस्तूरी ने बाबा के साथ अपने दीर्घकालीन साहचर्य में उनके सैकड़ों चमत्कार अपनी आँखों से देखे हैं जिनका वर्णन उन्होंने विभिन्न पुस्तकों में किया है, किन्तु हम यहाँ उस चमत्कार का

उल्लेख कर रहे हैं जो कस्तूरी जी ने पहली बार अपनी आँखों से देखा और जिससे उनकी बाबा सम्बन्धी धारणाओं में एक नया मोड़ आया।

यह उन्हीं दिनों कि बात है जबकि कस्तूरी जी की कन्या का विवाह बाबा के द्वारा आनन्दपूर्वक सम्पन्न हो गया था। इसके अनन्तर जब उन्होंने बाबा से घर लौटने की अनुमति माँगी तो बाबा ने उन्हें एक दिन और रुक जाने के लिए कहा। श्री कस्तूरी जी सपरिवार बाबा के आदेशानुसार पुट्टपर्ती में ही रुक गये।

उसी दिन सायंकाल आश्रम के सभी लोगों में हलचल सी मच गयी तो कस्तूरी जी को ज्ञात हुआ कि लोग इसलिए प्रसन्न हैं कि बाबा ने रात्रि में चित्रावती नदी के तट पर भजनों के कार्यक्रम का संकेत दिया है। उस दिन मद्रास से भी दो विशेष व्यक्ति बाबा के दर्शनार्थ आये हुए थे। वे सभी लोग बाबा के साथ चित्रावती नदी के किनारे पहुँच गये। वहाँ जाकर बाबा ने उन मद्रासियों से पूछा, 'कहाँ बैठोगे?' उनमें से एक ने इधर-उधर देखकर एक जगह की ओर संकेत करते हुए कहा कि यह जगह ठीक रहेगी क्योंकि साफ-सुथरी है। बाबा वहाँ बैठ गये और शेष लोग भी उनके चारों ओर बैठ गये। भजन का कार्यक्रम आरम्भ हो गया लेकिन थोड़ी देर बाद कस्तूरी जी ने देखा कि लोग धीरे-धीरे बाबा के पास पहुँचने की चेष्टा कर रहे हैं। इसका कारण उनकी समझ में नहीं आया। उन्होंने किसी से पूछा तो उसने धीरे से कहा कि बाबा मिट्टी में से कोई वस्तु सृजित करने का कोई चमत्कार दिखाने वाले हैं।

उसके कुछ क्षणों बाद ही बाबा ने उन मद्रास से आये हुए लोगों को मिट्टी का एक ढेर एकत्रित करने के लिए कहा। उन्होंने वैसा ही किया। उसके बाद बाबा ने उस मिट्टी के ढेर को अपनी अँगुलियों से थपथपाते हुए कहा कि अब इसमें गणेश जी आ गये हैं। यह देखो! यह कहते हुए उन्होंने उस ढेर में अपने दोनों हाथ डालकर गणेश जी की एक मूर्ति बाहर निकाली जो चाँदी की बनी हुई थी। यह लगभग दस इंच लम्बी बहुत ही सुन्दर मूर्ति थी। उसे देखकर प्रोफेसर कस्तूरी हैरान थे। इस चमत्कार में किसी प्रकार की कोई शंका न थी क्योंकि नदी के किनारे किस जगह बैठना है— इसका निर्णय भी बाबा ने नहीं अपितु बाहर से आये हुए मद्रासियों ने किया था। मिट्टी का ढेर भी मद्रासियों ने ही तैयार किया था। अतः यह नहीं सोचा जा सकता है कि शायद किसी ने पहले से वहाँ मूर्ति दबा दी होगी। बाबा ने अपनी लीला के द्वारा ही वह भव्य मूर्ति उसी क्षण निर्मित की थी। इसमें किसी प्रकार की शंका एवं संदेह के लिए अवकाश नहीं था। बाबा ने यह मूर्ति प्रेम पूर्वक उन मद्रासियों को ही दे दी। सम्भवतः यह पहला चमत्कार था जबकि कस्तूरी जी ने इतने निकट से बाबा के द्वारा किसी वस्तु को सृजित होते हुए देखा था। उनके बाद तो उनके जीवन में सैकड़ों नहीं अपितु हजारों अवसर आये जबकि उन्होंने इस प्रकार के चमत्कार स्वयं अपनी आँखों से देखे। आगे चलकर जब वे भगवान् की महिमा से अवगत हो गये तो चमत्कार उनके लिए गौण हो गये क्योंकि सर्वशक्तिमान दिव्य शक्ति के लिए कुछ भी करना असंभव नहीं है।

(3) 'मैं विश्वास नहीं कर सकता था कि ऐसा संभव है!'

—श्री इन्दुलाल शाह

श्री इन्दुलाल शाह बम्बई के एक प्रतिष्ठित नागरिक हैं जिन्होंने अपना जीवन एक चार्टेड एकाउन्टेन्ट के रूप में आरम्भ किया। आगे चलकर उनका सम्बन्ध एक ओर तो भारतीय राष्ट्रीय कांग्रेस से स्थापित हो गया तो दूसरी ओर रामकृष्ण मिशन से। वे बम्बई कांग्रेस के 1951 से 1960 तक सचिव रहे और साथ ही 1949 से 1964 तक श्री रामकृष्ण मिशन के उपसचिव के उत्तरदायित्व का वहन किया। बाबा से उनकी पहली भेंट सन् 1965 में हुई जबकि वे अपने एक मित्र से मिलने बंगलौर गये हुए थे। जब उनके मित्र ने पूछा कि क्या आप आज सायंकाल बाबा का व्याख्यान सुनने चलोगे? तब पहले तो उन्हें यह बात पसन्द नहीं आई किन्तु फिर दूसरे ही क्षण उन्होंने सोचा कि चलकर देखना चाहिए। अत: वे अपनी पत्नी श्रीमती सरला शाह सहित बाबा के आश्रम में पहुँच गये, जहाँ भारी भीड़ इकट्ठी हो रही थी।

बाबा से अपनी इस प्रथम भेंट के सम्बन्ध में लिखते हुए श्री शाह ने बताया है कि जब वे वहाँ पहुँचे तो आसमान में चारों ओर घने बादल छा रहे थे और ऐसा लग रहा था कि कुछ ही क्षणों में वर्षा होने लग जायेगी। अत: बहुत से दूसरे लोगों की देखा-देखी वे भी अपनी कार वापस मोड़ने लगे किन्तु इसी समय उन्होंने देखा कि सत्य साई बाबा बाहर निकले और उन्होंने बादलों की ओर संकेत करके धीरे-धीरे कुछ कहा। इसके बाद बाबा ने भीड़ को सम्बोधित करते हुए कहा—"बादलों को शान्त होने के लिए कह दिया गया है आप लोग निश्चिंत होकर बैठिए, अब वर्षा नहीं होगी।" यद्यपि यह बात सुनने में बड़ी अस्वाभाविक प्रतीत हो रही थी किन्तु कुछ ही क्षणों के बाद श्री शाह ने देखा कि बादल छँट गए हैं और वर्षा होने के आसार समाप्त हो गए हैं। श्री शाह को यह देखकर अत्यन्त आश्चर्य हुआ। वे इस सम्बन्ध में लिखते हैं—"मैं विश्वास नहीं कर सकता था कि कोई इस प्रकार घने बादलों को केवल अपने हाथ के संकेत से तितर-बितर कर सकता है किन्तु फिर भी इस दृश्य को पहली बार अपनी आँखों से देख रहा था जबकि इस तरह की बातें पौराणिक कहानियों में पहले अवश्य पढ़ी थीं।"

इसके पश्चात् श्री शाह कुछ दिनों तक निरन्तर अपनी पत्नी सहित बाबा के आश्रम जाते रहे तथा पाँचवें दिन उन्हें बाबा से व्यक्तिगत भेंट का सौभाग्य प्राप्त हुआ। बाबा ने इस भेंट के समय उनके काम-धन्धे के बारे में बातचीत की जिससे श्री शाह को लगा कि बाबा उसके बारे में पहले से ही सब कुछ जानते हैं।

कुछ समय बाद जब बाबा बम्बई आये तो श्री शाह भी उनसे मिलने गए। इन दिनों उन्होंने महाराष्ट्र के स्कूलों में दिखाने के लिए एक 'सन्त-दर्शन' प्रदर्शनी तैयार की थी। वे इस प्रदर्शनी को दिखाने के लिए ही बाबा को आमंत्रित करने गये थे। जब वे बाबा के पास पहुँचे तो इससे पहले कि शाह उनसे कुछ कहते, बाबा ने उनसे पूछा, 'प्रदर्शनी कहाँ है?' उन्हें यह सुनकर अत्यधिक आश्चर्य हुआ क्योंकि इससे पूर्व उन्होंने प्रदर्शनी

के बारे में न बाबा से बात की थी और न ही उनसे सम्बन्धित किसी अन्य व्यक्ति से। इससे उन्हें विश्वास हो गया कि बाबा दूसरों के मन की बात जान लेते हैं।

श्री शाह बाबा से प्रभावित होकर उनके अनुयायी बन गये और उन्होंने सत्य साई संगठनों में भाग लेना आरम्भ कर दिया। आगे चलकर वे सत्य साई विश्व संगठन के संयोजक नियुक्त किये गये। इसी सन्दर्भ में सन 1967 में मद्रास में सत्य साई संगठन की एक बैठक आयोजित हुई थी जिसमें भाग लेने के लिए श्री इन्दुलाल शाह भी गये हुए थे। इस बैठक में भाग लेने वाले अन्य सभी व्यक्ति जिनमें एक बाबा भी थे, तेलगू-भाषी थे। अत: वे उसी भाषा में विचार-विमर्श कर रहे थे किन्तु इन्दुलाल शाह तेलगू नहीं जानते थे। यह देखकर समिति के एक अन्य सदस्य ने उनसे पूछा कि क्या मैं यह सारी बातचीत अंग्रेजी में अनूदित कर दूँ ? इस पर बाबा ने कहा, 'नहीं, ये तेलगू समझते हैं।' यह कहकर बाबा ने श्री शाह के सिर को हल्के से थपथपाया। शाह यह देखकर चमत्कृत हो गए कि उसी क्षण से वे तेलगू के सारे वार्तालाप को पूरी तरह समझने लग गये।

सम्भवत: यहाँ यह शंका की जा सकती है यदि बाबा के स्पर्श से ही श्री शाह को तेलगू भाषा का ज्ञान हो गया तो स्वयं बाबा हिन्दी या अंग्रेजी में अपना प्रवचन क्यों नहीं देते? इसका स्पष्ट उत्तर यह है कि बाबा स्वयं अपने लिए अपनी शक्ति का प्रयोग नहीं करते। इस बात के कई उदाहरण हैं जहाँ उन्होंने कई असाध्य रोगियों को अपनी कृपा से स्वस्थ कर दिया वहाँ वे स्वयं अपनी बीमारियों का कष्ट स्वयं वहन करते हैं। एक बार जब बाबा नंगे पाँव चल रहे थे तो उनके पैरों में काँच के टुकड़े चुभ गए थे जिससे वे कई दिनों तक चल फिर नहीं सके किन्तु उन्होंने स्वयं को ठीक करने के लिए अपनी शक्ति का प्रयोग नहीं किया।

इस प्रकार श्री शाह पिछले बीस वर्षों से बाबा के निकट सम्पर्क में हैं और सत्य साई संगठन के ही कार्य में लगे हुए हैं। इस दीर्घ अवधि में उन्हें और भी कई चामत्कारिक अनुभवों के साथ-साथ आध्यात्मिक ज्ञान एवं दिव्य शक्ति का बोध प्राप्त हुआ है जिसकी चर्चा उन्होंने अपने द्वारा लिखित पुस्तकों में की है।

(4) 'चमत्कार जो मैंने अपनी आँखों से देखे!'

—भूतपूर्व केन्द्रीय रेलवे मंत्री श्री टी० ए० पाई

श्री टी० ए० पाई, भूतपूर्व रेलवे मंत्री भारत सरकार, ने बाबा के सम्बन्ध में अपने संस्मरणों को एक लेख में[1] प्रस्तुत करते हुए कहा है—"प्रारम्भ में मैं बाबा से मिलने से बराबर कतराता रहा।" जब वे सिंडिकेट बैंक के मैनेजिंग डाइरेक्टर एवं चेयरमैन थे तो प्राय: अनन्तपुर से बंगलौर कार में जाते हुए पुट्टपर्ती से ही गुजरते थे किन्तु फिर भी वे बाबा से भेंट नहीं करते थे। उनके एक साथी उन्हें बाबा से भेंट करने के लिए बार-

---

1. गोल्डन एज, 1979, पृष्ठ 52।

बार आग्रह करते थे तो वे उन्हें यह कहकर टाल देते थे—"मेरा इन बातों में कोई विश्वास नहीं है।" इतना ही नहीं जब वे अपने कुछ मित्रों को बाबा की भक्ति में डूबे हुए तथा अपने घर को बाबा के चित्रों से संजोये हुए देखते थे तो उन्हें बड़ी हैरानी होती थी। वे सोचते थे—"पता नहीं इन समझदार लोगों को भी क्या हो गया है!"

बाबा को इतनी उपेक्षा की दृष्टि से देखने वाले श्री पाई किस प्रकार एक दिन स्वयं बाबा के अनुयायी भक्त में परिवर्तित हो गये—इसकी एक लम्बी कहानी है। सन् 1972 में जब वे बंगलौर ठहरे हुए थे तो एकाएक किसी अज्ञात प्रेरणा के वशीभूत होकर वे बाबा से भेंट के लिए उत्सुक हो गये। बाबा से समय लेकर वे अपने एक मित्र श्री के० आर० पुरी के साथ आश्रम में पहुँचे। बाबा से भेंट होने पर उन्होंने बाबा के चरण-स्पर्श किये किन्तु उनके लिए सबसे बड़ी हैरानी की बात तो यह थी कि अभी उन्होंने श्री पुरी का बाबा से न तो परिचय ही करवाया और न ही पहले कभी पुरी बाबा से मिले थे किन्तु बाबा ने पुरी को देखते ही कहा—"पुरी! तुम कैसे हो?"

इसके बाद व्यक्तिगत भेंट के समय श्री पाई ने अपने एक भतीजे का उल्लेख किया जो कि उस समय अमरीका में था। ज्योंही श्री पाई ने उसके नाम का उल्लेख किया, बाबा ने बिना आगे की बात पूछे स्वयं ही उसकी बीमारी का हाल बताते हुए कहा कि बच्चे के माता-पिता कुछ ही समय पूर्व शिरडी साई की यात्रा कर चुके हैं तथा वह अब जल्दी ही ठीक हो जायेगा।

बाबा की ये सारी बातें सच सिद्ध हुईं। इससे श्री पाई के मन में पहली बार बाबा की शक्ति के प्रति विश्वास उत्पन्न हुआ। इसके बाद तो उनके जीवन में कितने ही ऐसे अवसर आये जिनमें उन्होंने बाबा की सर्वज्ञता, सर्वव्यापकता एवं सर्वशक्तिमता को प्रत्यक्ष रूप में स्वयं अनुभव किया जिससे उनका विश्वास क्रमशः दृढ़ आस्था एवं भक्ति में विकसित हो गया। अपने द्वारा प्रत्यक्ष रूप में देखे गये कुछ चमत्कारों को श्री पाई ने लिपिबद्ध भी किया है।

आनन्दमयी माँ की भक्त—एक बार जब वे धर्मक्षेत्र बम्बई में बाबा के समीप थे तो कुछ लोग एक बुढ़िया को स्ट्रैचर में डालकर वहाँ लाये जो कि पिछले छह-सात वर्षों से लकवे से पीड़ित थी तथा चलने-फिरने में बिलकुल असमर्थ थी। बाबा उसे अलग एक कमरे में ले गये। बाहर बैठे हुए लोग सोच रहे थे कि अब क्या होगा? क्या सचमुच यह बुढ़िया ठीक हो जायेगी? किन्तु उनके आश्चर्य का कोई ठिकाना नहीं रहा, जबकि उन्होंने देखा कि कुछ ही क्षणों के बाद वह बुढ़िया बाबा के कमरे में से अपने पैरों पर चलती हुई आ रही है। बाबा ने बाहर निकलकर कहा—"अब यह बिलकुल ठीक हो जायेगी" और सचमुच वह ठीक हो गयी। बाबा ने यह भी बताया कि उक्त वृद्ध महिला 'माँ आनन्दमयी' की बहुत बड़ी भक्त है तथा वह बाबा के दर्शनों के लिए भी उत्सुक थी। बाबा ने उसके लिए एक रुद्राक्ष माला सृजित की तथा उसे देते हुए कहा—"शिव और शक्ति दोनों एक हैं।"

जापानी नागरिक के अनुभव—श्री पाई ने अपने लेख में बाबा के सम्बन्ध में और भी कई आँखों-देखे चमत्कारों एवं घटनाओं का उल्लेख किया है। उन्होंने अपने एक जापानी मित्र श्री कजिया की कहानी को भी संक्षेप में प्रस्तुत करते हुए बताया है कि किस प्रकार वे अपनी बेटी रिक्की को बाबा की अनुकम्पा से रोग-मुक्त करवा पाये। रिक्की जन्म से ही अपंग एवं अविकसित बालिका थी। वह न कोई स्थूल पदार्थ खा सकती थी, न सो सकती थी, न उठ सकती थी और न ही चल-फिर सकती थी। जब वह लगभग चार वर्ष की थी श्री कजिया की भेंट श्री पाई से हुई तथा उन्होंने बातों में अपनी बेटी की रुग्णता का जिक्र किया। श्री पाई ने तुरन्त उन्हें सत्य साई का एक चित्र एवं विभूति देते हुए कहा कि वे बाबा की आराधना करें तो उनकी बेटी स्वस्थ हो सकती है।

लगभग तीन माह बाद जब श्री कजिया पुनः पाई से मिले तो उन्होंने बताया कि उनकी पत्नी को बाबा ने स्वप्न में दर्शन देकर कहा है कि तुम्हारी बेटी स्वस्थ हो जायेगी। अगले ही दिन श्री कजिया श्री पाई के साथ बाबा के दर्शनों के लिए चले गये। बाबा ने उन्हें कुछ गोलियाँ सृजित करके बच्ची के लिए दीं। लगभग एक वर्ष बाद श्री कजिया अपनी पत्नी और बच्ची के सहित बाबा के दर्शनों के लिए आश्रम में पहुँचे। अब भी रिक्की न तो उठ सकती थी और न चल फिर सकती थी। किन्तु ज्यों ही बाबा ने उसे आदेश पूर्वक कहा—"उठो! चलो!" तो रिक्की उसी समय उठकर चलने लग गयी। श्री कजिया और उसकी पत्नी के हर्ष का तो ठिकाना नहीं रहा। वे बाबा के चरणों में नतमस्तक थे! कुछ ही दिनों में रिक्की पूर्णतः स्वस्थ हो गयी!

श्री पाई ने इस बालिका को दोनों स्थितियों में देखा था—पहले जब कि वह उठने, चलने-फिरने में पूर्णतः अशक्त थी और दूसरे, जब वह बाबा के आश्रम से लौटकर आयी तथा चलने-फिरने लग गयी थी!

इस प्रकार के कितने ही चमत्कार श्री पाई ने अपनी आँखों से देखे हैं जिन्हें यदि कोई और बताता तो वे शायद ही विश्वास करते! भगवान की शक्ति को प्रत्यक्ष रूप में देखकर तथा उनकी अनुकम्पा को प्राप्त करके उनमें भारी परिवर्तन आया है। उनके शब्दों में, "उनके जीवन में तो भारी परिवर्तन आया ही किन्तु सबसे बड़ी बात यह हुई है कि अब उनके जीवन का दृष्टिकोण ही बदल गया है तथा वे अब जीवन के उच्च एवं उदात्त मूल्यों में विश्वास करने लग गये।"

वस्तुतः बाबा के चामत्कारिक प्रभाव का लक्ष्य व्यक्ति की दृष्टि एवं जीवन-पद्धति में संशोधन करके उसकी उच्च एवं उदात्त भावनाओं को जागृत कर देना है तथा ऐसा ही श्री पाई के साथ हुआ है।

(5) 'उनके चमत्कार प्राकृतिक नियमों के परे हैं!'

—डॉ० एस० भगवन्तम्

श्री एस० भगवन्तम् भारत के एक सुप्रसिद्ध वैज्ञानिक हैं जो कि इण्डियन इन्स्टीट्यूट ऑफ साइंस, बंगलौर के डाइरेक्टर, उस्मानिया विश्वविद्यालय, हैदराबाद

के कुलपति, गृह-मंत्रालय, भारत सरकार के मुख्य वैज्ञानिक सलाहकार जैसे महत्वपूर्ण पदों पर कार्य कर चुके हैं। उनका बाबा से विगत तीस वर्षों से गहरा सम्बन्ध है। सेवा से निवृत्त हो जाने के बाद उन्होंने बाबा के सचिव के रूप में कार्य करते हुए कई वर्षों तक उनके तेलुगु व्याख्यानों का अंग्रेजी में अनुवाद किया है।

डॉ० भगवन्तम् जैसे वैज्ञानिक को बाबा के सम्पर्क में आने पर किसी प्रकार की अनुभूति हुई तथा कैसे वे धीरे-धीरे बाबा से प्रभावित हुए—इसका विवरण उन्होंने अपने कुछ लेखों में प्रस्तुत किया है। श्री भगवन्तम् ने लिखा है कि "मैं वैज्ञानिक हूँ और इसलिए किसी बात को सहज ही स्वीकार नहीं कर सकता।" वैज्ञानिक होने के नाते उन्हें इस प्रकार की शिक्षा एवं ट्रेनिंग प्राप्त हुई है कि वे जब तक किसी भी तथ्य को पूरी तरह नहीं समझ लेते उस पर विश्वास नहीं कर पाते। फिर भी वे बाबा के चमत्कारों पर किस प्रकार विश्वास करने लग गये—इसकी एक लम्बी कहानी है।

श्री भगवन्तम् का कहना है कि अब तक उन्होंने बाबा के हजारों चमत्कार अपनी आँखों से देख लिये हैं, इसलिए न तो उनके मन में इनके सम्बन्ध में कोई शंका है और न ही वे अब इन्हें अधिक महत्व देते हैं। अब वे एक ऐसी स्थिति में पहुँच गये हैं जहाँ उनके लिए चमत्कार गौण हो गये हैं। वस्तुतः जब तक हम बाबा को एक सामान्य व्यक्ति, महापुरुष या सिद्ध-पुरुष समझते हैं तब तक ही हमारे लिए चमत्कार महत्वपूर्ण हैं किन्तु जब हमें यह बोध हो जाता है कि बाबा के रूप में स्वयं भगवान् ही अवतरित हुए हैं तो उसके बाद उनके द्वारा कुछ भी किया जाना सामान्य सा प्रतीत होता है।

श्री भगवन्तम् भी उन सौभाग्यशाली व्यक्तियों में से हैं जो कि बाबा के निकट संपर्क एवं उनकी अनुकम्पा के फलस्वरूप उनके प्रति पूर्णतया आस्थावान हो गये हैं। अतः यह स्वाभाविक है कि अब उनके लिए बाबा के चमत्कार सामान्य एवं गौण हो गये हैं किन्तु यह स्थिति प्रारम्भ में नहीं थी जबकि वे बाबा के सम्पर्क में आये थे। अपनी उस समय की मनःस्थिति का वर्णन करते हुए उन्होंने अपने कुछ अनुभव प्रस्तुत किये हैं।

यह लगभग पच्चीस वर्ष पुरानी बात है कि श्री भगवन्तम् पुट्टपर्ती बाबा के आश्रम में गये हुए थे। सायंकाल के समय से बाबा के साथ चित्रावती नदी के तट पर चले गये। उस समय उनके साथ बाबा के कुछ और श्रद्धालु लोग भी थे। वहाँ बातों ही बातों में बाबा ने भगवन्तम् से पूछा कि क्या उनका ईश्वर पर विश्वास है। साथ ही बाबा ने यह भी कहा कि आजकल के वैज्ञानिक नास्तिक हो गये हैं, और उनका भगवान्, पुराने शास्त्रों एवं वेदों से विश्वास उठ गया है। श्री भगवन्तम् ने इसके उत्तर में विनम्रतापूर्वक निवेदन किया कि यह बात सभी वैज्ञानिकों पर लागू नहीं होती, वे स्वयं वैज्ञानिक हैं किन्तु उन पर पूर्वजों के ऐसे संस्कार हैं कि अब भी वे प्राचीन धार्मिक ग्रंथों को मानते हैं। इतना ही नहीं, उन्होंने यह भी बताया कि विदेशों में भी कई ऐसे वैज्ञानिक हैं जो

कि भगवद्गीता जैसे ग्रंथों पर विश्वास करते हैं। जब बाबा ने भगवद्गीता की बात सुनी तो उन्होंने जमीन से मुट्ठी भर मिट्टी उठाई और भगवन्तम् को कहा—लो! यह कहकर उन्होंने यह मिट्टी भगवन्तम् के हाथों में डाल दी, किन्तु भगवन्तम् के देखते-देखते एक क्षण में ही वह मिट्टी एक छोटी सी पुस्तक में परिवर्तित हो गयी और जिसका नाम 'भगवद्गीता' था। वस्तुत: श्री भगवन्तम् का यह पहला अवसर था जबकि उन्होंने बाबा के चमत्कार को प्रत्यक्ष रूप में देखा यद्यपि वे इस चमत्कार से स्तम्भित थे किन्तु फिर भी उनके मन में एक शंका थी कि मिट्टी से कोई पुस्तक कैसे बन सकती है!

उसी स्थान पर थोड़ी देर के बाद श्री भगवन्तम् ने बाबा का एक चमत्कार और भी देखा। बाबा के आस-पास जो भीड़ बैठी हुई थी उसमें से बाबा ने एक व्यक्ति को अपने पास बुलाया जो देखने में बहुत ही गरीब प्रतीत होता था। उन्होंने उसका नाम लेकर बुलाते हुए कहा, "तुम बहुत गरीब हो और चार दिनों से आश्रम में वृक्ष के नीचे बैठे हुए हो। इस बात की आशा लगाये हुए हो कि मैं तुम्हारी कुछ सहायता करूँ। तुम बाबा हरनाथ और कुसुम कुमारी के श्रद्धालु हो और उनका मंदिर बनाने के लिए धन एकत्रित करना चाहते हो और इसलिए यहाँ आये हो। किन्तु मैं तुम्हें बता देना चाहता हूँ कि तुम्हारा यह प्रयास ठीक नहीं हैं। भगवान् केवल मंदिर में ही नहीं होते वे हर जगह विद्यमान हैं। इसलिए उनका मंदिर बनाने की क्या आवश्यकता है? तुम सच्चे मन से उनकी आराधना करो। तुम मन्दिर बनाने का विचार छोड़ो, मैं तुम्हें हरनाथ की एक छोटी सी मूर्ति बनाकर देता हूँ।" इसके अनन्तर बाबा ने पुन: जमीन से मुट्ठी भर मिट्टी उठाई और उसे उस व्यक्ति को देते हुए कहा लो! उसी क्षण वह मिट्टी चाँदी की एक सुन्दर मूर्ति में परिवर्तित हो गई। उक्त व्यक्ति के पास एक छोटा सा बिल्ला (बैज) था, जिस पर हरनाथ बाबा का चित्र अंकित था, बाबा के द्वारा निर्मित मूर्ति भी उस चित्र के अनुरूप थी। जब श्री भगवन्तम् ने यह सारा दृश्य अपनी आँखों से देखा तो उन्हें विश्वास हो गया कि यदि बाबा मिट्टी से मूर्ति बना सकते हैं तो उसे पुस्तक में परिणित करना क्या कठिन है!

इसी प्रकार श्री भगवन्तम् एक बार बाबा के साथ कन्याकुमारी की यात्रा पर गये हुए थे। वहाँ लगभग बीस व्यक्तियों के साथ समुद्र के किनारे बैठे हुए बातचीत कर रहे थे। बाबा ने वहाँ पूछा समुद्र का दूसरा नाम क्या है? तो एक नवयुवक ने उत्तर दिया—'रत्नाकर'। 'रत्नाकर' का अर्थ होता है—'रत्नों का खजाना'। अत: बाबा ने कहा कि यदि इसे 'रत्नाकर' कहा जाता है तो अवश्य इसमें रत्न या हीरे होंगे और उस स्थिति में रत्नाकर को चाहिए कि वह हीरे और रत्न प्रस्तुत करे। श्री भगवन्तम् ने कहा बाबा यदि आपकी इच्छा है तो यह क्या कठिन है? उसी समय बाबा ने विनोदपूर्वक समुद्र से अंजलि भर पानी लिया और वह पानी कुछ ही क्षणों में एक छोटे से सुन्दर रत्नहार में परिवर्तित हो गया। बाबा ने यह हार सबको दिखाया और उसके बाद उसे एक भक्त को दे दिया।

इस प्रकार श्री भगवन्तम् ने एक के बाद एक इतने चमत्कार अपनी आँखों से देखे कि उन्हें उनकी प्रामाणिकता पर कोई सन्देह नहीं रह गया। यहाँ तक कि एक बार तो भगवन्तम् के निकट संबंधी बीमार थे जिन्हें अस्पताल में आपरेशन के लिए ले जाने की तैयारी की जा रही थी। जब उन्होंने इसके लिए बाबा से अनुमति माँगी तो बाबा ने मुस्कराते हुए कहा कि इसे अस्पताल ले जाने की क्या आवश्यकता है? इसका आपरेशन यहीं हो जायेगा। उसी क्षण बाबा ने उस रोगी व्यक्ति को एक अलग कमरे में लिटा दिया और बाबा के कहने मात्र से ही एक क्षण में आपरेशन के सारे यंत्र वहाँ प्रकट हो गये और बाबा ने स्वयं कुछ ही क्षणों में उस व्यक्ति का आपरेशन सफलतापूर्वक कर दिया। अस्तु, इन सारी बातों को अपनी आँखों से देख लेने के बाद श्री भगवन्तम् का बाबा की दिव्यता में कोई सन्देह नहीं रह गया। जिस प्रकार अन्य अवतार अपने भक्तों के उद्धार के लिए या उनकी सहायता के लिए समय-समय पर चामत्कारिक लीलाएँ करते रहे हैं, वैसी ही लीलाएँ यदि सत्य साई, जो कि पूर्णावतार माने जाते हैं, करते हैं तो क्या आश्चर्य है! किन्तु इन चमत्कारों की व्याख्या करना मानवता बुद्धि से परे है। यदि कोई व्यक्ति यह सोचता है कि आधुनिक विज्ञान के बल पर इन चमत्कारों की व्याख्या की जा सकती है तो यह उसकी भूल ही होगी। वस्तुतः विज्ञान अभी इतना विकसित नहीं हुआ कि वह दिव्य शक्ति के इन क्रिया-कलापों को समझ सके। इसलिए श्री भगवंतम् ने एक बार मद्रास में आयोजित सभा में जिसमें लगभग दस हजार व्यक्ति विद्यमान थे यह घोषित किया कि, ''मैंने अपनी समस्त वैज्ञानिक बुद्धि का उपयोग करके देख लिया है किन्तु उनके बल पर भगवान् सत्य साई के चमत्कारों को समझना या समझाना या उनकी बौद्धिक व्याख्या करना संभव नहीं है। उनके चमत्कार प्राकृतिक नियमों के परे हैं।''

(6) 'मेरे जीवन की दिशा ही बदल गयी!'

—भूतपूर्व राज्यपाल एवं फील्ड मार्शल श्री ओ० पी० मेहरा

प्रथम भेंट : श्री मेहरा पिछले कई वर्षों से बाबा के श्रद्धालु भक्त हैं। उन्होंने 'बाबा के सम्बन्ध में मेरे अनुभव' शीर्षक लेख में बाबा से अपनी प्रथम भेंट का विवरण देते हुए लिखा है कि तब वे हिन्दुस्तान एरोनॉटिक्स लिमिटेड के अध्यक्ष के रूप में बंगलौर में नियुक्त थे। उन दिनों कर्नाटक के राज्यपाल धर्मवीर थे तथा उन्हीं के पास वे ठहरे हुए थे। एक दिन धर्मवीर जी ने श्री मेहरा और उनकी पत्नी को बताया कि वे ह्वाइट फील्ड बाबा सत्य साई के दर्शनों के लिए जा रहे हैं—यदि वे चाहें तो वे भी चल सकते हैं। श्री मेहरा की धर्मपत्नी तो इसके लिए तुरन्त तैयार हो गईं किन्तु श्री मेहरा ने कहा—''बंगलौर में मैं विशेष कार्य के लिए आया हूँ तथा मुझे अपना काम निपटाना है न कि इन बाबा लोगों के पीछे भागता फिरूँ।''[1]

1. द्रष्टव्य—'गोल्डन एज', 1979 में संकलित लेख।

श्रीमती मेहरा को इस प्रकार के उत्तर से--विशेषत: बाबा के सम्बन्ध में कहे गये अवज्ञापूर्ण शब्दों से—बड़ा बुरा लगा। फलस्वरूप पति-पत्नी में कहा-सुनी हो गयी और अन्त में श्री मेहरा उनके साथ बाबा के दर्शनार्थ जाने को तैयार हो गये।

जब वे बाबा के यहाँ पहुँचे तथा धर्मवीर जी ने मेहरा-दम्पत्ति का बाबा से परिचय करवाया तो बाबा ने तुरन्त श्री मेहरा को सम्बोधित करते हुए कहा--"यदि आप अपना काम छोड़कर यहाँ नहीं आना चाहते थे तो न आते, किन्तु ऐसी बातों को लेकर अपनी पत्नी से झगड़ना ठीक नहीं।"

इन शब्दों को सुनकर श्री मेहरा आश्चर्य-चकित हो गये। बाबा को झगड़े की बात का कैसे पता चला! क्या वे सर्वज्ञ और सर्वव्यापी हैं।

क्रान्तिकारी परिवर्तन—इसके बाद तो श्री मेहरा स्वयं ही बाबा के आकर्षण में इस प्रकार बँध गये कि उन्होंने शीघ्र ही दूसरी भेंट के लिए बाबा से समय माँगा। समय मिल जाने पर वे सपत्नीक पुन: बाबा के चरण-कमला में उपस्थित हुए। इस बार बाबा ने विस्तार से बात करते हुए उनके व्यक्तित्व एवं जीवन के विभिन्न पक्षों एवं उनकी विभिन्न समस्याओं का जिस सूक्ष्मता से विश्लेषण किया, उसे देखकर श्री मेहरा विस्मित हो गये। इसी अवसर पर बाबा ने उन्हें भावी जीवन के लिए निर्देश देते हुए कहा—"प्रत्येक व्यक्ति के जीवन का कोई-न-कोई उद्देश्य है! तुम्हारे बंगलौर आने के पीछे भी कोई योजना है...तुम्हें पूरी शक्ति से अपने कर्त्तव्य का पालन करते हुए अपने कार्य में लगना चाहिए। वस्तुत: कर्म ही ईश्वर की पूजा है जिसका समुचित पुरस्कार अवश्य मिलता है।"

श्री मेहरा ने लिखा है कि इस भेंट के बाद तो ऐसा क्रान्तिकारी परिवर्तन आया कि उनके जीवन की दिशा ही बदल गयी और तब से "मैं सोचने लगा कि वे लोग कितने भाग्यशाली हैं जिन्हें बाबा के संपर्क में आने तथा उनका स्नेहपूर्ण आशीर्वाद एवं उपदेश प्राप्त करने का सौभाग्य प्राप्त होता है।"

बाबा : सबसे बड़े डॉक्टर—श्री मेहरा ने बाबा के सम्बन्ध में अपने एक अन्य अनुभव का वर्णन करते हुए बताया है कि सितम्बर, 1972 में उनकी सुपुत्री प्रवीण एवं उसके पति श्री नवीन उनके पास बंगलौर आये हुए थे। नवीन के गुर्दे में कोई खराबी थी, अत: डॉक्टरों ने उनका ऑपरेशन कर दिया—यद्यपि बाबा ने आपरेशन के लिए मना किया था। जब आपरेशन के बाद भी नवीन की पीड़ा कम होने के स्थान पर और अधिक बढ़ गयी तथा मूत्रावरोध के कारण वे छटपटाने लगे तो डॉक्टरों ने पुन: एक और आपरेशन करने का प्रस्ताव किया। श्री मेहरा व उनके परिवार के लोग इसके लिए तैयार नहीं थे। वे पुन: ह्वाइट-फील्ड बाबा के आश्रम में पहुँचे। बाबा ने उन्हें देखते ही कहा—"क्यों! जामाता के कारण फिर परेशान हो! क्या कहते हैं डॉक्टर?"

श्री मेहरा ने उन्हें सारी बात बताई। बाबा ने उन्हें कहा—"अब कोई आपरेशन नहीं होगा!"

"किन्तु बाबा! नवीन अस्पताल में है तथा कल सुबह ही उसका आपरेशन हो रहा है!" श्री मेहरा ने उत्तर दिया।

बाबा ने मुस्कराते हुए कहा—"स्वामी (बाबा) का प्रसाद लो और उसे दे दो।"

बाबा ने तुरन्त विभूति सृजित करके दी, जिसे लेकर श्री मेहरा अस्पताल लौट आये तथा बाबा के निर्देशानुसार नवीन को विभूति खिला दी।

अगले दिन सुबह नवीन को डॉक्टर आपरेशन-रूम में ले गये किन्तु लगभग बीस मिनट बाद ही उसे वापस ले आये और कहा—"अब आपरेशन की जरूरत नहीं, वह वैसे ही ठीक हो गया है!"

श्री मेहरा आगे लिखते हैं—"उनके प्रेम, स्नेह, कृपा एवं अनुग्रह तथा उनकी चामत्कारिक स्वास्थ्य-प्रदायिनी शक्ति का इससे बड़ा और प्रमाण क्या होगा! डॉ० गोकाक के शब्दों में मैं भी कहूँगा कि वे व्यक्ति के चरित्र एवं जीवन में क्रान्ति ला देते हैं। मैं भी उन व्यक्तियों में से एक हूँ जिन्हें बाबा की उपस्थिति में परम शान्ति, संतोष एवं आनंद की अनुभूति होती है तथा जीवन में इससे बढ़कर और चाह क्या हो सकती है!"

ये शब्द हैं उस व्यक्ति के जो पहले 'बाबा लोगों' के पीछे भागना समय की बरबादी समझता था!

(7) 'मैं उनसे मिला, उन्हें देखा और नतमस्तक हो गया।'

—स्व० श्री के० एम० मुंशी, भूतपूर्व राज्यपाल

भारत के राजनीतिक नेताओं में श्री के० एम० मुंशी का नाम अत्यन्त महत्वपूर्ण है। पहले महात्मा गाँधी के साथ स्वतंत्रता प्राप्ति के आन्दोलन में भाग लिया और स्वतन्त्रता प्राप्ति के बाद पंडित नेहरू के मंत्रिमंडल में मंत्री-पद पर कार्य किया। इसके पश्चात् वे उत्तर प्रदेश के राज्यपाल भी नियुक्त हुए। राजनीति से संन्यास लेकर उन्होंने अपना जीवन भारतीय संस्कृति के उद्धार में लगा दिया। अपने इसी उद्देश्य की पूर्ति के लिए उन्होंने बम्बई में 'भारतीय विद्याभवन' की स्थापना की जिसके द्वारा एक ओर तो विभिन्न विद्याओं की शिक्षा दी जाती है तथा दूसरी ओर भारतीय संस्कृति के सम्बन्ध में अनेक महत्वपूर्ण पुस्तकों और पत्रिकाओं का प्रकाशन होता है। 16 मई, 1968 में सत्य साई बाबा के विश्व संगठन का प्रथम सम्मेलन बम्बई में आयोजित हुआ। इसकी व्यवस्था 'भारतीय विद्याभवन' के ही प्रांगण में की गई थी। इसी संदर्भ में जब बाबा वहाँ गये तो के० एम० मुंशी को भी उनसे सम्पर्क करने का सौभाग्य प्राप्त हुआ। बाबा के सम्पर्क में आकर मुंशी जी को किस प्रकार के अनुभव हुए इसका वर्णन उन्होंने अपने व्याख्यानों में तथा विभिन्न लेखों में किया है।

माननीय मुंशी जी ने न केवल बाबा के सम्मेलन के लिए अपने 'भारतीय विद्या भवन' में उसकी व्यवस्था में सहयोग दिया अपितु वे स्वयं भी इस सम्मेलन में सम्मिलित हुए। उन्होंने बाबा का व्याख्यान सुनने के बाद उनसे व्यक्तिगत रूप में भी भेंट की। इस सम्बन्ध में के० एम० मुंशी ने बताया कि वे जीवन भर ऐसे व्यक्तियों की

खोज में रहे हैं जिनमें आध्यात्मिक शक्ति या दिव्य शक्ति हो। जहाँ भी उन्हें कोई इस तरह का महान् व्यक्ति दृष्टिगोचर होता वहाँ वे उसे जानने और समझने के लिए जाते रहे हैं। किन्तु इस सम्बन्ध में उनका पूर्ण समाधान तभी हुआ जबकि उन्हें बाबा से साक्षात्कार का सौभाग्य प्राप्त हुआ। जिस दिव्य शक्ति एवं आध्यात्मिक शक्ति की खोज वे जीवन भर करते आ रहे थे, उसकी पूर्ति बाबा के मिलने से ही हुई।

जब बाबा डॉ० के० एम० मुंशी से मिले तो उस समय उनके शरीर के एक भाग पर पक्षाघात हो चुका था जिसके कारण उनका दाहिना हाथ और पैर काँपता रहता था। जब बाबा ने यह देखा तो वे अपनी कुर्सी से उठे और मुंशी जी के दाहिने हाथ को अपने हाथ में लेकर दबाया और थोड़ी विभूति सृजित करके उनके हाथ पर लगायी। इसके पश्चात् उन्होंने एक अँगूठी भी अपने हाथ से सृजित करके मुंशी जी को पहनायी। मुंशी जी यह देखकर चकित हो गये कि उसी क्षण उनके हाथ और पैर का काँपना बन्द हो गया और वे अपनी उस पुरानी बीमारी से सदा के लिए मुक्त हो गये। जिस बीमारी की चिकित्सा वर्षों से मुंशी जी बड़े-बड़े डॉक्टरों से करवाते रहे थे और जिन्होंने इसे सदा के लिए असाध्य घोषित कर दिया था, वह बीमारी बाबा की कृपा से एक क्षण में ही दूर हो गई।

इसके पश्चात् मुंशी जी प्रार्थना करके बाबा को अपने घर ले गये। बाबा ने परिवार के सभी सदस्यों से प्रेमपूर्वक बातचीत की। उन्होंने मुंशी जी के पुत्र को बताया कि बचपन में जब वह एक बार रेलगाड़ी की यात्रा करते समय संकट में फँस गया था और तब उसे स्टेशनमास्टर के घर में जाकर छिपना पड़ा था, उस समय बाबा ने ही उसकी रक्षा की थी। इस तरह मुंशी जी ने बाबा से आध्यात्मिक चर्चा भी की। उससे वे इतने प्रभावित हुए कि उन्होंने घोषित किया कि बाबा ने मेरे मन को उसी तरह जीत लिया है जिस तरह ब्रिटेन के सम्बन्ध में जूलियस सीजर ने कहा है कि "मैं वहाँ गया, उसे देखा और उसे जीत लिया।" मुंशी जी ने इसी वाक्य से अपनी स्थिति की तुलना करते हुए कहा है कि मेरी भी बाबा के सम्मुख यही स्थिति हुई। मैं बाबा के पास गया, मैंने उन्हें देखा और मैं नतमस्तक हो गया! वस्तुतः जो व्यक्ति आध्यात्मिक दृष्टि से जितनी उच्च स्थिति में होगा वह बाबा के दिव्यत्व को उतनी ही जल्दी हृदयंगम कर पाता है! चूँकि मुंशी जी स्वयं उच्चकोटि के विचारक, लेखक, चिन्तक और साधक थे अत: उन्हें बाबा को पहचानने में एक क्षण का भी विलम्ब नहीं हुआ!

इसके बाद तो बाबा से मुंशी जी का सम्पर्क बराबर बना रहा। अंतिम बार बाबा से 30 दिसम्बर, 1970 को मुंशी जी की भेंट हुई थी जबकि वे 84 वर्ष के थे। इस भेंट के बाद लौटते समय मार्ग में बाबा ने भवन की पत्रिका के सम्पादक श्री एस० रामकृष्ण से संकेत कर दिया था कि मुंशी जी की जीवन-यात्रा समाप्ति पर है तथा अब वे केवल 4-5 सप्ताह और जीवित रहेंगे। बाबा की बात कुछ ही दिनों में सत्य सिद्ध हो गई जबकि 8 फरवरी, 1971 को अर्थात् बाबा की बतायी हुई तिथि के ठीक 5 सप्ताह बाद मुंशी जी का देहान्त हो गया। किन्तु उक्त भेंट में जबकि मुंशी जी अपनी मृत्यु

शैय्या पर पड़े हुए थे बाबा ने उन्हें आशीर्वाद देते हुए कहा था कि, "तुम्हारी जिस संस्था की स्थापना करने की इच्छा थी वह पूरी हो गयी। यह तुम्हारा निःस्वार्थ भाव से किया हुआ कार्य है, इसे तुमने पूर्ण निष्ठा से आगे बढ़ाया है। वास्तव में यह कार्य भगवान् का ही कार्य है जिसे तुमने किया है। तुम निश्चिन्त रहो—भवन आगे भी उन्नति करता रहेगा और भारतीय संस्कृति के प्रचार-प्रसार में अधिक से अधिक योग देता रहेगा।" वस्तुतः इस समय मृत्यु-शैय्या पर भी मुंशी जी को अपनी जीवन से अधिक चिन्ता भवन के भविष्य के बारे में थी, इसीलिए उन्हें निश्चिन्त करने के लिए बाबा ने उपर्युक्त शब्द कहे थे।

(8) "साईं हमारा ईसा है...!"

—श्री रॉन लैंग

विश्व के अनेक प्रमुख ईसाई पादरियों ने भगवान् सत्य साईं की महिमा और लीला से आकर्षित होकर उनके निकट पहुँचने, उन्हें देखने, जानने और समझने की चेष्टा की और जब वे अपने अन्तरतम की गहराई में पहुँचे तो स्वतः ही उनके मुँह से निकल पड़ा —"साईं? अरे, यह तो हमारा ईसा ही है! ईसा ने कहा था—मैं फिर आऊँगा! साईं के रूप में यह उसी का पुनरागमन है!"

इंगलैण्ड निवासी श्री रॉन लैंग जो ईसाई धर्म के दृढ़ अनुयायी हैं उन्होंने धर्म, अध्यात्म एवं धर्मशास्त्र का न केवल गहरा अध्ययन किया है अपितु तद्विषयक लेख भी समय-समय पर अनेक सुप्रसिद्ध पत्रिकाओं में प्रकाशित करवाये हैं। भगवान् सत्य साईं बाबा के ग्रंथों का अध्ययन-मनन करने के अनन्तर उनके मन में बाबा के दर्शनों की तीव्र लालसा एवं उत्कंठा जागृत हुई तो वे जनवरी 1980 में अपनी पत्नी के सहित भारत आये और 19 जनवरी, 1980 को वृन्दावन (बंगलौर) के आश्रम में उन्होंने बाबा के साथ साक्षात्कार का सौभाग्य प्राप्त किया। उन्हें बाबा के सम्बन्ध में और उनके संपर्क से जो अनुभूति हुई है उसके आधार पर उन्होंने स्पष्ट शब्दों में कहा है—"मैंने अब तक बाबा के जीवन एवं संदेश का जो भी अध्ययन किया है उसके पश्चात् मुझे अब कोई संदेह नहीं रह गया कि दिव्य सत्ता पुनः धरती पर देहधारी व्यक्ति के रूप में अवतरित हो गयी है जिसका उद्देश्य विश्व को विनाश से बचाकर एक नये स्वर्णिम युग का प्रादुर्भाव करना है।" उन्होंने अपने लेख 'The Second Coming has Come' (वे पुनः आ गये हैं!) में ईसा मसीह और सत्य साईं बाबा के व्यक्तित्व, जीवन एवं संदेश की गहराई से तुलना करने के अनन्तर अपने इस निष्कर्ष का प्रतिपादन किया है।

श्री लैंग महोदय ने इस तथ्य का अनुमोदन किया है कि ईसा मसीह ने कहा था—"जिसने मुझे भेजा है, वह पुनः आयेगा।...उसका नाम सत्य होगा। वह लाल रंग की पोशाक पहनेगा। वह कद का छोटा होगा किन्तु सिर पर बालों का मुकुट धारण करेगा।" यद्यपि बाइबिल के प्रचलित संस्करणों में ये शब्द उपलब्ध नहीं होते किन्तु मूल बाइबिल में ये थे—ऐसा अनेक विद्वानों ने स्वीकार किया है तथा स्वयं सत्य साईं बाबा ने भी इसकी पुष्टि की है।

इतना ही नहीं स्वयं ईसा मसीह के जीवन-चरित के सम्बन्ध में भी पूरी जानकारी का अभाव है जिसकी पूर्ति बाबा ने की है। ईसा मसीह 12 से लेकर 30 वर्ष की आयु तक कहाँ रहे? क्या वे भारत में आये थे? क्या शूली पर चढ़ा देने के बाद ईसा की जीवन-लीला समाप्त हो गयी या वे पुनर्जीवित हो गये थे? यदि पुनर्जीवित हो गये थे तो कहाँ रहे? इन सभी प्रश्नों का समाधान सत्य साई बाबा ने करते हुए स्पष्ट किया है कि ईसा मसीह अपने युवा-काल में भारत आये थे। शूली पर चढ़ा देने के बाद तीसरे दिन वे पुन: जीवित हो गये थे किन्तु वे अपने देश से भारत आ गये थे। उन्होंने पंजाब, कश्मीर एवं भारत के विभिन्न भागों का भ्रमण भी किया तथा वे अपने जीदन के अंतिम क्षण तक कश्मीर में ही रहे। श्रीनगर में उनकी समाधि अब भी विद्यमान है जो कि 'रोजाबाल' के नाम से प्रसिद्ध है।

इस प्रकार ईसा के जीवन की अज्ञात एवं विस्मृत घटनाओं की जानकारी देकर सत्य साई बाबा ने उनकी परिपूर्ण जीवनी तैयार करने में मदद की है। बाबा के द्वारा कथित सामग्री के आधार पर ही कैलिफोर्निया के रिचर्ड बॉक ईसा के जीवन से सम्बन्धित फिल्म बनाने में सफल हो सके। इसी प्रकार जॉन हिस्लप को बाबा ने ईसा का वास्तविक चित्र जो कि उनके क्रॉस पर चढ़ाये जाने के समय का है, तैयार करके दिया, जिसे संभवत: विश्व का सर्वाधिक प्रामाणिक चित्र कहा जा सकता है।

प्रश्न उठता है कि ईसा से बाबा का क्या सम्बन्ध है? क्या ईसा के रूप में सत्य साई बाबा या भगवान् ही अवतरित हुए थे या वे अपने दिव्य-ज्ञान के आधार पर यह सब-कुछ बता रहे हैं? इस शंका का समाधान करते हुए बाबा ने स्पष्ट किया है कि ईसा मसीह भगवान् के संदेश वाहक थे—स्वयं ईसा ने 'भगवान्' को 'पिता' की संज्ञा देते हुए बार-बार कहा है कि मुझे 'पिता' ने भेजा है तथा भविष्य में 'पिता' स्वयं आयेंगे।

"क्या बाबा ही ईसा के वे पिता हैं जिन्होंने उन्हें भेजा था?" यह प्रश्न उठना स्वाभाविक है किन्तु इसे पूछने का साहस कौन कर सकता है! किन्तु ऐसा नहीं है। लैंग महोदय ने 19 जनवरी, 1980 की भेंट में अपना सारा बल समेटकर यह पूछने का भी साहस किया है—"क्या बाबा! आपने ही ईसा को पैगम्बर के रूप में भेजा था?"

बाबा ने जिस ढंग से इसके उत्तर में "हाँ कहा, उसे सुनने के बाद, यह असंभव है कि उस पर विश्वास न किया जाये!" स्वयं लैंग महोदय के शब्दों में इस इन्टरव्यू की अनुभूति को इस प्रकार प्रस्तुत किया जा सकता है—"जब हम इन्टरव्यू से बाहर निकले तो हम (मैं और मेरी पत्नी) किस प्रकार अभिभूत एवं चमत्कृत हो रहे थे, इसकी कल्पना पाठक कर सकते हैं। अच्छा! सत्य साई बाबा ही वे हैं जिन्हें ईसा ने 'पिता' कहा था—समस्त विश्व-नियन्ता क्राइस्ट! कितना आश्चर्य है कि ईसा का पुनरागमन हो गया है—आज नहीं 54 वर्ष हो गये फिर भी दुनिया के कितने थोड़े ईसाइयों को इसका पता है!"

(9) वाल्टर काउन जो मरकर पुनः जीवित हो गये!

वाल्टर काउन बाबा के एक अमेरिकन अनुयायी थे जिनके जीवन में एक महत्वपूर्ण घटना घटित हुई जिसकी चर्चा अनेक लेखकों ने की है। बाबा के द्वारा विभिन्न असाध्य रोगों से ग्रस्त व्यक्तियों को स्वस्थ करने के दृष्टान्त तो सैकड़ों की संख्या में मिलते हैं किन्तु वाल्टर काउन के दृष्टान्त का महत्व इस दृष्टि से है कि वे बाबा की कृपा से अपनी मृत्यु के बाद भी पुनः जीवित हो गये। इस घटना का प्रामाणिक विवरण एक ओर तो काउन की पत्नी एल्सी काउन ने दिया है तो दूसरी ओर डॉक्टर जॉन हिस्लप ने भी अपनी पुस्तक में आँखों देखा हाल लिखा है।

यह दिसम्बर, 1981 की बात है जबकि वाल्टर अपनी पत्नी सहित मद्रास में बाबा के दर्शनार्थ आये हुए थे। उस समय मद्रास में ही सत्य साई सेवा समितियों के अध्यक्षों का एक सम्मेलन आयोजित किया गया था। इसलिए बाबा भी मद्रास पधारे हुए थे। भारत में आने के दो दिन बाद ही वाल्टर भयंकर रूप में अस्वस्थ हो गये। 25 दिसम्बर को प्रातःकाल यह समाचार चारों ओर फैल गया कि वाल्टर को भयंकर दिल का दौरा पड़ा है। उस समय वाल्टर के पास उसकी पत्नी एल्सी थी। उसने जब वाल्टर की स्थिति को बिगड़ते हुए देखा तो अपने पड़ोस की एक और महिला श्रीमती रतनलाल को वहाँ बुला लिया था। उन दोनों को देखते-देखते वाल्टर अचेत होकर गिर पड़े और उनकी साँस बन्द हो गई। उन्होंने तुरन्त एम्बुलेन्स मँगवाकर वाल्टर के शरीर को अस्पताल पहुँचाया जहाँ डाक्टरों ने उसकी जाँच के बाद उसे मृत घोषित किया, अतः उसके शव को अलग कमरे में रखवा दिया गया।

ज्योंही प्रातःकाल हुआ काउन की पत्नी एल्सी और श्रीमती रतनलाल दोनों बाबा के आश्रम में पहुँचीं और उन्हें वाल्टर की मृत्यु के बारे में बताया। वे यह भी जानना चाहती थीं कि क्या वाल्टर के अन्तिम संस्कार की व्यवस्था की जाये। बाबा ने उन्हें आश्वासन दिया कि वे स्वयं दस बजे तक अस्पताल पहुँचेंगे तथा तब तक वे कुछ भी न करें।

जब दस बजे के लगभग एल्सी और श्रीमती रतनलाल पुनः अस्पताल पहुँचीं तो उन्हें यह जानकर आश्चर्य हुआ कि बाबा उनके पहुँचने से पूर्व ही अस्पताल में आकर लौट गये थे तथा वे वाल्टर को भी देख गये हैं। जब वे वाल्टर के कमरे में पहुँचीं तो उन्हें देखकर और भी आश्चर्य हुआ कि वाल्टर जीवित हो गया था तथा चाय वगैरह ले रहा था।

जब इस घटना का समाचार चारों ओर फैला तो एक तहलका-सा मच गया था। कुछ लोगों ने इसके संबंध में और भी जानकारी प्राप्त करने के लिए अस्पताल के लोगों से पूछ-ताछ की। उसी समय मद्रास के एक न्यायाधीश श्री दामोदर राव जी वहाँ आये थे। उन्होंने भी अस्पताल में जाकर उस डॉक्टर से पूछ-ताछ की जिसने वाल्टर को मृत घोषित किया था। डॉक्टर ने पुनः इस तथ्य की पुष्टि की कि जब उसे अस्पताल लाया गया था तब वह पूरी तरह से मृत था तथा उसमें जीवन के कोई चिह्न शेष नहीं थे

इसीलिए उसे मृत घोषित करते हुए उसके नाक और कानों में रूई भर दी गई थी तथा उसके शव को ढक कर एक खाली कमरे में रख दिया गया था। वाल्टर का पुन: जीवित होना स्वयं डॉक्टर के लिए भी एक बड़ा आश्चर्य था।

इन मृत्यु के क्षणों में वाल्टर को भी एक विशेष अनुभूति हुई थी जिसका पूरा विवरण उसने अपने शब्दों में दिया है। ज्योंही वाल्टर की आत्मा शरीर से निकली तो उसे लगा बाबा उसके पास खड़े हैं। इसके पश्चात् उसे ऐसा अनुभव हुआ मानो उसे किसी एक बहुत बड़े न्यायालय में ले जाया जा रहा है जिसमें कई अधिकारी बैठे हुए थे तथा उनके बीच एक और महानुभाव दिखाई पड़ रहे थे जो सम्भवत: उनके अध्यक्ष थे। काउन के पहुँचते ही अध्यक्ष ने उसका रजिस्टर तथा रिकार्ड लाने का आदेश दिया। यह सारा रिकार्ड विभिन्न भाषाओं में था जिसे वहाँ पढ़ा गया। इसमें उसके पिछले सभी जन्मों का विवरण क्रमश: उसी भाषा में था जो उसके उस जन्म की भाषा थी। बाबा भी उसके समीप खड़े हुए उसे इनका अर्थ समझा रहे थे। यद्यपि काउन पूरे तथ्यों को नहीं समझ पाया किन्तु इतना अवश्य वह जान गया कि पूर्ववर्ती जन्मों में भी वह एक सज्जन और आध्यात्मिक व्यक्ति रहा था। जब उसका पूरा विवरण प्रस्तुत हो चुका तो बाबा ने वहाँ के अध्यक्ष से कहा कि अभी वाल्टर को उनके लिए थोड़ा कार्य और करना है इसलिए उसे मृत्यु से मुक्त करके उन्हें सौंप दिया जाये। दूसरे क्षण ही वाल्टर की आत्मा पुन: उसके शरीर में प्रविष्ट हो गई और वह जीवित हो गया। बाद में बाबा के कुछ भक्तों ने उनसे जिज्ञासा की कि क्या वाल्टर को मृत्यु के पश्चात् जो अनुभव हुआ वह काल्पनिक था या वास्तविक और क्या सभी व्यक्ति मृत्यु के बाद इसी प्रकार का अनुभव प्राप्त करते हैं? बाबा ने इसका उत्तर देते हुए बताया कि वाल्टर को जो अनुभव हुआ वह यथार्थ था किन्तु सभी व्यक्तियों को ऐसा ही अनुभव हो, यह आवश्यक नहीं।

इस प्रकार वाल्टर काउन उन सौभाग्यशाली व्यक्तियों में से था जिसे बाबा की इतनी अनुकम्पा प्राप्त हुई कि उसे मृत्यु के मुँह से निकालकर पुन: जीवन प्रदान कर दिया गया। काउन इसके बाद भी कई वर्षों तक जीवित रहे तथा कुछ समय पूर्व उनकी मृत्यु हो गयी। काउन की पत्नी ने अपने पति की स्मृति में उसके नाम से एक छात्रावास बंगलौर के सत्य साई कालेज के विद्यार्थियों के लिए बनवाया है।

अस्तु, अब तक विभिन्न वर्गों एवं व्यवसायों से सम्बद्ध ऐसे लोगों के अनुभव प्रस्तुत किये गये हैं जिन्हें अपने-अपने क्षेत्र के उच्चतम व्यक्तियों के रूप में स्वीकार किया जा सकता है तथा जिनकी अनुभूति एवं अभिव्यक्ति में सर्वत्र प्रामाणिकता एवं विश्वसनीयता दृष्टिगोचर होती है। वस्तुत: इनमें अधिकांश व्यक्ति ऐसे हैं जो कि आरम्भ में व्यक्तिगत कारणों से बाबा के प्रति उदासीन थे—या उनकी उनमें कोई विशेष रुचि या श्रद्धा नहीं थी फिर भी—संभवत: अपने पूर्व जन्मों के पुण्यों के फलस्वरूप या इस जन्म के विशेष सौभाग्य के कारण—वे किसी-न-किसी प्रकार बाबा के संपर्क में आ गये और वे स्वत: ही उनके व्यक्तित्व के सहज आकर्षण एवं उनकी दिव्यता के

प्रभाव से अभिभूत हो गये। इन व्यक्तियों के अनुभव निश्चय ही सामान्य जीवन के अनुभवों से भिन्न हैं— उनमें एक ऐसी विशिष्टता, विलक्षणता एवं चामत्कारिकता उपलब्ध होती है जिस पर सहज ही विश्वास नहीं हो पाता। विशेषतः वे लोग जो कि आस्तिकता से शून्य, आस्था से हीन एवं प्राकृतिक भौतिकवाद की तर्क-पद्धति एवं चिन्तन-दृष्टि के अभ्यस्त हैं, संभवतः इन अनुभवों एवं अनुभूतियों के रहस्य हृदयंगम करने में कठिनाई अनुभव करें किन्तु यह न भूलना चाहिए कि समस्त विश्व में व्याप्त 'सत्य' असीम है जिसे किसी भी एक दृष्टि एवं एक दर्शन की सीमा में आबद्ध नहीं किया जा सकता। अतः यदि हम अपने पूर्व परिचित 'कूप' की सीमाओं से मुक्त होकर—उनसे बाहर निकलकर 'सागर' की उन्मुक्तता एवं विशालता का अवलोकन करें तो शायद हम उसकी व्यापकता, विशालता एवं गंभीरता का किंचित बोध प्राप्त करने में समर्थ एवं सफल हो सकें; भले ही वह बोध केवल इतना ही हो कि उसे अपने अनुमान एवं ज्ञान की सीमा में बाँधना असंभव है! फिर भी कबीर के शब्दों में इतना ही कहा जा सकता है—

"पारब्रह्म के तेज का है कैसा उनमान।
कहिबे कूं शोभा नहीं, देख्यां ही परवाण!"

●

13. बाबा का प्रभा-मंडल : वैज्ञानिक की दृष्टि में

मैं ईसाई मत के कैथोलिक संप्रदाय का अनुयायी हूँ और मेरा सम्बन्ध वैज्ञानिकों के समाज से है। मेरे देश में किसी भी व्यक्ति को 'ईश्वर' या 'भगवान्' के रूप में स्वीकार करना कठिन है। इसलिए यदि मैं कहूँ कि मैंने किसी ऐसी दिव्य सत्ता के दर्शन किये हैं जिसके नेत्रों से ज्योति प्रकट होती है तो मेरी जो ख्याति वैज्ञानिक के रूप में है वह खतरे में पड़ जायेगी और मेरे साथी सोचेंगे कि मेरा मस्तिष्क विकृत हो गया है, फिर भी मुझे इसकी चिन्ता नहीं है—मेरे अध्ययन एवं अनुभव के अनुसार श्री सत्य साई बाबा अपने प्रभा-मंडल की दृष्टि से बिलकुल वही हैं जो कि वे अपने बारे में बताते हैं! वे शुद्ध और सहज प्रेम की मूर्ति हैं। ऐसा प्रतीत होता है कि मानो साक्षात् प्रेम ही (मनुष्य के रूप में) दो पैरों पर चल रहा है। ऐसा निःस्वार्थ प्रेम दिव्यता के अतिरिक्त कुछ और नहीं हो सकता!''

उपर्युक्त शब्द हैं—अमरीका के प्रभा-मंडल विशेषज्ञ श्री फ्रैंक जी बारानौस्की के जो उन्होंने बाबा के प्रभा-मंडल का निरीक्षण करने के बाद कहे। यहाँ यह उल्लेखनीय है कि यद्यपि हमारे यहाँ अतीत काल से अवतारों एवं दिव्य शक्तियों का चित्रण करते हुए उनके मुख के चारों ओर प्रभा-मंडल या प्रकाश-पुंज दिखाने की परम्परा रही है जिसे कुछ लोग कोरी कल्पना मानते थे किन्तु अब वैज्ञानिक क्षेत्र में ऐसी खोज हो चुकी है जिससे यह प्रमाणित हो गया है कि न केवल महापुरुषों एवं अवतारों के मुख पर अपितु प्रत्येक व्यक्ति के चारों ओर एक प्रभा-मंडल होता है। वैसे तो लगभग एक शताब्दी पूर्व लैड बैटर नामक एक यूरोपियन विद्वान् ने प्रभा-मंडलों के अस्तित्व पर एक पुस्तक प्रकाशित की थी किन्तु उस समय लोगों ने उसे गम्भीरता से नहीं लिया तथा उसके अनन्तर पोलैण्ड के एक डॉक्टर लोडको नरकौविट्ज ने तथा अमरीका के विल्हैम रीश ने भी इस खोज को आगे बढ़ाया—यह दूसरी बात है कि उन्हें इसके लिए सम्मान की अपेक्षा अपमान ही अधिक मिला—यहाँ तक कि रीश को तो इसके लिए जेल भी जाना पड़ा। फिर भी यह खोज जारी रही और सन् 1939 में एक रूसी वैज्ञानिक किरलियन ने तो एक ऐसा कैमरा भी तैयार कर लिया जिससे कि प्रभा मंडल का चित्र उतारा जा सकता है। आगे चलकर अमरीका के कैलिफोर्निया यूनिवर्सिटी के श्री कैन्डल जान्सन ने भी सन् 1969 में एक और कैमरा तैयार किया जिससे प्रभा-मंडल की तस्वीर खींची जा सकती है। इस प्रकार 'प्रभा-मंडल' कोरी कल्पना न होकर एक वास्तविकता सिद्ध हो गई है।

प्रो० बारानौस्की ने यह भी स्पष्ट किया है कि कुछ व्यक्तियों को ऐसी जन्मजात शक्ति प्राप्त होती है कि वे बिना कैमरे के भी इन प्रभा-मंडलों को देख सकते हैं। स्वयं उन्हें भी यह शक्ति जन्म से प्राप्त है तथा इसके द्वारा उन्होंने हजारों व्यक्तियों के प्रभा-मंडलों का निरीक्षण किया है। उनके अनुभव के अनुसार ये प्रभा-मंडल प्रत्येक व्यक्ति

के चारों ओर हैं किन्तु प्रत्येक व्यक्ति के प्रभा-मंडल में रंग और विस्तार की दृष्टि से अपनी-अपनी विशेषतायें होती हैं। व्यक्ति का जैसा स्वभाव, चरित्र, मनःस्थिति, क्रिया-कलाप एवं भावों का उतार-चढ़ाव होता है उसी के अनुसार उसका प्रभा-मंडल होता है। जब कोई व्यक्ति बिलकुल शान्त होता है तो उसके प्रभा-मंडल का रंग नीला होता है किन्तु उत्तेजना की स्थिति में वह क्रमशः लाल या गहरे रंग में परिवर्तित हो जाता है। यही नहीं उसके कम्पन की गति में भी वृद्धि हो जाती है—जहाँ पहले वह एक सेकेण्ड में 5-7 बार कम्पित होता है वहाँ वह दूसरी स्थिति में 50-60 बार तक कम्पित होने लगता है।

अब प्रश्न यह उठता है कि सत्य साई बाबा के प्रभा-मंडल की क्या विशेषता है?

प्रो० बारानौस्की बताते हैं कि उन्होंने बाबा के दर्शन पहली बार 1978 में तथा दूसरी बार अक्टूबर, 1984 में किये। दोनों ही बार वे बाबा के प्रभा-मंडल को देखकर चमत्कृत हो गये। जहाँ दूसरे लोगों के प्रभा-मंडल सामान्यतः नीले एवं लाल रंग के होते हैं वहाँ उनके प्रभा-मंडल में गुलाबी रंग की प्रमुखता है जो कि शुद्ध प्रेम का द्योतक है। इसके अतिरिक्त श्वेत, चमकीला श्वेत या चाँदी का वर्ण भी उनके प्रभा-मंडल में दृष्टिगोचर होता है जो कि शक्ति का द्योतक है। इतना ही नहीं कई बार स्वर्ण कान्ति सदृश सुनहरा रंग भी उनके प्रभा-मंडल से विकीर्ण होता है जो कि अद्‌भुत है। बारानौस्की का कथन है कि उन्होंने पुस्तकों में सुनहरे रंग के प्रभा-मंडल की बात पढ़ी थी किन्तु ऐसा प्रभा-मंडल उन्हें देखने का अवसर इससे पहले कभी नहीं मिला था—बाबा ही पहले व्यक्ति हैं जिनके चतुर्दिक उन्होंने जीवन में पहली बार स्वर्णिम प्रभा-मंडल देखा।

बाबा के प्रभा-मंडल का निरीक्षण करना भी अपने-आप में एक विचित्र अनुभव है। ऐसा लगता है कि जब बाबा देखते हैं कि ये वैज्ञानिक एक विशेष दृष्टि से उनके प्रभा-मंडल का निरीक्षण कर रहे हैं तो वे उन्हें अपनी लीला दिखाने लगते हैं और एकाएक तरह-तरह के रंग-बिरंगे प्रभा-मंडल उनके चारों ओर विकीर्ण होने लगते हैं। प्रो० बारानौस्की के शब्दों में—"मैं सोचता हूँ कि कभी-कभी भगवान भी मेरे साथ खेल खेलने लगते हैं ज्योंही मैं उनकी ओर देखने लगता हूँ तो न जाने कितने रंग-बिरंगे और नये-नये वर्णों के प्रभा-मंडल एकाएक प्रकट होने लगते हैं। इन्द्रधनुष की भाँति श्वेत, पीले, नारंगी, नीले, साँवले, चाँदी के से चमकीले या स्वर्ण के समान सुनहले आदि विभिन्न रंगों के प्रभा-मंडल उनके चारों ओर लहराने लगते हैं जिन्हें देखकर मैं कह पड़ता हूँ—"हाय! भगवान्! यह तो असंभव है, विचित्र है!!"

बाबा के प्रभा-मंडल की कुछ और विशेषताएँ भी हैं—जहाँ सामान्य व्यक्ति का प्रभा-मंडल पन्द्रह से लेकर अट्ठारह फुट की दूरी तक व्याप्त रहता है वहाँ बाबा का प्रभा-मंडल उससे कई गुना अधिक विस्तृत होता है। जब बाबा भक्तों की भीड़ पर अपने प्रेम की वर्षा करने लगते हैं तो उस समय यह और भी अधिक फैल जाता है तथा कई बार तो वह बादलों के समूह की तरह उमड़ कर तीन सौ फुट से भी अधिक दूरी

तक व्याप्त होकर भक्तों के समूह को आच्छादित कर लेता है। वस्तुतः कविता में हम जिसे प्रेम की वर्षा करना कहते हैं वह यहाँ वैज्ञानिक की दृष्टि से भी एक ऐसी सच्चाई है जिसे अपनी आँखों से देखा जा सकता है।

इसी प्रकार जब बाबा किसी अत्यन्त दुःखी एवं संतप्त प्राणी के प्रति अपनी करुणा व्यक्त करते हैं या जब भजन की वेला में वे आह्लादित हो जाते हैं तो उस समय भी उनका प्रभा-मंडल और भी सघन और व्यापक हो जाता है तथा वह पूरे हॉल में चारों ओर फैलकर सभी भक्तों को आवृत कर लेता है।

प्रभा-मंडल विशेषज्ञ के मतानुसार—विभिन्न लोग बाबा के दर्शनों के बाद अपने हृदय और मस्तिष्क में जो भारी परिवर्तन अनुभव करते हैं वह इस प्रभा-मंडल का ही प्रभाव है। दुष्ट से दुष्ट व्यक्ति भी बाबा के समक्ष उपस्थित होकर शुद्ध एवं सात्विक विचारों से उद्वेलित होने लगता है। वह अकारण ही अपने पिछले दोषों, अपराधों और पापों के बारे में सोचने लगता है और उनके प्रति प्रायश्चित की भावनाओं से ओत-प्रोत हो जाता है। दूसरी ओर अनेक ऐसे व्यक्ति जो अपनी मानसिक चिन्ताओं से अत्यन्त उद्वेलित एवं अशान्त होते हैं, वे बाबा के निकट पहुँचकर गहरी शान्ति एवं अलौकिक आनन्द का अनुभव करने लगते हैं। यह सब बाबा के प्रभा-मंडल का ही प्रभाव कहा जा सकता है।

एक विदेशी इंजीनियर का अनुभव है—"जब भी मैं बाबा को देखता हूँ तो पता नहीं मेरे हृदय में क्या होने लगता है!...और मैं उन व्यक्तियों के लिए दुःख अनुभव करने लगता हूँ जिन्हें मैंने सताया है, कष्ट पहुँचाया है या जिनसे मेरी शत्रुता रही है और जिनका मैंने कभी अपमान किया है। ऐसा क्यों? और इतना ही नहीं...मेरा दिल फटने लगता है! मैं अपने-आप ही रोने लगता हूँ, मेरा सारा चेहरा आँसुओं से भर जाता है! ऐसा पहले कभी जीवन में नहीं हुआ।"

उक्त इंजीनियर ने अपने इस अनुभव का विश्लेषण करते हुए बताया—"ऐसा नहीं है कि मैं कोई भावुक व्यक्ति हूँ! भावुकता को मैं मूर्खता समझता हूँ।...किन्तु ऐसा लगता है कि बाबा हमारे मन के छिपे हुए सारे विचारों और अनुभवों को तथा हृदय के गहरे भावों को जान जाते हैं।"

अस्तु, शब्दावली जो भी हो, यह एक तथ्य है कि प्रत्येक व्यक्ति को चाहे वह कैसा ही क्यों न हो, बाबा के समक्ष पहुँचकर एक विशेष प्रकार की अनुभूति होती है जिसे वैज्ञानिक की दृष्टि से उनके दिव्य प्रभा-मंडल का प्रभाव कहा जा सकता है। यह प्रभा-मंडल हृदय और मस्तिष्क को उद्वेलित करने व आत्मा को उद्बुध करने के अतिरिक्त व्यक्ति को दिव्य शक्ति भी प्रदान करता है। वस्तुतः मानव-चेतना के विकास एवं उसकी दिव्यता के उद्बोधन के जो विभिन्न माध्यम भगवान् द्वारा अपनाये जा रहे हैं, संभवतः उनमें एक उनके प्रभा-मंडल का संसर्ग भी है। अतः जो दर्शनार्थी उनके दर्शनों की एक झलक भी ले पाते हैं, वे स्थूल दृष्टि से भले ही अधिक कुछ नहीं कर पाये हों, किन्तु वैज्ञानिक की दृष्टि से यह उनकी एक बहुत बड़ी उपलब्धि है, क्योंकि प्रभा-मंडल के संसर्ग में शक्ति का बहुत बड़ा स्रोत निहित है! ●

14. दिव्य चेतना के तीन मार्ग

"मैंने यह कहा है कि अवतार वह है जो मनुष्य जाति के लिए किसी उच्चतर चेतना के मार्ग को खोल देता है। यदि मनुष्य उस मार्ग का अनुसरण नहीं कर सकता तो समझना चाहिए कि या तो ईसा, कृष्ण या बुद्ध सम्बन्धी हमारी धारणा ही एकदम गलत है या अवतार का सम्पूर्ण जीवन और क्रिया-कलाप बिलकुल निरर्थक है।"

—महर्षि अरविन्द

'ब्लिट्ज' के संपादक श्री करंजिया के प्रश्नों का उत्तर देते हुए भगवान् सत्य साई बाबा ने वर्तमान अवतार के लक्ष्यों को स्पष्ट करते हुए कहा है—"पूर्ववर्ती अवतार—राम एवं कृष्ण—ऐसे दुष्ट व्यक्तियों का संहार करने के लिए अवतरित हुए थे जो कि दिव्य जीवन-पद्धति के विरोधी थे—किन्तु आज दुष्टता का प्रसार इतना हो गया हे कि सम्पूर्ण मानव जाति के ही नाश की स्थिति उत्पन्न हो गयी है। अतः वर्तमान अवतार किसी व्यक्ति-विशेष को नष्ट करने के लिए नहीं अपितु निराकार प्रभु की ऐसी शक्तियों से युक्त होकर आया है जिससे कि वह समस्त मानव-जाति का सुधार करके उसकी चेतना को ऊपर उठा सके तथा उसे पुनः सत्य, धर्म, शान्ति, प्रेम एवं दिव्यता के मार्ग पर अग्रसर कर सके।"

आज का मनुष्य जहाँ एक ओर अपनी भौतिकवादी प्रवृत्तियों—अनियंत्रित वासनाओं, इच्छाओं, राग-द्वेष, अहंकार, घृणा आदि से ग्रस्त होकर मानसिक शान्ति से वंचित हो गया है, वहाँ वह दूसरी ओर अनेक प्रकार की प्राकृतिक विपत्तियों, आपदाओं—भूकम्प, बाढ़, सूखा, अकाल, महामारी आदि से आक्रान्त है। इन सभी विपत्तियों के निराकरण का स्थायी समाधान भी इसी में निहित है कि मनुष्य अपनी आत्मस्थिति दिव्य शक्ति और चेतना को जागृत करके इतना शक्तिशाली हो जाये कि जिससे वह स्वयं प्रकृति का नियंता बन सके। उस स्थिति में "मनुष्य ही भगवान् की संकल्प-शक्ति के भागीदार बन जायेंगे। मुझे उनके माध्यम से कार्य करते हुए उनके भीतर विद्यमान ईश्वर की शक्ति को जगाकर उन्हें एक ऐसी उच्च सत्ता के रूप में विकसित करना होगा कि जिससे वे स्वयं प्रकृति के नियमों और उसकी शक्तियों के नियंता बन सकें।"

किन्तु मनुष्य की इस दिव्य-चेतना का जागरण स्वयं मनुष्य के सहयोग से ही संभव होगा। अवतार के नेतृत्व एवं पथ-प्रदर्शन के अनुसार मनुष्य उनका अनुसरण करता हुआ उस उच्च स्थिति को प्राप्त कर सकेगा जिसका निदर्शन ऊपर किया गया है। इस स्थिति को विभिन्न प्रसंगों में विभिन्न शब्दावलियों से इंगित किया गया है—कहीं इसे 'दिव्य चेतना' का जागरण कहा गया है तो कहीं 'मानव-चेतना का अभ्युत्थान',

कहीं इसे 'आत्मानुभूति की स्थिति' कहा गया तो कहीं 'दिव्यानुभूति' या 'दिव्य स्वरूप का बोध' कहकर उल्लिखित किया गया है। इसी स्थिति को 'आत्मा एवं परमात्मा का तादात्म्य' या आत्मा और परमात्मा की एकता के रूप में भी स्वीकार किया गया है। वस्तुत: शाब्दिक दृष्टि से इन सब में परस्पर सूक्ष्म अन्तर होते हुए भी अन्तत: ये सब स्थितियाँ उसी अंतिम स्थिति की द्योतक हैं जो कि मानव-अभ्युत्थान का चरम लक्ष्य है।

उपर्युक्त लक्ष्य की पूर्ति के लिए विभिन्न धर्म-ग्रंथों में विभिन्न मार्ग बताये गये हैं किन्तु सभी मार्ग सभी परिस्थितियों के लिए अनुकूल सिद्ध नहीं होते। देश और काल की स्थितियों तथा मनुष्य की अपनी वृत्तियों एवं प्रवृत्तियों के अनुसार ही उसे किसी मार्ग-विशेष का चयन करना पड़ता है, उसी स्थिति में वह अपने लक्ष्य तक पहुँच सकता है। इसका अर्थ यह नहीं कि कोई मार्ग उत्तम है और कोई हीन—अपितु वे सभी स्थिति-विशेष की दृष्टि से श्रेष्ठ हैं। किन्तु प्रश्न यह है कि आज की स्थिति में मनुष्य के लिए कौन सा मार्ग या उपाय उपयुक्त है? इसी बात को स्पष्ट करते हुए श्री सत्य साई ने जिस मार्ग का अनुमोदन किया है उसी को हम 'साई मार्ग' की संज्ञा देते हुए उसे यहाँ विवेचित करेंगे। किन्तु यहाँ हमें इस भ्रान्ति से बचना चाहिए कि साई ने कोई अपना नया या विशिष्ट मार्ग या मत स्थापित किया है, वस्तुत: ऐसा नहीं है। स्वयं साई ने भी इस बात का खंडन किया है। वस्तुत: 'साई-मार्ग' का अर्थ एक ऐसा मार्ग है जो कि परम्परागत या प्राचीन होते हुए भी आज की परिस्थितियों के अनुरूप साई द्वारा अनुमोदित है। मानव सभ्यता एवं संस्कृति के दीर्घ इतिहास में समय-समय पर कितने ही धर्मों, धर्म-साधनाओं, ईश्वर पूजा के विधि-विधानों एवं ईश्वर-प्राप्ति के उपायों का निरूपण हुआ है—वे सभी आज के मनुष्य की स्थिति, परिस्थिति, क्षमता, रुचि एवं प्रवृत्तियों के अनुकूल नहीं हैं, अत: सत्य साई ने इनमें से कुछ चुने हुए मार्गों का निरूपण आधुनिक मानव की दृष्टि से किया है—किन्तु ये सभी साधन हैं, इन्हें साध्य नहीं समझना चाहिए। साथ ही यदि कोई व्यक्ति पहले से ही किसी अन्य मार्ग या साधना-पथ का अनुयायी या अभ्यस्त है तो उसे अकारण उसका त्याग करके किसी अन्य मार्ग को अपनाने की आवश्यकता नहीं।

व्यक्तियों के व्यक्तित्व के अनुरूप तीन मार्ग— देश-काल की परिस्थितियों के समान होते हुए भी सभी व्यक्तियों की रुचि एवं प्रवृत्तियाँ समान नहीं हैं क्योंकि विभिन्न व्यक्तियों के व्यक्तित्व में भी परस्पर सूक्ष्म अन्तर विद्यमान है, इसीलिए आधुनिक मनोविज्ञान में व्यक्तियों को विभिन्न श्रेणियों में विभक्त किया गया है। सामान्यत: प्रत्येक व्यक्ति में ज्ञान, भावना एवं क्रिया की प्रवृत्तियाँ हैं किन्तु प्रमुखता की दृष्टि से ये समान नहीं हैं, किसी में ज्ञान की प्रवृत्ति प्रमुख है तो किसी में भावना की और किसी में क्रिया या कर्म की। इसी के अनुसार हम स्थूल रूप में सभी व्यक्तियों को तीन वर्गों में विभक्त कर सकते हैं—(1) ज्ञानी, (2) भावुक और (3) कर्मठ। इसका अर्थ यह नहीं है कि ज्ञानी में भावना और कर्म का अभाव होता है या भावुक दो अन्य

वृत्तियों से पूर्णतः शून्य होता है—वस्तुतः इसका अर्थ यही है कि यद्यपि तीनों ही प्रवृत्तियाँ सभी में विद्यमान होती हैं, किन्तु एक व्यक्ति में किसी एक की प्रमुखता होती है और शेष दो गौण होती हैं तथा इसी के आधार पर उनका वर्गीकरण किया गया है।

विभिन्न व्यक्तियों के इस पारस्परिक अन्तर को ध्यान में रखते हुए ही भारतीय चिन्तकों ने भी साधना के तीन मार्गों—ज्ञानमार्ग, भक्तिमार्ग एवं कर्ममार्ग का निरूपण किया है, जिन्हें श्रीमद्भगवद्गीता में क्रमशः ज्ञान-योग, भक्तियोग एवं कर्मयोग की संज्ञा दी गई है। किन्तु जैसा कि भगवान् सत्य साई बाबा ने इन मार्गों का निरूपण करते हुए स्पष्ट किया है, हमें यह नहीं समझना चाहिए कि ये तीनों मार्ग परस्पर सर्वथा भिन्न हैं। इनमें अन्तर केवल प्रमुखता का है—एक में ज्ञान की प्रमुखता है तो अन्य में भक्ति या कर्म की—किन्तु अन्ततः वे सब एक-दूसरे के पूरक हैं। कोरे ज्ञान, कोरी भक्ति (ज्ञानहीन भक्ति) या कोरे कर्म की कल्पना नहीं की जा सकती। वस्तुतः व्यक्ति अपनी वृत्ति एवं प्रवृत्ति के अनुसार अपनी साधना का आरम्भ किसी एक से कर सकता है, किन्तु आगे चलकर उसे अन्य तत्वों का भी आश्रय ग्रहण करना पड़ता है, अन्यथा वह अपनी यात्रा पूरी नहीं कर सकता। ज्ञान, भक्ति और कर्म—ये तीनों किसी प्रकार अन्योन्याश्रित हैं, इसे आगे स्पष्ट किया जायेगा, इससे पूर्व इनका सामान्य परिचय प्राप्त कर लेना आवश्यक है।

(1) ज्ञानमार्ग

ज्ञानमार्ग के प्रत्येक पथिक या साधक का लक्ष्य सत्य की उपलब्धि है। किन्तु सत्य क्या है? वह एक ऐसा तत्व है जो प्रत्येक स्थिति एवं काल में विद्यमान रहता है—जो कभी नष्ट नहीं होता, जिसका अस्तित्व सदैव रहता है। ऐसा तत्व भारतीय चिन्तन के अनुसार केवल एक ही है—परमसत्ता, परमात्मा या ब्रह्म जो कि सृष्टि के प्रत्येक अवयव में व्याप्त है। जगत् के सभी स्थूल एवं सूक्ष्म, जड़ एवं चेतन, लौकिक एवं अलौकिक पदार्थ ब्रह्म के ही विभिन्न परिवर्तित रूप हैं तथा अन्त में जो ब्रह्म में लीन हो जाते हैं। इस प्रकार समस्त विश्व में केवल एक ही तत्व की सत्ता है, वह तत्व है—ब्रह्म। अस्तु सत्य या अंतिम सत्य या परम सत्य भी एक ही है—ब्रह्म। संसार के नाना पदार्थों को हम विभिन्न संज्ञाएँ देकर उन्हें विभिन्न रूपों में देखते हैं, इसी प्रकार नाना प्राणियों को भी अलग-अलग सत्ताओं के रूप में समझते हुए हम स्वयं को भी अन्य प्राणियों या जीवधारियों से अलग मानते हैं जबकि समस्त जगत् में एक ही सत्ता विद्यमान है। अस्तु, भारतीय दर्शन के अनुसार इसी तत्व का बोध ही परम सत्य का बोध है।

प्रत्येक प्राणी में विद्यमान आत्मा भी अन्ततः परमात्मा से अभिन्न है। ज्ञानमार्ग का साधक आत्मा और परमात्मा की एकता का बोध करता हुआ सत्य का साक्षात्कार करता है। सत्य ब्रह्म का ही दूसरा नाम है अतः इसे ब्रह्म का साक्षात्कार या बोध कहें तो भी अनुचित नहीं होगा।

भगवान् सत्य साई बाबा ने उपर्युक्त तथ्य को स्पष्ट करते हुए कहा है कि जब व्यक्ति को यह बोध हो जाता है कि मैं ही सत्य हूँ, ब्रह्म हूँ या परमात्मा हूँ तथा अन्य सभी जीवों में व्याप्त आत्मा भी परमात्मा से भिन्न नहीं है तो इसी को 'ज्ञान की उपलब्धि' या 'सत्य का साक्षात्कार' कहते हैं। ज्ञान से तात्पर्य केवल शास्त्रीय ज्ञान से नहीं है—किसी तत्व विशेष की जानकारी ही उसका लक्ष्य नहीं है—अपितु उसका सम्यक् रूप में बोध या अनुभव प्राप्त कर लेना ही ज्ञान का चरम लक्ष्य है।

ज्ञान प्राप्ति के साधन— भारतीय तत्व चिन्तकों ने उपर्युक्त ज्ञान की प्राप्ति के लिए दो प्रमुख साधनों के रूप में सूक्ष्म बुद्धि एवं शुद्ध मन का उल्लेख किया है। जैसा कि भगवान् सत्य साई बाबा ने भी स्पष्ट किया है कि इस परम सत्य का बोध स्थूल इंद्रियों के द्वारा सम्भव नहीं है, इसके लिए एक ओर तो सूक्ष्म बुद्धि तथा दूसरी ओर स्वच्छ एवं शुद्ध मन की आवश्यकता है।

बुद्धि की मुख्यत: दो प्रक्रियायें मानी जाती हैं—जिज्ञासा एवं तर्क। जिज्ञासा के द्वारा अनुकूल तथ्यों को ग्रहण किया जाता है जबकि तर्क के द्वारा त्याग। ज्ञान-प्राप्ति के लिए साधक को दोनों ही प्रक्रियाओं का उपयोग करना पड़ता है। एक ओर तो वह जीवन के विभिन्न क्रिया-कलापों, धार्मिक तत्वों एवं आध्यात्मिक नियमों का बोध जिज्ञासा के द्वारा प्राप्त करता है तो दूसरी ओर वह जगत के विभिन्न पदार्थों, ऐश्वर्य-भोगें के आकर्षण से मुक्त होने के लिए उनकी अस्थिरता, अनित्यता एवं क्षण-भंगुरता का विवेचन तर्क-बुद्धि के द्वारा करता हुआ उनका त्याग करता है।

साधक की जिज्ञासा के भी मुख्यत: तीन सोपान माने गये हैं—(1) कर्म-जिज्ञासा (2) धर्म-जिज्ञासा एवं (3) ब्रह्म-जिज्ञासा। सर्वप्रथम साधक सांसारिक कर्मों पर विचार करता हुआ इस बात का निर्णय करता है कि कौन से कर्म उचित हैं और कौन से अनुचित? जो कर्म उसे अपने लक्ष्य की ओर ले जाने वाले हैं वे ही उचित हैं जबकि इसके प्रतिकूल अनुचित हैं। इसके अनन्तर दूसरा सोपान धर्म-जिज्ञासा का है। इसमें धर्म के विभिन्न तत्वों का चिन्तन करते हुए उनको हृदयंगम किया जाता है। तीसरा सोपान ब्रह्म-जिज्ञासा का है जिसमें ब्रह्म के स्वरूप तथा जीव और ब्रह्म के सम्बन्धों और आत्मा और परमात्मा की एकता का चिन्तन-मनन किया जाता है। इस प्रकार साधक क्रमश: कर्म और धर्म के रहस्यों को समझता हुआ अन्तत: ब्रह्म-जिज्ञासा तक पहुँचता है।

चतुष्टय-साधन— भारतीय दार्शनिकों ने ज्ञान प्राप्ति के लिए मुख्यत: चार प्रकार की साधनाओं या चिन्तन-प्रक्रियाओं का विवेचन किया है, जिसका अनुमोदन भगवान् सत्य साई ने भी किया है। वे क्रमश: इस प्रकार हैं—(1) नित्यानित्य वस्तुविवेक (2) इहामुत्र फल भोग विराग (3) शमदमादि षट्सम्पत्ति और (4) मुमुक्षत्व।

(1) नित्यानित्य वस्तु विवेक का तात्पर्य है कि नित्य एवं अनित्य पदार्थों का विचार करना। इस दृष्टि से जगत् में केवल आत्मा या परमात्मा ही नित्य या स्थायी तत्व हैं शेष सभी पदार्थ अनित्य या अस्थायी हैं। अत: इस विचारधारा का विवेक बुद्धि के द्वारा विकास करते हुए साधक को केवल आत्मा की ही खोज में प्रवृत्त होना चाहिए

तथा संसार के अन्य पदार्थों के प्रति निवृत्ति का दृष्टिकोण अपनाना चाहिए।

(2) **इहामुत्र फल-भोग-विराग** का अर्थ है—इहलोक एवं परलोक के सुखभोगों के प्रति विरक्ति का भाव। हम जितने भी सकाम कर्म करते हैं, उनका लक्ष्य इस लोक या परलोक में सुख-साधना व भोगों की उपलब्धि करना होता है, किन्तु ये सभी अस्थायी, क्षणभंगुर एवं अन्त में कष्टदायक होते हैं। इस संसार में तो हर सुख के पीछे विनाश लगा हुआ ही है जिसके कारण जो भी वस्तु, घटना या कार्य हमारे लिए आज सुख का कारण है, वह भविष्य में कभी-न-कभी दुःख का भी जनक बनेगा, किन्तु स्वर्गलोक के सुखों को भी स्थिर या स्थायी नहीं कहा जा सकता, आत्मा अपने पुण्य कर्मों के फलस्वरूप चंद्रलोक या स्वर्ग में जाकर सुखों का उपभोग करती है, किन्तु अन्त में जब पुण्य समाप्त हो जाते हैं तो उसे पुनः जन्म धारण करना पड़ता है जो कि दुःख का कारण है। इस प्रकार सकाम भाव से किया गया प्रत्येक कार्य—चाहे वह पुण्य का कार्य ही क्यों न हो अन्ततः अस्थायी सुख ही प्रदान करता है। इसके विपरीत ज्ञान-साधना से प्राप्त मोक्ष या मुक्ति से आत्मा स्थायी आनन्द प्राप्त कर पाती है। इस विचार को ध्यान में रखते हुए ज्ञान-मार्ग के साधक को लोक एवं परलोक के सभी सुख-भोगों के प्रति विरक्ति या विराग का भाव विकसित करना चाहिए।

(3) **शमदमादि षट्सम्पत्ति** के अन्तर्गत, शम, दम, तितिक्षा, उपरति, श्रद्धा एवं समाधान की गणना की जाती है। ज्ञान-मार्गी को अपने व्यक्तित्व में कुछ ऐसी क्षमताओं एवं योग्यताओं का विकास करना पड़ता है, जिससे कि वह कृपाण की धार की भाँति दुर्गम ज्ञान-पंथ पर अग्रसर हो सके। इन्हीं योग्यताओं के अन्तर्गत शम, दम आदि छः गुणों का उल्लेख किया गया है। शम से तात्पर्य है—शान्ति का भाव। ज्ञान-योगी को अपने अहंकार व राग-द्वेष पर इस प्रकार नियंत्रण करना चाहिए कि जिससे उनका मन प्रतिकूल स्थितियों में विभिन्न भावों, भावावेगों व भावनाओं से उद्वेलित न हो जाये। साहित्य-शास्त्र के आचार्यों ने इन भावों के अन्तर्गत, रति, घृणा, भय, क्रोध, उत्साह, हास्य, आश्चर्य और शोक—इन आठ भावों की गणना की है तथा इनके अतिरिक्त नवें भाव के रूप में 'शम' या 'शान्ति' का उल्लेख किया है। शम को छोड़कर शेष सभी भाव अहंकारजन्य राग-द्वेष से प्रेरित होते हैं, अतः यदि कोई भी साधक अपने अहंकार को नियंत्रित करके राग-द्वेष से मुक्त हो जाये तो वह अन्य सभी भावों का निरोध करके सदैव शम या शान्त भाव का अनुभव कर सकेगा। अस्तु, शम से तात्पर्य विभिन्न भावों के उद्वेलन को रोकने से है।

दम के अन्तर्गत भी विभिन्न इंद्रियों का दमन, **उपरति** में विभिन्न सुख-भोगों का त्याग, **तितिक्षा** में शीत-उष्ण, सुख-दुःख आदि प्रतिकूल स्थितियों को सहन करने की क्षमता तथा **श्रद्धा** में शास्त्रों, गुरुजनों व आराध्य के प्रति पूर्ण विश्वास की भावना को लिया जाता है। इनके अतिरिक्त परमात्मा के चिन्तन में पूर्ण एकाग्रता को ही 'समाधान' कहा गया है। इस प्रकार ज्ञान-साधना में पूर्ण सफलता प्राप्त करने के लिए साधक को अपने मन, इंद्रियों एवं बुद्धि पर नियंत्रण प्राप्त करना चाहिए। इसी नियंत्रण के द्योतक

पूर्वोक्त छः लक्षण या गुण हैं।

(4) मुमुक्षत्व—'मुमुक्षत्व' का अर्थ है—मोक्ष-प्राप्ति की इच्छा। जब साधक अपनी सभी सांसारिक एवं पारलौकिक कामनाओं से मुक्त होकर, अपनी इंद्रियों, मन और बुद्धि पर पूर्ण नियंत्रण करके एकमात्र मोक्ष या अज्ञान की मुक्ति अथवा सत्य (ब्रह्म) के साक्षात्कार की ही भावना से अभिभूत हो जाता है तो अन्ततः उसे अपने लक्ष्य में सफलता मिलती है।

ब्रह्म की खोज : अपने भीतर—ज्ञान-मार्ग का साधक आत्मा या परमात्मा की खोज बाह्य जगत् में नहीं करता, अपितु अपने शरीर के अन्दर करता है। वस्तुतः शरीर क्या है? यह हमारी आत्मा (या परमात्मा अथवा ब्रह्म) ही पांच कोषों या आवरणों से आवृत्त है जिसे हम 'शरीर' कहते हैं। ''आत्मा के पाँच परदों से आच्छादित होने के कारण ही उसकी ज्योति बाहर प्रकट नहीं होती। इन सारे परदों को (साधना के द्वारा) शुद्ध और पारदर्शक बनाना चाहिए जिससे कि आत्मा की ज्योति दृष्टिगोचर हो सके। ये पाँच परदे हैं—(1) अन्नमय कोष (2) प्राणमय कोष (3) मनोमय कोष (4) विज्ञानमय कोष (5) आनन्दमय कोष। अन्नमय कोष को शुद्ध और सात्विक आहार द्वारा पवित्र बनाना चाहिए। प्राणमय कोष को समान श्वासोच्छ्वास (प्राणायाम आदि) और सम चित्तवृत्ति से, मनोमय कोष को इन्द्रियासक्ति एवं वैयक्तिक सुख-दुःख से ऊपर उठकर पवित्र भावों एवं विचारों के द्वारा तथा विज्ञानमय कोष को सत्य की खोज द्वारा तथा आनन्दमय कोष को परमात्मा की प्राप्ति में लगकर पवित्र बनाना चाहिए।

उपर्युक्त पाँच आवरण या कोष भी तीन श्रेणियों में विभक्त हैं—स्थूल शरीर, सूक्ष्म शरीर, एवं कारण शरीर। स्थूल शरीर के अन्तर्गत अन्नमय कोष (रक्त, माँस, मज्जा आदि से निर्मित) एवं प्राणमय कोष (प्राण, अपान, समान, व्यान और उदान आदि प्राणों से युक्त) का समावेश होता है जबकि सूक्ष्म शरीर में मनोमय कोष (मन एवं भावनाओं से युक्त) एवं विज्ञानमय कोष (बौद्धिक तत्वों से युक्त) को सम्मिलित किया जाता है। प्राणी की मृत्यु हो जाने पर स्थूल शरीर तो नष्ट हो जाता है किन्तु सूक्ष्म शरीर अवशिष्ट रहता है जो कि अपने कर्मों के अनुसार फल भोगता है। जिस प्रकार स्थूल शरीर के भीतर सूक्ष्म शरीर विद्यमान है, उसी प्रकार सूक्ष्म शरीर के भीतर भी एक और शरीर विद्यमान है जिसे 'कारण शरीर' कहते हैं। इस कारण शरीर में ही 'आनन्दमय कोष' या आत्मा व परमात्मा का निवास होता है। जब साधक स्थूल शरीर एवं सूक्ष्म शरीर के आवरणों को चिन्तन-मनन, ध्यान आदि से भेदकर शनैः-शनैः आनन्दमय कोष में विद्यमान आत्मा या परमात्मा का साक्षात्कार प्राप्त कर लेता है तो इसी को आत्म-साक्षात्कार या आत्मानुभूति कहते हैं। दूसरे शब्दों में यही आत्मा और परमात्मा, जीव और ब्रह्म की एकता या मिलन की अनुभूति है। इसी अनुभूति या सत्य या ज्ञान की प्राप्ति को अनुभव कहा जाता है जो कि ज्ञानमार्गी का चरम लक्ष्य है।

ज्ञानी के लक्षण—जब साधक को आत्मा और परमात्मा की एकता या परम सत्य या ज्ञान या बोध हो जाता है तो उसे 'ज्ञानी' कहा जाता है। सत्य साई बाबा ने लिखा है

कि आजकल सब तरह के लोग अपने-आपको 'ज्ञानी' कहते हैं किन्तु वे नहीं जानते कि ज्ञानी के कुछ लक्षण होते हैं जिनसे सच्चे ज्ञानी की पहचान हो सकती है। सबसे पहला लक्षण तो यह है कि वह समस्त संसार के प्राणियों में ईश्वर को ही देखता है। ज्ञानी सांसारिक आकर्षणों से मुक्त हो जाता है। वह जीवन-मुक्त की स्थिति को प्राप्त कर लेता है। यह जीवन-मुक्त की स्थिति क्या है? इसका उत्तर देते हुए बाबा ने स्पष्ट किया है कि जीवन-मुक्त पूरी तरह से आत्मा में लीन हो जाता है। उसे संसार के मिथ्यात्व का बोध हो जाता है। वह सुख और दुःख दोनों का समान रूप में ही अनुभव करता है। वह संसार के समस्त ऐश्वर्य, सुख और भोग-विलासों को त्याज्य एवं नाशवान समझने लगता है। वह मान और अपमान, स्तुति और निन्दा इन सबको एक जैसा समझने लगता है। 'जीवन-मुक्त' के लिए जीवन और मृत्यु दोनों एक समान हो जाते हैं, वह प्रत्येक क्षण मृत्यु के लिए प्रस्तुत रहता है।

ब्रह्मानन्द की अनुभूति—जब ज्ञानी सत्य का साक्षात्कार प्राप्त कर लेता है तो उसे ब्रह्मानन्द की अनुभूति होने लगती है। 'ज्ञानी' इस पूर्ण आनन्द की अनुभूति अपनी आत्मा से ही प्राप्त करने लगता है, इसके लिए उसे कहीं बाहर खोज नहीं करनी पड़ती। उसकी बाह्य जगत् से किसी भी प्रकार का आनन्द प्राप्त करने की इच्छा या योजना नहीं रहती। वह अपने भीतर के आनन्द से ही संतुष्ट हो जाता है। वस्तुतः ज्ञानी की महानता का वर्णन करना या उसकी कल्पना भी करना संभव नहीं! वस्तुतः जैसा कि श्रुतियों में घोषित किया गया है--ब्रह्म का ज्ञाता ब्रह्म ही हो जाता है। जिसने ब्रह्म को प्राप्त कर लिया वह स्वयं ही ब्रह्म हो गया! वह स्वयं परम सत्य में परिणत हो जाता है।

(2) भक्ति-मार्ग

धर्म-साधना के भावात्मक रूप को 'भक्ति' की संज्ञा दी गई है। वैसे तो सांसारिक क्षेत्र में आकर्षणमूलक भावों के विभिन्न रूप प्रचलित हैं, जैसे—प्रणय, मैत्री, अनुराग, स्नेह आदि। किन्तु भक्ति का क्षेत्र इन सबसे भिन्न है। इसका प्रयोग सामान्यतः आध्यात्मिक क्षेत्र में अपने आराध्य या इष्टदेव की भावपूर्ण उपासना के लिए किया जाता है। भगवान् सत्य साई के शब्दों में, "भक्ति एक ऐसा शब्द है जिसका प्रयोग ईश्वर की ओर उन्मुख प्रेम के लिए किया जाता है।"

भक्ति की भावना का उन्मेष मनोवैज्ञानिक कारणों से ही संभव है। जैसा कि हिन्दी के आचार्य रामचन्द्र शुक्ल ने लिखा है--"श्रद्धा और प्रेम का योग ही भक्ति है।" इसका अर्थ यह है कि भक्ति की भावना के मूल में दो प्रकार की अनुभूतियाँ कार्य करती हैं—एक तो जब हम किसी के विशेष गुणों से प्रभावित होकर उसकी महत्ता का बोध प्राप्त कर लेते हैं तो हमारे मन में सहज ही श्रद्धा की भावना उत्पन्न हो जाती है। किन्तु जब साथ ही श्रद्धेय के प्रति आत्मिक आकर्षण या प्रेम की भावना जागृत हो जाती है तो इन दोनों (श्रद्धा एवं प्रेम) के योग से भक्ति का विकास होता है।

गुणों का बोध या महत्व की स्वीकृति में बुद्धि का योग भी प्रमुख रूप में रहता है—इसीलिए श्रद्धा के मूल में बौद्धिकता का अस्तित्व स्वीकार किया जाता है जबकि प्रेम के मूल में भावना की वृत्ति रहती है। गीताकार ने भक्त के लिए "मन और बुद्धि का समर्पण आवश्यक माना है, मयार्पित मनोबुद्धियो मद्‌भक्तः सः मे प्रियः" कहना न होगा कि ये दोनों क्रमशः प्रेम और श्रद्धा के सूचक हैं। महर्षि नारद ने भी भक्ति के स्वरूप का विवेचन करते हुए लिखा है—"सा त्वास्मिन् परम प्रेम-रूपा, अमृता-स्वरूपा च। तत्रापि माहात्म्य ज्ञान विस्मृत्यपवादः तद्विहीन जाराणामिवः। अर्थात् वह भक्ति ईश्वर के प्रति प्रेमरूपा और अमृत-स्वरूपा है फिर भी माहात्म्य-ज्ञान का विस्मरण नहीं होना चाहिए अन्यथा वह व्यभिचारियों के प्रेम-तुल्य हो जायेगी। (नारद भक्ति-सूत्र 2-3) इस प्रकार 'माहात्म्य-ज्ञान' या महत्व का बोध श्रद्धा-भावना का ही द्योतक है।

भगवान् सत्य साई बाबा ने भी भक्ति के अंकुरण पर विचार करते हुए लिखा है—"सर्वप्रथम भगवान् की विशेषताओं के कारण भक्त का मन आकर्षित होता है।" 'विशेषताएँ' यहाँ भगवान् की महत्ता की सूचक हैं जबकि 'आकर्षण' प्रेम का मूल है। इस प्रकार भक्ति में महत्व का बोध एवं प्रेम भाव—इन दोनों का ही संयोग अपेक्षित है।

भक्ति-मार्ग के अनुयायी ईश्वर के निर्गुण रूप की अपेक्षा सगुण रूप को ही इसलिए प्राथमिकता देते हैं कि उसकी भक्ति करना अधिक सहज एवं सुगम है। सगुण ईश्वर के विभिन्न रूपों, गुणों, कार्यों एवं उसकी लीलाओं से एक ओर तो भक्त की उसके प्रति श्रद्धा उत्पन्न होती है तो दूसरी ओर वह आकर्षित होकर प्रेम करने लगता है। वस्तुतः सगुण ईश्वर के प्रतिनिधियों के रूप में विभिन्न अवतारों की लीलाओं से भी इन्हीं दोनों लक्ष्यों की पूर्ति होती है। भगवान् की महिमा भक्त के मन में श्रद्धा एवं प्रेम—दोनों की ही पुष्टि करती है। यही कारण है कि भक्ति-पथ में विभिन्न अवतारों की महिमाओं का आख्यान करते हुए उनकी गाथाओं का गान किया जाता है। भगवान् सत्य साई की दिव्य लीलाएँ हमारे मन में भक्ति का संचार करती हैं।

भक्ति के साधन—सत्य साई बाबा ने भक्ति की कल्पना एक पौधे के रूप में करते हुए एक रूप प्रस्तुत किया है जिससे भक्ति के विभिन्न साधनों या उसके पोषक तत्वों का बोध होता है। "सर्वप्रथम बोध (ईश्वर-ज्ञान) के बीजों को हृदयरूपी भूमि की गहराई में वपित करो।...इन्हें फिर प्रेम रूपी जल से सींचो। विश्वास और साहस रूपी खाद दो। भजन एवं सत्संग रूपी कीटनाशक औषधियों से इसे विभिन्न जन्तुओं से बचाओ।" इस प्रकार भगवान् बाबा के अनुसार क्रमशः बोध, प्रेम, विश्वास, साहस, भजन, सत्संग आदि साधनों से ही भक्ति का पौधा विकसित होकर फल प्रदान करता है। ये सभी तत्व किस प्रकार भक्ति के विकास में योग देते हैं—इसे आगे स्पष्ट किया जाता है।

किसी भी सत्ता के प्रति भक्ति भावना का स्फुरण तभी संभव है जबकि सर्वप्रथम हमारे मन में उसके अस्तित्व का बोध हो—बिना 'बोध' के किसी के भी प्रति अनुकूल भावनाएँ जागृत नहीं हो सकतीं। ईश्वर के निर्गुण रूप का बोध तो बहुत कठिन है किन्तु

उसके सगुण रूप का बोध उसके चरित के ज्ञान से संभव है। जिसे राम के अस्तित्व, व्यक्तित्व एवं चरित का ही ज्ञान नहीं वह राम का भक्त कैसे हो सकता है? इसीलिए तुलसी ने राम-भक्ति के निमित्त 'राम-चरित-मानस' की रचना की जो कि राम के प्रति भक्ति-भावना से ओत-प्रोत है तथा निष्ठावान् पाठकों के मन में वह भक्ति की भावना अंकुरित करती है।

अवतारों के सम्बन्ध में भी बिना बोध के भक्ति संभव नहीं। जब तक हम राम, कृष्ण, साई को सामान्य व्यक्ति समझते रहेंगे, उनके दिव्य चरित एवं पावन लीलाओं के माध्यम से अपनी दिव्यता का बोध प्राप्त नहीं करेंगे तब तक हमारे मन में भक्ति की भावना किस प्रकार स्फुटित हो सकेगी। यदि अवतारों के असामान्य क्रिया-कलापों एवं उनकी चामत्कारिक शक्ति से ओत-प्रोत लीलाओं को शंका या संदेह से ग्रस्त होकर चकित भाव से ही देखते रहेंगे तथा उनके पीछे अन्तर्निहित दिव्यता को पहचानने में असमर्थ रहेंगे तो उस स्थिति में "उनके प्रति आकर्षण, प्रेम या भक्ति का स्फुरण संभव नहीं। किसी के असामान्य या विचित्र क्रिया-कलापों को देखकर चकित हो जाना मन की निषेधात्मक या निष्क्रिय स्थिति का द्योतक है", उसे स्वीकृतिमूलक सक्रियता से उत्पन्न प्रवृत्ति से भिन्न मानना चाहिए। अस्तु, 'बोध' हमारे मन की विधेयात्मक स्वीकृतिमूलक प्रवृत्ति का अंग है, इसके अभाव में भक्ति का स्फुरण संभव नहीं है।

प्रेम मन का आकर्षण है। सामान्यत: लौकिक प्रेम हमारी किसी-न-किसी वासना या सहज प्रवृत्ति से संयुक्त रहता है, जैसे—नारी और पुरुष के प्रेम में काम वासना का अस्तित्व रहता है, किन्तु आध्यात्मिक क्षेत्र में ईश्वर के प्रति उत्पन्न अलौकिक प्रेम के मूल में स्थूल वासना के स्थान पर शुद्ध आकर्षण की अनुभूति रहती है। आकर्षण एवं विकर्षण चेतना के शुद्ध एवं अपरिवर्तित भाव हैं जो कि विभिन्न वासनाओं एवं इच्छाओं से मिलकर लौकिक भावों में परिवर्तित हो जाते हैं। डॉ० भगवानदास ने अपने ग्रंथ "दी साइन्स ऑफ इमोशन्स" में भली-भाँति स्पष्ट किया है कि किस प्रकार आकर्षण-विकर्षण की मौलिक अनुभूतियाँ अहं जन्य इच्छा से मिश्रित होकर राग-द्वेष, स्थिति-भेद से अनुराग (प्रणय), स्नेह, वात्सल्य, लोभ आदि में विकसित होते हैं।

लौकिक प्रणय (प्रेम) में भी अहं मिश्रित होता है जबकि भक्ति भावना में अहं का अभाव रहता है, संभवत: भगवान बाबा ने इसीलिए भक्ति के संदर्भ में प्रणय की अपेक्षा 'आकर्षण' (प्रणय—अहं = आकर्षण) का उल्लेख करना उचित समझा है।

भक्ति के अंकुर को पोषित करने के लिए दृढ़ विश्वास एवं साहस का होना भी आवश्यक है। कई बार प्रतिकूल परिस्थितियों एवं विरोधी व्यक्तियों के द्वारा उत्पन्न बाधाओं के फलस्वरूप भक्त का विश्वास डिगने लगता है—ऐसी ही स्थिति में भक्ति की परीक्षा होती है। बाबा के शब्दों में—"भगवान् के मार्ग पर चलने वाले पथिक के जीवन में अनेक विघ्न-बाधाएँ आती हैं। उसके चारों ओर दुष्ट शक्तियाँ घात लगाये बैठी रहती हैं और अवसर आते ही वे उसे धूल में घसीट लेने का प्रयास करती हैं। ...ऐसी स्थिति में ईश्वर की एवं उसकी सर्वव्यापकता में अडिग विश्वास रखने से ही मनुष्य विजयी होता है।"

कई बार भक्ति के महत्व को न जानने वाले लोग आक्षेप करते हैं—"यदि तुम एक जगह बैठकर भगवान् का नाम या राम, कृष्ण, गोविन्द आदि रटते रहे तो क्या इससे तुम्हारी अन्न-वस्त्र की आवश्यकता पूरी हो जायेगी!" ऐसी आलोचनाओं का उत्तर देते हुए भगवान ने लिखा है—"वे नहीं जानते कि भगवान् ऐसे लोगों को न केवल अन्न बल्कि अमृत भी दे सकता है। एक हल्की-सी ठंडी साँस, एक ही पुकार, कष्ट में पड़े हुए की एक चीत्कार ईश्वर की कृपा को प्रकट करने में समर्थ हो सकती है।"

इसी प्रकार भक्तों पर कई बार विपत्तियाँ भी आती हैं। न केवल प्रकृति एवं भाग्य का कोप होता है कई बार अपने ही व्यक्ति उनके विरोधी बन जाते हैं। ऐसी स्थिति में भी भक्त को आत्म-विश्वास एवं धैर्य का परिचय देते हुए साहसपूर्वक इनका सामना करना चाहिए।

भक्ति के साधन के रूप में भजन या नाम-स्मरण एवं सत्संग की महत्ता का आख्यान बाबा ने बारम्बार किया है। नाम-स्मरण को भक्ति का सबसे बड़ा साधन मानते हुए कहा गया है कि भक्त को चाहिए कि वह अपने आराध्य देव का कोई भी नाम चुनकर उसका स्मरण निरन्तर करे। नाम के साथ-साथ आराध्य की महिमा का भी बोध बराबर होता रहता है। नाम-स्मरण से साधक को सभी दोषों एवं विकारों से मुक्ति मिलने लगती है। भगवान् के स्मरण या नाम-जप में ऐसी शक्ति है कि उसके प्रभाव से काम, क्रोध, घृणा, द्वेष, लोभ, मोह आदि विकारों से स्वतः ही छुटकारा मिल जाता है। इसीलिए भगवान् से सीधा सम्पर्क स्थापित करने के लिए भक्त का सबसे बड़ा साधन नाम-स्मरण ही है। जिस प्रकार 'पावर-हाउस' की विद्युत बिजली के तारों के माध्यम से घर तक पहुँचती है उसी प्रकार भगवान् की दिव्य-शक्ति की अनुकम्पा नाम-स्मरण के सूत्रों के माध्यम से भक्त को प्राप्त होती है।

भक्ति के उद्दीपक एवं पोषक तत्व के रूप में सत्संग का भी अत्यधिक महत्व है। जब भक्त अन्य भक्तों की संगति करता है तो इससे न केवल उसकी अपनी भावना दृढ़ होती है अपितु उसके चित्त में भी पवित्रता का संचार होता है। सत्संग से ही मोह-माया का नाश होकर सतोगुण का उद्दीपन होता है जो कि भक्ति की भावना के विकास के लिए आवश्यक है जबकि इसके विपरीत कुसंगति या दुष्ट प्रकृति के लोगों में साहचर्य एवं प्रभाव से भक्ति की भावना तिरोहित हो सकती है। वस्तुतः भक्ति के मार्ग में सबसे बड़े बाधक ऐसे ही लोग हैं जो कि भगवान् में विश्वास नहीं करते तथा भगवत्साधना का विरोध करते हैं। गोस्वामी तुलसीदास जी के अनुसार ऐसे व्यक्ति यदि आत्मीयजन हों तो भी उनका सान्निध्य त्याग देना चाहिए—"तजिए ताहि कोटि बैरी सम, जदपि परम सनेही!"

भक्ति की चरम सीमा—जब भक्त भक्ति की चरम सीमा को प्राप्त कर लेता है तो वह भावात्मक दृष्टि से अपने आराध्य में ही लीन हो जाता है। उसके प्रत्येक श्वास में, प्रत्येक कार्य में, प्रत्येक विचार में एवं उसके द्वारा उच्चरित प्रत्येक शब्द में भगवान् का ही वास होता है। वह जो-कुछ देखता है, सुनता है, करता है, वह सब-कुछ भगवान्

के लिए एवं भगवान् के रूप में ही होता है।

भक्ति की इस चरम सीमा को प्राप्त कर लेने वाला भक्त ज्ञानमार्गी साधक के द्वारा प्राप्त 'जीवनमुक्त' की ही स्थिति प्राप्त कर लेता है—"इस दृष्टि से जीवनमुक्त और भक्त में कोई अन्तर नहीं रहता। वे दोनों ही अहंकार, त्रिगुणात्मक प्रकृति (एवं उसके गुणों) और वर्णाश्रम धर्म से परे हो जाते हैं। ऐसे हृदय संसार के कल्याण की प्रेरणा एवं करुणा की भावना से पूर्ण होते हैं...यही उनका ब्रह्मानन्द है...। ऐसे भक्तों की अपनी कोई इच्छा नहीं रहती क्योंकि इच्छाएँ तो 'मैं और मेरे' की भावना से उत्पन्न होती हैं। इसके समूल नष्ट हो जाने पर ही कोई व्यक्ति भक्त कहलाता है।...वह तो अमृत स्वरूप भक्त हैं जिसमें आनन्द की मधुरता के अतिरिक्त अन्य कुछ पाने की भूख नहीं रह जाती है!"

भक्ति एवं प्रपत्ति— वैसे तो भक्ति के कई भेदोपभेदों की चर्चा परम्परागत भक्ति सम्बन्धी ग्रंथों में मिलती है, जिनमें से 'नवधा भक्ति' की चर्चा भगवान् सत्य साई बाबा ने भी की है किन्तु उन्होंने इन सूक्ष्म भेदों को अधिक महत्व नहीं दिया है। इसी प्रकार भक्ति के एक अन्य भेद के रूप में 'प्रपत्ति' का भी उल्लेख किया जाता है। बाबा ने इसका निरूपण करते हुए स्पष्ट किया है कि प्रपत्ति मार्ग में भक्त अपना सारा भार भगवान् को समर्पित कर देता है। ऐसी स्थिति में उसकी अपनी कोई इच्छा नहीं रह जाती। प्रपत्ति की विशेषता पूर्णरूपेण शरणागत होने में है। यदि भक्त अपना समस्त भार भगवान् पर छोड़ देता है और बिना किसी अपवाद के उन्हीं का अनुसरण करता है तो "निश्चय ही वे (भगवान्) भी उसे सभी कुछ आवश्यकतानुसार प्रदान करेंगे।"

(3) कर्म-मार्ग

जिस साधना-पद्धति में ज्ञान और भक्ति की अपेक्षा कर्म पर अधिक बल दिया जाता है, उसे 'कर्म मार्ग' कहा जाता है। वैदिक संहिताओं में उपासना के इसी पक्ष को प्रमुखता देते हुए 'कर्मकाण्ड' की संज्ञा दी गयी थी, यह दूसरी बात है कि आगे चलकर उपनिषदों एवं पुराणों में क्रम की अपेक्षा क्रमशः ज्ञान एवं भक्ति की महत्ता प्रतिपादित की गई। इसमें कोई संदेह नहीं किन्तु बहुत से लोग अपनी योग्यता एवं प्रवृत्तियों की दृष्टि से सहज ही ज्ञान-मार्ग या भक्ति-मार्ग में प्रवृत्त नहीं हो सकते, जबकि कर्म मार्ग में प्रवृत्त होना उनके लिए स्वाभाविक होता है। दूसरे, ज्ञानी और भक्त को भी किसी-न-किसी मात्रा में, कहीं-न-कहीं कर्म का सहारा लेना पड़ता है, अतः कर्म के अभाव में कोई भी साधना परिपूर्ण नहीं हो सकती।

कर्म का सम्बन्ध क्रिया, गति या चेष्टा से है तथा इस दृष्टि से सृष्टि के सभी प्राणी किसी-न-किसी कर्म से जुड़े हुए हैं क्योंकि प्रत्येक जीवधारी को जीवित रहने के लिए विभिन्न क्रियाओं को अपनाना पड़ता है। यदि हम बाह्य कर्म न भी करें तो जीने के लिए श्वास लेना, अन्न-जल ग्रहण करना तथा अन्य इंद्रियों से संबंधित कार्यों को तो एक सीमा तक करना ही पड़ता है। अतः कर्म से सर्वथा विमुख होना किसी के वश की बात नहीं।

उपासना या साधना की दृष्टि से कर्मों को दो वर्गों में विभक्त किया जा सकता है—(1) लौकिक कर्म एवं (2) शास्त्रीय कर्म। लौकिक कर्मों में वे सब कर्म आते हैं जो कि जीवन-यापन के लिए किये जाते हैं। इन्हें भी चार वर्गों में विभक्त किया गया है—(1) उत्पाद्य—उत्पादन सम्बन्धी कार्य-कृषि आदि। (2) आप्य—आदान-प्रदान सम्बन्धी कार्य जैसे व्यापार, लेन-देन आदि। (3) वैपरीत्यम्—वस्तुओं के रूप में परिवर्तन सम्बन्धी कार्य। इसमें शिल्प एवं निर्माण सम्बन्धी कार्य आते हैं। (4) संस्कारम्—इसमें शुद्धता, सफाई, पालिश, रंग-रोगन आदि से सम्बन्धित कार्यों को लिया जा सकता है।

उपर्युक्त चारों प्रकार के कर्म जीवन की विभिन्न आवश्यकताओं की पूर्ति के लिये किये जाते हैं जिनसे मनुष्य की शक्ति, योग्यता, निपुणता एवं बुद्धि का उपयोग होता है। यद्यपि सांसारिक दृष्टि से ये महत्वपूर्ण हैं किन्तु इनके द्वारा प्राप्त सुख स्थायी नहीं होता—अतः इन्हें साध्य न मानकर साधन ही मानना चाहिए।

शास्त्रीय कर्म वे हैं जो कि शास्त्रों द्वारा निर्देशित हैं तथा जिनका उद्देश्य व्यक्ति के मन को संस्कारित करके उसे आध्यात्मिकता की ओर ले जाना है। इनके भी तीन भेद किये गये हैं—(1) श्रोत जो वैदिक ग्रंथों पर आधारित हैं। इनमें यज्ञादि को प्रमुखता दी गयी है। (2) स्मार्त जो मनु, पाराशर आदि की स्मृतियों में निरूपित हैं। इनमें अन्त्येष्टि क्रिया, दीक्षा संस्कार, श्राद्ध आदि आते हैं। (3) पौराणिक कर्मों में विभिन्न पुराणों में उल्लिखित पूजा, व्रत, उपवास, तीर्थ आदि की गणना की जाती है।

उपर्युक्त शास्त्रीय कर्मों का महत्व विभिन्न दृष्टियों से स्वीकार किया गया है। श्रौत या वैदिक कर्मों—यज्ञ आदि—से स्वर्ग की प्राप्ति होती है किन्तु उनका सुख स्थायी नहीं है। मनुष्य तभी तक स्वर्ग में रह पाता है जब तक कि उसके कर्मों द्वारा अर्जित पुण्य समाप्त नहीं हो जाता। जब व्यक्ति अपने कर्मों के अनुरूप स्वर्ग से सुख भोग लेता है तो पुनः उसे इस संसार में लौटना पड़ता है। इस दृष्टि से स्वर्ग भी एक अस्थायी विलास का स्थान है। इसी प्रकार स्मृतियों एवं पुराणों में निरूपित कर्म—स्मार्त एवं पौराणिक कार्य—भी शाश्वत आनन्द प्रदान करने में सफल नहीं होते। फिर भी शास्त्रीय कर्मों का महत्व इस दृष्टि से है कि वे हमारे मन को शुद्ध करके सात्विक भाव एवं उदात्त चेतना को जागृत करते हैं। कर्म हमारी विषय-वासनाओं को नियंत्रित करने एवं अहंकार-भावना को दूर करने में भी सहायक सिद्ध होते हैं।

कर्म द्वारा मोक्ष?— कर्मों के द्वारा मोक्ष या स्थायी आनन्द की उपलब्धि किस प्रकार प्राप्त हो सकती है—इसका उत्तर देते हुए भगवान् सत्य साई ने स्पष्ट किया है कि आध्यात्मिक सफलता का सबसे सीधा मार्ग निष्काम-कर्म है जिसमें कार्य किसी भी फल की इच्छा से नहीं किया जाता है। जब व्यक्ति लोभ, मोह या आसक्ति से प्रेरित होकर कार्य नहीं करता अपितु अपना कर्तव्य समझ कर करता है तथा उसे भगवान् को समर्पित कर देता है तो इसी को 'निष्काम कर्म' कहते हैं। जब हम कर्म से फल की आकांक्षा करते हैं तो उससे बँध जाते हैं तथा उस स्थिति में हम उसका अच्छा या बुरा

फल भोगते हैं तथा उससे मोक्ष प्राप्त नहीं हो सकता।

निष्कार्म कर्म की नयी व्याख्या—निष्काम कर्म का प्रतिपादन श्रीमद्भगवत् गीता में भी किया गया है तथा उसमें स्पष्ट किया गया है कि बिना फल की इच्छा के कर्म किया जाना चाहिए किन्तु सामान्य व्यक्ति यह समझने में असफल रहता है कि फल की इच्छा के बिना कोई कर्म में प्रवृत्त ही कैसे हो सकता है? आधुनिक मनोविज्ञान के अनुसार भी प्रत्येक कर्म के पीछे कोई-न-कोई प्रेरणा, आकांक्षा या इच्छा रहती है—उसके अभाव में कर्म में प्रवृत्त होना स्वाभाविक प्रतीत नहीं होता। सत्य साई बाबा ने आधुनिक दृष्टि से इसका स्पष्टीकरण करते हुए कहा है, ''गीता में जो सलाह दी गई थी वह उस समय की स्थितियों—अर्जुन की विशेष मोह ग्रस्त स्थिति—को ध्यान में रखकर दी गई थी। मैं कहता हूँ कि तुम आनन्द को दृष्टि में रखकर अपनी साधना कर सकते हो, क्योंकि इससे तुम्हें अधिक आनन्द प्राप्त होगा और तुम्हारी साधना बढ़ेगी। दूसरे शब्दों में कहा जा सकता है कि प्रत्येक कर्म का फल तो अवश्य मिलता है चाहे हम उसकी इच्छा करें या नहीं किन्तु जहाँ सकाम कर्म से केवल अस्थायी सुख मिलता है वहाँ निष्काम कर्म से शाश्वत आनन्द की उपलब्धि होती है। अस्तु, हम निष्काम कर्म में आत्मानन्द या स्थायी आनन्द-प्राप्ति की प्रेरणा से प्रवृत्त हो सकते हैं।

कर्म से भगवत्कृपा या अनुग्रह की प्राप्ति—यदि हम निःस्वार्थ भाव से अपने कर्म या कर्तव्य में लगे रहें तथा उनका फल भगवान् को अर्पित करते रहे तो अन्ततः भगवान् की कृपा या अनुग्रह प्राप्त होता है तथा उस अनुग्रह से हमें परमानन्द की उपलब्धि हो सकती है। इसे यों स्पष्ट किया जा सकता है कि हम किसी भी कर्म को इसलिए न करें कि इससे हमारे किसी विशेष स्वार्थ की पूर्ति होगी अपितु इसलिए करें कि उससे भगवान् प्रसन्न होंगे तथा भगवान् की प्रसन्नता से व्यक्ति को वह सब कुछ प्राप्त हो सकता है जो कि उसके लिए हितकर है, वांछनीय है तथा मुक्तिदायक है।

कुछ लोग अपने कर्तव्य का पालन करने में इसलिए, संकोच या आलस्य करते हैं कि क्योंकि आज के वातावरण में अच्छाई का पूरा मूल्यांकन नहीं होता। कई बार हम लोगों के मुँह से सुनते हैं कि आजकल ईमानदारी की कोई पूछ नहीं है क्योंकि समाज में भ्रष्ट लोगों की संख्या बढ़ गयी है। अनेक उच्च अधिकारी भी अपने अधीनस्थ कर्मचारी की सच्चरित्रता, ईमानदारी एवं कर्तव्य निष्ठा को समुचित प्रोत्साहन इसलिए नहीं देते क्योंकि वे स्वयं वैसे नहीं होते। इतना ही नहीं कई बार तो उच्च अधिकारी अधीनस्थ कर्मचारी को भ्रष्टाचार के लिए विवश करने की भी चेष्टा करते हैं! ऐसी स्थिति में क्या किया जाये?

भगवान् सत्य साई के कथन के अनुसार जो व्यक्ति अपने कर्तव्य पर दृढ़ रहता है, भले ही इसके लिए उसे उचित प्रोत्साहन या पुरस्कार न मिले या उसके उच्च अधिकारी उससे अप्रसन्न हो जायें किन्तु इससे भगवान् प्रसन्न होते हैं किन्तु साथ ही ऐसे व्यक्ति के मन में भी अपनी ईमानदारी या सच्चरित्रता का अहंकार, गर्व या दंभ उत्पन्न नहीं होना चाहिए—वह अपने प्रत्येक कार्य को भगवान् का ही कार्य समझकर

तथा उसी की शक्ति से सम्पन्न किया हुआ मानकर भगवान् को ही अर्पित कर दे तो इससे निश्चय ही उसे परमात्मा का अनुग्रह प्राप्त होगा जिसके पश्चात् कुछ भी अप्राप्य नहीं रहता।

ज्ञान, भक्ति एवं कर्म का सम्बन्ध—इस प्रकार भगवान् सत्य साई ने ज्ञान, भक्ति एवं कर्म के स्वरूप का विवेचन किया है किन्तु अन्ततः उन्होंने यह स्पष्ट किया है कि ज्ञान में भक्ति और कर्म का तथा भक्ति में ज्ञान और कर्म का एवं कर्म में ज्ञान और भक्ति का समन्वय होना चाहिए—अतः ये तीनों ही एक-दूसरे के पूरक हैं। उनके शब्दों में—"सर्वव्यापक दिव्य चेतना को जागृत करने के लिए कर्म, भक्ति एवं ज्ञान के तीन मार्ग बतलाये गये हैं। न तो ये पृथक होते हैं और न ही परस्पर विरोधी। वे मिले-जुले, एक-दूसरे के पूरक एवं अन्योन्याश्रित होते हैं।" इसी प्रकार 'प्रेमवाहिनी' में भी वे इसी तथ्य पर प्रकाश डालते हुए लिखते हैं—"मैं इससे सहमत नहीं होऊँगा कि कर्म, भक्ति और ज्ञान पृथक हैं। मैं तो इनके वर्गीकरण में भी इन्हें प्रथम, द्वितीय या तृतीय स्थान देना पसन्द नहीं करता। कर्म भक्ति है और भक्ति ज्ञान है। मैं इन तीनों के सम्मिश्रण अथवा समुच्चय को भी स्वीकार नहीं करता।" वस्तुतः बाबा के विचार से ये एक ही वस्तु के तीन पक्ष हैं। "जैसे कि मैसूर-पाक के एक टुकड़े में मिठास होती है, भार और प्रकृति भी। इन तीनों को एक-दूसरे से अलग-अलग नहीं किया जा सकता। इसके प्रत्येक नन्हें भाग में भी मिठास, भार और आकृति है।"

यदि हम गम्भीरता से विचार करें तो स्पष्ट होगा कि साधना के क्षेत्र में ज्ञान, भक्ति एवं कर्म का भेद तात्विक दृष्टि से ही है—व्यावहारिक दृष्टि से यह वास्तविक नहीं है क्योंकि इन तीनों का सम्बन्ध क्रमशः बोध, भावना एवं क्रिया की वृत्तियों से है। मनोविज्ञान के अनुसार हमारा प्रत्येक ज्ञान या बोध विकसित होकर भावना या अनुभूति में परिणत होता है जिसकी अभिव्यक्ति किसी-न-किसी क्रिया (कर्म) में होती है—अतः तीनों एक-दूसरे से अविच्छिन्न हैं। इसीलिए बाबा ने निर्देश दिया है कि प्रत्येक कार्य (कर्म) सेवा, प्रेम (भक्ति) और ज्ञान की भावना से युक्त होना चाहिए। दूसरे शब्दों में जीवन के कार्यों का प्रत्येक समूह कर्म, भक्ति और ज्ञान—तीनों से समन्वित होना चाहिए। यही वास्वत में पुरुषोत्तम योग है। इसे केवल शब्दों में ही व्यक्त नहीं करना है अपितु व्यवहार में भी लाना है।

इस प्रकार भगवान् सत्य साई बाबा ने ज्ञानयोग, भक्तियोग एवं कर्मयोग के विभिन्न पक्षों का विवेचन करते हुए अन्ततः उन्हें एक ही योग—'पुरुषोत्तम योग'—में समन्वित करके उस परम्परागत विवाद को समाप्त कर दिया है जिसके अनुसार ज्ञानमार्गी, भक्तिमार्गी एवं कर्ममार्गी अपने-अपने मार्ग की श्रेष्ठता सिद्ध करने के लिए एक-दूसरे का खण्डन-मण्डन किया करते थे। ऐसा उन्होंने केवल सैद्धान्तिक दृष्टि से ही नहीं किया है अपितु व्यावहारिक दृष्टि से साधना के क्षेत्र में भी तीनों का समन्वय करने का निर्देश दिया है।

●

15. ध्यान-साधना : पद्धति एवं महत्व

भारतीय साधना-पद्धतियों में ध्यान का महत्व सर्वोपरि माना गया है। इसे 'ध्यान की क्रिया' या 'ध्यान-योग' का भी नाम दिया गया है। ध्यान की परम्परा बहुत प्राचीन है। उपनिषदों में भी ध्यान की चर्चा मिलती है। यहाँ तक कि 'ध्यान बिन्दु' नाम से एक अलग उपनिषद् भी उपलब्ध है। भगवान् कृष्ण ने गीता के छठे अध्याय में ध्यान का निरूपण किया है, इसलिए इस अध्याय को 'ध्यान-योग' का शीर्षक दिया गया है। इसमें आत्मोद्धार के उपायों का वर्णन करते हुए मन को जीतने की एक विशेष प्रक्रिया का विवरण देते हुए उसे योग की संज्ञा दी गयी है जिसे 'ध्यान-योग' कहा गया है। संभवतः गीता के मूल पाठ में 'ध्यान' के स्थान पर योग का ही उल्लेख होने के कारण यह संदेह उत्पन्न हो सकता है कि इसे 'ध्यान' का पर्याय कैसे मान लिया जाये? किन्तु इसी अध्याय के दसवें श्लोक से लेकर चौदहवें श्लोक तक योग की मुद्रा एवं पद्धति का जिस ढंग से निरूपण किया गया है उससे स्पष्ट हो जाता है कि वह ध्यान की ही प्रक्रिया है, यथा—"योगी एकान्त स्थान में अकेला स्थित होकर, अपने चित्त को वश में रखता हुआ, आशा एवं परिग्रह को त्याग कर अपनी आत्मा को उसमें (योगाभ्यास) लगावे।....योगी अपना आसन किसी शुद्ध भूमि पर कुशा, मृगछाला एवं वस्त्र बिछाकर इस प्रकार लगावे कि न बहुत ऊँचा हो और न बहुत नीचा। वह स्थिर हो। ऐसे आसन पर बैठकर अपनी इन्द्रियों को वश में करता हुआ वह मन को एकाग्र करके अन्तःकरण की शुद्धि के लिए योगाभ्यास करे। वह पीठ, सिर और गर्दन को सीधी एवं अचल रखता हुआ अपनी नासिका के अग्रभाग पर दृष्टि लगावे तथा इधर-उधर (अन्य दिशाओं में) न देखे।" कहना न होगा कि यहाँ जिस मुद्रा का विवेचन किया गया है वह ध्यान की ही मुद्रा है। शंकराचार्य जी ने भी अपने भाष्य में गीता के इन श्लोकों को ध्यान-योग के रूप में स्वीकार किया है। अतः इसमें कोई संदेह नहीं कि गीता के इस अध्याय में 'ध्यान-योग' का ही विवेचन हुआ है तथा इस दृष्टि से इसका नामकरण सार्थक है।

गीता के अनन्तर अन्य भारतीय ग्रंथों में भी ध्यान का निरूपण हुआ है। इनमें महर्षि पतंजलि का 'योग-सूत्र' विशेष रूप से उल्लेखनीय है जिसमें 'अष्टांग योग' या 'राज योग' का विवेचन है। इसमें योग-साधना के क्रमशः आठ अंगों या सोपानों का उल्लेख इस प्रकार है—(1) यम, (2) नियम, (3) आसन, (4) प्राणायाम, (5) प्रत्याहार, (6) धारणा, (7) ध्यान और (8) समाधि। इनमें से प्रथम छह तो क्रमशः ध्यान-साधना की पृष्ठभूमि तैयार करते हैं जबकि अन्तिम सोपान—समाधि—उसी के चरम लक्ष्य का सूचक है। दूसरे शब्दों में ध्यान की चरम स्थिति ही 'समाधि' है। इसी

समाधि से योग की सभी सिद्धियाँ उपलब्ध होती हैं। व्यावहारिक दृष्टि से इस योग-साधना को 'ध्यान-योग' का नाम दे दिया जाये तो भी अनुचित न होगा। इसमें प्रारम्भिक सोपान ध्यान में सफलता प्राप्त करने के लिए आवश्यक है। वैसे योग का एक अन्य रूप 'हठ-योग' भी प्रचलित है जो अत्यन्त दुरूह एवं जटिल है, अतः उसकी तुलना में इस योग को 'राजयोग' कहा गया है। 'ध्यानयोग' को राजयोग या सभी योगों का राजा कहना भी इसके महत्व का द्योतक है।

यद्यपि ध्यान की परम्परा का विकास वैदिक परम्परा में ही हो गया था किन्तु आगे चलकर जैन और बौद्ध परम्पराओं में भी ध्यान को एक प्रमुख साधना के रूप में स्वीकार किया गया। गौतम बुद्ध को जिस ज्ञान की उपलब्धि हुई वह संभवतः ध्यान-साधना का ही परिणाम था। इसीलिए उन्होंने अपने अष्टांग मार्ग में ध्यान को 'सम्यक् समाधि' के रूप में स्वीकार किया है। आगे चलकर ध्यान को ज्ञानमार्गी, प्रेममार्गी एवं योगमार्गी साधकों ने भी किसी न किसी रूप में मान्यता दी है। जहाँ ज्ञानमार्गी ईश्वर के निर्गुण और निराकार रूप का ध्यान करता है, वहाँ प्रेममार्गी ईश्वर के सगुण रूप का ध्यान करता है, जबकि योगमार्गी मुख्यतः आत्मा-परमात्मा की एकता या सोऽहम् पर अपना ध्यान केन्द्रित करता है। इस प्रकार हम देखते हैं कि ध्यान भारत की एक बहुमान्य साधना-पद्धति है।

यद्यपि व्यक्तियों की रुचि, प्रवृत्ति एवं योग्यता के भेद के अनुसार ज्ञान मार्ग, भक्ति मार्ग, कर्म मार्ग आदि का प्रतिपादन किया गया है, किन्तु ध्यान का मार्ग, एक ऐसा मार्ग है जिसमें इन तीनों का समन्वय हो जाता है क्योंकि ध्यान में एक ओर तो मन की वासनाओं एवं इन्द्रियों को नियंत्रित किया जाता है तो दूसरी ओर बुद्धि को एकोन्मुख किया जाता है तथा साथ में विशेष क्रिया या चेष्टा का भी अवलम्बन किया जाता है, इस प्रकार ध्यान में मन, बुद्धि और क्रिया (या भाव, ज्ञान और कर्म) तीनों का ही समन्वय हो जाता है। आधुनिक युग में जबकि बौद्धिकता की प्रधानता है, ध्यान को ही सर्वाधिक महत्व प्राप्त हुआ है क्योंकि इसमें न तो प्राचीन धर्म साधनाओं की भाँति विस्तृत कर्मकाण्ड है और न ही भक्ति मार्ग की भावुकता अपेक्षित है। इसीलिए आधुनिक युग के विभिन्न साधकों, योगियों एवं महात्माओं ने भी ध्यान-योग की महिमा का बखान किया है। परमहंस रामकृष्ण, स्वामी विवेकानन्द, महर्षि अरविन्द, महर्षि रमण, स्वामी योगानन्द, स्वामी मुक्तानन्द, स्वामी शिवानन्द प्रभृति सभी आधुनिक साधकों ने ध्यान योग को महत्वपूर्ण साधना के रूप में स्वीकार किया है। स्वामी विवेकानन्द ने लिखा है—"आध्यात्मिक जीवन के लिए सबसे महत्वपूर्ण साधना ध्यान है। ध्यान में हम अपने-आपको सभी भौतिक स्थितियों से विच्छिन्न करके अपनी दिव्य प्रकृति का अनुभव प्राप्त करते हैं। ध्यान में हम किसी भी अन्य बाह्य सहायता पर निर्भर नहीं करते। वह मलिन भूमि को भी स्वच्छ करके रंग-बिरंगे प्रकाशपूर्ण चित्र अंकित कर सकता है। वह दुर्गन्धपूर्ण वातावरण को सुगन्ध से परिपूर्ण कर सकता है!" अस्तु, ध्यान मन-शुद्धि एवं आत्म-परिष्कार का सर्वोत्तम साधन है।

बाबा के द्वारा ध्यान का विवेचन—भगवान् सत्य साई बाबा ने भी आध्यात्मिक साधनाओं के अन्तर्गत जप और ध्यान को सर्वोपरि स्थान दिया है। वैसे तो उन्होंने समय-समय पर अपने विभिन्न व्याख्यानों में ध्यान की महत्ता पर प्रकाश डालते हुए अपने अनुयायियों को नियमित रूप से ध्यान करने का निर्देश दिया है, परन्तु ध्यान के सम्बन्ध में उनके विचारों का विस्तृत विवेचन उनकी पुस्तक 'ध्यान वाहिनी' में उपलब्ध होता है। पहले यह पुस्तक 'सनातन-सारथी' पत्रिका में धारावाहिक रूप में प्रकाशित होती रही, बाद में इसे स्वतंत्र पुस्तक का रूप दे दिया गया है। इसमें उन्होंने ध्यान के प्राय: सभी पक्षों पर विस्तार से प्रकाश डाला है। सबसे पहले इस प्रश्न को लिया गया है कि व्यक्ति ध्यान क्यों करे? इसका उत्तर देते हुए उन्होंने कहा है कि प्रत्येक व्यक्ति को विभिन्न कर्म करने पड़ते हैं। इन कर्मों के भी दो भेद हैं—विषय कर्म और श्रेयोकर्म। विषय कर्म हमें सांसारिकता की ओर ले जाते हैं जबकि श्रेयोकर्म आध्यात्मिकता की ओर। श्रेयोकर्म के लिए व्यक्ति को सत्य, धर्म, शान्ति और प्रेम के पथ पर अग्रसर होना पड़ता है, किन्तु इसके लिए साधक को विशेष तैयारी करनी पड़ती है। सामान्यत: हमारा मन सांसारिक वासनाओं से प्रेरित होकर विषय भोगों में ही प्रवृत्त होता रहता है। ऐसी स्थिति में मन को आध्यात्मिक तत्वों की ओर उन्मुख करना कठिन है। इसका कारण यह है कि मन बुद्धि के नियंत्रण से मुक्त होकर इन्द्रियों के प्रभाव में आ जाता है। मन को आध्यात्मिकता की ओर अग्रसर करने के लिए यह आवश्यक है कि उसे इन्द्रियों के प्रभाव से मुक्त करके बुद्धि के द्वारा नियंत्रित किया जाये। किन्तु ऐसा तभी हो सकेगा जबकि बुद्धि अपने आप में सबल एवं सशक्त हो। उपर्युक्त लक्ष्यों की पूर्ति के लिए ध्यान ही सबसे बड़ा साधन है क्योंकि वह एक ओर तो मन का निरोध करके उसे इन्द्रियों के प्रभाव से मुक्त करता है तो दूसरी ओर वह बुद्धि के द्वारा नियंत्रित होता है। स्वयं बुद्धि भी एकोन्मुख होकर स्वच्छ, निर्मल एवं तीक्ष्ण हो जाती है। बाबा के शब्दों में कहा जा सकता है—"पवित्र परमात्मा के ध्यान से ही मन अपनी इन्द्रिय-वासनाओं से मुक्ति पाता है। ध्यान के समय बुद्धि मानस को पूर्णत: अधिकृत करके उसे आदेश देती है कि तुम सत्ताधारी परमात्मा के सिवा और किसी का भी ध्यान या चिन्तन मत करो। जब उसे अपना सत्य स्वरूप ज्ञात हो जाता है तो वह असत्य एवं दु:खों के जाल में नहीं फँसता और तभी वह क्षेम, संतोष एवं आनन्द के मार्ग की ओर अग्रसर होता है।....इस प्रकार ध्यान के द्वारा मन एवं बुद्धि रूपी साधनों के माध्यम से सच्चिदानन्द स्वरूप परमात्मा का साक्षात्कार प्राप्त होता है जिससे मानव-जीवन तेजोमय हो जाता है।"

ध्यान की सामान्य पद्धति—ध्यान करने के लिए सर्वप्रथम साधक को किसी एकान्त स्थान का चयन करना चाहिए। यह घर से बाहर किसी निर्जन प्रदेश में जो शान्त एवं सुरक्षित हो—किसी मंदिर या तपोवन का भाग हो सकता है। पुराने युग में लोग गुफाओं में बैठकर भी ध्यान करते थे। आजकल की परिस्थितियों में घर का ही कोई एक विशेष कक्ष या कमरा अथवा कोना हो सकता है जिसे पूरी तरह स्वच्छ एवं शुद्ध

कर लिया जाये। अगरबत्ती या धूप जलाकर वातावरण को पवित्र कर लेना चाहिए। ध्यान करते समय कमरे के द्वार बन्द किये जा सकते हैं जिससे कि एकान्त बना रहे।

स्थान के अनन्तर आसन की व्यवस्था करनी चाहिए। गीताकार ने तथा परवर्ती आचार्यों ने इस संदर्भ में निर्देश दिया है कि आसन पृथ्वी से कुछ—पाँच-सात इंच—ऊँचा होना चाहिए। धरती पर पहले कुशा, उस पर मृगचर्म तथा उस पर सफेद वस्त्र बिछाना चाहिए। पुराने युग में मृगचर्म प्राय: उपलब्ध होते थे—इसीलिए उनका उल्लेख किया गया है किन्तु आधुनिक दृष्टि से यह आवश्यक नहीं है। वैसे भी मृगचर्म की प्राप्ति के लिए हिंसा करना या करवाना उचित नहीं। अत: आजकल की स्थिति को ध्यान में रखते हुए आसन की व्यवस्था इस प्रकार की जा सकती है—पहले लकड़ी का कोई पट्टा या चौकी रखकर उस पर मृगचर्म के स्थान पर कम्बल या ऊनी वस्त्र बिछा देना चाहिए। उस पर सफेद वस्त्र बिछाना चाहिए। इस प्रकार आसन तैयार करना चाहिए। बाबा ने भी इसका अनुमोदन किया है।

ध्यान करने के लिए पद्मासन लगाकर बैठना चाहिए। इस आसन में दाहिना पैर बायीं जाँघ पर और बायाँ पैर दाहिनी जाँच पर रखा जाता है। कुछ आचार्यों ने यह भी कहा है कि अभ्यास न हो तो पद्मासन के स्थान पर आलती-पालती लगाकर बैठा जा सकता है। वस्तुत: आसन का महत्व इस दृष्टि से है कि उसमें रीढ़ की हड्डी, गर्दन एवं सिर तीनों एक सीध में रहने चाहिए क्योंकि ध्यान करते-करते साधक की कुंडलिनी शक्ति जागृत होकर ऊपर उठने लगती है तथा इस शक्ति का निवास पीठ के नीचे की ओर अंतिम छोर पर होता है, अत: यदि पीठ या रीढ़ की हड्डी सीधी न होगी तो शक्ति के जागरण एवं अभ्युत्थान में बाधा आयेगी। आसन पर इस ढंग से बैठना चाहिए कि उससे सम्पर्क न छूटे। आसन स्थिर होना चाहिए—यह नहीं कि ध्यान करते समय वह इधर-उधर डुलने या हिलने लग जाये, इससे भी ध्यान में बाधा उपस्थित होती है।

ध्यान के समय दोनों हाथों को सामने पैरों पर टिका देना चाहिए। उनकी अँगुलियाँ आपस में फँसी हुई रहनी चाहिए।[1] आँखें बन्द रहनी चाहिए किन्तु उन्हें जोर से दबाकर बन्द नहीं करना चाहिए—धीरे से इस प्रकार बन्द करना चाहिए कि वे अधखुली-सी लगें। अपनी आँखों के सामने किसी ऊँचे पट्टे या दीवार पर अपने इष्टदेव का चित्र इस प्रकार स्थापित किया जाना चाहिए कि ध्यान करते समय उस पर सीधी दृष्टि पड़े—आँखों को इधर-उधर घुमाना न पड़े।

ध्यान के प्रारम्भ में इक्कीस बार 'ओम्' मंत्र का उच्चारण कर लिया जाये तो इससे मानसिक शुद्धि होती है। इसके पश्चात् दो-चार ऐसे भजन गाये जा सकते हैं जो कि मन

1. बाबा ने एक स्थल पर यह निर्देश भी दिया है कि हाथ चिन्मय मुद्रा में (अर्थात् दोनों हाथ दोनों घुटनों पर अलग-अलग रखकर प्रत्येक के अंगूठे और पहली अँगुली के छोर आपस में मिले हुए तथा शेष तीनों अँगुलियाँ मुक्त रखकर बैठें। (अमृत वर्षा : पृ० सं० 114)।

को एकाग्र करने में सहायक हो। ध्यान से पूर्व थोड़ा प्राणायाम भी करना लाभदायक सिद्ध होता है।

ध्यान आरम्भ करते समय ध्यान की मुद्रा में बैठ जाने के बाद आँखें बन्द करके अपनी दृष्टि को नासिका की ओर केन्द्रित करते हुए मन-ही-मन अपने इष्टदेव के रूप की कल्पना करनी चाहिए। यदि कोई मंत्र या नाम भी प्राप्त है तो उसका उच्चारण भी मन-ही-मन—बिना ध्वनि किये—करना चाहिए किन्तु इसके लिए कोई विशेष चेष्टा या प्रयास नहीं करना चाहिए। यदि सहज ही रुचिपूर्वक 'नाम-जप' मन में चलता है तो चलाना चाहिए, अन्यथा सारा ध्यान रूप या छवि में केन्द्रित करना चाहिए। इष्टदेव का रूप स्वतः ही मन में अवतरित होता है तो होने दीजिए किन्तु इसके लिए भी चेष्टा नहीं करनी चाहिए। प्रारम्भ में केवल नीला आकाश ही मन की आँखों को दृष्टिगोचर होता है—यही सहज स्वाभाविक है। कुछ लोग सोचते हैं कि उन्हें ध्यान करते समय कोई रूप या चित्र क्यों नहीं दिखाई पड़ता—इससे वे निराश भी होने लगते हैं किन्तु यह उचित नहीं। शुद्ध नीला आकाश दिखाई पड़ना ध्यान की असफलता का द्योतक नहीं है—वस्तुतः इसी स्थिति में अधिक-से-अधिक समय तक, जब तक सरलता से रहा जा सके रहना चाहिए। अपनी ओर से कोई रूप देखने की चेष्टा करना या आरोपित करना उचित नहीं। वस्तुतः ध्यान का लक्ष्य कुछ देखना नहीं—यदि देखना होता तो आँखें ही क्यों बन्द की जाती—अपितु मन को एकाग्र करना है। यदि मन में कोई भी विचार न आये, वह शान्त एवं 'शून्य' की स्थिति में स्थिर रहे तो समझना चाहिए कि यही एकाग्रता है जो कि ध्यान का लक्ष्य है। यह स्वाभाविक है कि प्रारम्भ में ध्यान करते समय कुछ विचार भी मन में उठेंगे, उन्हें चेष्टापूर्वक नहीं रोकना चाहिए अपितु तटस्थ भाव से उनका निरीक्षण करना चाहिए—ऐसा सोचिये कि वह मन जिसमें विचार उठ रहे हैं कोई तालाब है, उसमें विचार तरंगों की तरह हैं, आप तालाब से दूर खड़े उन तरंगों को देख रहे हैं, अर्थात् आप स्वयं को मन से तथा उसकी क्रिया-प्रक्रियाओं से अलग या तटस्थ रखने की कल्पना करें।

वस्तुतः सामान्य जीवन में हम अपनी अन्तश्चेतना को मन और इन्द्रियों से अलग नहीं कर पाते, अतः उन्हीं में लिप्त रहते हैं। साधक का लक्ष्य इनके प्रभाव से या बन्धन से मुक्ति प्राप्त करना होता है। यह मुक्ति तभी प्राप्त होगी जबकि साधक अपनी चेतना या बुद्धि को मन की क्रियाओं से निर्लिप्त रखे। ध्यान में ऐसा ही होता है। अतः ध्यान करते समय मन की उछलकूद में स्वयं रुचि न लेकर तटस्थ भाव से देखते रहे हैं, इस स्थिति में अपने-आप मन शान्त एवं निष्क्रिय होने लगेगा।

ध्यान करते समय यदि स्वतः कोई भी व्यक्ति, देवता या दृश्य मन के कल्पना-चक्षुओं के समक्ष प्रकट होता है तो उसे भी मत रोकिए—उसे भी शान्त भाव से देखते रहिए। कहने का तात्पर्य यह है कि प्रत्येक स्थिति मन को ढीला एवं स्वतंत्र छोड़कर स्वयं उसकी क्रिया-प्रतिक्रियाओं का दर्शन मात्र कीजिए। ऐसा समझिए कि यह मन एक ऐसा नर्तक या अभिनेता है जो विभिन्न दृश्य दिखकर आपको अपने में अनुरक्त या

आसक्त करना चाहता है—किन्तु आप उसमें लीन न होकर तटस्थ भाव से सब-कुछ देखते रहिए।

ध्यान करते-करते मन समाधि भाव की ओर जाना चाहता है तो उसे उधर भी जाने दीजिए। ऐसे क्षणों में तल्लीनता या अर्द्धनिद्रा की भी अनुभूति होगी—इसे होने दीजिए, रोकने की आवश्यकता नहीं है। अन्ततः ध्यान में होते हुए समाधि तक पहुँचना ही हमारा लक्ष्य है—यह समाधि ही ध्यान की चरम परिणति या अन्तिम सिद्धि है।

ध्यान के समय और भी कई प्रकार की अनुभूतियाँ होती हैं—अनेक साधकों को विभिन्न प्रकार की ध्वनियाँ सुनाई पड़ती हैं, अनेक लोगों को ज्योति या प्रकाश के दर्शन होते हैं! ये सब स्वाभाविक हैं—ध्यान में प्रगाढ़ता आने पर यह सब कुछ स्वतः होता है, किन्तु इनके होने या न होने पर घबराना नहीं चाहिए। जो भी अनुभव होता है उसे सहज भाव से ग्रहण करते चलना चाहिए।

जब ध्यान करते-करते मन उखड़ जाये या ऐसे लगे कि अब ध्यान समाप्त हो रहा है तो अपने हाथों से आँखों को मल कर धीरे-धीरे आँखें खोलनी चाहिए तथा एकदम से ही ध्यान से उठकर खड़ा नहीं हो जाना चाहिए। ध्यान के पश्चात् थोड़ी देर तक शान्ति एवं विश्रान्ति का आनन्द लेना चाहिए। ध्यान के समय जो अनुभूतियाँ हुईं उन पर मन-ही-मन चिन्तन या विचार करना चाहिए। ध्यान के समय शरीर और इन्द्रियाँ शिथिल हो जाती हैं, अतः उनहें सक्रिय करने के लिए धीरे-धीरे प्रयास करना चाहिए। ध्यान के पश्चात् अपनी रुचि के अनुसार किसी गीत, भजन, प्रार्थना, स्तोत्र आदि का गुनगुनाते हुए पाठ किया जा सकता है जिससे कि मन और इन्द्रियों में सक्रियता का संचार हो।

इस प्रकार ध्यान नियमित रूप में किया जाना चाहिए, भले ही प्रारम्भ में ऐसा अनुभव हो कि 'ध्यान लगा नहीं' या ध्यान में सफलता नहीं मिली। सफलता के लिए अपने गुरुदेव या इष्टदेव से भी प्रार्थना करनी चाहिए क्योंकि किसी भी आध्यात्मिक साधना की सफलता केवल अपने प्रयासों पर ही नहीं, भगवान की अनुकम्पा पर निर्भर रहती है।

ध्यान की कुछ अन्य विधियाँ—विभिन्न साधकों ने ध्यान की विभिन्न पद्धतियाँ बताई हैं जिनमें परस्पर थोड़ा-बहुत अन्तर है, किन्तु सामान्य रूप में जो बातें प्रचलित हैं उनका उल्लेख ऊपर किया गया है। इसे 'सामान्य विधि' कह सकते हैं। श्री सत्य साई बाबा ने ध्यान की कुछ और विधियाँ भी बताई हैं जिनमें (1) जप सहित ध्यान एवं (2) ज्योति ध्यान एवं (3) सोऽहम् ध्यान विशेष महत्वपूर्ण हैं। इनका संक्षिप्त विवरण आगे दिया ज़ा रहा है।

जप सहित ध्यान— वैसे तो नाम-जप और ध्यान को दो अलग-अलग पद्धतियों के रूप में स्वीकार किया गया है किन्तु जप सहित ध्यान में इन दोनों का ही समन्वय हो जाता है जिससे कि साधक को दोहरा लाभ होता है। इसमें साधक ध्यान करते समय

अपने आराध्य का चित्र अपने सामने रख लेता है और साथ ही वह उसके नाम का भी जप करता रहता है। यहाँ यह भी उल्लेखनीय है कि साधक को उसी आराध्य का चित्र अपने सम्मुख रखना चाहिए जो कि उसका इष्ट हो तथा उसी के नाम पर उसे उच्चारण करना चाहिए। ध्यान को आरम्भ करने से पूर्व कुछ ऐसे मन्त्रों, श्लोकों या भजनों का गान किया जा सकता है जिनके प्रभाव से इधर-उधर बिखरे हुए विचार एकोन्मुख हो जायँ। इसके अनन्तर धीरे-धीरे भगवान के नाम का जप करते हुए अपने मन में अपने आराध्य देव की छवि का ध्यान करना चाहिए। ऐसा करते समय यदि मन रूप या छवि के ध्यान में इस तरह लीन हो जाता है कि जप छूट जाय तो इसकी कोई चिन्ता नहीं करनी चाहिए। इसी प्रकार जब रूप या छवि से मन हटकर इधर-उधर जाने लगता है तो इष्ट के नाम का जप करना आरम्भ कर देना चाहिए। कहने का तात्पर्य यह है कि हम अपने मन में ही अपनी रुचि के अनुसार चाहे तो आराध्य के रूप का ध्यान करें या फिर नाम-जप करें या बारी-बारी से दोनों करते रहें। इससे हमारे मन के भीतर भगवान का भावात्मक चित्र अंकित हो जायेगा जो आगे चलकर हमारे लिए समाधि की स्थिति में भी महत्वपूर्ण सिद्ध होगा। जब कभी हमें अपनी साधना में सफलता मिलेगी तो उस समय आराध्य के दर्शन या साक्षात्कार भी इसी रूप में प्राप्त होंगे।

उपर्युक्त साधना प्रारम्भ में 10-15 मिनट तक की जा सकती है किन्तु उसके अनन्तर धीरे-धीरे इसका समय बढ़ाया जा सकता है। इस प्रकार ध्यान करने के अनन्तर मन में सन्तोष और शान्ति का अनुभव होने लगता है। ध्यान की क्रिया समाप्त हो जाने के बाद साधक को एकाएक ही अपने आसन से नहीं उठ जाना चाहिए अपितु उसे थोड़ी देर तक ध्यान की अनुभूति का स्मरण करते हुए मन-ही-मन आस्वादन प्राप्त करना चाहिए। ध्यान के बाद साधक को चाहिए कि वह अपने अंगों को धीरे-धीरे शिथिल करके ही अपने दैनिक कार्यक्रमों में लगे।

ज्योति ध्यान—बाबा ने किसी आराध्य देव की मूर्ति या चित्र पर ध्यान करने की अपेक्षा ज्योति पर ध्यान करना अधिक श्रेयस्कर बताया है। इसका कारण यह है कि दैविक रूपों में समय-समय पर परिवर्तन आते रहते हैं। उदाहरण के लिए राम, कृष्ण, शिव की भी बाजार में अनेक प्रकार की मूर्तियाँ या छवियाँ उपलब्ध हैं—इसलिए साधक के मन में यह भ्रान्ति उत्पन्न हो सकती है कि वह किस रूप का ध्यान करे। यदि हम किसी जीवित व्यक्ति के रूप का ध्यान करते हैं तो वह भी उसकी आयु के अनुसार बदलता रहता है अर्थात् बाल्यकाल में उसका रूप कुछ और होता है तथा युवावस्था में और वृद्धावस्था में कुछ और। वस्तुतः भौतिक या स्थूल रूप समय के साथ-साथ परिवर्तित या विकृत होते रहते हैं तथा अन्त में वे मिट जाते हैं जबकि प्रकाश न तो कभी मिटता है और न ही उसका रूप परिवर्तन होता है। एक ज्योति अगणित ज्योतियों को जला सकती है, बिना बुझे और बिना समाप्त हुए। ऐसी स्थिति में यह अधिक उपयुक्त होगा कि हम ज्योति पर ध्यान करें। इसके लिए किसी दीपक

या मोमबत्ती को जलाकर उसकी मंद लौ पर ध्यान केन्द्रित करना चाहिए। साधक को, जैसा कि ध्यान की अन्य पद्धतियों में बताया गया है, पीठ, गर्दन एवं सिर को सीधा रखते हुए तथा अपनी आँखों को धीरे से बन्द करके लौ या ज्योति पर अपनी दृष्टि केन्द्रित करनी चाहिए। इसके पश्चात् उसे ऐसी कल्पना करनी चाहिए कि मानों ज्योति धीरे-धीरे उसके नेत्रों में होती हुई उसके हृदय-कमल में प्रवेश कर रही है तथा उसके आलोक से हृदय-कमल की एक-एक पंखुड़ी क्रमशः खुल रही है तथा समस्त हृदय में दिव्य प्रकाश फैल गया है। फिर उसे ऐसा अनुभव करना चाहिए कि हृदय के प्रकाश से चारों ओर किरणें फूट रही हैं जो धीरे-धीरे अन्य अंगों में व्याप्त हो रही हैं।

इसके पश्चात् हृदय की ज्योति को धीरे-धीरे शरीर के अंगों में फैलाना चाहिए—हाथों में, नेत्रों में, कानों में, पैरों में, शेष अंगों में। जब दैविक प्रकाश हाथों में पहुँच गया तो समझना चाहिए कि अब हाथ पवित्र हो गये हैं, अब वे कोई बुरा कार्य नहीं करेंगे। जब वह नेत्रों में पहुँच गया है तो वे भी पवित्र हो गये हैं कोई बुरा दृश्य नहीं देखेंगे। इसी प्रकार कान कोई बुरा शब्द नहीं सुनेंगे, पैर किसी गलत मार्ग पर नहीं चलेंगे। सभी अंग पवित्र हो जाने पर वे कोई पाप कार्य नहीं करेंगे। बाबा के शब्दों में, ''इस प्रकार का ध्यान मनुष्य को ऊँचा उठाता है, पवित्र बनाता है और आध्यात्मिक शिखर पर दृढ़तापूर्वक बढ़ने में अत्यधिक सहायता प्रदान करता है। यह कोई कल्पना नहीं है वास्तविकता है। इसमें संदेह नहीं कि प्रारम्भ में तो साधक को ध्यान की प्रक्रिया में कल्पना की सहायता लेनी पड़ती है किन्तु इसका नियमित अभ्यास हो जाने पर यह एक सशक्त विचार-तरंग में परिणत हो जाता है और हृदय में दिव्य सत्ता की अनुभूति होने लगती है।

बाबा ने यह भी निर्देश दिया है कि यदि साधक चाहे तो प्रारम्भ में उस ज्योति पर अपने प्रिय इष्टदेव के रूप की भी स्थापना या कल्पना करता हुआ उस पर ध्यान करे। इससे अनुभव होगा कि कुछ समय पश्चात् यह रूप प्रकाश में ही लीन हो जायेगा। इसलिए परमात्मा को किसी एक रूप में सीमित करने की चेष्टा नहीं करनी चाहिए, उसके सर्वव्यापी स्वरूप को जो कि सभी में व्याप्त है, देखना चाहिए।

सोऽहम् ध्यान— ध्यान की उपर्युक्त दो विधियों के अतिरिक्त भगवान् सत्य साई ने एक तीसरी पद्धति का भी उल्लेख किया है जो कि उच्चकोटि के साधकों के लिए अधिक उपयोगी है इसे 'सोऽहम् ध्यान' की संज्ञा दी गई है। इसमें ध्यान के साथ प्राणायाम और मौन जाप दोनों ही चलते रहते हैं। इसकी प्रक्रिया का विवेचन करते हुए बाबा ने बताया है कि पहले अपने मन को ओठों पर जहाँ दोनों नथुने मिलते हैं वहाँ केन्द्रित करो। फिर बायें नथुने से धीरे-धीरे श्वास अन्दर ले जाओ तथा उस समय दायें नथुने को अंगूठे से बंद रखो। जब श्वास अन्दर जाता है तो यह 'सो' की ध्वनि करता है, मन में ऐसी ही कल्पना करो मानो हमारी साँस 'सोऽहम्' मंत्र के पूर्व भाग 'सो' का उच्चारण कर रही हो तथा फिर साँस को दाहिने नथुने से 'हम्' की ध्वनि से बाहर निकालो। तथा उस समय बायें नथुने को दाहिने अँगूठे से बंद रखो। इस प्रकार साँस को

अन्दर खींचते समय 'सो' तथा बाहर फेंकते समय 'हम' की ध्वनि होती है। इन दोनों के मेल से 'सोऽहम्' मंत्र ध्वनित होगा। सोऽहम् का अर्थ है—'स: अहम्' अर्थात् 'वह मैं ही हूँ' या 'परमात्मा मैं ही हूँ।' इस प्रकार बारी-बारी से श्वास को एक नथुने से अन्दर खींचकर दूसरे नथुने से बाहर निकालते समय मन-ही-मन 'सोऽहम्' का ध्यान करना चाहिए। यहाँ यह भी उल्लेखनीय है कि एक बार बायें नथुने से साँस भीतर ले जाकर दाहिने से उसे निकालना चाहिए तथा उसके पश्चात् दाहिने से अन्दर खींचकर बायें से बाहर निकालनी चाहिए। इसी क्रम से यह ध्यान चलता रहना चाहिए और साँस के आने और जाने के साथ 'सोऽहम्' की ध्वनि मन-ही-मन में सुनाई पड़नी चाहिए। इस प्रकार इस ध्यान के द्वारा आत्मा और परमात्मा की एकता का बोध होने लगेगा।

इस ध्यान के सम्बन्ध में बाबा ने आगे निर्देश दिया है "कि जब यह 'सोऽहम्' ध्यान तुम्हारे मन में स्थिर होने लगे तो तुम अपने मन में अपने इष्टदेव के रूप का ध्यान करने लगो। उनकी आकृति पहले ऊपर सिर से प्रारम्भ कर पैरों तक कल्पना करो इस क्रिया में 15 से 20 मिनट लग जावें। इसी बीच में शरीर के प्रत्येक अंग और अवयव की कल्पना से चित्र बनाते जाओ और उसे हृदय में अंकित करने की चेष्टा करो। इसे वहीं अमिट छाप से मुद्रित कर दो। फिर तो तुम सर्वत्र वही रूप देख सकोगे, सभी व्यक्तियों में उसी के दर्शन होंगे। उसी एक को तुम अनेक रूपों में देख सकोगे। 'शिवोऽहम्', 'सोऽहम्' मैं शिव हूँ, मैं वही हूँ।"

इस प्रकार ध्यान की इस पद्धति का प्रतिपादन ऐसे साधकों के लिए किया गया है जो कि आध्यात्मिकता के क्षेत्र में आगे बढ़े हुए हैं।

ध्यान की सफलता के लिए आवश्यक बातें— ध्यान की सफलता के लिए कुछ बातें विशेष रूप से महत्वपूर्ण हैं। सर्वप्रथम तो ध्यान में नियमितता का होना आवश्यक है अर्थात् एक ओर तो ध्यान बिना किसी बाधा के नियमित रूप से प्रतिदिन किया जाना चाहिए। दूसरे, ध्यान का समय, स्थान और साधन-विधि भी निश्चित होनी चाहिए। प्रतिदिन एक निर्धारित समय और निश्चित स्थान पर ही ध्यान करना चाहिए। यदि किसी दिन यात्रा आदि के कारण इसमें व्यवधान होता हो तो उसे अपवाद ही समझना चाहिए। ध्यान की विधि भी एक ही रहनी चाहिए। यह नहीं किसी दिन किसी विधि का अनुगमन किया जाय और किसी दिन अन्य विधि का। इससे ध्यान की नियमितता में बाधा आती है।

ध्यान के लिए सर्वश्रेष्ठ समय ब्राह्म मुहूर्त का है अर्थात् प्रात: तीन बजे से छ: बजे तक का समय ध्यान के लिए सर्वश्रेष्ठ माना गया है। ध्यान से पूर्व स्नान आदि किया जा सकता है किन्तु यह आवश्यक नहीं है। यदि नींद का प्रभाव पूरी तरह समाप्त न हुआ हो तो अवश्य ध्यान से पूर्व स्नान करना चाहिए। ध्यान के लिए साधक को अपनी वासनाओं और इच्छाओं को भी नियंत्रित करना चाहिए। मानसिक पवित्रता एवं शान्ति से ही ध्यान में सफलता प्राप्त होती है।

दस प्रकार के पाप—किसी भी साधना या ध्यान में सफलता प्राप्त करने के लिए श्री सत्य साई बाबा ने दस प्रकार के पापों से भी बचने का निर्देश दिया है जो ये हैं—

(क) कायिक पाप— (1) किसी भी जीवधारी या चेतन को क्षति पहुँचाना अर्थात् हिंसा।
(2) पर स्त्री पर आसक्ति या व्यभिचार।
(3) चोरी।

(ख) वाक् या वाणी सम्बन्धी पाप— (1) अनर्गल प्रलाप
(2) कटु वचन
(3) द्वेषपूर्ण संभाषण और
(4) असत्य भाषण

(ग) मानसिक पाप— (1) पर धन पर आसक्ति या लोभ
(2) ईर्ष्या एवं
(3) नास्तिकता।

इस प्रकार क्रमशः तीनों वर्गों—शारीरिक, वाचिक एवं मानसिक—में कुल दस पापों या दोषों की गणना की गई है जिसने बचना प्रत्येक साधक के लिए अनिवार्य है।

ध्यान के अनुभव—साधक को ध्यान करते समय अनेक प्रकार के अनुभव होते हैं। कई बार उसे विभिन्न प्रकार की ध्वनियाँ सुनाई पड़ती हैं, जैसे—वीणा, मृदंग, बाँसुरी आदि के बजने की ध्वनि। कई बार उसे विभिन्न महापुरुषों और देवी-देवताओं के रूप भी दृष्टिगोचर होते हैं। ध्यान की अवस्था में साधक विभिन्न स्थानों, प्रदेशों एवं विभिन्न लोकों की भी यात्रा करता है। स्वामी मुक्तानंद जी ने अपने ध्यान की ही स्थिति में नरक और यमराज के दर्शन प्राप्त किये हैं। उन्होंने पितृलोक, इन्द्रलोक आदि की यात्राओं के अनुभव विस्तार से दिये हैं। वस्तुतः ध्यान में साधक की ज्ञानेन्द्रियाँ अत्यन्त संवेदनशील हो जाती हैं तथा उसमें कई बार अतीन्द्रिय शक्ति का विकास हो जाता है जिससे वह भूत और भविष्य की घटनाओं का भी साक्षात्कार ध्यान में कर लेता है। इस बात के अनेक उदाहरण उपलब्ध हैं कि कई साधकों ने ध्यान की ही अवस्था में भविष्य में घटित होने वाली अनेक घटनाओं के संकेत प्राप्त किये हैं।

ध्यान की गहरी अवस्था में कुछ साधकों का शरीर इतना भारी हो जाता है कि वे चल-फिर भी नहीं सकते जबकि कुछ साधकों का इतना हल्का हो जाता है कि वे धरती से ऊपर उठकर हवा में तैरने लगते हैं। कुछ साधकों को कँपकपी होने लगती है तो कुछ-कुछ को दिव्य प्रकाश दिखाई पड़ने लगता है। इस प्रकार ध्यान में साधकों को कई प्रकार के अनुभव प्राप्त हुए हैं। अस्तु, ध्यानयोगी को विभिन्न प्रकार के अनुभव होते हैं किन्तु इनसे साधकों को विचलित नहीं होना चाहिए।

ध्यान से लाभ— ध्यान से मन की चंचलता समाप्त होती है तथा बुद्धि की शक्ति का विकास होता है जिससे साधक को मानसिक शान्ति प्राप्त होती है। यह तो ध्यान का प्रारंभिक लाभ है। इसके अतिरिक्त भी अनेक प्रकार के लाभों का उल्लेख किया गया है। ध्यान से साधक की आन्तरिक दृष्टि का विकास होता है तथा जिसके द्वारा वह सत्य का साक्षात्कार करता हुआ आत्मिक आनंद का अनुभव प्राप्त करता है। इससे मन में एकाग्रता आती है जिससे उसे सभी कार्यों के सम्पादन में सहायता मिलती है। ध्यान के द्वारा मन में व्याप्त तमोगुण एवं रजोगुण का नियंत्रण होकर सतोगुण का विकास होता है। यह सतोगुण ही मन में पवित्रता एवं शान्ति का संचार करता है। ध्यान की परिणिति अनन्तः समाधि में होती है। दूसरे शब्दों में, समाधि ही ध्यान की अन्तिम स्थिति तथा राजयोग की चरम अवस्था की सूचक है। समाधि की स्थिति में पहुँचकर साधक भौतिक जगत के परे पहुँच जाता है और वह परमानंद का अनुभव करने लगता है। इसीलिए सत्य साई बाबा ने कहा है कि ध्यान परमात्मा के एकात्मक ज्ञान का पर्याय है। यह दिव्य दर्शन है और दर्शन का मार्ग भी। यह सत्, चित् एवं आनन्द तक पहुँचाता है, नित्यानन्द प्रदान करता है, आत्मानन्द में लीन करता है, परमानन्द को प्राप्त करता है और अद्वैतानन्द उपलब्ध करवाता है।

कुछ लोगों को भ्रम है कि ध्यान से आध्यात्मिक सफलता तो प्राप्त हो जाती है किन्तु इससे व्यक्ति व्यावहारिक क्षेत्र में असफल हो जाता है। किन्तु यह बात ठीक नहीं है। ध्यान से एक ओर तो हमारी बुद्धि का विकास होता है तथा दूसरी ओर हममें एकाग्रता आती है। कहना न होगा कि ये दोनों ही बातें सांसारिक सफलताओं के लिए भी अपेक्षित हैं। इसीलिए स्वामी मुक्तानंद जी ने अपनी 'चिद्शक्ति विलास' में प्रतिपादित किया है कि ध्यान आध्यात्मिक अनुभूति के लिए जितना महत्वपूर्ण है उतना ही वह सांसारिक सुखों की प्राप्ति के लिए भी उपयोगी है। इसलिए वे लिखते हैं, "हे! अचेतन मानव तू जाग जा, ध्यान कर मोक्ष के लिए नहीं, धर्म साधना के लिए नहीं, योग पदवी के लिए, प्रशंसा पाने के लिए नहीं लेकिन अपनी सांसारिक वस्तुओं को पाने के लिए।" वस्तुतः ध्यान व्यक्ति की सुषुप्त शक्तियों को जागृत कर देता है जिससे वह जीवन के हर क्षेत्र में सफलता प्राप्त करता है।

ध्यान से दिव्य शक्ति का जागरण— ध्यान से व्यक्ति की दिव्य शक्ति का जागरण हो जाता है, इसका उल्लेख अनेक साधकों एवं योगियों ने किया है। इस दिव्य शक्ति को विभिन्न योगियों ने विभिन्न नाम दिये हैं। किसी ने इसे 'कुंडलिनी शक्ति' कहा है तो किसी ने 'चिति शक्ति' या 'परम शक्ति' कहा है। बाबा ने इसे 'दिव्य शक्ति' की संज्ञा दी है। यह दिव्य शक्ति क्या है? आधुनिक मनोविज्ञान के अनुसार मानव-मस्तिष्क अनन्त शक्ति का भंडार है किन्तु मनुष्य उसका अपने जीवन में सम्यक् रूप में उपयोग नहीं कर पाता। इसका कारण यह है कि मानव मस्तिष्क तीन भागों में विभक्त है—चेतन, उपचेतन या अद्धचेतन एवं अचेतन। मनुष्य की मानसिक शक्ति का नब्बे प्रतिशत से भी अधिक भाग उसके अचेतन मन में सुषुप्त एवं निष्क्रिय रूप में पड़ा

रहता है जिसका कोई उपयोग नहीं हो पाता जबकि शेष दस प्रतिशत शक्ति से ही चेतन एवं उपचेतन की सारी मानसिक क्रिया-प्रतिक्रियाओं का संचालन होता है। मनोविश्लेषकों ने यह भी स्वीकार किया है कि मनुष्य न तो अचेतन मन में विद्यमान अपनी शक्ति को जागृत कर सकता है और न ही उसे अपने अधीन करके उसका संचालन स्वेच्छानुसार कर सकता है। यदि किसी प्रकार मनुष्य अचेतन मन की पाँच-दस प्रतिशत शक्ति को भी जागृत, उद्‌बुद्ध एवं सक्रिय करके अपने नियंत्रण में ले सके तथा स्वेच्छानुसार उसका उपयोग कर सके तो उसकी समस्त मानसिक शक्तियाँ कई गुना बढ़ सकती हैं। वस्तुतः अचेतन की शक्ति को जगाना परमाणु के नाभिक की शक्ति को जगाने के तुल्य है—पहले समझा जाता था कि इसे जागृत एवं सक्रिय नहीं किया जा सकता किन्तु जब वैज्ञानिकों को ऐसा करने में सफलता मिल गई तो उन्होंने अनुभव किया कि इसमें परमाणु के दो अन्य तत्वों—इलेक्ट्रान एवं प्रोटॉन—से हजारों गुना अधिक शक्ति है। यही स्थिति हमारे मस्तिष्क की है। यद्यपि वैज्ञानिक अभी तक अचेतन की शक्ति को जगाकर उसका उपयोग करने का उपाय नहीं खोज पाये किन्तु हमारे ऋषि-मुनियों व योगियों ने ऐसा करने में बहुत पहले सफलता प्राप्त कर ली थी। प्राणायाम, ध्यान, योग, तंत्र, मंत्र आदि ऐसे ही उपाय हैं जिनसे मानव-मन में विद्यमान अचेतन स्तर की सुषुप्त शक्ति को उद्दीप्त करके अतिचेतना या दिव्य चेतना के रूप में परिणत किया जाता है तथा उसके द्वारा ऐसे कार्यों को सम्पादित किया जा सकता है जो शक्ति के अन्य रूपों और स्तरों के द्वारा सम्भव नहीं हैं।

हठयोग में इसी सुषुप्त शक्ति को कुंडलिनी का नाम दिया गया है। जब योग-साधना द्वारा इसे जगा लिया जाता है तो योगी को आठ प्रकार की सिद्धियाँ प्राप्त हो जाती हैं जो इस प्रकार हैं—

(1) अणिमा—योगी इतना सूक्ष्म हो जाता है कि वह किसी को भी दिखाई नहीं पड़ता या अदृश्य हो जाता है।

(2) महिमा—इसमें योगी अपनी इच्छानुसार अत्यन्त विशाल रूप धारण कर सकता है।

(3) गरिमा—इसमें साधक अपना शरीर इच्छानुसार भारी कम कर सकता है।

(4) लघिमा—इसमें वह बहुत लघु आकार धारण कर सकता है।

(5) प्राप्ति—इसमें वह प्रत्येक इच्छित वस्तु को प्राप्त कर लेता है।

(6) ईशित्व—वह सब पर शासन कर सकता है।

(7) प्राकाम्य—साधक जहाँ चाहे आ-जा सकता है।

(8) वशित्व—जिसे चाहे वश में कर सकता है।

ध्यान एवं योग की चरम सिद्धि होने पर ये सब शक्तियाँ साधक को प्राप्त हो सकती हैं, ऐसा हमारे आचार्यों ने अनुभव के बाद ही लिखा है किन्तु सच्चे योगी को

इनका उपयोग सांसारिक कार्यों में न करके अपनी शक्तियों को परमात्मा की प्राप्ति एवं दिव्य आनन्द प्राप्त करने में लगानी चाहिए। यह भी कहा गया है कि शक्तियों व सिद्धियों का दुरुपयोग करने पर साधक का पतन भी हो जाता है—अत: बाबा के अनुसार इन्हें लक्ष्य बनाकर साधना करना अनुचित है, साधक का लक्ष्य सदैव ब्रह्मानन्द की प्राप्ति ही होना चाहिए।

प्राणायाम, ध्यान, योग आदि द्वारा दिव्य शक्ति या अति मानस चेतना को जागृत करने के अनेक सफल प्रयोग आधुनिक युग में—बीसवीं शताब्दी में—भी अनेक साधकों व योगियों द्वारा हुए हैं जिनमें महर्षि अरविन्द, महर्षि रमण, स्वामी योगानन्द, स्वामी मुक्तानन्द आदि महान् साधकों के नाम उल्लेखनीय हैं। इन्होंने अपने अनुभवों के आधार पर प्रमाणित किया है कि ध्यान से चित् शक्ति या दिव्य चेतना का जागरण संभव है तथा उसके बल पर अनेक चामत्कारिक कार्य संपन्न किये जा सकते हैं। किन्तु सच्चे साधक का लक्ष्य चामत्कारिक कार्यों या सिद्धियों के आकर्षण में न पड़कर परम सिद्धि—परमात्मा की उपलब्धि—की ओर ही आगे बढ़ना होना चाहिए।

ध्यान के सम्बन्ध में चेतावनी—यद्यपि ध्यान की महिमा का गान सभी ने किया है तथा बाबा ने भी इसके महत्व पर पर्याप्त बल दिया है किन्तु साथ ही उन्होंने यह भी चेतावनी दी है कि ध्यान से पूर्ण लाभ तभी होगा जबकि इसके साथ इन्द्रिय संयम भी चलता रहे। यदि इन्द्रियों पर संयम नहीं किया गया तो साधक को ध्यान में सफलता प्राप्त नहीं होगी। हमें यह नहीं भूलना चाहिए कि ध्यान भी एक योग है या योग की महत्वपूर्ण क्रिया है और योग के लिए सबसे पहली शर्त है कि उसमें हमारे चित् का नियंत्रण होता है। योग-सूत्रकार के अनुसार योग की परिभाषा—'योगश्चित्तवृति निरोध:' अर्थात चित्त की वृत्तियों का निरोध ही योग है। अत: जब मनुष्य अपनी विषय वासनाओं को नियंत्रित किये बिना ही ध्यान में प्रवृत्त होकर उससे लाभ उठाना चाहता है तो उसमें सफलता की सम्भावना कम रहती है।

इंद्रिय संयम के साथ-साथ ध्यान में परमात्मा के भी किसी-न-किसी नाम या रूप का साहचर्य होना आवश्यक है। निर्गुण उपासक ध्यान के समय 'ओम्' या 'सोऽहम्' मंत्र का मौन जाप कर सकते हैं तो सगुण उपासक भगवान् के किसी-न-किसी रूप, आकार या नाम को अपना आधार बना सकते हैं। कहने का तात्पर्य यह है कि ध्यान का लक्ष्य अन्तत: भगवान् के ही किसी-न-किसी रूप या नाम के साथ सम्बन्ध स्थापित करते हुए उसका बोध प्राप्त करना है या उसमें लीन हो जाना है। यदि पूछा जाय कि ध्यान में किसका ध्यान किया जाय तो इसका स्पष्ट उत्तर है कि आत्मा या परमात्मा का। यदि ध्यान में आत्मा या परमात्मा से सम्बन्ध स्थापित नहीं होता तो समझिये कि वह ध्यान निरुद्देश्य है और एक खोखली क्रिया मात्र है। यह स्थिति वैसी ही हैं जैसे कि कोई यात्री कहीं जा रहा है किन्तु उसे अपने गंतव्य स्थान का पता नहीं है। अस्तु, ध्यानयोगी को अपनी ध्यान-साधना का लक्ष्य या उद्देश्य सदैव स्पष्ट रूप में ज्ञात होना चाहिए।

कुछ लोग उपर्युक्त तथ्य की उपेक्षा करके केवल ध्यान की क्रिया में लगे रहते हैं, उनके सम्बन्ध में बाबा ने स्पष्ट रूप में कहा है—"यह सही है, कि मेरी इस बात को सुनकर तुममें से कुछ लोगों को दुःख होगा, किन्तु फिर भी मैं सोचता हूँ कि इस सत्य को बता देना ही चाहिए। कुछ लोग ऐसे हैं जो इस प्रकार के विभिन्न कार्यों—जैसे हठयोग, क्रिया-योग या राजयोग के प्रचार में लगे हुए हैं और वे दावा करते हैं कि आत्म साक्षात्कार करा देंगे। अतः साधक उनकी ओर आकर्षित होते हैं। परन्तु मैं स्पष्ट रूप में बता देना चाहता हूँ कि इनमें से कोई भी भगवान् का साक्षात्कार नहीं करा सकता, यह बात मैं बहुत जोर देकर कह रहा हूँ। प्रेम-योग ही एक ऐसा योग है जो हमें भगवान् तक पहुँचा सकता है।" बाबा का यहाँ प्रेम योग से अभिप्राय भगवान् के प्रेम से है। ध्यान में भी अन्ततः, हम भगवान् के प्रति प्रेम या अद्वैत भावना विकसित करते हैं; उसी स्थिति में भगवान् का साक्षात्कार होता है। बाबा के शब्दों में, "अन्य योग मस्तिष्क को अस्थायी शान्ति दे सकते हैं और मन के विक्षोभों को दूर कर सकते हैं; स्वास्थ्य सुधार सकते हैं अथवा जीवन की अवधि में कुछ समय की वृद्धि कर सकते हैं, बस इससे अधिक वे कुछ नहीं कर सकते हैं।" इससे स्पष्ट है कि यदि साधक का लक्ष्य दिव्य चेतना का बोध अथवा परमात्मा का साक्षात्कार या आत्मा एवं परमात्मा की एकता की अनुभूति प्राप्त करना है तो उसे ध्यान का सम्बन्ध किसी-न-किसी प्रकार से परमात्मा के नाम या रूप से स्थापित करना चाहिए अन्यथा वह एक मानसिक व्यायाम मात्र सिद्ध होगा जिससे दूसरे प्रकार के कई लाभ तो हो सकते हैं किन्तु उससे आत्मबोध या ब्रह्मानन्द की प्राप्ति संभव नहीं जो कि अध्यात्म-पथ के पथिक का चरम लक्ष्य है।

●

16. श्री सत्य साई बाबा के पाँच सूत्र

"मैं लाखों लोगों में जाता हूँ, उन्हें परामर्श देता हूँ, उनका मार्ग-प्रदर्शन करता हूँ और उन्हें सत्य, धर्म. प्रेम, शान्ति और अहिंसा के मार्ग पर चलाता हूँ।"

श्री सत्य साई बाबा

वैसे तो भगवान् श्री सत्य साई बाबा ने सभी धर्मों की परम्परागत मान्यताओं एवं साधना पद्धतियों का अनुमोदन किया है तथा अपनी ओर से किसी नये धर्म या मत की स्थापना का प्रयास नहीं किया किन्तु उन्होंने पाँच ऐसे तत्वों को विशेष रूप से मान्यता दी है जो कि प्राय: सभी धर्मों के द्वारा स्वीकृत हैं। वे तत्व हैं—

(1) सत्य (2) धर्म (3) शान्ति (4) प्रेम एवं (5) अहिंसा।

बाबा ने अपनी पुस्तक 'धर्म-वाहिनी' में धर्म के स्वरूप की व्याख्या करते हुए अन्त में उसके आधारभूत तत्वों या सिद्धान्तों के रूप में इनकी चर्चा की है। इसके अतिरिक्त समय-समय पर विभिन्न सन्दर्भों में तथा अपने प्रवचनों में इन्हें 'दिव्य तत्व' की संज्ञा देते हुए अपने सभी अनुयायियों को इन्हें अपनाने का निर्देश दिया है।

यहाँ यह भी उल्लेखनीय है कि प्रारम्भ में बाबा ने प्रथम चार तत्वों पर ही बल दिया था किन्तु आगे चलकर उन्होंने अहिंसा को भी पाँचवें तत्व के रूप में मान्यता दी है। वैसे उनके प्रारंभिक तत्वों को स्वीकार कर लेने के पश्चात् किसी भी प्रकार की हिंसा के लिए अवकाश नहीं रहता, अत: 'अहिंसा' की प्रतिष्ठा अलग से करने की आवश्यकता नहीं थी। फिर भी कुछ धर्मों में 'अहिंसा' पर अलग से बल दिया गया है, संभवत: इसी तथ्य को ध्यान में रखते हुए इसे भी सम्मिलित किया गया है। आगे इन पाँचों तत्वों का विवेचन क्रमश: किया जाता है।

(1) सत्य

'सत्य' का शाब्दिक अर्थ है जो तीनों कालों में एक समान रहे, सदा एक सा रहे तथा जो वस्तुस्थिति या वास्तविकता पर आधारित हो। सत्य का सम्बन्ध 'सत्' से है जिसका अर्थ है जो सदैव विद्यमान रहे। भगवान् श्री सत्य साई बाबा ने इसका अर्थ स्पष्ट करते हुए कहा है—"इस बात को सभी स्वीकार करेंगे कि जो परिवर्तनशील है, वह 'सत्' नहीं है। सत् तो भूत, भविष्य और वर्तमान में सदा एक जैसा ही रहता है। संसार और सांसारिक पदार्थ—प्राकृतिक पदार्थ सदा परिवर्तनशील रहते हैं—टूटते-फूटते रहते हैं, उत्पादित एवं नष्ट होते रहते हैं, कभी प्रकट होते हैं तो कभी लीन हो जाते हैं, रूपान्तरित होते रहते हैं, घटते-बढ़ते रहते हैं, या जन्म एवं मृत्यु को प्राप्त होते रहते हैं। अत: इन्हें सत्य कैसे कहा जा सकता है? यहाँ तक कि व्यक्तिगत

दृष्टिकोण, भावनाएँ, मनोविकार, वृत्तियाँ, धारणाएँ एवं विश्वास भी बदलते रहते हैं।" अतः इस दृष्टि से सत्य केवल परमात्मा है जो सभी कालों में विद्यमान रहता है—इसी को 'परम सत्य' भी कहते हैं।

उपर्युक्त विवेचन से स्पष्ट है कि बाबा ने यहाँ सत्य के जिस रूप का प्रतिपादन किया है वह सामान्य सत्य न होकर परम सत्य है जिसे हम परमात्मा का पर्यायवाची कह सकते हैं। अद्वैत दर्शन के अनुसार समस्त सृष्टि में सत्य केवल एक ही है वह है परमात्मा—शेष सब कुछ मिथ्या है। इस दृष्टि से सृष्टि के विभिन्न क्षेत्रों में सत्य की खोज करना व्यर्थ है किन्तु वास्तव में ऐसा नहीं है। यह ठीक है कि दार्शनिक दृष्टि से परम सत्य केवल एक ही है किन्तु व्यावहारिक क्षेत्र में हम सत्य का प्रयोग और भी कई रूपों एवं अर्थों में करते हैं। यथा—जब हम कहते हैं कि "यह सत्य है कि धरती सूर्य के चारों ओर परिक्रमा लगाती है" या "इस संसार में प्रत्येक वस्तु नाशवान है" तो इन्हें भी हम 'सत्य' की संज्ञा देकर विभूषित करते हैं। इसी प्रकार ऐतिहासिक घटनाओं के सम्बन्ध में भी 'सत्य' शब्द का प्रयोग किया जाता है, यथा —"यह सत्य है कि राम दशरथ के पुत्र थे" अथवा "यह सत्य है कि भारत 15 अगस्त, 1947 को स्वतंत्र हुआ था।" इसके अतिरिक्त व्यावहारिक जीवन में 'सत्य' का प्रयोग किया जाता है, जैसा कि "यह सत्य है कि मैंने पुस्तक नहीं चुराई" या "सदैव सत्य बोलो।"

इस प्रकार हम देखते हैं कि उपर्युक्त वाक्यों में 'सत्य' शब्द का प्रयोग परमात्मा के अर्थ में न होकर अन्य अर्थों में हुआ है, जिन्हें हम मुख्यतः तीन वर्गों में विभक्त कर सकते हैं—(1) विश्व व्यापी नियमों के अर्थ में जिसे "यूनिवर्सल ट्रुथ या सत्य" की संज्ञा दी जाती है। (2) वास्तविकता पर आधारित तथ्यों के लिए भी 'सत्य' शब्द का प्रयोग होता है। (3) व्यावहारिक जीवन में सरल, अकृत्रिम एवं शुद्ध आचरण को भी 'सत्याचरण' कहा जाता है। सत्य भाषण—किसी भी बात को यथार्थ रूप में कहना—भी सत्याचरण का ही एक अंग है।

अस्तु, उपर्युक्त विवेचन से स्पष्ट है कि 'सत्य' शब्द का प्रयोग क्रमशः "परम सत्य, विश्वव्यापी नियमों, तथ्यों, आचरण या भाषण की यथार्थता के लिए होता है।" इनका विवेचनन आगे क्रमशः किया जाता है।

(1) परम सत्य—जैसा कि पीछे स्पष्ट किया जा चुका है कि परम सत्य सृष्टि में एक ही है और वह है ब्रह्म या परमात्मा। सृष्टि के प्रत्येक कण-में तथा प्रत्येक प्राणी में वह विद्यमान है। मनुष्य के भीतर वह आत्मा के रूप में विद्यमान है। इस दृष्टि से परम सत्य की प्राप्ति का अर्थ है अपने भीतर विद्यमान आत्मा का साक्षात्कार करना। हम अपने अज्ञान के कारण बाह्य पदार्थों को ही वास्तविक मानते हुए अपनी आत्मा की उपेक्षा करते हैं। हम इस भ्रम में हैं कि जगत में हमें जो कुछ अपनी इन्द्रियों के द्वारा ज्ञात होता है वही वास्तविक है। इसीलिए हम भौतिक जगत के स्थूल पदार्थों को वास्तविक मानते हुए अपने भीतर विद्यमान आत्मा या परमात्मा की उपेक्षा करते हैं। किन्तु जैसा कि दार्शनिकों ने स्पष्ट किया है कि संसार की प्रत्येक वस्तु परिवर्तनशील

और नाशवान है, अतः उन्हें सत्य के रूप में स्वीकार नहीं किया जा सकता है क्योंकि सत्य की परिभाषा ही यह है कि जो प्रत्येक काल में अविकृत, अपरिवर्तित एवं स्थायी रहती है। ऐसी स्थिति में केवल आत्मा ही एक ऐसा तत्व है जो कि अजर है, अमर है और वही परमात्मा है। किन्तु उसका बोध या साक्षात्कार हमें बाह्य इन्द्रियों के द्वारा प्राप्त नहीं हो सकता, इसके लिए विभिन्न प्रकार की साधनाओं की अपेक्षा है जिनकी चर्चा अन्यत्र की जा चुकी है। यहाँ संक्षेप में इतना ही कहना पर्याप्त होगा कि 'परम सत्य' का तात्पर्य आत्मा या परमात्मा है जिसे अपने भीतर ही पाया जा सकता है। बाबा के शब्दों में कहा जा सकता है कि "सत्य की उपलब्धि के लिए बाहर भटकने की आवश्यकता नहीं—उसे प्रत्येक मनुष्य अपने भीतर खोज सकता है क्योंकि हमारी आत्मा ही परमात्मा या परम सत्य से अभिन्न है। जो लक्षण परमात्मा या परम सत्य के बताये गये हैं वे सभी आत्मा के भी हैं—"आत्म नित्य है, चिरस्थायी है और शाश्वत है।" अतः तात्विक दृष्टि से सत्य की प्राप्ति आत्मा की अनुभूति या आत्म-साक्षात्कार का ही दूसरा नाम है।

अस्तु, बाबा ने सत्य के संदर्भ में सबसे अधिक बल इसी परम सत्य पर ही दिया है किन्तु उन्होंने सत्य के अन्य रूपों की भी उपेक्षा नहीं की है। उनकी चर्चा आगे क्रमशः की जाती है।

(2) **विश्वव्यापी सत्य या सामान्य नियम**—सत्य का दूसरा व्यापक रूप सामान्य नियम या विश्वव्यापी सत्य है जिसे अंग्रेजी में 'यूनिवर्सल ट्रुथ' कहते हैं। इससे अभिप्राय ऐसे नियमों और सिद्धान्तों से है कि विश्व के हर क्षेत्र में और हर युग में समान रूप से लागू होते हैं। सृष्टि के विभिन्न रूपों में ब्रह्म या परमात्मा की शक्ति ही कार्य करती है। इसी शक्ति के द्वारा सृष्टि के विभिन्न क्रिया-कलाप संपन्न होते हैं। सृष्टि का सृजन, पालन (संचालन) एवं संहार शक्ति के ही विश्वव्यापी नियमों द्वारा होता है। बीज से अंकुर, फल एवं पुनः असंख्य बीजों की क्रमिक उत्पत्ति का विधान भी इसी शक्ति की देन है। इसी प्रकार ब्रह्माण्ड में प्रत्येक पिण्ड अपनी-अपनी धुरी एवं परिधि में नियमित रूप से चक्कर लगाता रहता है। धरती एक निश्चित गति से एवं निश्चित समय एवं निश्चित परिधि में निरन्तर भ्रमण कर रही है—करोड़ों वर्षों के बाद भी उसकी गति या परिधि में रंचमात्र भी अन्तर नहीं आया। यह सब किस शक्ति के बल पर हो रहा है? बाबा ने इसका उत्तर देते हुए कहा है—"सत्य ही सृष्टि का वह नियम है जिसके बल पर सूर्य और चाँद अपनी-अपनी धुरियों पर निरन्तर घूमते हैं।" इन नियमों के पीछे परमात्मा की ही अदृष्ट शक्ति कार्य कर रही है।

आधुनिक विज्ञान सृष्टि के विभिन्न क्रिया-कलापों के पीछे ईश्वर की सत्ता स्वीकार न करके इन्हें प्रकृति की शक्ति या प्राकृतिक नियमों पर आधारित मानता है, किन्तु स्वयं प्रकृति क्या है?—इसे किसी ने स्पष्ट नहीं किया। क्या प्रकृति इन्द्रियगम्य वस्तु है या केवल एक विचार अथवा भाववाचक संज्ञा मात्र है? इस प्रकृति का रंग-रूप या लक्षण क्या है? वह जड़ है या चेतन? इसमें सोचने-समझने की अथवा नये-नये

पदार्थों के रंग-रूप की कल्पना करने या नयी योजनाएँ बनाने की क्षमता है या नहीं? यदि इसमें चेतना का सर्वथा अभाव है तो उस स्थिति में न तो वह सृष्टि के विभिन्न पदार्थों के रंग-रूपों की कल्पना कर सकती है और न ही सृष्टि के सृजन, संचालन एवं संहार सम्बन्धी असंख्य नियमों की योजना व व्यवस्था कर सकती है। यदि प्रकृति को एक ऐसी सत्ता के रूप में स्वीकार कर लिया जाता है कि जो सूक्ष्म है, जिसका रूप-रंग इन्द्रियों द्वारा बोधगम्य नहीं है तथा जो सोचने-समझने, नयी वस्तुओं की कल्पना करने एवं सृष्टि के संचालन के लिए अपेक्षित नियमों की योजना एवं व्यवस्था करने में सक्षम है एवं जो सृष्टि के आदि से लेकर अन्त तक सभी कालों में एवं सभी स्थानों में व्याप्त होकर निरन्तर क्रियाशील है, तो उस स्थिति में प्रकृति में और ईश्वर के स्वरूप में कोई अन्तर नहीं रह जाता। वस्तुतः सचेतन प्रकृति या चेतनायुक्त प्रकृति ही भगवान् की शक्ति है, इस तथ्य को अध्यात्मवादी भी स्वीकार करता है। अतः विज्ञान और अध्यात्म में मतभेद इसी बात का है कि एक जिसे 'प्राकृतिक नियम' कहता है उसी को दूसरा 'ईश्वर की शक्ति' के रूप में स्वीकार करता है। बिना ईश्वर की दिव्य शक्ति के केवल जड़ प्रकृति सृष्टि के विभिन्न क्रिया-कलापों का नियमन करने में समर्थ नहीं हो सकती। अस्तु, सृष्टि का संचालन जिन विश्वव्यापी नियमों के द्वारा हो रहा है वे परमात्मा की ही सक्रिय शक्ति के परिचायक हैं।

जब साधक विश्व में व्याप्त इन नियमों का अध्ययन, मनन और चिन्तन करता है तो धीरे-धीरे उसे भगवान की दिव्य शक्ति और उसकी दिव्य महिमा का बोध होता है और इस प्रकार उसे ब्रह्म की ओर उन्मुख होने में सहायता मिलती है।

सृष्टि के क्रिया-कलापों में ब्रह्म, परमात्मा या सत्य के अस्तित्व का बोध करना ही अपने आप में सत्य की उपलब्धि का एक माध्यम है। अस्तु, हमें अपने मन में इस विचार को भली-भाँति दृढ़ कर लेना चाहिए कि यह समस्त संसार सत्य पर या विश्वव्यापी नियमों पर ही आधारित है। बाबा के शब्दों में, "सत्य की धारक शक्ति बिना हमारा यह विश्व टिक नहीं सकता और उसके बिना हमारा जीवन तूफानी सागर में फँसी, बिना पतवार की नौका के समान हो जायेगा। इसलिए सर्वप्रथम हमें अपने-आप में विद्यमान एवं छिपी हुई दिव्यता को अनुभव करते हुए सत्य का बोध प्राप्त करना चाहिए।"

आर्य सत्य—संसार में घटित होने वाली विभिन्न घटनाओं के चिन्तन-मनन के अनंतर भगवान् गौतम बुद्ध ने चार विश्व-व्यापी नियमों की स्थापना की है जिन्हें 'आर्य सत्यों' की संज्ञा दी गयी है जो ये हैं—

(1) संसार में दुःख है क्योंकि संसार में जन्म लेना दुःख है, मरण दुःख है, अप्रिय का समागम दुःख है और प्रिय का वियोग दुःख है। इस संसार में जिसने भी जन्म धारण किया है वह उपर्युक्त स्थितियों से बच नहीं सकता। इसका अर्थ यह है कि प्रत्येक व्यक्ति को इन रूपों में दुःख भोगना ही पड़ता है। अतः संसार का दूसरा नाम दुःख है, यही गौतम बुद्ध के अनुसार पहला आर्य सत्य है।

(2) दूसरा सत्य यह है कि इन दु:खों का मूल कारण हमारी अपनी तृष्णा है। तृष्णा, इच्छाओं या कामनाओं का ही दूसरा नाम है। हम विभिन्न प्रकार की इच्छाओं, वासनाओं और कामनाओं से प्रेरित होकर ही आशा और निराशा के जाल में फँसते हैं और अंत में दु:खी होते हैं। यही दूसरा आर्य सत्य है।

(3) यदि हम अपनी तृष्णाओं को नियंत्रित कर लें तो हमें दु:खों से मुक्ति मिल सकती है। अस्तु दु:ख की मुक्ति का उपाय है तृष्णाओं का निरोध—यही तीसरा आर्य सत्य है।

(4) भगवान् बुद्ध के अनुसार चौथा या अंतिम आर्य सत्य यह है कि तृष्णाओं का निरोध या नाश, अष्टांग-मार्ग द्वारा संभव है। 'अष्टांग मार्ग' से तात्पर्य उस मार्ग से है जिसका निरूपण स्वयं गौतम बुद्ध ने किया है। इसके अन्तर्गत दृष्टि, संकल्प, वचन, कर्म, उद्योग, विवेक, स्मृति और समाधि—इन आठों की सम्यकता, सत्यता एवं शुद्धता का प्रतिपादन किया गया है। दूसरे शब्दों में यदि हम अपनी इन्द्रियों, भावों, विचारों और कार्यों को सदैव शुद्ध रखते हुए समुचित समाधि प्राप्त कर लें तो उससे तृष्णाओं का क्षय हो सकता है।

बौद्ध धर्म में उपर्युक्त आर्य सत्यों को अत्यधिक महत्व दिया जाता है जबकि अन्य धर्मों में इन्हें भिन्न रूपों में स्वीकार किया गया है। गौतम बुद्ध ने संसार को केवल दु:ख की दृष्टि से ही देखा है जिसे कुछ आलोचकों ने अतिवादी दृष्टिकोण माना है क्योंकि संसार दु:ख और सुख दोनों का मिश्रित रूप है किन्तु फिर भी इतना तो सभी स्वीकार करते हैं कि संसार में सभी वस्तुएँ क्षणभंगुर हैं, अत: यदि उनमें आसक्ति रखी गयी तो उसका परिणाम दु:ख ही होगा। दूसरे, सभी दु:खों का मूल कारण वासना, इच्छा या तृष्ण ही है और यदि हम किसी भी साधन या उपाय से अपनी तृष्णाओं पर नियंत्रण प्राप्त कर लें तो निश्चय ही दु:ख से मुक्ति प्राप्त हो सकती है। इस रूप में यह एक यूनिवर्सल ट्रुथ है जिसे सम्भवत: सभी अध्यात्मवादी स्वीकार करते हैं।

अध्यात्म-पथ के पथिक के लिए उपर्युक्त सत्यों का चिन्तन-मनन उपयोगी है। बाबा ने भी विभिन्न साधना पद्धतियों को निरूपित करते हुए यह स्पष्ट रूप में प्रतिपादित किया है कि जब तक हम अपनी वासनाओं, इच्छाओं और तृष्णाओं पर नियंत्रण नहीं कर लेते तथा सांसारिक विषयों के प्रति आसक्ति नहीं त्याग देते तब तक परम सत्य या परमात्मा की उपलब्धि नहीं हो सकती। इस प्रकार हम देखते हैं कि विश्व के विभिन्न सामान्य नियम सत्य के ही विभिन्न पक्षों, रूपों एवं अंगों का बोध प्रदान करते हैं, अत: उन्हें हम सत्य या ब्रह्म की ही सत्ता से सम्बद्ध मानते हुए उनके माध्यम से परम सत्य या परमात्मा तक पहुँच सकते हैं।

व्यावहारिक तथ्य—व्यावहारिक क्षेत्र के तथ्यों के लिए भी हम सत्य शब्द का प्रयोग प्राय: करते हैं। ये तथ्य देश और काल की सीमाओं से बँधे रहते हैं या यों कहिये कि वे देशकाल पर आधारित होते हैं। ऐसी स्थिति में तथ्यों का महत्व विश्वव्यापी न होकर देशकाल के विशेष सन्दर्भ में ही होता है। विषय क्षेत्र की दृष्टि से इन्हें भी कई

वर्गों में विभक्त किया जा सकता है—(1) वैज्ञानिक तथ्य (2) ऐतिहासिक तथ्य, (3) व्यावहारिक जीवन के तथ्य। उदाहरण के लिए 'दो और दो चार होते हैं' यह एक वैज्ञानिक तथ्य है। 'हुमायूँ बाबर का पुत्र था', यह एक ऐतिहासिक तथ्य है। इसी प्रकार 'कल यहाँ वर्षा हुई थी' या 'अमुक व्यक्ति की मृत्यु हुई थी' या 'अमुक घटना घटित हुई थी' आदि बातें यथार्थ स्थितियों पर आधारित होने के कारण 'तथ्य' कहलाती हैं।

यद्यपि तथ्यों को हम सत्य की कोटि में नहीं रख सकते हैं किन्तु वे सत्य के अंगों या साधन के रूप में स्वीकार किये जा सकते हैं। तथ्यों से ही हमें विभिन्न विषयों का ज्ञान प्राप्त होता है और यह ज्ञान ही हमें सत्य तक पहुँचाता है। जीवन के हर क्षेत्र में असंख्य तथ्य हैं जिनकी कोई सीमा नहीं है। यदि कोई व्यक्ति यह सोचता है कि वह सभी तथ्यों की जानकारी प्राप्त करके ज्ञानी या विद्वान बन जाय तो यह सम्भव नहीं है। ऐसी स्थिति में व्यक्ति अपनी रुचि एवं आवश्यकतानुसार कुछ ही विषयों से सम्बन्धित महत्वपूर्ण तथ्यों का ज्ञान प्राप्त कर सकता है। इसलिए एक वैज्ञानिक विज्ञान सम्बन्धी तथ्यों का, इतिहासकार ऐतिहासिक तथ्यों का या राजनीतिज्ञ राजनीति सम्बन्धी तथ्यों का ज्ञान प्राप्त करता है।

जहाँ तक साधक या अध्यात्म पथ के पथिक की बात है उसे भी अपने क्षेत्र से सम्बन्धित तथ्यों का ज्ञान प्राप्त करना चाहिए। इसके लिए वह विभिन्न धर्मों से सम्बन्धित तथ्यों, विभिन्न साधकों के जीवन चरित, उनकी साधना से सम्बन्धित तथ्यों अथवा धार्मिक एवं नैतिक जीवन सम्बन्धित तथ्यों का ज्ञान प्राप्त कर सकता है। दूसरे शब्दों में धर्म, सदाचार, नैतिकता एवं आध्यात्मिकता से सम्बन्धित विभिन्न तथ्य जिन्हें 'तत्व' भी कहा जा सकता है, साधक के लिए उपयोगी एवं महत्वपूर्ण है। उनके माध्यम से वह सही पथ का ज्ञान प्राप्त करता हुआ अपने लक्ष्य की ओर बढ़ सकता तथा अन्त में सत्य के साक्षात्कार में सफलता प्राप्त कर सकता है।

सत्याचरण व सत्य भाषण— सत्य का एक अत्यधिक महत्वपूर्ण रूप सत्याचरण या सत्य भाषण है। अब तक हमने सत्य के जिन रूपों की चर्चा की है, वे प्रायः बाह्य सृष्टि से सम्बन्धित हैं। जबकि सत्याचरण और सत्य भाषण व्यक्ति के अपने भीतर की स्थिति के द्योतक हैं। जब व्यक्ति का आचरण सत्य पर आधारित होता है तो उसे हम 'सत्याचरण' कहते हैं। जैसा कि पहले स्पष्ट किया जा चुका है सत्य से तात्पर्य है 'यथार्थता का वास्तविकता पर आधारित'। जब व्यक्ति जैसा कहता है, वैसा ही करता है तथा अपने कार्य या व्यवहार में असत्य, छल, कपट या आडम्बर का प्रयोग नहीं करता तो इसी को हम 'सत्याचरण' कहते हैं।

सत्याचरण का एक महत्वपूर्ण पक्ष या अंग 'सत्य-भाषण' है। जब हम लाभ-हानि के विचार से अपनी वास्तविकता को छिपाते हैं अथवा दूसरों को वस्तुस्थिति का पता न देकर ऐसी बात कहते हैं जो वास्तविकता पर आधारित नहीं होती तो इसी को 'असत्य भाषण' कहते हैं। इस प्रकार यह असत्य अपने-आप में तो दोष है ही किन्तु साथ ही

वह हमारे अनेक कुकर्मों में सहयोग प्रदान करता है। सही बात तो यह है कि कोई भी ऐसा कुकर्म नहीं है जिसमें हम असत्य का आश्रय न ग्रहण करते हों। उदाहरण के लिए चोरी, व्यभिचार, पाखंड, छल-कपट आदि सभी में असत्य का प्रयोग किया जाता है। कोई भी बुरा कार्य करते समय हम यह सोच लेते हैं कि इसके करते समय कोई नहीं देख रहा है, अतः किसी को इसका पता नहीं चलेगा। यदि कोई पूछेगा तो कह देंगे कि हमने ऐसा नहीं किया। वस्तुतः 'हमने ऐसा नहीं किया' यही प्रत्येक बुरे कार्य का सबसे बड़ा आधार होता है क्योंकि बुरा कार्य करने वाले यह सोच लेते हैं कि वे ऐसा कह करके उसके परिणाम या दण्ड से बच जायेंगे। कई बार उन्हें इसमें सफलता भी मिल जाती है। किन्तु हमें यह नहीं भूलना चाहिए कि यह झूठ का हथियार बहुत शक्तिशाली नहीं होता और न ही वह स्थायी रूप में सुरक्षित होता है। अन्ततः हमारा झूठ कभी-न-कभी पकड़ा जाता है और हम अपने बुरे कार्य का फल भोगने के लिए विवश होते हैं।

यदि थोड़ी देर के लिए यह मान भी लिया जाय कि हम असत्य का आश्रय ग्रहण करके अपने बुरे कर्म का फल भोगने से बच जायेंगे तो भी हमें यह नहीं भूलना चाहिए कि भले ही सांसारिक दृष्टि से हमें इसमें सफलता मिल जाये किन्तु अन्ततः हमें किसी-न-किसी रूप में उसका दंड किसी अदृश्य शक्ति के द्वारा भुगतना पड़ता है। दुनिया की दृष्टि जिसे नहीं देख पाती उसे भगवान की दृष्टि देख लेती है और उसका फल हमें इस जन्म में या अगले जन्म में भोगना ही पड़ता है। पॉल ब्रण्टन ने महर्षि रमण के सम्पर्क में आने के बाद इस सम्बन्ध में अपनी अनुभूति लिखी है जो इस प्रकार है—"जो भी अपनी अन्तरात्मा या अपने समाज के विरुद्ध पाप करता है, वह अपने-आपके लिए स्वयं दण्ड की घोषणा करता है। वह भले ही दूसरों की दृष्टि से अपने कुकर्म या पाप को छिपा ले किन्तु वह भगवान की उस दृष्टि से जो सब कुछ देखती है और उसको अंकित करती है, अपने-आपको नहीं छिपा सकता। सत्य या न्याय अब भी सृष्टि का शासन अपनी पूर्ण शक्ति से करता है भले ही हमारी लकड़ी, पत्थर एवं सीमेंट से निर्मित अदालतों में वह सदैव ही सक्रिय रूप में दिखाई न पड़े। जो भी धरती पर किये गये अपने कुकर्मों का दण्ड यहाँ नहीं भुगतता उसे अन्ततः भगवान का दण्ड भोगना पड़ता है।"

यदि हम स्थूल रूप में अपने कुकर्म या पाप का प्रत्यक्ष फल भोगने से बच भी जायँ तो भी अप्रत्यक्ष रूप में उसका हमारी चेतना या अन्तरात्मा पर जो कुप्रभाव पड़ता है उसके घातक परिणामों से नहीं बच सकते। कुकर्म को छिपाने के लिए असत्य का आश्रय ग्रहण करना पड़ता है और उसके फलस्वरूप हमारी चेतना निःस्पन्द, मानसिक शक्तियाँ कुंठित एवं आत्मविश्वास लुप्त हो जाता है। वस्तुतः असत्य के निरन्तर प्रयोग से धीरे-धीरे हमारा व्यक्तित्व प्रभावहीन, निस्तेज एवं गति शून्य हो जाता है जबकि सत्य भाषण से उसमें अनेक सद्‌गुणों का विकास होता है। सत्य से ही व्यक्ति में आत्मविश्वास, धैर्य, शान्ति एवं संतोष का आविर्भाव होता है तथा उसकी अन्तर्निहित

शक्ति जागृत होती है। सत्य ही हमारी सभी नैतिक भावनाओं का आधार है और नैतिकता ही आध्यात्मिकता की ओर ले जाने वाली शक्ति है।

बाबा ने सत्य-भाषण के सम्बन्ध में स्पष्ट रूप में कहा है कि "सत्य बोलो और सच्चाई का व्यवहार करो। प्रारम्भ में तुम्हें सत्य के कारण कठिनाइयों और असफलताओं का सामना करना पड़ सकता है और कष्ट भी मिल सकता है अन्ततोगत्वा तुम्हें निश्चय ही सफलता प्राप्त होगी। विजय और आनन्द की अनुभूति होगी।" उन्होंने इसे और भी स्पष्ट करते हुए कहा है कि कई लोग सत्य बोलने में संकोच का अनुभव करते हैं क्योंकि वे अपने सम्बन्ध में तथा दूसरों के बारे में सत्य का सामना करने से डरते हैं। वेदों में कहा है—'सत्यम् वद' (सत्य बोलो) किन्तु ये लोग तात्कालिक सुविधा एवं अस्थायी लाभ की प्राप्ति के इतने अभ्यस्त हो गये हैं कि वे सत्य की पूर्ण चकाचौंध (ज्योति) के सम्मुख टिक नहीं पाते।....सत्य भगवान् है।"

बाबा ने एक रोचक दृष्टान्त के द्वारा भी यह प्रतिपादित किया है कि किस प्रकार सत्य को अपनाने वाले अन्ततः सभी दुःखों से मुक्त हो जाते हैं। उन्होंने कहा है कि एक बार एक व्यक्ति अपने गुरु से दिव्य जीवन की दीक्षा लेने गया। गुरु से दीक्षा लेने से पहले उसने गुरु को अपनी तीन बुराइयाँ बतायीं, जो ये थीं—(1) चोरी करना (2) जुआ खेलना (3) असत्य भाषण करना। गुरु ने निर्देश दिया कि इन बुराइयों में से कोई एक छोड़ने के लिए तैयार हो जाओ। उस व्यक्ति ने गुरु के आदेश का पालन करते हुए असत्य भाषण छोड़ने का निश्चय कर लिया। इसके अनन्तर जब वह चोरी करने के लिए राज-भवन में गया तो वहाँ किसी ने पूछा कि यहाँ क्या कर रहे हो? तो उसने उत्तर दिया कि मैं चोरी करने के लिए आया हूँ। वह व्यक्ति भी उसके साथ लग गया और उसने कहा कि मैं भी चोरी करूँगा। वे दोनों तिजोरी तक पहुँचने में सफल हो गये और सारे हीरे-जवाहरात निकाल लिये, केवल एक बड़ा हीरा उन्होंने यह सोचकर छोड़ दिया कि सारी तिजोरी खाली होने से तो राजा का सर्वस्व ही लुट जायेगा। इसके पश्चात् उन दोनों व्यक्तियों ने अपने-अपने हिस्से का माल आधा-आधा बाँट लिया। जब पहला चोर जाने लगा तो दूसरे व्यक्ति ने उससे उसका पता भी पूछ लिया जो उसने सत्यभाषी होने के कारण सही-सही बता दिया।

दूसरा व्यक्ति वस्तुतः कोई चोर न होकर स्वयं राजा ही था जो कि राज-भवन का निरीक्षण कर रहा था। जब चोर ने उसे बताया था कि वह चोरी करने के लिए आया हुआ है तो इससे उसके मन में बड़ी हैरानी हुई क्योंकि कोई भी चोर यह नहीं कहता कि वह चोरी करने के लिए आया हुआ है। अतः उसका सारा रहस्य जानने के लिए, वह भी चोरी में सम्मिलित हो गया और उसका पूरा पता प्राप्त कर लिया।

दूसरे दिन जब राजमहल में चोरी का पता लगा तो राजा ने अपने मंत्री को चोरी के सामान का पता लगाने के लिए आदेश दिया। मंत्री ने जब जाकर देखा कि केवल एक हीरा छोड़कर शेष कुछ नहीं बचा तो उसने सोचा कि यह हीरा चोरों की असावधानी के कारण यहीं रह गया है अतः उसने हीरे को अपनी जेब में डाल लिया और लौटकर

राजा से निवेदन किया कि खजाने में कुछ भी शेष नहीं रहा है, सारा सामान चोर ले गये हैं। उसी समय राजा ने चोर को उसके घर से बुलवाया क्योंकि उसका पता राजा के पास था। चोर से रात की चोरी के बारे में पूछा गया तो उसने अपराध स्वीकार किया और यह भी स्वीकार किया कि वह एक हीरा छोड़कर शेष सारे हीरे चुरा ले गया था। अत: उस हीरे की खोज शुरू हुई और अंत में वह हीरा मंत्री की जेब में से निकला। इस पर राजा ने उस मंत्री को निकाल दिया और उस चोर को सत्य भाषण के कारण अपने राज्य में बहुत बड़े पद पर प्रतिष्ठित कर दिया।

इस प्रकार बाबा ने स्पष्ट किया है कि केवल असत्य भाषण के छोड़ने से ही मनुष्य में कितना परिवर्तन आ जाता है, इसी से इसकी महिमा का पता लगता है।

सत्य से किस प्रकार व्यक्ति की आत्म-शक्ति का जागरण हो जाता है और वह निर्बल से सबल बन जाता है—इसका प्रत्यक्ष उदाहरण महात्मा गाँधी का व्यक्तित्व है। महात्मा गाँधी अपने बचपन एवं युवावस्था में अपने आपको अत्यधिक निर्बल अनुभव करते थे। इसके कई उदाहरण उन्होंने अपनी 'आत्मकथा' में दिए हैं। एक बार वे इंगलैण्ड में अपने कुछ मित्रों के बीच एक लिखित भाषण पढ़ने गये तो घबराहट के कारण उसे भी नहीं पढ़ सके और उसे अधूरा ही छोड़ दिया। जब वे इंगलैण्ड से बैरिस्टर की डिग्री लेकर लौटे तो उन्होंने अपने शहर की एक छोटी अदालत में अपनी वकालत शुरू की। जब वे अपने पहले केस में ही अदालत में प्रस्तुत हुए तो इतने घबरा गये कि वे जज के सामने कुछ भी नहीं बोल सके। इससे उन्हें इतनी ग्लानि हुई कि उन्होंने अपने मुवक्किल की पूरी फीस वापस कर दी और यह सोचने लगे कि वकालत का काम वे नहीं कर सकेंगे किन्तु वही गाँधी जो कि एक छोटे से केस की भी वकालत नहीं कर सके आगे चलकर इतने सशक्त और महान् बन गये कि उन्होंने भारत की स्वतंत्रता के लिए ब्रिटिश सरकार से घोर संघर्ष किया। वे अपनी शक्ति के बल पर ही भारत की चालीस कोटि जनता के नेता बन गये। भारत की जनता उनके एक संकेत पर सब-कुछ करने के लिए तैयार रहती थी। प्रश्न यह है कि महात्मा गाँधी को यह शक्ति कहाँ से प्राप्त हुई? इसका उत्तर उन्होंने स्वयं अपनी 'आत्मकथा' में दिया है कि सत्य की साधना के कारण ही उनके भीतर यह शक्ति जागृत हो गयी। इसलिए उन्होंने अपनी 'आत्मकथा' को 'आत्मकथा' न कहकर 'सत्य के प्रयोग' कहना अधिक उचित समझा है। महात्मा गाँधी के शब्दों में, 'भगवान् सत्य है' ऐसा कहने की अपेक्षा 'सत्य ही भगवान है' कहना अधिक श्रेयस्कर है।

वस्तुत: सत्य एक ऐसा तत्व है जिसकी महत्ता दुनिया के सभी धर्मों में स्वीकार की गई है। ईश्वर और धर्मों के बाह्य रूपों के सम्बन्ध में विभिन्न धर्मों में परस्पर मतभेद हो सकता है किन्तु सत्य की महत्ता के संबंध में सभी धर्मों में मतैक्य है। जो लोग धर्म और ईश्वर में विश्वास नहीं करते वे भी सत्य को नैतिकता और सदाचार की आधारभूमि के रूप में स्वीकार करते हैं। इसलिए सत्य की महिमा को हर देश और हर काल के प्राय: सभी महान् व्यक्तियों ने स्वीकार किया है, चाहे वह सुकरात हो, ईसा

हो, बुद्ध हो, कबीर हो, दयानन्द हो, विवेकानन्द हो या महात्मा गाँधी। इन्होंने सत्य की रक्षा के लिए अपने प्राणें तक का बलिदान किया है। ऐसी स्थिति में सत्य साई बाबा ने जो कि स्वयं सत्य के ही अवतार हैं और जिनका नाम भी 'सत्य' का पर्यायवाची है, सत्य को अपना आदर्श मानते हुए इसे अपने सिद्धान्तों में सर्वप्रथम स्थान दें तो यह स्वाभाविक ही है। उपनिषदों ने भी कभी घोषणा की थी—'सत्यमेव जयते ना अनृतम्' बाबा ने भी इसी उद्घोष की आवृत्ति पुनः स्पष्ट शब्दों में की है।

(2) धर्म

श्री सत्य साई बाबा का दूसरा महत्वपूर्ण सूत्र 'धर्म' है। 'प्रामाणिक हिन्दी शब्द-कोश' के अनुसार 'धर्म' के विभिन्न अर्थ हैं, जिनमें से कुछ ये हैं—(1) किसी वस्तु, पदार्थ या व्यक्ति में सदैव रहने वाली उसकी मूल वृत्ति या गुण। (2) पर-लोक ईश्वर आदि के सम्बन्ध में विशेष प्रकार का विश्वास और उपासना की प्रणाली। (3) सदाचार, नैतिकता, नीति, व्यवस्था सम्बन्धी तत्व। (4) शुभ फल देने वाले कार्य, सत्कर्म, पुण्य आदि। (5) मत, संप्रदाय, पंथ, मजहब आदि। (6) किसी जाति, वर्ग, पदाधिकारी आदि के लिए निश्चित किया हुआ विशेष कार्य या व्यवहार—कर्त्तव्य।

उपर्युक्त सभी अर्थ धर्म के विभिन्न पक्षों से सम्बन्धित हैं जो कि उसकी विभिन्न विशेषताओं की ओर संकेत करते हैं, अतः इनके आधार पर धर्म के विभिन्न लक्षणों की विवेचना की जा सकती है।

धर्म : मूल वृत्ति के रूप में—धर्म का सामान्य अर्थ किसी भी वस्तु की मूल प्रकृति या प्रवृत्ति से सम्बन्धित होता है, यथा—"अग्नि का धर्म जलाना है। अग्नि चाहे किसी भी प्रकार की हो—लकड़ी से उत्पन्न की हुई, कोयला या उपले जलाकर तैयार की हुई हो, हर स्थिति में 'जलाने' का गुण उसमें सदैव रहेगा, जब यह गुण लुप्त हो जायेगा तो वह 'अग्नि' न रहकर 'राख' या कुछ और बन जायेगी। अतः इस दृष्टि से धर्म ही व्यक्ति का वह गुण या विशेषता है—जिस पर उसका अस्तित्व आधारित है। पदार्थ या व्यक्ति की नाना स्थितियाँ हो सकती हैं किन्तु उसके धर्म का अस्तित्व उसकी हर स्थिति में रहेगा—यही उपर्युक्त विवेचन का निष्कर्ष है।

यदि उपर्युक्त निष्कर्ष के आधार पर हम मनुष्य के धर्म पर विचार करें तो संभवतः यही निष्कर्ष उपलब्ध होगा कि आत्मा ही मनुष्य का धर्म है क्योंकि आत्मा का अस्तित्व प्रत्येक मनुष्य में होता है तथा उसके अभाव में उसका अस्तित्व नहीं रहता। किन्तु मनुष्य के अतिरिक्त अन्य प्राणियों में भी आत्मा का अस्तित्व है—अतः ऐसी स्थिति में आत्मा को केवल मनुष्य का ही धर्म कैसे माना जा सकता है, क्यों न वह सभी प्राणियों का धर्म मान लिया जाय।

'मनुष्य' या 'मानव' के संदर्भ में हम 'मनुष्यता', 'मानवता' या 'इन्सानियत' आदि शब्दों का भी प्रयोग करते हैं जो कि केवल मनुष्य की ही विशिष्टता को सूचित करते हैं, मनुष्य के अतिरिक्त अन्य किसी भी प्राणी की किसी भी विशेषता के लिए इनका प्रयोग

नहीं किया जाता। अतः हम कह सकते हैं कि मनुष्यता, 'मानवता' या इन्सानियत ही मनुष्य का धर्म है। किन्तु स्वयं 'मनुष्यता', 'मानवता' या 'इन्सानियत' से क्या अभिप्राय है—यह अपने-आप में व्याख्या-सापेक्ष्य है। पर जब हम किसी को भी कहते हैं—"यह मनुष्यता का लक्षण नहीं है!" "क्या यही मानवता का आदर्श है! अथवा क्या तुम अपनी इन्सानियत भूल गये हो?"—तो हमारे मन में एक विशेष आशय अवश्य रहता है, जिसे हम अनेक मानवीय गुणों का समुच्चय कह सकते हैं। इन गुणों में सज्जनता, सहृदयता, सत्य-परायणता, परोपकार आदि विभिन्न वैयक्तिक एवं चारित्रिक विशेषताएँ सम्मिलित हैं जिन्हें एक शब्द में 'सद्‌गुण' कहा जा सकता है। ये सद्‌गुण मनुष्य की सद्वृत्तियों पर आश्रित रहते हैं। अस्तु, इस दृष्टि से मनुष्य का धर्म मनुष्य की सद्वृत्तियों पर आश्रित वे गुण हैं जिन्हें समुच्चय रूप में हम 'मनुष्यता' कहते हैं।

धर्म : परलोक एवं ईश्वर के संदर्भ में— धर्म का सम्बन्ध मनुष्य की परलोक सम्बन्धी कल्पनाओं एवं ईश्वर सम्बन्धी विचारों या धारणाओं से भी है। जब मनुष्य अपने लोक से परे किसी अन्य दिव्य लोक में विद्यमान शक्ति की ओर उन्मुख हुआ तो उसी के फलस्वरूप धर्म सम्बन्धी धारणाओं का विकास हुआ। वस्तुतः प्रत्येक धर्म का सम्बन्ध किसी-न-किसी ऐसी दिव्य सत्ता या शक्ति से है जो कि इस सृष्टि का सृजन, संचालन एवं विनाश करती है तथा मनुष्य के क्रिया-कलापों का मूल्यांकन करती हुई वह उसके अच्छे कर्मों के लिए उसे पुरस्कृत तथा बुरे कर्मों के लिए दंडित करती है। यही शक्ति समस्त मानव-समाज को नियंत्रित करती है। यदि इस शक्ति को प्रसन्न करके इसकी कृपा प्राप्त कर ली जाय तो मनुष्य अपने अनेक कष्टों का निवारण कर सकता है। इसी प्रकार के विश्वास प्रायः सभी धर्मों में पाये जाते हैं किन्तु उनमें तात्विक दृष्टि से परस्पर सूक्ष्म अन्तर है, अर्थात् उस दिव्य शक्ति का रूप कैसा है? वह किस प्रकार कार्य करती है? उसकी प्रसन्नता के लिए मनुष्य को क्या करना चाहिए और किस प्रकार या विधि से करना चाहिए—आदि बातों को लेकर विभिन्न धर्मों में परस्पर वैचारिक अन्तर है, किन्तु इसमें कोई सन्देह नहीं कि प्रत्येक धर्म के मूल में किसी-न-किसी अलौकिक या दिव्य शक्ति का अस्तित्व अवश्य है। इसी शक्ति को विभिन्न धर्मों में विभिन्न नाम-रूप दिये गये हैं जिन्हे हम सामान्य रूप में 'ईश्वर' कह सकते हैं।

धर्म : सदाचार एवं नैतिकता के संदर्भ में— जैसा कि पीछे स्पष्ट किया गया है, प्रत्येक धर्म का मूलाधार ईश्वर है। इस ईश्वर को प्रसन्न करने के लिए प्रत्येक धर्म में विभिन्न प्रकार के विधि-विधानों, क्रिया-कलापों एवं सत्कर्मों की भी विवेचना की गयी है। धार्मिक दृष्टि से ये ही धर्म-विशेष के महत्वपूर्ण आचार या सदाचार, एवं कर्म-काण्ड कहलाते हैं। विभिन्न धर्मों में ईश्वर की पूजा, उपासना, आराधना आदि की विभिन्न पद्धतियाँ निश्चित की गई हैं जिन्हें धार्मिक विधि-विधान या कर्म-काण्ड कह सकते हैं तो साथ ही अपने-अपने धर्म के अनुयायियों के लिए जीवन की विशेष पद्धति, रीति एवं आचार-विचार का भी निर्धारण किया गया है जो सामान्यतः सदाचार

एवं नैतिकता पर आधारित हैं। यद्यपि विभिन्न धर्मों की उपासना-पद्धतियों व कर्म-काण्ड में परस्पर अन्तर है किन्तु सदाचार एवं नैतिक तत्वों की दृष्टि से उनमें गहरी समानता है। सत्य, दान, परोपकार, करुणा, दया, सेवा आदि ऐसे तत्व हैं जिन्हें प्राय: सभी धर्मों में स्थान प्राप्त है। ये ही तत्व धर्म-विशेष की नैतिक दृष्टि के नियामक होते हैं तथा उन्हीं के आधार पर उसके नीति-शास्त्र एवं नैतिक नियमों का विकास होता है।

इस प्रकार हम देखते हैं कि प्रत्येक धर्म का सदाचार एवं नैतिकता से गहरा सम्बन्ध होता है।

धर्म : मत-संप्रदाय के अर्थ में— समय-समय पर विभिन्न देशों और युगों में धर्म की व्याख्या विभिन्न महापुरुषों द्वारा हुई है जिनमें से कुछ ने तो धर्म के परम्परागत स्वरूप को ही स्पष्ट एवं विकसित करने का यत्न किया जबकि कुछ ने उसे नया रूप या नया नाम देकर उसे परम्परागत धर्म से भिन्न एवं स्वतंत्र रूप में प्रतिष्ठित किया। कई बार स्वयं व्याख्याता ने अपने विचारों को अलग धर्म का नाम नहीं दिया किन्तु उसके अनुयायियों ने ही अपने मार्ग-दर्शक के नाम के आधार पर उन्हें एक अलग धर्म का रूप दे दिया। इस प्रकार जब धर्म को ये विभिन्न व्याख्याएँ अलग-अलग संस्थाओं के रूप में प्रतिष्ठित होती हुई विभिन्न संज्ञाओं से विभूषित होती गयीं तो इसके फलस्वरूप विभिन्न धर्म-संप्रदायों का विकास हुआ। सामान्य व्यवहार में प्रत्येक धर्म-संप्रदाय को भी 'धर्म' के नाम से पुकारा जाता है, अत: दोनों में घनिष्ठता का स्थापित होना स्वाभाविक है।

धर्म : कर्त्तव्य के अर्थ में— भारतीय भाषाओं में 'धर्म' को कर्त्तव्य के अर्थ में भी ग्रहण किया जाता है, जबकि यह बात अन्य भाषाओं पर लागू नहीं होती। जब हम कहते हैं कि "हिन्दू का यह धर्म है कि वह गाय और ब्राह्मण की रक्षा करे" "प्रत्येक क्षत्रिय का न्याय के लिए युद्ध करना धर्म है" अथवा "पुत्र का यह धर्म है कि वह पिता की सेवा करे"—तो यहाँ 'धर्म' शब्द का प्रयोग 'कर्त्तव्य' के अर्थ में करते हैं। वस्तुत: भारत में धर्म कर्त्तव्य का प्रेरक है तो प्रत्येक कर्त्तव्य धर्म से अनुप्राणित है—अत: यहाँ 'धर्म' और 'कर्त्तव्य' दोनों एक-दूसरे के पर्यायवाची माने जाते हैं किन्तु दूसरी भाषाओं में ऐसा नहीं है। उदाहरण के लिए अंग्रेजी में कर्त्तव्य के लिए 'ड्यूटी' शब्द का ही प्रयोग होगा, 'रिलीजन' का नहीं। इस दृष्टि से न केवल अंग्रेजी का 'ड्यूटी' शब्द संकीर्ण है अपितु स्वयं 'रिलीजन' शब्द भी इतना व्यापक नहीं है कि उसे पूर्णत: 'धर्म' का पर्यायवाची कहा जा सके।

इस प्रकार हम देखते हैं कि शब्द-कोशों में बताये गये धर्म के प्राय: सभी अर्थ उससे किसी-न-किसी प्रकार सुसम्बद्ध हैं, अत: हमें स्वीकार करना चाहिए कि धर्म मानव-मन की एक ऐसी उदात्त वृत्ति या प्रवृत्ति है जो उसे किसी दिव्य शक्ति या परम शक्ति की ओर उन्मुख करती है तथा उसकी अनुकम्पा-प्राप्ति के लिए उसे अपने आचार-विचार को सदाचार के रूप में विकसित करना पड़ता है तथा जो उसमें

चारित्रिक एवं नैतिक गुणों का विकास करके उसमें सच्ची मनुष्यता का आविर्भाव करता है, यह दूसरी बात है कि धर्म किसी एक संस्था की सीमाओं से आबद्ध हो जाता है तो वह मत या सम्प्रदाय का संकीर्ण रूप प्राप्त कर लेता है। किन्तु अन्ततः सभी धर्मों का मूल लक्ष्य एक ही है, व्यक्ति की सीमित चेतना को विश्वव्यापी असीम चेतना से किसी-न-किसी रूप में संयुक्त करना या जोड़ना।

धर्म का सच्चा स्वरूप—विभिन्न युगों से धर्म की व्याख्या विभिन्न रूपों में होती रही है किन्तु बीच-बीच में अनेक स्वार्थी लोगों ने अपने तुच्छ, संकीर्ण एवं सांसारिक मनोरथों की पूर्ति के लिए धर्म के नाम पर अधर्म का भी प्रचार किया है जिसके कारण धर्म का सत्य स्वरूप आज इतना प्रच्छन्न एवं विकृत हो गया है कि उसे सही रूप में पहिचानना भी कठिन हो गया है। जैसा कि तुलसीदास जी ने कहा है—

हरित भूमि तृण संकुलित समुझि परै नहीं पंथ।
जिमि पाखण्ड विवाद तैं लुप्त भये सद्ग्रन्थ॥

वस्तुतः आज यही स्थिति उत्पन्न हो गयी है जिसके कारण धर्म का सही पथ या सच्चा रूप तिरोहित हो गया है। बाबा के शब्दों में—"बहुत अधिक समय से धर्म का निर्मल स्वरूप मलिन पड़ता जा रहा है और वह पहचानने में नहीं आता । जिस प्रकार उपेक्षा करने पर सुन्दर-सुन्दर खेत और उद्यान भी जंगलों में परिवर्तित हो जाते हैं, समय के साथ उनमें झाड़ियाँ एवं कँटीले पौधे उत्पन्न हो जाते हैं। लोभी-लालची व्यक्ति अच्छे और हरे-भरे वृक्षों को काट डालते हैं तो सारा दृश्य ही बदल जाता है। समय बीतने के साथ-साथ लोग उन्हीं नये दृश्यों या रूपों को देखने के इस तरह अभ्यस्त हो जाते हैं कि उन्हें उस परिवर्तन एवं ह्रास का बोध ही नहीं हो पाता। वे उस परिवर्तित या विकृत रूप को ही उसका असली रूप समझने लगते हैं, ऐसा ही धर्म के साथ हुआ है।"

ऐसी स्थिति में श्री सत्य साई बाबा ने अपने विभिन्न लेखों एवं व्याख्यानों में धर्म के विभिन्न रूपों का विवेचन करते हुए उसके सत्य स्वरूप का उद्घाटन किया है। उनके धर्म सम्बन्धी लेख 'धर्मवाहिनी' पुस्तक में संकलित हैं। इसमें उन्होंने स्पष्ट किया है कि मानव समाज में धर्म के विभिन्न रूप, नाम एवं वर्ग प्रचलित हैं जो कि विभिन्न व्यक्तियों या देश-काल की विभिन्न स्थितियों या अनुयायियों की अवस्था या व्यवस्था-विशेष पर आधारित होते हैं। उदाहरण के लिए मनु के द्वारा निरूपित 'मानव धर्म' जहाँ मनुष्य के सामान्य धर्म का सूचक है, वहाँ 'वर्णश्रम-धर्म' या 'गृहस्थ-धर्म' अथवा 'क्षात्र-धर्म' आदि संज्ञाएँ मनुष्य की विभिन्न स्थितियों, परिस्थितियों या अवस्थाओं की द्योतक हैं। मनुष्य की स्थितियों एवं परिस्थितियों के बदलने पर इनसे सम्बन्धित धर्म में भी परिवर्तन आ जाना स्वाभाविक है, ऐसी स्थिति में धर्म के इन रूपों को स्थायी, शाश्वत या स्थिर कैसे स्वीकार किया जा सकता है? इसके अतिरिक्त इनमें धर्म के मूलाधार को न लेकर ऊपरी तत्वों—आचार-विचार, विधि-विधान आदि बाह्य पक्ष को आधार बनाया जाता है। अतः बाबा के शब्दों में इन धर्मों को 'व्यावहारिक धर्म

या आचार धर्म' कहना अधिक उचित होगा, किन्तु वास्तविक धर्म—धर्म का मूलभूत रूप, इनसे भिन्न है।

बाबा ने इस आधारभूत धर्म को 'आत्मधर्म' की संज्ञा देते हुए कहा है—"मैं जिस धर्म के बारे में बातचीत करता हूँ वास्तव में वह आत्मधर्म है, दैविक धर्म है"। इसे उन्होंने आचार धर्म से पृथक् मानते हुए दोनों—आत्म-धर्म एवं आचार-धर्म—का विवेचन विस्तार से किया है।

'आत्म-धर्म' क्या है?—सर्वप्रथम प्रश्न उठता है कि यह 'आत्मधर्म' क्या है? इसकी क्या विशेषताएँ हैं? इसका उत्तर देते हुए कहा जा सकता है कि आत्मधर्म व्यक्ति के इस विश्वास पर आधारित है कि आत्मा ही अंतिम सत्य है तथा वही परमात्मा है। अत: आत्मधर्म के अनुयायी का सर्वोपरि प्रयास इसी सत्य को हृदयंगम करना, बोध करना एवं अनुभव करना है। आत्मधर्म के अनुयायी को एक ओर तो अपनी चेतना की गहराई में इस सत्य को अंकित करना है कि विश्व की परम सत्ता या परमात्मा एवं हमारी आत्मा एक ही है, दूसरी ओर इस विचार को गहराई से दृढ़ करने के लिए एवं उसे अनुभूति का विषय बनाने के लिए बाह्य जगत् के नाना रूपों एवं उनके आकर्षण-जाल के प्रभाव से मुक्त होना है।

अस्तु, बाबा के अनुसार धर्म का वास्तविक रूप यही है। "सच्चा धर्म या आत्मिक आनन्द, आभ्यंतरिक दृष्टि, परम सत्ता के साथ व्यक्ति की आधारभूत प्रकृति की एकता में दृढ़ विश्वास और ब्रह्म की सर्वव्यापकता की अनुभूति—इन्हीं तत्वों में रहता है। इन चारों तत्वों को ही धर्म के प्रामाणिक रूप में स्वीकार किया जा सकता है।...व्यावहारिक सुविधा की दृष्टि से ही इन चारों तत्वों को क्रमश: सत्य, शान्ति, प्रेम और अहिंसा का नाम दिया गया है, यह दूसरी बात है कि ये सभी तत्व आन्तरिक दृष्टि से धर्म के भीतर ही समन्वित हैं।"

वस्तुत: उपर्युक्त चारों तत्व जो कि आत्मा एवं परमात्मा की एकता पर आधारित हैं तथा इसी सिद्धान्त के विभिन्न पक्षों के सूचक हैं, समन्वित रूप में 'आत्मधर्म' के आधारभूत तत्व हैं।

आचार-धर्म—जहाँ 'आत्मधर्म' धर्म के शाश्वत एवं चिरन्तन तत्वों पर आधारित है वहाँ 'आचार-धर्म' देश-काल की परिस्थितियों, जीवन की विशेष स्थितियों एवं दैनिक आवश्यकताओं को ध्यान में रखकर प्रतिपादित है। अत: धर्म की इन वस्तुपरक व्याख्याओं, विधि-निषेध की नियमावलियों एवं विभिन्न प्रकार की पद्धतियों व रीति-रिवाजों आदि का सम्बन्ध लौकिक जीवन की सरणियों से है पारलौकिक जीवन से नहीं। किन्तु इसका अर्थ यह भी नहीं है कि आचार धर्म बिलकुल निस्सार या अनुपयोगी है, वस्तुत: ऐसा नहीं है। इसका भी महत्व है किन्तु उसी स्थिति में जबकि हम उसे आत्मधर्म के साधन के रूप में ही ग्रहण करें, साध्य रूप में नहीं। हमारे आचार-विचार उसी स्थिति में महत्वपूर्ण हैं जबकि वे हमें अपने महान् लक्ष्य की ओर—आत्मा और परमात्मा की एकता अथवा परम तत्व की अनुभूति की ओर—अग्रसर

करते हों किन्तु यदि इसमें वे साधक या सहायक बनने के स्थान पर बाधक सिद्ध हों तो उन्हें सच्चे धर्म के अंग-रूप में स्वीकार नहीं किया जा सकता।

अस्तु, आचार-धर्म या धर्म के विधि-विधानों का प्रयोग उनके मर्म को समझकर ही करना चाहिए जिससे कि आत्मधर्म और आचार-धर्म में परस्पर अन्तर्विरोध उत्पन्न न हो। साथ ही हमें यह भी ध्यान में रखना चाहिए कि आत्मधर्म को व्यावहारिक जीवन में उतारने के लिए किसी-न-किसी कर्म, व्यवहार या आचार का आश्रय ग्रहण करना ही पड़ता है, अत: आचार-धर्म की सर्वथा उपेक्षा भी हमारे मूल लक्ष्य की पूर्ति में बाधक सिद्ध हो सकती है। अत: बाबा ने दोनों के पारस्परिक समन्वय पर बल देते हुए कहा है—"इसलिए जीवन के प्रत्येक कार्य (या आचार) में आत्मधर्म का दर्शन करने से वह कार्य भगवान की पूजा के समान पवित्र हो जायेगा और वह हमें ऊपर उठाता हुआ मुक्ति की ओर ले जायेगा। पर यदि सांसारिक जीवन के कार्य या कर्त्तव्य सत्य धर्म या आत्मधर्म की उपेक्षा करके किये जाते हैं तो वे ईश्वर को पत्थर मानने के तुल्य ही अपवित्र हैं। अत: आचार धर्म का पालन सत्य धर्म या आत्मधर्म को तिलांजलि देकर करना या सत्य धर्म के पालन के लिए आचार-धर्म की सर्वथा उपेक्षा करना—ये दोनों ही निरर्थक हैं।"

धर्म का चरम लक्ष्य या उद्देश्य— जैसा कि पीछे स्पष्ट किया जा चुका है, धर्म का वास्तविक रूप आत्मधर्म है जिसके अनुसार व्यक्ति का धर्म अपनी आत्मा का बोध प्राप्त करना है। यह आत्मा का बोध तभी संभव है जबकि व्यक्ति की दृष्टि बाह्य प्रकृति से हटकर अपनी भीतरी प्रकृति या आत्म-सत्ता की ओर उन्मुख होगी। इसीलिए "धर्म का उद्देश्य जीव को इस स्थिति में लाना है जिससे कि उसका बाह्य प्रकृति से लगाव समाप्त हो जाय क्योंकि इसी से उस मोह एवं भ्रान्ति से छुटकारा मिलेगा जो कि बाह्य प्रकृति पर आधारित है। बाह्य प्रकृति के यथार्थ-बोध के साथ ही व्यक्ति को निजी स्वरूप का—अपने भीतर परम सत्ता के अस्तित्व का अनुभव प्राप्त होगा।"

जब तक व्यक्ति अपने अहं से प्रेरित राग-द्वेष की सीमाओं से बँधा हुआ है तथा वासनाओं, इच्छाओं एवं तृष्णाओं से मुक्त नहीं है तब तक वह आत्मानुभूति के मार्ग पर अग्रसर नहीं हो सकता। इसीलिए धर्म का लक्ष्य व्यक्ति को एक ऐसे मार्ग पर आरूढ़ करना है जो उसे इन सब बन्धनों से मुक्त होने में सहायता प्रदान करे। इस दृष्टि से जो भी अहम् को वश में करके अपनी पाशविक वासनाओं, इच्छाओं एवं अभिलाषाओं को नियंत्रित करके शरीर को ही अपना सम्पूर्ण व्यक्तित्व मानने की भ्रान्ति से बचता हुआ अपनी आत्मा का अनुसंधान करता है—समझना चाहिए कि वही व्यक्ति धर्म-मार्ग पर अग्रसर है। उसके समक्ष यह स्पष्ट रहता है कि धर्म का लक्ष्य आत्मा को परमात्मा में उसी प्रकार लीन करना है जिस प्रकार लहरें अपने को समुद्र में विलीन कर देती हैं।

धर्म और नैतिकता— नैतिकता अपने आप में धर्म नहीं है किन्तु वह धार्मिक तत्वों, प्रयोजनों एवं साधनों से समन्वित होकर 'धर्म' का रूप अवश्य प्राप्त कर सकती है। सामान्यत: नैतिकता में शास्त्रों द्वारा निरूपित आचार, कर्म या सत्कर्म एवं चारित्रिक

गुणों का समावेश किया जाता है। इन्हीं को अन्यत्र बाबा ने 'आचार धर्म' की संज्ञा दी है, इस दृष्टि से हम यदि इन्हें 'आत्मधर्म' के समकक्ष महत्व भले ही न प्रदान करें किन्तु वे उसके साधन या सहायक के रूप में—धर्म के गौण तत्वों—के रूप में अवश्य मान्य किये जा सकते हैं।

धार्मिक कृत्यों में मुख्यत: दो प्रकार के कर्म सम्मिलित हैं, एक जो नैतिकता के सामान्य एवं आधारभूत तत्व हैं, जैसे—सत्य बोलना, चोरी न करना, परोपकार करना आदि। इन्हें चारित्रिक गुण भी कहा गया है। दूसरे, विशिष्ट कर्म हैं जो विभिन्न धर्मों द्वारा विशेष परिस्थिति या स्थिति को ध्यान में रखकर निरूपित किये गये हैं, जैसे—पूजा की विधियाँ, उपवास, तीर्थ, श्राद्ध आदि विभिन्न धार्मिक रीति-रिवाज़। जहाँ प्रथम वर्ग के नैतिक तत्व यूनिवर्सल हैं—प्राय: सभी धर्मों में समान रूप में मिलते हैं, वहाँ दूसरे वर्ग के तत्व विभिन्न धर्मों में अलग-अलग रूपों में मिलते हैं। संभवत: इन्हीं को 'आचार धर्म' की संज्ञा दी गई है।

जहाँ तक नैतिकता पर आधारित सामान्य तत्वों या चारित्रिक गुणों की बात है, वे तो न केवल व्यक्ति की मन, बुद्धि और चेतना को निर्मल एवं परिष्कृत करके उसे इस योग्य बनाते हैं कि जिससे वह परम तत्व का बोध प्राप्त कर सके। अत: ये धर्म के न केवल महत्वपूर्ण आधार हैं अपितु आवश्यक, अनिवार्य एवं अपरिहार्य अंग हैं जिनके अभाव में कोई भी साधक अपने लक्ष्य की प्राप्ति में सफल नहीं हो सकता। इसीलिए बाबा ने नैतिक तत्वों की महत्ता पर बल देते उन्हें धर्म के अन्तर्गत ही स्थान देते हुए लिखा है—"धर्म नैतिक पथ है, नैतिक पथ ही ज्योति है और ज्योति ही आनन्द है।"

इसी प्रकार चारित्रिक गुण जो कि नैतिकता पर आधारित होते हैं, धर्म के अनिवार्य अंग हैं। 'धर्म में व्यक्ति और समष्टिगत जीवन का अभ्युत्थान करने वाले सत्य, अहिंसा, प्रेम, सहिष्णुता, संतोष, नैतिकता, धृति, धैर्य आदि अनेक सद्गुणों का समावेश होता है।" जिस प्रकार नैतिकता व्यक्ति के जीवन को नीति के तत्वों के आधार पर नियमित एवं संयमित करती है वैसे ही धर्म भी व्यक्ति को ज्ञान एवं विवेक की सीमाओं के द्वारा मर्यादित करता हुआ उसकी वासनाओं, भावनाओं, मनोवृत्तियों एवं संवेदनाओं को नियंत्रित एवं नियमित करता है। अस्तु, आधार दोनों का एक ही है, किन्तु दोनों में अन्तर लक्ष्य का है, जहाँ शुद्ध नीतिवादी नैतिकता का लक्ष्य व्यक्ति के जीवन को इस प्रकार नियमित करना है कि जिससे वह स्वयं नैतिक जीवन व्यतीत करता हुआ सामाजिक व्यवस्था को बनाये रखने में योग दे सके जबकि धर्म का लक्ष्य नैतिकता के द्वारा अर्जित गुणों के बल पर लौकिक जीवन से परे किसी अलौकिक सत्ता के साक्षात्कार, बोध एवं अनुभव को प्राप्त करना है। दूसरे शब्दों में—जब नैतिकता की दृष्टि लौकिक व्यवस्था तक सीमित रह जाती है तो वह केवल नैतिकता रहती है किन्तु जब वह इसके आगे एक उच्चतर एवं उदात्त तत्व—परमात्मा—की प्राप्ति की ओर उन्मुख हो जाती है तो वह धर्म का अंग बन जाती है। यहाँ यह उल्लेखनीय है कि पाश्चात्य जगत् में अनेक ऐसे भी चिन्तक हुए हैं जिन्होंने ईश्वर और धर्म को अस्वीकार करते हुए

भी शुद्ध नैतिक मूल्यों को व्यक्ति एवं समाज के हित की दृष्टि से आवश्यक माना है। अत: इस प्रकार के चिन्तकों द्वारा निरूपित नैतिकता ही धर्म से अलग दिखाई पड़ती है अन्यथा जहाँ तक भारतीय चिन्तकों एवं धर्म-साधकों की बात है, उन्होंने प्राय: नैतिक तत्वों को भी धर्म के साधनों या अंगों के रूप में उल्लिखित किया है।

भारतीय धर्म-साधना के अनुसार न केवल नैतिकता के विशिष्ट तत्त्वों का महत्व है अपितु उन सब कार्यों या जीवन के सामान्य कर्मों का भी महत्व है जो कि सदाचार पर आधारित होने के साथ-साथ भगवान् को समर्पित हैं। लौकिक जीवन के सामान्य क्रिया-कलाप भी धार्मिक कृत्यों की ही श्रेणी में आ सकते हैं यदि वे निष्काम भाव से या ईश्वर के प्रति समर्पण भाव से किये जायँ। अत: भारतीय धर्म दैनिक जीवन के सामान्य कर्मों, सांसारिक उत्तरदायित्वों एवं सामाजिक कर्त्तव्यों की उपेक्षा नहीं करते, यदि वे कर्त्ता की अहं भावना से मुक्त हों।

धार्मिक विधि-विधान—श्री सत्य साई बाबा ने धर्म के बाह्य विधि-विधानों को 'आचार धर्म' की संज्ञा देते हुए उन्हें गौण स्थान दिया है किन्तु इसका अर्थ यह नहीं है कि वे सर्वथा उपेक्षणीय हैं। बाबा के विचार से उनका महत्व उसी सीमा तक है जहाँ तक वे व्यक्ति के मन के कलुष को दूर करके उसमें सद्‌गुणों को इस प्रकार संचार करते हैं कि जिससे वह परमात्मा की साधना में प्रवृत्त हो सके। वैसे सभी धर्मों के विधि-विधानों में विभिन्न प्रकार के विधि-निषेधों या नियमों को स्थान दिया गया है किन्तु उनका मूल लक्ष्य व्यक्ति के पशुत्व को नियंत्रित करके उसके देवत्व को जागृत करना है। यह तभी संभव है जबकि वह अपनी मूल प्रकृति में व्याप्त तमोगुण एवं रजोगुण को नियंत्रित करता हुआ सतोगुण का विकास करे। इस विषय में बाबा ने कहा है—"मत, मजहब या धर्म जहाँ कहीं जिस किसी के द्वारा अभ्यास में लाये जाते हैं वहाँ कुछ ऐसे नियमों और उपनियमों का निर्धारण किया जाता है जिनसे सतोगुण की वृद्धि और अन्य शेष दो गुणों का ह्रास होता है। इसलिए यह आवश्यक है कि धर्मारूढ़ व्यक्ति इन नियमों या साधनाओं का ज्ञान प्राप्त करके तदनुसार आचरण करें तथा अपने आचरण एवं उपदेश से अन्य लोगों में भी उनका प्रसार करें।"

कई बार इस प्रकार के विधान जबकि उनके मूल लक्ष्य को ध्यान में रखे बिना किये जाते हैं तो उनसे वह लाभ नहीं होता जो कि अपेक्षित है। उदाहरण के लिए, वैष्णव धर्मों में तीर्थ-यात्रा का भारी महत्व बताया गया है तथा मुसलमानों में 'हज' का। इनका लक्ष्य यही है कि इनके लिए व्यक्ति अपने घर से बाहर निकल कर घर के वातावरण से कुछ समय के लिए मुक्ति पायेगा तथा आध्यात्मिक वातावरण के साथ-साथ धर्मात्मा लोगों के संपर्क में आयेगा तथा तीर्थ स्थलों पर विभिन्न स्थलों की दिव्यता से प्रभावित होगा। किन्तु यदि कोई व्यक्ति तीर्थ स्थानों पर पहुँच कर भी घर की ही चिन्ताओं में लीन है तथा उसकी चेष्टा सत्संग की अपेक्षा सांसारिक साधनों के ही जुटाने में लगी हुई तथा तीर्थ यात्रा कर लेने के बाद वह इस अहंकार से ग्रस्त है कि मैंने इतने बड़े तीर्थ की यात्रा कर ली है अथवा इतने तीर्थों की यात्रा का पुण्य कमा लिया है, तो

उसका सारा प्रयास व्यर्थ है। तीर्थ यात्रा से यदि अहंकार का नाश होने के स्थान पर उसकी वृद्धि होती है तो इसे हम धर्म या पुण्य का कार्य कहेंगे—या और कुछ?" 'श्री सत्साई चरितामृतम्" में एक ऐसे हाजी का वृत्तान्त आता है जो कि अपनी हज-यात्रा के कारण बहुत अहंकारी हो गया था किन्तु जब वह शिरडी साई बाबा के दर्शनों के लिए गया तो बाबा ने उसे अपनी मस्जिद में नहीं घुसने दिया तथा उसे इस अहंकार के लिए तिरस्कृत किया। अन्त में वह अपने अहंकार से मुक्त होने के बाद ही बाबा की कृपादृष्टि प्राप्त करने में सफल हो सका।

अस्तु, धार्मिक विधि-विधान अपने-आप में महत्वपूर्ण साधन है किन्तु उनका पालन सच्ची भावना एवं सही प्रयोजन से किया जाना चाहिए, अन्यथा वे धर्म के उच्च एवं उदात्त लक्ष्य की पूर्ति में योग नहीं दे सकेंगे।

धर्म और संप्रदाय— सामान्यतः लोग 'धर्म' और 'संप्रदाय' को एक ही समझ लेते हैं जो कि बहुत बड़ी भ्रान्ति है। जिस प्रकार मनुष्य विभिन्न वर्गों, वर्णों, जातियों, समूहों एवं संगठनों में विभक्त है उसी प्रकार धर्म भी विभिन्न समुदायों एवं संप्रदायों में विभक्त है किन्तु इसका अर्थ यह नहीं है कि धर्म का तात्पर्य संप्रदाय है। जिस प्रकार 'मनुष्यता' या 'मानवता' में समस्त मानव जाति आती है, उसका सम्बन्ध किसी एक जाति, वर्ग या वर्ण से नहीं है उसी प्रकार धर्म भी विश्व के उन सभी विचारों, भावों एवं साधनाओं का नाम है जो व्यक्ति को भगवान की ओर उन्मुख करते हैं किन्तु 'संप्रदाय' में ऐसा नहीं है। जब कोई धर्म किसी विशिष्ट व्यक्ति, मत-प्रचारक, ग्रंथ-विशेष, या वर्ग-विशेष की सीमाओं में आबद्ध हो जाता है तो वह 'संप्रदाय' कहलाता है। जब संप्रदाय-विशेष के लोग केवल अपने संप्रदाय को ही श्रेष्ठ मानते हुए दूसरे संप्रदायों का विरोध करने लगते हैं तो 'सांप्रदायिकता' का जन्म होता है। यही सांप्रदायिकता अधिकाधिक संकीर्ण, रूढ़ एवं जड़ होकर इस सीमा तक विकसित हो जाती है कि वह अन्य संप्रदायों के प्रति अत्यधिक असहिष्णु होकर उन्हें समाप्त करने पर तुल जाती है, यहाँ तक कि सांप्रदायिकता से ग्रस्त लोग दूसरे संप्रदाय के लोगों की हत्या करने से भी नहीं चूकते। संभवतः ऐसा करके वे सोचते हैं कि उन्होंने अपने धर्म-संप्रदाय की बहुत बड़ी सेवा की है, उसके प्रचार-प्रसार का मार्ग प्रशस्त किया है तथा उसके गौरव में अभिवृद्धि की है किन्तु वे यह नहीं जानते कि इससे अधिक बड़ा दुष्कृत्य, अपराध, पाप या अधर्म का कार्य कोई और नहीं हो सकता। किन्हीं निरीह बच्चों, स्त्रियों एवं पुरुषों की केवल इसलिए हत्या करना कि वे किसी अन्य धर्म-संप्रदाय के अनुयायी हैं, धर्म ग्रन्थों की शिक्षाओं के सर्वथा विरुद्ध है। कोई भी धर्म किसी भी मनुष्य की अकारण हत्या का समर्थन नहीं कर सकता, वस्तुतः ऐसा करना घोर अधार्मिक या धर्म-विरुद्ध कार्य है। ऐसी स्थिति में जब 'धर्म-संप्रदाय' में से 'धर्म' लुप्त हो जाता है, और कोरा 'संप्रदाय' या सांप्रदायिकता शेष बच जाती है तो वह धर्म की नहीं, अधर्म की द्योतक समझी जानी चाहिए। धर्म के दीपक से ही उत्पन्न होने वाला साम्प्रदायिकता का कज्जल किसी भी स्थिति में धर्म के गुण, गौरव एवं आदर्श की

पूर्ति नहीं करता। अत: साम्प्रदायिकता से प्रेरित होकर धर्म-विरुद्ध कार्य करने वाले लोगों को धार्मिकता का प्रतिनिधि एवं संरक्षक मानना बहुत बड़ी भ्रान्ति है।

परन्तु आज के समाज में 'धार्मिकता' एवं 'साम्प्रदायिकता' का अन्तर न समझे जाने के कारण बहुत बड़ा अन्याय हो रहा है, जिसके फलस्वरूप अपराध तो साम्प्रदायिकता करती है किन्तु दण्ड धार्मिकता को दिया जाता है। साम्प्रदायिकता के दुर्गुणों एवं उसके दुष्परिणामों के स्वरूप होने वाले विनाश को ध्यान में रखते हुए ही भारतीय संविधान को 'सम्प्रदाय निरपेक्ष' बनाने की चेष्टा की गयी है जो अनुचित नहीं है किन्तु इस 'सम्प्रदाय निरपेक्ष' का भी व्यावहारिक अर्थ 'धर्म निरपेक्ष' लिया जाता है जो कि अनुचित है। इसका परिणाम यह हुआ कि सम्प्रदाय निरपेक्षता या धर्म निरपेक्षता के नाम पर शिक्षा, समाज एवं संस्कृति के सभी क्षेत्रों से धर्म के निष्कासन का प्रयास किया जा रहा है जो भारत की मूल प्रकृति एवं उसकी आत्मा के प्रतिकूल है। अन्य देशों में जो भी हो किन्तु इस बात को विश्व के अनेक प्रमुख इतिहासकारों एवं संस्कृति के व्याख्याताओं ने स्वीकार किया है कि भारत के व्यक्तित्व का प्रमुख लक्षण, उसकी शक्ति का आदि स्रोत, उसकी एकता का आधार एवं उसकी प्रगति का बिन्दु धर्म है। विश्व की विभिन्न संस्कृतियाँ समय के थपेड़ों के साथ-साथ लुप्त हो गयीं किन्तु भारतीय संस्कृति आक्रमणकारियों के शत्-शत् आघात के बाद भी यदि आज जीवित एवं अनुप्राणित है तो उसका एकमात्र कारण यह है कि वह धर्म के व्यापक एवं दिव्य तत्वों पर आधारित है। अस्तु, भारत के लिए धर्म केवल ऊपरी आभूषण या प्रदर्शन की वस्तु न होकर उसकी अन्तरात्मा का आधार है, वह उसका प्राण है, जिस पर उसका बाह्य शरीर टिका हुआ है। किन्तु जब हम सम्प्रदाय-निरपेक्षता के नाम पर उसके धर्म के व्यापक रूप या धार्मिकता का ही तिरस्कार करने लगते हैं तो समझना चाहिए कि हम उसके अस्तित्व पर ही आघात कर रहे हैं या अपने आधार-स्रोत को ही नष्ट कर रहे हैं।

वस्तुत: 'सम्प्रदाय-निरपेक्षता' को 'धर्म-निरपेक्षता' मानकर हम जिस गलत दिशा में जा रहे हैं वह हमें पतन की ओर ले जायेगी, इतना ही नहीं वह हमें क्षत-विक्षत करके नष्ट कर देगी। अत: आज की सबसे पहली आवश्यकता यह है कि हम धर्म और सम्प्रदाय के अन्तर को समझकर एक का समर्थन करें एवं दूसरे का बहिष्कार। धर्म के तत्वों को हम जितनी सूक्ष्मता से समझेंगे, उतनी ही गहराई से हम उसे साम्प्रदायिकता से अलग कर सकेंगे क्योंकि साम्प्रदायिकता धर्म की पोषक नहीं उसकी घातक है। ऐसी स्थिति में राष्ट्रीय प्रशासन के द्वारा धर्म की समुचित शिक्षा-दीक्षा एवं उसके सम्यक् बोध की व्यवस्था आवश्यक है जबकि दुर्भाग्य से आज यह समझकर कि धार्मिक शिक्षा साम्प्रदायिकता को बढ़ावा देगी—उसको तिलांजलि दे दी गयी है। यह कितनी विचित्र बात है कि पश्चिम की देखा-देखी हमारे कतिपय समाज-सुधारक एवं शिक्षा-शास्त्री यह सोचने में लगे हुए हैं कि बच्चों को यौन-शिक्षा (सैक्स-एजुकेशन) दी जानी चाहिए जिससे कि यौन-प्रवृत्तियों का संयमन एवं नियमन हो सके

किन्तु धर्म-शिक्षा को त्याज्य मान रहे हैं। वे ऐसा क्यों नहीं सोचते कि यदि 'यौन-शिक्षा' से यौन-प्रवृत्तियों का संयमन होगा तो फिर धर्म शिक्षा से हमारी धार्मिक प्रवृत्तियाँ भी सुसंयमित हो सकेंगी क्योंकि धर्म के सम्यक् बोध एवं सभी धर्मों की मूलभूत एकता तथा धर्म के आधारभूत तत्वों का ज्ञान न होने के कारण ही साम्प्रदायिकता पनप रही है। अतः यदि साम्प्रदायिकता को नियंत्रित करना है तो वह धर्म के अज्ञान, कुप्रचार या बहिष्कार से नहीं होगा अपितु उसकी सच्ची शिक्षा एवं सही बोध प्रदान करने से ही होगा। अस्तु, प्रत्येक स्थिति में धार्मिकता को साम्प्रदायिकता से पृथक या विच्छिन्न मानना चाहिए।

श्री सत्य साई बाबा ने आज के युग की विभिन्न स्थितियों को ध्यान में रखते हुए ही धर्म के एक ऐसे व्यापक रूप का प्रतिपादन किया है जो कि साम्प्रदायिकता के कलुषित चिह्नों से सर्वथा मुक्त है। उन्होंने धर्म के बाह्य रूपों एवं पद्धतियों का गौण करके उसके अन्तर्निहित सत्य को प्रकाशित किया है जो कि विश्व के सभी धर्मों में मान्य है। धर्म का मूलाधार जहाँ उन्होंने आत्मा या परमात्मा को घोषित किया, वहाँ उसके घटक तत्वों में उन आध्यात्मिक सूत्रों—सत्य, प्रेम, शान्ति एवं अहिंसा—को स्थान दिया जो कि सभी धर्मों को स्वीकार्य है। इसके अतिरिक्त उन्होंने इस तथ्य की भी स्पष्ट रूप में घोषणा की है कि अन्ततः सभी धर्मों का मूल लक्ष्य, मूल आधार एवं आधारभूत विचार एक समान है। उन्होंने कहा है—"इस समय बाह्य परम्पराओं, रीति-रिवाजों और विभिन्न कर्मकाण्डों एवं बाह्य पूजा-पद्धतियों के कारण धर्म के विभिन्न रूपों या भेदों—हिन्दू धर्म, ईसाई धर्म, इस्लाम धर्म आदि—का उल्लेख किया जाता है। उनके अनुयायियों की वेश-भूषा, बाल रखने का ढंग, तिलक, छाप, माला, चिह्न, क्रास आदि तो भिन्नता के प्रतीक मात्र हैं किन्तु सभी का मूल उद्देश्य तो एक ही है, वे सभी एक ही भावना से पूजा या अर्चना करते हैं।...धर्म के इन बाह्य चिह्नों या रीति-रिवाजों का कोई स्थायी महत्व नहीं है और न ही उनका आंतरिक क्रिया से कोई लगाव है। ये सब तो ऊपरी आवरण है।"

वस्तुतः विभिन्न धर्म इन बाह्य आवरणों को लेकर ही अलग-अलग बँटे हुए हैं किन्तु उन सभी का आराध्य एक ही है, भले ही उसे विभिन्न नामों से पुकारा जाय। धर्म के सच्चे जिज्ञासु को चाहिए कि वह बाह्य आवरण को भेदकर भीतर की शक्ति एवं उसके रूप के दर्शन करे, वह इन बाह्याडम्बरों में ही उलझकर न रह जाय।

बाबा ने न केवल विभिन्न धर्मों की मूलभूत एकता का प्रतिपादन किया है अपितु उन्होंने यह भी स्पष्ट किया है कि विश्व में समय-समय पर विकसित विभिन्न धर्म परस्पर-विरोधी नहीं अपितु एक-दूसरे के सम्बन्धी हैं—"सभी धर्म परस्पर सम्बन्धित हैं और जिन सिद्धान्तों की वे शिक्षा देते हैं अथवा जिन समय-नियमों का पालन करवाते हैं, उनके लिए भी वे एक-दूसरे के ऋणी भी हैं। समय की शृंखला में वैदिक धर्म पहले, बौद्ध धर्म उसके बाद अर्थात् लगभग 2500 वर्ष पूर्व हुआ था, जो उसका पुत्र था, ईसाई धर्म जो बहुत-कुछ पूर्वी विचार-धाराओं से प्रभावित है उसका पौत्र है और

इस्लाम जिसके मूल में दूसरे धर्मों के धर्म गुरु रहे, वह प्रपौत्र है। सभी धर्मों में मन के लिए एक प्रेम को एक मौलिक अनुशासन या सिद्धान्त के रूप में स्वीकार किया गया है जिससे मानव पवित्र रहे और देवत्व में लीन हो सके।"

इस प्रकार बाबा ने सभी धर्मों की आधारभूत शिक्षाओं का निर्देश करते हुए लिखा है—"सभी धर्मों की मूलभूत शिक्षा है कि अपने मन से अभिमान के कलुष को निकाल दो, क्षुद्र तृष्णाओं और वासनाओं की तृप्ति के लिए क्षणिक सुख-सुविधाओं के पीछे मत भागो! प्रत्येक धर्म शिक्षा देता है कि मनुष्य को मिथ्या आकर्षणों और भुलावों में न फँसकर भगवान की ओर अपना ध्यान लगाना चाहिए, उसकी महिमा को देख-सुन कर अपने को तृप्त और सन्तुष्ट करना चाहिए, जिससे कि मनुष्य में विवेक और वैराग्य उत्पन्न हो, मोह दूर हो और मनुष्य अपनी मुक्ति के महान् उद्देश्य की ओर अभिमुख हो सके और उसे प्राप्त कर सके। विश्वास रखो कि केवल एक ही ईश्वर सबके हृदयों को स्पन्दित करता है, सब धर्म उस एक ही की महिमा गाते हैं।"

अस्तु, उपर्युक्त विवेचन से स्पष्ट है कि बाबा ने सभी धर्मों की मूलभूत एकता का प्रतिपादन अत्यन्त गम्भीरता से करते हुए यह सिद्ध किया है कि सभी का लक्ष्य एक है, उद्देश्य एक है, आधार एक है तथा संदेश भी एक ही है और वे सभी एक ही ईश्वर की आराधना या उपासना करते हैं।

सभी धर्मों की एकता को बाबा ने न केवल विचार या सिद्धान्त के स्तर पर प्रतिपादित किया है अपितु व्यवहार में भी उसे चरितार्थ करके दिखाया है। उनके संगठन में जहाँ सभी प्रमुख धर्मों के प्रतीकों को स्थान दिया गया है वहाँ अपने आश्रम में सभी धर्मों के प्रवर्तकों व महापुरुषों के चित्रों को सम्मानपूर्वक प्रतिष्ठित किया है, उनके अनुयायियों में सभी धर्मों के उपासक हैं तथा उन्हें अपने सम्पर्क में आने के बाद भी अपने-अपने धर्म की साधना में लगे रहने का ही निर्देश देते हैं। इस प्रकार उन्होंने 'सर्व धर्म-समन्वय' के उदात्त आदर्श को यथार्थ की भूमि पर क्रियान्वित करके धर्म को एक ऐसा व्यापक एवं उदात्त रूप प्रदान किया है जो साम्प्रदायिकता संकीर्णता के कलुष से सर्वथा मुक्त है।

(3) शान्ति

भगवान् श्री सत्य साई बाबा द्वारा अनुमोदित तीसरा आध्यात्मिक तत्व या सूत्र 'शान्ति' है। शान्ति की विस्तृत विवेचना बाबा ने अपनी पुस्तक 'प्रशान्ति वाहिनी' में करते हुए उसके स्वरूप एवं साधनों का स्पष्टीकरण किया है। यद्यपि बाबा ने आध्यात्मिक दृष्टि से 'शान्ति' के व्यापक एवं उदात्त स्वरूप 'प्रशान्ति' के महत्व पर विशेष बल दिया है किन्तु सांसारिक दृष्टि से भी शान्ति व्यक्ति के जीवन, समाज, राष्ट्र एवं विश्व की सम्यक् व्यवस्था, हित साधन एवं उसके विकास के लिए भी आवश्यक तत्व है। अत: यहाँ इन सभी दृष्टियों से शान्ति का विवेचन किया जायेगा।

'शान्ति' शब्दार्थ— 'प्रामाणिक हिन्दी शब्द कोश' के अनुसार 'शान्ति' शब्द का प्रयोग विभिन्न अर्थों में किया जाता है; यथा—(1) मन की वह अवस्था जिसमें वह

क्षोभ, चिन्ता, दुःख आदि से रहित रहता है। (2) चित्त की स्वस्थता (3) वेग, गति, क्रिया आदि का अभाव या निश्चलता। (4) युद्ध, मार-काट आदि का अभाव। (5) समाज या देश में उपद्रव, आन्दोलन, विद्वेष, झगड़े-बखेड़े आदि का अभाव।

उपर्युक्त अर्थों पर विचार किया जाय तो एक बात भली-भाँति स्पष्ट होगी कि सभी में शान्ति को किसी-न-किसी विशेष मनःस्थिति, परिस्थिति, या असामान्य स्थिति के अभाव की सूचक माना गया है।

'शान्ति' शब्द का प्रयोग हम विभिन्न संदर्भों में विभिन्न स्थितियों के लिए करते हैं जिन्हें मुख्यत: दो वर्गों में विभक्त किया जा सकता है—(1) आन्तरिक एवं (2) बाह्य। आन्तरिक स्थितियों के अन्तर्गत हम मन की सूक्ष्म स्थितियों या मन:स्थितियों को ले सकते हैं जिन्हें समुच्चय रूप में 'मानसिक शांति' का नाम दिया जाता है जबकि बाह्य स्थितियों में हम 'पारिवारिक, सामाजिक, राष्ट्रीय या अन्तर्राष्ट्रीय क्षेत्रों में व्याप्त 'शान्ति' को ले सकते हैं। जहाँ प्रथम वर्ग की शान्ति व्यक्ति के अपने ही मन के विभिन्न उद्वेगों की शान्ति की सूचक हैं वहाँ बाह्य शान्ति विभिन्न व्यक्तियों, वर्गों, समूहों, राष्ट्रों आदि के पारस्परिक द्वन्द्व या संघर्ष की परि समाप्ति की द्योतक है। संक्षेप में एक का सम्बन्ध आन्तरिक या मानसिक द्वन्द्व से है तो दूसरी का बाह्य द्वन्द्व या संघर्ष से है। इस प्रकार दोनों में सूक्ष्म अन्तर है किन्तु दोनों ही व्यक्ति या समाज की सहज, स्वाभाविक, स्वस्थ एवं संतुलित स्थिति की द्योतक हैं।

आन्तरिक या मानसिक शान्ति—यदि हमारा मन सहज स्वाभाविक, स्वस्थ एवं संतुलित स्थिति में हो तो उसमें शान्ति का होना सामान्य बात है। यह दूसरी बात है कि उसका बोध हमें सामान्य रूप में नहीं होता किन्तु जब किसी भी कारण से मन की शान्ति भंग हो जाती है या मन अशान्त हो जाता है तो उसका बोध या अनुभव हम गहराई से करते हैं। अत: शान्ति की अपेक्षा अशान्ति का बोध एवं उसका विवेचन-विश्लेषण अधिक सुगम है। हम अशान्त क्यों होते हैं? इसके उत्तर में कई बातें कही जा सकती हैं। जब हमें किसी भी प्रकार की शारीरिक पीड़ा या बेचैनी होती है या हम किन्हीं आवश्यकताओं की पूर्ति के लिए चिन्तित होते हैं अथवा किन्हीं वासनाओं, इच्छाओं या तृष्णाओं से प्रेरित होकर चंचल या उद्दीप्त होते हैं तो हमारी शान्ति भंग हो जाती है—अत: कहा जा सकता है कि शान्ति का सम्बन्ध हमारे व्यक्तित्व के विभिन्न पक्षों एवं स्तरों से है, जिन्हें हम मुख्यत: पाँच स्तरों में विभक्त कर सकते हैं—(1) शारीरिक स्तर (2) ऐन्द्रियक स्तर (3) भावात्मक स्तर (4) बौद्धिक स्तर एवं (5) आत्मिक स्तर। इनमें से प्रत्येक स्तर का विवेचन आगे क्रमश: किया जाता है।

(1) शारीरिक स्तर—शरीर की कुछ मूलभूत आवश्यकताएँ हैं जिनकी पूर्ति न होने पर शान्ति भंग हो सकती है। यदि हमें आवश्यकतानुसार जीवन यापन की सुविधाएँ—भोजन, वस्त्र, आवास आदि—प्राप्त न हो तो उससे हमें शारीरिक वेदना, पीड़ा या कष्ट की अनुभूति हो सकती है तथा उसके फलस्वरूप हमारे मन की शान्ति अशान्ति या खिन्नता में परिणत हो सकती है। हम जब तक अपनी इन मूलभूत

आवश्यकताओं की पूर्ति न कर लेंगे, चैन से नहीं बैठ सकेंगे। अतः शारीरिक आवश्यकताओं की पूर्ति का न होना अशान्ति का एक महत्वपूर्ण कारण माना जा सकता है।

(2) ऐन्द्रियक स्तर— शारीरिक आवश्यकताओं के अतिरिक्त हमारी इन्द्रियाँ विभिन्न प्रकार के स्वादों—रूप, रस, गंध, माधुर्य, आदि—की प्राप्ति के लिए भी लालायित होकर न मन को चंचल, बेचैन एवं अशान्त कर सकती हैं। इन्द्रियों के स्वाद एवं शरीर की मूलभूत आवश्यकताओं के अन्तर को यहाँ स्पष्ट कर लेना चाहिए। उदाहरण के लिए—भोजन शरीर की आवश्यकता है तथा उसकी पूर्ति साधारण दाल-रोटी या चावल से भी हो सकती है किन्तु जब हम पेट भर भोजन प्राप्त कर लेने के बाद भी सुस्वादु व्यंजनों या मिष्ठान्नादि के लिए आतुर होते हैं तो यहाँ स्वादेन्द्रिय की सक्रियता सिद्ध होती है। शरीर की आवश्यकताओं की पूर्ति इतनी कठिन नहीं है जितनी कि इन्द्रियों की लालसाओं को तुष्ट करना है क्योंकि इन्द्रियों की लालसाओं का कोई अन्त नहीं—वे एक के बाद दूसरी वस्तु के प्रति आकर्षित होती रहती हैं। इस प्रकार पाँचों इन्द्रियाँ व्यक्ति को बाह्य जगत् के असंख्य पदार्थों, वस्तुओं एवं स्वादों की ओर उन्मुख करके एक ऐसी स्थिति उत्पन्न कर देती है कि जिसमें संतुष्टि या शान्ति की प्राप्ति असंभव हो जाती है। वस्तुतः इन्द्रियाँ ही विभिन्न वासनाओं से प्रेरित होकर सांसारिक भोगों के प्रति आकर्षित हो जाती है तथा ऐसी स्थिति में व्यक्ति उनके आकर्षण-जाल में बँधकर अशान्त, उद्विग्न एवं चंचल हो जाता है तथा अपने मन की शान्ति को भंग कर बैठता है। अस्तु, ऐन्द्रियिक लालसाएँ शान्ति भंग या अशान्ति का दूसरा बड़ा कारण है।

भावात्मक स्तर—हमारे मन के अचेतन एवं उपचेतन स्तर पर विभिन्न वासनाएँ, सहज प्रवृत्तियाँ, मनोवृत्तियाँ, भावनाएँ आदि सुषुप्त रूप में विद्यमान रहती हैं जो अनुकूल परिस्थिति, आलम्बन एवं विचार का सहयोग प्राप्त करके उद्दीप्त एवं जागृत हो जाती है, जिनके फलस्वरूप मन उत्तेजित हो उठता है; मनोवैज्ञानिकों ने मन की इसी उत्तेजित अवस्था का नाम 'भाव', 'भावावेग' या 'उद्वेग' दिया है। प्रत्येक वासना एवं सहज प्रवृत्ति के साथ विभिन्न भावावेग सम्बद्ध है जिनका विवेचन-विश्लेषण आधुनिक मनोविज्ञान ने किया है। हमारी कुछ सहज प्रवृत्तियाँ विभिन्न परिस्थितियों के प्रभाव, अनुभव, संस्कार आदि से पुष्ट होकर स्थायी भाव या भावना के रूप में विकसित हो जाती है किन्तु वे प्रत्येक समय प्रकट नहीं होती—उपयुक्त परिस्थिति या वातावरण में ही उद्दीप्त होती हैं। यथा—हमारी घृणा की स्थायी प्रवृत्ति व्यक्ति-विशेष के प्रति धीरे-धीरे उसके व्यवहार के कारण द्वेष भावना में विकसित हो सकती है जो परिस्थिति-विशेष में क्रोध, रोष, अमर्ष आदि के रूप में व्यक्त हो सकती है। इस प्रकार हमारे समस्त भाव-क्षेत्र को भारतीय आचार्यों ने स्थायी भाव एवं संचारी भावों में विभक्त किया है तथा स्थायी भावों के मूल में वासनाओं का अस्तित्व स्वीकार किया है; अस्तु, हम कह सकते हैं—वासना—स्थायी भाव—संचारी भाव।

मन की शान्त या उद्दीप्त अवस्था का सीधा सम्बन्ध संचारी भावों से ही है जिन्हें मनोवैज्ञानिक भाव, भावावेग, मनोवेग, मनोदशा आदि का नाम देते हैं। यदि हम अपनी वासनाओं एवं भावनाओं (स्थायी भावों) को ही नियंत्रित या परिष्कृत नहीं करते तो उस स्थिति में भावावेगों के उद्वेलन को रोकना संभव नहीं है। वस्तुतः ये भावावेग ही मन की अशान्ति के सबसे बड़े कारण कहे जा सकते हैं। जिस प्रकार इन्द्रियाँ हमारे मन को चंचल बनाती हैं उसी प्रकार भावावेग उसे उद्दीप्त, उद्वेलित एवं उत्तेजित करते हैं। अशान्ति दोनों ही स्थितियों में होती है किन्तु पहली स्थिति से भी दूसरी स्थिति अधिक गम्भीर एवं व्यापक है क्योंकि इन्द्रियों की तृप्ति तो फिर भी बाह्य साधनों से संभव है किन्तु मन की भावोद्दीप्त स्थिति को शान्त करना कई बार असंभव हो जाता है। उदाहरण के लिए—एक व्यक्ति अपने पुत्र की अकाल मृत्यु के शोक से उद्वेलित है; ऐसी स्थिति में उसे इन्द्रिय-तृप्ति के सभी साधन—सुस्वादु भोजन, मधुर संगीत या सुगंधित द्रव्य अथवा कोमल शैय्या—ये सब व्यर्थ प्रतीत होंगे। वस्तुतः भावावेग की स्थिति में न केवल मन अपितु उससे सम्बद्ध सभी इन्द्रियाँ भी तद्नुकुल प्रभाव से ग्रस्त हो जाती हैं। अस्तु, भावोद्दीप्ति को ही मानसिक अशान्ति का सबसे अधिक सबल एवं गंभीर कारण माना जाय तो आश्चर्य नहीं।

बौद्धिक स्तर— बौद्धिक स्तर का आधार हमारी बुद्धि या विचारधारा है। यदि बुद्धि अपने शुद्ध, निर्मल, स्थिर एवं तटस्थ रूप में स्थित रहे तो वह मन को शान्त रखने में सफल हो सकती है किन्तु कई बार वह स्वयं राग-द्वेष से ग्रस्त होकर तथ्यों को शुद्ध रूप में नहीं देख पाती; ऐसी स्थिति में स्वयं बुद्धि ही अस्थिर एवं चंचल होकर शंका, संदेह, तर्क-वितर्क एवं अनिश्चय की स्थिति से ग्रस्त हो जाती है जिसके फलस्वरूप हमारी बौद्धिक शान्ति भी नष्ट हो जाती है। कई बार अतिरंजित तथ्य, भ्रामक विचार, गलत धारणाएँ एवं मिथ्याबोध भी हमारी अशान्ति का कारण सिद्ध होता है, वस्तुतः मन की भावात्मक स्थिति में भी बुद्धि अस्थिर एवं भ्रमित होकर मन को शान्त करने के स्थान पर उसकी अशान्ति को बढ़ाने में सहायक सिद्ध होती है।

बौद्धिक उत्तेजना का एक विशेष प्रकार विचारोत्तेजन में भी दृष्टिगोचर होता है जो कि जिज्ञासा, नवीनता एवं सत्य के बोध से प्रेरित होता है। इस प्रकार की बौद्धिक उत्तेजना भले ही हमारे चिन्तन को उद्वेलित करे किन्तु इसका परिणाम प्रायः शुभ ही होता है। चिन्तना की गंभीर स्थिति में हम मन की भावनाओं एवं इन्द्रियों के आकर्षण से भी विमुख होकर उनके प्रति तटस्थ एवं उदासीन हो जाते हैं। वस्तुतः ऐसा चिन्तन यदि एकोन्मुखी हो—किसी एक ही विचार या समस्या के समाधान में तल्लीन हो—तो वह अन्य सभी प्रकार की अशान्तियों से मुक्त करके एक ऐसी एकाग्रता एवं तल्लीनता की मनःस्थिति का बोध प्रदान करता है जिसे मानसिक शान्ति का पर्याय कहा जा सकता है।

आत्मिक स्तर—'आत्मिक स्तर' से हमारा तात्पर्य उस स्तर से है जो व्यक्ति की अन्तश्चेतना एवं अन्तरात्मा से सम्बन्धित है। जब हम कोई ऐसा कार्य करते हैं जो कि

बहुत ही घृणित या निम्न श्रेणी का होता है तो उसके लिए हमारी अन्तरात्मा भीतर-ही-भीतर कोसती रहती है। इसके विपरीत जब हम कोई अत्यन्त उच्च, शुभ या उदात्त कार्य करते हैं तो हमें आत्मिक प्रसन्नता प्राप्त होती है। वस्तुत: अन्तरात्मा की आवाज को दबाकर जब उसके विपरीत कार्य किया जाता है तो मन में एक प्रकार की ग्लानि का अनुभव होता है जो कि भीतर-ही-भीतर कचोटती रहती है—इसी को आत्मिक अशान्ति कह सकते हैं। आत्मिक अनुभूति अत्यन्त सूक्ष्म होती है जिसका बोध बाह्य स्तर पर कम होता है किन्तु आन्तरिक रूप में इसका प्रभाव अत्यन्त गम्भीर होता है, यह दूसरी बात है कि प्रकट रूप में हम उसका अनुभव न कर पावें।

इस प्रकार हम देखते हैं कि आन्तरिक शान्ति के शारीरिक, ऐन्द्रियिक, भावात्मक, बौद्धिक, आत्मिक आदि स्तर-भेद हैं किन्तु ये सभी भेद परस्पर सम्बद्ध हैं; अर्थात् एक स्तर का बोध अन्य स्तरों को भी न्यूनाधिक रूप में प्रभावित किये बिना नहीं रहता। यहाँ यह भी उल्लेखनीय है कि ये विभिन्न स्तर क्रमश: उच्चता एवं गंभीरता के सूचक हैं तथा इसी क्रम में वे परस्पर नियंत्रक भी हैं अर्थात् उच्च-स्तरीय बोध अपने पूर्ववर्ती निम्न स्तरीय बोध को संयमित या नियंत्रित करने में समर्थ हैं, किन्तु यदि वह स्वयं असमर्थ होकर निम्न स्तरीय बोध के प्रभाव से ग्रस्त हो जाता है तो उस स्थिति में वह अपनी उच्च स्थिति से पतित होकर निम्न स्तरीय् स्थिति का अनुयायी एवं पिछलग्गू हो जाता है। उदाहरण के लिए बुद्धि भावनाओं को तथा भावनाएँ इन्द्रियों को नियंत्रित कर सकती हैं किन्तु यदि इसके विपरीत स्वयं बुद्धि ही भावनाओं से अभिभूत हो जाय या भावनाएँ इन्द्रियों के वशीभूत हो जायँ तो उस स्थिति में वे अपनी-अपनी उच्च स्थिति का निर्वाह करने में असमर्थ एवं असफल हो जायेंगी।

मानसिक शान्ति की प्राप्ति के उपाय—पीछे हमने मन के विभिन्न स्तर पर होने वाली चंचलता का विवेचन किया है—इनमें से प्रत्येक प्रकार की चंचलता अशान्ति का कारण बन सकती है; अत: सर्वप्रथम शान्ति की प्राप्ति के लिए उसकी आधारभूत अशान्ति या चंचलता का निराकरण करने का उपाय करना चाहिए। वैसे तो प्रत्येक स्तर की अशान्ति के निराकरण के लिए अलग-अलग तरह के उपाय बताये जा सकते हैं किन्तु सामान्य रूप में सभी स्तरों की अशान्ति या चंचलता का सर्वोपरि उपाय स्थिर बुद्धि के द्वारा विभिन्न स्तरों की अशान्ति का निराकरण करना है। इसका स्पष्टीकरण आगे किया जाता है।

सर्वप्रथम हम शारीरिक स्तर की अशान्ति या चंचलता को लेते हैं। यदि एक व्यक्ति को समय पर भोजन प्राप्त न हो तो उसका क्षुधा से पीड़ित होकर अशान्त, उद्विग्न एवं चंचल हो उठना स्वाभाविक है किन्तु ऐसा होना भी विचार पर ही निर्भर है। दो व्यक्ति एक ही समान क्षुधा से पीड़ित हैं—उनमें से एक भिक्षुक है जिसे कहीं से भी भिक्षा न मिलने के कारण क्षुधित है जबकि दूसरे ने चौबीस घंटे का उपवास किया है। जहाँ तक अन्न न ग्रहण करने की स्थिति एवं शारीरिक क्षुधा की बात है—दोनों समान हैं किन्तु एक अपने आपको भोजन-प्राप्ति में असफल एवं असहाय समझकर क्षुब्ध, दु:खी, चंचल

एवं परेशान है जबकि दूसरे ने यह सोचकर कि उसे उपवास करना है, स्वयं भोजन का परित्याग किया है, इसलिए वह क्षुधा की पीड़ा को चुपचाप या शान्तिपूर्वक सहन कर रहा है; फलस्वरूप उसकी मानसिक शान्ति भंग नहीं हुई। अस्तु, दोनों में अन्तर स्थितियों का नहीं, परिस्थिति-विशेष से सम्बन्धित विचार का अन्तर है।

इसी प्रकार एक व्यक्ति अपने स्वादेन्द्रिय से प्रेरित होकर किसी सुस्वादु पकवान या मिष्ठान्न का भोग करने के लिए आतुर है किन्तु यदि इसी समय उसे यह ज्ञात हो जाय कि उक्त पकवान में हैजे के कीटाणु या कोई विष मिश्रित है तो उसकी तुरन्त उसके प्रति अरुचि हो जायेगी--उसकी स्वादेन्द्रिय शान्त हो जायेगी। इस प्रकार अनिष्ट की आशंका या उसका विचार इन्द्रियों की लालसाओं को नियंत्रित कर सकता है। इसीलिए हमारे दर्शनिकों ने सभी इन्द्रियों के उपभोग का अन्तिम परिणाम दु:खमय बताकर उन्हें नियंत्रित करने की शिक्षा दी है।

हमारी भावात्मक एवं बौद्धिक स्तर की अशान्ति भी हमारे विचारों पर आश्रित रहती है किन्तु ये विचार अपेक्षाकृत अधिक दृढ़, गंभीर एवं स्थायी होने चाहिए। वस्तुत: विचारों के इसी रूप को विचारधारा या बौद्धिक दृष्टिकोण भी कहते हैं। यदि हमारा बौद्धिक दृष्टिकोण भौतिकतावादी एवं भोगवादी हुआ तो हम भावात्मक एवं बौद्धिक दृष्टि से भी सदैव असंतुष्ट, चंचल, अधीर एवं अशान्त रहेंगे किन्तु यदि हमारा दृष्टिकोण अध्यात्मवादी एवं आदर्शवादी हुआ तो हमारे चरित्र में धैर्य, संतोष, त्याग, सहिष्णुता आदि के गुणों का विकास हो जायेगा जिनके बल पर हम जीवन की उन सभी विषम स्थितियों एवं प्रतिकूल प्रतिस्थितियों का सामना शान्तिपूर्वक कर सकते हैं जो कि अन्यथा व्यक्ति को अशान्त, उद्वेलित एवं क्षुब्ध कर देती हैं। भोगों की लालसा, सांसारिक इच्छाओं एवं अहंकारजन्य राग-द्वेष के बंधनों के कारण ही व्यक्ति उद्विग्न, चंचल एवं अशान्त रहता है जबकि वह आध्यात्मिक विचारधारा या दिव्य ज्ञान को आत्मसात् करके इन सबसे छुटकारा प्राप्त कर सकता है।

आत्मिक शान्ति या परम शान्ति— शान्ति का सर्वोच्च रूप आत्मिक शान्ति या परम शान्ति है जिसे श्री सत्य साई बाबा ने 'प्रशान्ति' का भी नाम दिया है। यद्यपि 'शान्ति' शब्द का प्रयोग हम जीवन के विभिन्न क्षेत्रों में करते हुए उसके अन्तर्गत उस संतोष एवं हर्ष को भी समाविष्ट करते हैं जो कि हमारी लालसाओं एवं इच्छाओं की क्षणिक तुष्टि से प्राप्त होता है किन्तु ये स्थिर नहीं होते। एक इच्छा की पूर्ति होने से हम थोड़ी देर के लिए संतुष्ट एवं शान्त हो जाते हैं किन्तु कुछ ही समय बाद उसका स्थान कोई दूसरी इच्छा ले लेती है जिसके कारण हम पुन: उद्विग्न एवं अशान्त हो जाते हैं। अत: श्री सत्य साई बाबा ने अपने आध्यात्मिक सूत्रों में जिस शान्ति को स्थान दिया है, वह इन सांसारिक भोगों से प्राप्त होने वाली क्षणिक शान्ति नहीं है, अपितु वह दिव्य ज्ञान से उद्भूत शाश्वत शान्ति या प्रशान्ति है। बाबा ने इन दोनों का अन्तर स्पष्ट करते हुए लिखा है--''प्रत्येक शब्द का अपना एक विशिष्ट अर्थ होता है और उसमें अन्य शब्द से भिन्नता रहती है। बहुत से लोग अपनी किसी भी कष्टदायिनी परिस्थिति से

मुक्ति या किसी इच्छा की पूर्ति हो जाने पर ऐसा अनुभव करते हैं कि मानो उन्हें शान्ति प्राप्त हो गयी किन्तु वास्तव में वह शान्ति नहीं है। वह तो केवल कष्टप्रद आकांक्षा एवं दूसरी आकांक्षा के मध्य के अल्पकालीन अवकाश या अन्तराल की सूचक है।''

इसीलिए बाबा ने अपनी पुस्तक 'प्रशान्ति वाहिनी' में स्थिर एवं शाश्वत 'शान्ति' को 'प्रशान्ति' की संज्ञा से अभिभूषित करते हुए उसके स्वरूप का स्पष्टीकरण किया है—'प्रशान्ति शब्द में' 'प्र' का अर्थ होता है—वृद्धि, विस्तार, विकास और इस प्रकार शान्ति का विकसित रूप 'प्रशान्ति' है जो कि इच्छा, आकांक्षा, क्रोध, लोभ, घृणा आदि से रहित मानसिक अवस्था होती है।

अत: बाबा के शब्दों में स्पष्ट रूप से कहा जा सकता है कि इच्छित वस्तु की प्राप्ति से होने वाले संतोष को—जो कि क्षणिक है—शान्ति कहना भ्रम है। वास्तविक शान्ति तो वही है जिससे मन एक बार आच्छादित हो जाय या जो मन में एक बार व्याप्त हो जाय तो फिर वह किसी भी स्थिति में भंग नहीं होती। ऐसी स्थिर एवं शाश्वत शान्ति आत्मिक ज्ञान एवं आध्यात्मिक साधना द्वारा ही उपलब्ध हो सकती है। इसकी उपलब्धि के विभिन्न साधनों एवं उपायों का विवेचन बाबा ने विस्तार से किया है।

परम शान्ति की प्राप्ति के विभिन्न उपाय— परम शान्ति का सर्वोत्कृष्ट आधार आत्मा और परमात्मा की एकता का बोध है। जब व्यक्ति को यह बोध प्राप्त हो जाता है कि वह स्वयं ही परमात्मा है—आत्मा एवं परमात्मा में कोई अन्तर नहीं है तथा यह शरीर तथा भौतिक जगत् मिथ्या एवं नाशवान है, तो उसका जीवन और जगत् के प्रति दृष्टिकोण ही बदल जाता है। इससे पूर्व वह जिन सांसारिक पदार्थों, वस्तुओं एवं भोगों की प्राप्ति की लालसा में चंचल, उद्विग्न एवं अशान्त रहता है, वह स्वत: ही समाप्त हो जाती है।

आत्मा और परमात्मा की एकता का बोध जहाँ व्यक्ति को सांसारिक आकर्षणों से मुक्त करता है वहाँ वह दूसरी ओर उसे सभी प्रकार की चिन्ताओं, कष्टों एवं विपत्तियों के प्रभाव से भी मुक्त कर देता है। अन्तत: जीवन के सारे कष्ट जीवन के नाशवान एवं क्षणभंगुर पदार्थों से जुड़े हुए हैं, जब हमारा मोहभंग हो जाता है तथा पदार्थों से आसक्ति समाप्त हो जाती है तो हम आत्मानन्द में लीन हो जाते हैं।

वस्तुत: आत्मा का बोध केवल एक शुष्क तत्व बोध नहीं है अपितु वह एक अत्यन्त आनन्दपूर्ण अनुभूति है जिसे 'ब्रह्मानन्द' कहा गया है—उस आनन्द के आस्वाद में मग्न एवं तल्लीन हो जाने के बाद व्यक्ति के लिए कुछ भी चिंत्य या काम्य नहीं रह जाता। किन्तु कठिनाई यही है कि इस स्थिति को प्राप्त करने के लिए व्यक्ति को गहरी साधना करनी पड़ती है; उसे अपने सम्पूर्ण व्यक्तित्व को दिव्य चेतना से आलोकित करना पड़ता है जिसका उपाय भगवान् ने बताया है।

सामान्यत: परम शान्ति की उपलब्धि के लिए क्रमश: इन्द्रिय-निग्रह, मनोनिग्रह, विवेक-बुद्धि, आत्म-ज्ञान आदि का आश्रय ग्रहण करना पड़ता है। इसमें सफलता प्राप्त करने के लिए एक ओर तो अहंकार, काम, क्रोध, लोभ, मोह आदि विकारों पर विजय

प्राप्त करनी होगी तो दूसरी ओर हमें ईश्वर के प्रति दृढ़ विश्वास, आस्था, अनुराग, भक्तिभाव एवं एक्य भाव विकसित करना होगा। इसके लिए नामस्मरण, जप, ध्यान, योग आदि की साधना-पद्धतियों का भी निरूपण किया गया है।

अस्तु, शान्ति तत्व की शाश्वत रूप में प्रतिष्ठा के लिए आत्मानुभूति—आत्मा और परमात्मा की एकता की अनुभूति—ही सर्वोपरि आधार है जिसे प्राप्त करने के लिए साधक विभिन्न प्रकार की साधना-पद्धतियों या मार्गों का अनुसरण कर सकता है। कर्म योग (निष्काम कर्म), ज्ञान-योग, भक्ति योग, ध्यान योग आदि सभी साधनों का विवरण अन्यत्र विस्तार से दिया जा चुका है; साधक अपनी प्रकृति, रुचि एवं स्थिति के अनुसार किसी भी साधन को अपना सकता है—किन्तु उसे यह न भूलना चाहिए कि महत्व साधन का नहीं साध्य का है। वह जिस साधन या साधना से साध्य को प्राप्त कर सके वही उसके लिए श्रेयस्कर है।

अन्त में एक बात हमें किसी भी स्थिति में नहीं भूलनी चाहिए कि सभी साधनाओं की सफलता भी प्रभु-कृपा पर निर्भर है; अतः इसे ही सर्वोपरि महत्व प्रदान करते हुए परम शान्ति की उपलब्धि करनी चाहिए जो कि आत्मानन्द या ब्रह्मानन्द की उपलब्धि से भिन्न नहीं है। जिस प्रकार जीवन के सारे पुरुषार्थ एवं उद्योग शान्त एवं संतुलित मस्तिष्क द्वारा सफल हो सकते हैं, उसी प्रकार आध्यात्मिक साधना की सफलता के लिए भी शान्ति एक अपरिहार्य तत्व है।

बाह्य शान्ति—बाह्य शान्ति का तात्पर्य स्पष्ट करते हुए पीछे कहा जा चुका है कि इसका सम्बन्ध मनुष्य के भीतर की स्थितियों से न होकर बाहर की स्थितियों से है जिसके अन्तर्गत पारिवारिक, सामाजिक, राष्ट्रीय एवं अन्तर्राष्ट्रीय शान्ति का समावेश होता है। व्यक्ति के लिए अपनी आन्तरिक शान्ति के साथ-साथ बाह्य शान्ति भी आवश्यक है; अन्यथा वह शान्ति का उपभोग करने में सफल नहीं हो सकता। कोई व्यक्ति चाहे वह अपने-आप में कितना ही शान्त क्यों न हो किन्तु यदि उसके परिवार, समाज, राष्ट्र या विश्व में अशान्ति व्याप्त हो तो वह उससे प्रभावित हुए बिना नहीं रह सकता। अतः आन्तरिक शान्ति के साथ-साथ बाह्य शान्ति भी आवश्यक है।

बाह्य शान्ति के सम्बन्ध में सबसे पहली आवश्यकता तो यही है कि व्यक्ति अपनी आन्तरिक शान्ति को सुदृढ़ एवं स्थिर करे—तभी वह बाह्य शान्ति की स्थापना में सफल सिद्ध हो सकेगा। जो मनुष्य स्वयं ही अशान्त एवं अस्थिर है वह भला अपने बाह्य वातावरण में शान्ति की स्थापना कैसे कर सकता है? किसी भी कुटुम्ब या परिवार में अशान्ति या कलह का वातावरण तब ही उत्पन्न होता है जबकि उससे पूर्व परिवार के सदस्य विभिन्न कारणों से असंतुष्ट एवं अशान्त हो जाते हैं। पारिवारिक अशान्ति का मूल कारण एकात्मकता या पारस्परिक प्रेम का अभाव होना है। जब कुछ सदस्यों की स्वार्थपरता इस सीमा तक बढ़ जाती है कि वे शेष सदस्यों के हितों या अधिकारों की उपेक्षा करने लगते हैं तो उनमें असंतोष उत्पन्न होता है—जो धीरे-धीरे रोष, क्षोभ, द्वेष एवं वैर का रूप धारण कर लेता है। इसी से परिवार में फूट होती है। इस प्रकार

पारस्परिक सद्भावना, हित-कामना, प्रेम एवं विश्वास के लोप हो जाने के कारण ही पारिवारिक शान्ति नष्ट होती है जिसके फलस्वरूप नाना विवाद एवं झगड़े उत्पन्न होते हैं तथा सम्पूर्ण परिवार कलह और अशान्ति के वातावरण से ग्रस्त हो जाता है। बड़े-बड़े कुटुम्ब एवं परिवार इसी पारस्परिक द्वेष से परस्पर लड़-झगड़कर नष्ट हो जाते हैं। कौरव और पाण्डव मूलतः एक ही परिवार के सदस्य थे, किन्तु कौरवों की स्वार्थपरता, ईर्ष्या, पद-लोलुपता एवं अनुचित अधिकार भावना ने पूरे परिवार को दो वर्गों में विभक्त कर दिया तथा उसके फलस्वरूप महाभारत युद्ध की वह भयंकर घटना घटित हुई जिसमें समस्त कौरव दल स्वाहा हो गया।

पारिवारिक अशान्ति की ही भाँति सामाजिक, राष्ट्रीय एवं अन्तर्राष्ट्रीय अशान्ति घातक है। जब समाज या राष्ट्र के विभिन्न वर्गों में सद्भाव एवं विश्वास लुप्त हो जाता है तो उससे भेद-भाव, घृणा एवं कलह की चिनगारी फूटती है जो सारे समाज की शान्ति को नष्ट कर देती है। इसीलिए बाबा ने कहा है—"मानव संगठन (एकता) के माध्यम से आनन्द पा सकता है, फूट के रास्ते से नहीं। यदि वर्ण-भेद, जाति-भेद तथा विचार-भेद के मार्ग से वह चल रहा है तो उसे कभी भी हर्ष या शान्ति का अनुभव प्राप्त नहीं होगा।" इसलिए शान्ति की कामना करने वालों के लिए विभिन्न वर्गों के पारस्परिक भेद-भावों को दूर करके एकता की भावना को पोषित करना आवश्यक है।

आज परिवार, समाज एवं राष्ट्र में सर्वत्र अशान्ति का वातावरण दिखाई पड़ता है। इसका मूल कारण यही है कि हम धर्म के उच्च आदर्शों को भूलकर स्वार्थ-पूर्ति के प्रयासों में लग गये हैं। हम अपने ही सुख एवं हित के लिए दूसरों को कष्ट पहुँचाने में संकोच नहीं करते। ऐसी स्थिति में शान्ति का वातावरण कैसे बना रह सकता है।

बाबा ने उपर्युक्त स्थिति को ध्यान में रखते हुए निर्देश दिया है—"शान्ति का आनन्द लेने के लिए मनुष्य मात्र को धर्म के आदर्शों का अनुशीलन करना होगा। शान्ति पारिवारिक सौहार्दपूर्ण जैसे व्यवहार पर आधारित होती है तथा इसके भी मूल में प्रत्येक व्यक्ति का सात्विक आचरण रहता है। प्रत्येक मनुष्य का लक्ष्य दूसरे को प्रसन्नता प्रदान करना होना चाहिए।...अपने कर्म से, वचनों से, भावनाओं से, व्यवहार से दूसरों को कष्ट पहुँचाना छोड़ दो। दूसरों का अपमान करना या उन्हें हानि पहुँचाना अथवा उन्हें कष्ट देना बन्द कर दो।"

"इसी से समस्त मानव-समाज सुख और शान्ति प्राप्त कर सकेगा।" इसके साथ ही समाज के प्रत्येक सदस्य को अपने दृष्टिकोण को भी बदलना होगा। यदि वह वासनाओं, कामनाओं, घृणा एवं द्वेष की भावनाओं को नियंत्रित करके अपने व्यक्तित्व में सत्य, धर्म, शान्ति एवं प्रेम की प्रतिष्ठा कर सके तो निश्चय ही सारे समाज में शान्ति का वातावरण उत्पन्न हो सकता है।

सामाजिक एवं राष्ट्रीय शान्ति के साथ ही विश्व शान्ति का प्रश्न जुड़ा हुआ है। आज लोग विश्व शान्ति की चर्चा तो बहुत करते हैं किन्तु उसके लिए गम्भीर प्रयास नहीं करते। वे यह नहीं समझते कि जब तक हम अपने आंतरिक एवं बाह्य जीवन में

शान्ति स्थापित नहीं कर लेते तब तक विश्व शान्ति की स्थापना में कैसे योग दे सकते हैं! कुछ लोग विश्व शान्ति के लिए कोरी प्रार्थनाएँ करते हैं किन्तु उनकी भावनाएँ एवं कार्य प्रार्थनाओं के अनुरूप नहीं होते। ऐसी स्थिति में उन्हें सफलता कैसे मिल सकती है। भगवान् सत्य साई बाबा ने इसी स्थिति का उल्लेख करते हुए कहा है—"कुछ लोग ऐसा भी करते हैं कि प्रार्थना करने से विश्व शान्ति की स्थापना हो जायेगी।...यह ठीक है कि प्रार्थना अच्छी बात है किन्तु केवल इससे शान्ति की उपलब्धि कभी भी सम्भव नहीं है जब तक कि प्रार्थना में जो कुछ कह रहे हो, उसे कार्य में परिणत करके न दिखाओ। यह तो कोई बात नहीं हुई कि तुम कहते कुछ हो और करते कुछ और हो।"

अस्तु, बाबा के शब्दों में—"जब तुम विश्व शान्ति की प्रार्थनाएँ कर रहे हो तब यदि दूसरों के प्रति शान्ति के साथ बर्ताव नहीं करते, अपितु दूसरों के तिरस्कार एवं पतन में लगे हुए हो तो ऐसी स्थिति में शान्ति सम्भव नहीं।"

वस्तुतः शान्ति के सभी रूप—आत्म-शान्ति, लोक-शान्ति या विश्व-शान्ति—परस्पर सम्बद्ध हैं तथा एक-दूसरे पर आश्रित हैं। अतः इन्हें परस्पर पृथक् न मानकर उन सभी की उपलब्धि के लिए एक समन्वित एवं संगठित प्रयास होना चाहिए। वास्तव में हमारे भीतर जो प्रभु विद्यमान हैं वे ही विश्व में व्याप्त हैं—अतः दोनों के ही द्वारा हम प्रभु की आराधना करते हैं। ऐसी स्थिति में विश्व शान्ति का मार्ग आत्म शान्ति के मार्ग से भिन्न नहीं है—जब मानव-समाज काम, क्रोध, लोभ, अहंकार आदि विकारों से मुक्त होकर आध्यात्मिक तत्वों को ग्रहण कर लेगा तो प्रत्येक क्षेत्र में शान्ति की स्थापना हो जायेगी। किन्तु जब तक हम भौतिकवादी विचारधारा से ग्रस्त होकर भोगवादी प्रवृत्तियों में लीन हैं तथा धर्म और अध्यात्म से विमुख हैं तब तक न व्यक्ति के मन में और न ही उसके परिवार, समाज, राष्ट्र एवं अन्तर्राष्ट्रीय क्षेत्र में शान्ति की स्थापना सम्भव है। अतः आवश्यकता इस बात की है कि हम अपने सोचने की दिशा, अपने दृष्टिकोण एवं अपने चिन्तन को अध्यात्म की ओर उन्मुख करें अन्यथा हमारा आन्तरिक एवं बाह्य द्वन्द्व समस्त मानव-समाज के विनाश का कारण बन सकता है।

अस्तु, शान्ति या प्रशान्ति—चाहे वह किसी भी स्तर की क्यों न हो या उसका क्षेत्र कोई भी हो—अन्ततः आध्यात्मिकता पर निर्भर है। वैज्ञानिक प्रगति, सुख-साधनों की समृद्धि, भौतिक उन्नति, शस्त्रास्त्रों की अभिवृद्धि, कूट नीतिज्ञों की रण-नीति, सुरक्षा-साधनों की उपलब्धि—ये सब शान्ति की आशाओं एवं आकांक्षाओं की पूर्ति के अस्थायी, अस्थिर एवं अस्वाभाविक प्रयास है; सच्ची एवं स्थायी शान्ति इनसे सम्भव नहीं है। उसका मूल स्रोत तो एक ही है—प्रेम; एवं प्रेम का आधार है समस्त प्राणियों की मूलभूत एकता का ज्ञान और वह ज्ञान है—दिव्य ज्ञान, आध्यात्मिक ज्ञान या ब्रह्म ज्ञान। संसार की अन्य समस्त वासनाएँ, कामनाएँ एवं प्रवृत्तियाँ सागर में उद्वेलित होने वाली लहरों के समान है किन्तु बुद्धिमता इसी में है कि इन लहरों की ओर आकर्षित न

होकर सागर-तल में छिपी हुई अतुलित शक्ति पर अपना ध्यान केन्द्रित करो—तभी तुम सच्ची, स्थिर एवं स्थायी शान्ति प्राप्त कर सकोगे; उसका स्तर एवं क्षेत्र चाहे जो हो।

(4) प्रेम

यद्यपि भगवान् सत्य साई बाबा ने अपने सभी सूत्रों—सत्य, धर्म, शान्ति आदि—को महत्वपूर्ण माना है किन्तु चौथे सूत्र 'प्रेम' की प्रशंसा जिस उन्मुक्त भाव से की है, वह अन्यत्र दृष्टिगोचर नहीं होती। उन्होंने स्वयं को 'प्रेम-स्वरूप' घोषित करते हुए अपने अवतरण का सर्वोपरि लक्ष्य प्रेम का प्रचार करना ही बताते हुए कहा है—"न ही मैं किसी सम्प्रदाय या जाति के आन्दोलन के प्रचार-प्रसार के निमित्त आया हूँ और न ही मेरा यहाँ आने का उद्देश्य किसी मत या सिद्धान्त-विशेष के अनुयायियों को एकत्रित करना है और न ही अपने शिष्य या भक्त बनाना है। मैं तो आपको एक ही सार्वभौमिक सत्य, विश्वास और आत्मिक सिद्धान्त का संदेश देने आया हूँ—प्रेम के पथ का, प्रेम के धर्म का, प्रेम के कर्तव्य का, प्रेम के प्रति उत्तरदायित्व का!..विभिन्न नामों और रूपों के होते हुए भी वह (भगवान्) एक ही है और उसकी पूजा का सर्वश्रेष्ठ रूप है—प्रेम। ...प्रेम का यही संदेश लेकर मैं आया हूँ।" इसी प्रकार वे एक अन्य स्थल पर घोषित करते हैं—"मेरा उपदेश प्रेम है, मेरा संदेश प्रेम है, मेरे क्रिया-कलाप प्रेम हैं, मेरे रहन-सहन का ढंग प्रेम है। संसार में अथवा कहीं भी प्रेम से बढ़कर कुछ नहीं जो मनुष्य प्राप्त कर सकता है।" इन उद्‌गारों से स्पष्ट है कि भगवान् सत्य साई बाबा प्रेम को कितना महत्व प्रदान करते हैं।

प्रेम क्या है?—प्रेम जितना महत्वपूर्ण है, उसके स्वरूप को स्पष्ट करना भी उतना ही कठिन है। महर्षि नारद ने तो अपने 'भक्ति-सूत्र' में प्रेम के सम्बन्ध में यह कहकर कि "प्रेम का स्वरूप अनिर्वचनीय है; गूँगे के स्वाद की भाँति"—इसके विवेचन-विश्लेषण को ही असंभव घोषित किया है। संस्कृत और हिन्दी के कुछ कवियों ने अवश्य इसकी विभिन्न विशेषताओं की ओर संकेत करने का प्रयत्न किया है। महाकवि कालिदास ने उसे एक ऐसी मुग्ध अवस्था के रूप में स्वीकार किया है जिसमें व्यक्ति जड़ और चेतन के भेद को भी भूल जाता है! शूद्रक के अनुसार प्रेम एक ऐसा भाव है जिसे बलात् उत्पन्न नहीं किया जा सकता, वह गुणों से स्वयं उत्पन्न होता है। भवभूति ने उसे एक ऐसे अज्ञात कारण के रूप में मान्यता दी है जो दो हृदयों को मिला देता है। दंडी ने उसे मन का एक विकल्प मात्र माना है। किन्तु राजेश्वर ने उसके स्वरूप को व्यापक रूप में उद्‌घाटित करते हुए लिखा है—"जिस भाव के उत्पन्न होने पर दो व्यक्तियों का मन, विचार, संशय आदि भावों से शून्य हो जाता है, जिससे आनन्द का स्रोत-सा बहने लगता है, वह भाव 'प्रेम' कहलाता है।"

हिन्दी के महाकवि विद्यापति ने प्रेम को समस्त संसार की सार-वस्तु के रूप में स्वीकार किया है तो कबीर ने उसके सम्बन्ध में लिखा है—"छिनहिं चढ़ै, छिन उतरै सो तो प्रेम न होय। अघट प्रेम पिंजर बसै, प्रेम कहावे सोय॥" रसखान ने प्रेम को

साक्षात् प्रभु का रूप स्वीकार करते हुए लिखा है—"प्रेम हरि को रूप है, त्यों हरि प्रेम-स्वरूप!" घनानंद ने उसे एक अत्यन्त सीधा मार्ग माना है—"अति सूधौ सनेह को मारगु है!" तो बोधा के शब्दों में वह एक ऐसा कठिन मार्ग है जिस पर चलना तलवार की धार पर चलने जैसा है—"प्रेम को पंथ कराल महा तलवार की धार पै धावनो है!" वस्तुतः प्रेम के सम्बन्ध में विभिन्न कवियों ने परस्पर-विरोधी एवं ऐसी विचित्र बातें कही हैं कि जिससे हम इसी निष्कर्ष पर पहुँचते हैं कि यह एक विचित्र अनुभूति है जिसे केवल अनुभव करने वाला ही समझ सकता है—मीरा के शब्दों में "घायल की गति घायल जाणै, जे किण घायल होय!" अतः हमें भी आधुनिक कवि भारतेन्दु हरिश्चन्द्र के शब्दों में यही स्वीकार करना होगा कि "मार्ग को को समुझै, हरिचन्द यथारथ होत यथा है...।"

अब तक हमने प्रेम के जिस स्वरूप की चर्चा की है, वह तो लौकिक प्रेम की है, किन्तु बाबा ने जिस तत्व का निरूपण किया है वह आध्यात्मिक है; किन्तु जब लौकिक प्रेम को ही समझना-समझाना कठिन है तो आध्यात्मिक प्रेम को समझने में थोड़ी सहायता अवश्य मिल सकती है तथा वासनाओं से मुक्त होकर लौकिक प्रेम भी आध्यात्मिक प्रेम के रूप में विकसित हो सकता है—अतः इस दृष्टि से हम पहले लौकिक प्रेम के ही आधारभूत तत्वों एवं विभिन्न रूपों को स्पष्ट करने का प्रयास करेंगे।

प्रेम का आधारभूत तत्व— सुप्रसिद्ध दार्शनिक, चिन्तक एवं मनोवैज्ञानिक डॉ० भगवान दास ने अपने ग्रंथ—'दी साइन्स ऑफ इमोशन्स'—में विभिन्न भावों का सूक्ष्मातिसूक्ष्म विवेचन-विश्लेषण करते हुए प्रतिपादित किया है कि हमारे सभी भावों के मूल में आकर्षण एवं विकर्षण के तत्व विद्यमान रहते हैं।[1] सभी प्राणियों में अपने मन के अनुकूल वस्तु के प्रति आकर्षण एवं प्रतिकूल के प्रति विकर्षण पाया जाता है। अहंकार या इच्छा से संयुक्त होकर आकर्षण व विकर्षण के तत्व ही विकसित होकर क्रमशः प्रेम एवं घृणा का रूप धारण कर लेते हैं। हम उन्हीं वस्तुओं, पदार्थों या व्यक्तियों से प्रेम करते हैं जो कि अपने रूप-सौन्दर्य या अन्य गुणों से हमारे मन को आकर्षित कर लेते हैं—अतः इसमें कोई संदेह नहीं कि प्रेम का मूलाधार तत्व आकर्षण ही है; फिर वह चाहे किसी भी गुण या विशेषता के कारण उत्पन्न हो।

हमारा आकर्षण ही अहं से युक्त होकर विभिन्न स्थितियों, परिस्थितियों एवं व्यक्तियों के संदर्भ में तदनुसार परिवर्तित होकर अन्य भावों का रूप धारण कर लेता है। जहाँ समान स्तर के व्यक्ति के प्रति आकर्षण प्रेम का रूप प्राप्त करता है, वहाँ अपने से बड़े के प्रति—वह बड़ा चाहे आयु में हो या पद में अथवा अन्य किसी भी कारण

---

1. श्री सत्य साई बाबा ने भी विश्व के समस्त प्रेम का मूल आकर्षण को बताते हुए लिखा है—"विशाल ब्रह्म में अणु के प्रति जो आकर्षण होता है वह अंश के प्रति समग्रता का आकर्षण है। यह समस्त प्रेम का आधार है—माता का पुत्र के प्रति प्रेम, पिता-पुत्र का, मित्र एवं मित्र का, पति-पत्नी का और भक्तों का ईश्वर के प्रति प्रेम।" लेखक के **'साहित्य विज्ञान'** में भी इसी आकर्षण शक्ति सिद्धान्त का प्रतिपादन किया गया है।

से—आकर्षण या प्रेम श्रद्धा में परिणत हो जाता है तथा अपने से छोटे के प्रति स्नेह में। यहाँ यह स्पष्ट कर देना आवश्यक है कि 'बड़े' और 'छोटे' से अभिप्राय केवल आयु से नहीं है अपितु हमारी भावना से है; जब हम किसी को भी अपने से उच्च या महान् मानते हुए प्रेम करते हैं तो वह श्रद्धा या भक्ति का रूप प्राप्त कर लेता है तो जिसे हम अपने से छोटा, हीन या निम्न मानते हुए भी चाहने लगते हैं तो उसके प्रति 'स्नेह' या करुणा का विकास हो जाता है। इस प्रकार श्रद्धा, भक्ति, स्नेह आदि प्रेमाकर्षण के ही विभिन्न रूप हैं। इन्हीं के समानान्तर विकर्षण या घृणा से क्रमशः भय (बड़े के प्रति), उपेक्षा (छोटे के प्रति), अनादर आदि के भाव विकसित होते हैं। वस्तुतः विभिन्न स्थितियों एवं परिस्थितियों के संयोग से ये ही भाव अनेक और मिश्रित भावों के रूप में विकसित हो जाते हैं, जिनकी चर्चा यहाँ अनावश्यक है।

आकर्षण का अस्तित्व समस्त सृष्टि में—यहाँ हमें इस तथ्य पर विशेष ध्यान देना चाहिए कि आकर्षण जो कि प्रेम का मूल आधार तत्व है—या प्रेम का ही एक ऐसा सूक्ष्म बीज है जो कि अनुकूल परिस्थितियों के संयोग से अंकुरित, प्रस्फुटित एवं विकसित होकर प्रेम रूपी वृक्ष में परिवर्तित हो जाता है; न केवल मनुष्यों में अपितु धरती के सभी प्राणियों में किसी-न-किसी रूप में विद्यमान है। सृष्टि के जड़ पदार्थों में भी आकर्षण की शक्ति या प्रवृत्ति का अस्तित्व सर्वत्र दृष्टिगोचर होता है, यह दूसरी बात है कि हम विभिन्न क्षेत्रों में उसे विभिन्न संज्ञाओं से विभूषित करते हैं; यथा—ब्रह्माण्ड के विभिन्न पिण्डों में व्याप्त आकर्षण को हम गुरुत्वाकर्षण का, लौह कणों में व्याप्त आकर्षण को चुम्बक का, अणु में व्याप्त आकर्षण को विद्युत् का या परमाणु शक्ति का नाम देते हैं। इसी प्रकार जैविक सृष्टि में व्याप्त आकर्षण को हम यौन आकर्षण की संज्ञा देते हैं। वस्तुतः चेतना प्राणियों में यौनाकर्षण के अतिरिक्त विभिन्न इन्द्रियों, मन एवं बुद्धि के स्तर पर भी आकर्षण के विभिन्न रूप मिलते हैं। आधुनिक विज्ञान से यह भी स्पष्ट है कि विभिन्न भौतिक द्रव्यों का संघटन, विभिन्न रासायनिक पदार्थों की क्रिया-प्रतिक्रिया या उनका रूप-परिवर्तन, विभिन्न जीवधारियों का जन्म-धारण तथा उनकी विभिन्न शारीरिक क्रियाओं, देह के भीतर के विभिन्न संस्थानों—पाचन, श्वास, रक्त-संचार आदि का संचालन भी इसी आकर्षण की क्रिया के द्वारा होता है। जहाँ मानसिक जगत् की बात है, उसका तो मूल आधार ही आकर्षण एवं विकर्षण में निहित है जो कि परिस्थिति-भेद एवं व्यक्तियों से विभिन्न भावों में विकसित होते हैं। अस्तु, आकर्षण केवल एक तत्व मात्र नहीं है, वह एक शक्ति है जो कि जड़-चेतन सृष्टि में सर्वत्र क्रियाशील है। वस्तुतः शक्ति का चाहे कोई भी रूप हो, क्षेत्र हो या स्तर हो जहाँ भी वह सक्रिय होती है तो आकर्षण-विकर्षण के रूप में ही कार्य करती है। एक ओर का आकर्षण ही दूसरी ओर का विकर्षण है, अतः हम केवल 'आकर्षण शक्ति' कह दें तो भी काम चल जायेगा। शक्ति के नाना रूपों में व्याप्त आकर्षण के आधार पर ही हमने अपने शोध प्रबन्ध 'साहित्य-विज्ञान' में आकर्षण शक्ति सिद्धान्त की स्थापना करते हुए उसे एक विश्वव्यापी शक्ति के रूप में प्रतिष्ठित करने का प्रयास किया है।

आकर्षण या प्रेम का आध्यात्मिक दृष्टि से विवेचन— ऊपर हमने सांसारिक या भौतिक दृष्टि से आकर्षण शक्ति का विवेचन आधुनिक विज्ञान की स्थापनाओं को ध्यान में रखते हुए किया, किन्तु आध्यात्मिक क्षेत्र में भी उसे विभिन्न रूपों में मान्यता प्राप्त है। जैसा कि 'साहित्य-विज्ञान' में स्पष्ट किया गया है—"भारतीय दर्शन के क्षेत्र में एक ऐसी शक्ति को मान्यता दी गई है जो कि समस्त विश्व की सृष्टि, स्थिति एवं गति की मूलाधार है। इस शक्ति को विभिन्न संप्रदायों ने विभिन्न संज्ञाओं से अभिभूषित किया है—जैसे, प्रकृति, शक्ति, माया आदि।" सामान्यतः इसे 'माया' के नाम से ही अभिहित किया जाता है जिसके सम्बन्ध में प्रो० बलदेव उपाध्याय ने अपने 'भारतीय दर्शन' में लिखा है—"माया का स्वरूप ब्रह्म-ज्ञानियों, संतों और भक्तों ने आकर्षण जाल के तुल्य ही माना है।" इसीलिए कबीर ने उसके सम्बन्ध में कहा है—"लै फाँसि हमहूँ को आई।"

अस्तु, इसमें कोई संदेह नहीं कि समस्त सृष्टि का सृजन, पालन एवं संहार करने वाली जिस शक्ति को लौकिक दृष्टि से हम 'आकर्षण शक्ति' कहते हैं, उसी को आध्यात्मिक क्षेत्र में 'माया' कहा गया है। इस माया के भी दार्शनिकों ने दो भेद माने हैं—(1) विद्या और (2) अविद्या। माया का जो रूप हमें सत्य ज्ञान का बोध कराकर परमात्मा की ओर उन्मुख करता है, वह 'विद्या' है तो जो हमें भ्रमजाल में डालकर उससे विमुख करता है, वही 'अविद्या' है। दूसरे शब्दों में विद्या हमें भगवान के प्रति आकर्षित करती है तो अविद्या विकर्षित। अतः माया के ये दो भेद भी क्रमशः आकर्षण एवं विकर्षण की शक्तियों के पर्याय माने जा सकते हैं।

लौकिक प्रेम एवं आध्यात्मिक प्रेम का अन्तर— प्रेम के मूल में सदैव आकर्षण रहता है, उसका रूप चाहे लौकिक हो या आध्यात्मिक। जब हम संसार के व्यक्तियों की ओर आकर्षित होते हैं तो लौकिक प्रेम की तथा परमात्मा की ओर आकर्षित होने पर अलौकिक या आध्यात्मिक प्रेम की उत्पत्ति होती है। प्रश्न यह है कि इन दोनों स्थितियों में मौलिक अन्तर क्या है? क्यों हम कभी संसार की ओर आकर्षित होते हैं और क्यों कभी भगवान् की ओर—इसका रहस्य क्या है?

हमारे विचार से इसका मूल कारण हमारा ज्ञान-अज्ञान या सत्य-बोध एवं मिथ्या-प्रतीति है। जब हम इस बाह्य जगत् को ही सत्य मान लेते हैं तो उसके फलस्वरूप हमारा उसके प्रति आकर्षित होना स्वाभाविक है जबकि यह बोध होने पर कि वह मिथ्या है, उसके मूल में किसी अन्य शाश्वत तत्व का अस्तित्व है जिसे 'परमात्मा' कहते हैं तो हम परमात्मा की ओर आकर्षित होने लगते हैं।

यद्यपि प्रत्येक अद्वैतवादी संसार के मिथ्यात्व को जानता है फिर भी वह वैसा अनुभव या बोध प्राप्त करने में असमर्थ रहता है क्योंकि हमें बोध प्रदान करने वाली शक्तियाँ स्वयं अपने 'अहंकार' के आवरण से आबद्ध हैं। अतः अहंकार के आवरण से मुक्त होने पर ही हम सत्य का बोध प्राप्त कर सकते हैं। वस्तुतः लौकिक प्रेम एवं आध्यात्मिक प्रेम में सबसे बड़ा अन्तर ही इस बात का है कि एक अहंकार से युक्त

होता है तो दूसरा अहंकार से मुक्त। इसीलिए आध्यात्मिक प्रेम की उपलब्धि के लिए अहंकार को सबसे बड़ा बाधक माना गया है।

अहंकार के कारण ही हम अपने 'मैं' की प्रतीति, अन्य लोगों से भिन्न रूप में करते हुए अपने शरीर या व्यक्तित्व का अस्तित्व स्वतंत्र या पृथक् रूप में अनुभव करते हैं। जब हमारा अहं विभिन्न वासनाओं, प्रवृत्तियों एवं वृत्तियों से सम्बद्ध हो जाता है तो उसके फलस्वरूप ही काम, क्रोध, मद, लोभ, मोह आदि मनोविकारों का विकास होता है। अहंजन्य राग-द्वेष के कारण हम सृष्टि के पदार्थों एवं प्राणियों का बोध यथार्थ रूप में नहीं ग्रहण कर पाते। अस्तु, अहं ही हमारे समस्त अज्ञान एवं भ्रम का मूल कारण है जिससे मुक्त होना ही अज्ञान से मुक्ति है।

आध्यात्मिक प्रेम या दिव्य प्रेम की अनुभूति का उपाय—जैसा कि पीछे स्पष्ट किया जा चुका है—आध्यात्मिक प्रेम का अर्थ है—परमात्मा से प्रेम करना, किन्तु परमात्मा इस संसार में कहीं प्रत्यक्ष रूप में तो दिखाई नहीं पड़ता और न ही उसके अस्तित्व एवं व्यक्तित्व का कोई निश्चित पता है; ऐसी स्थिति में जिसे हम जानते नहीं; पहचानते नहीं या जो हमारे सामने उपस्थित नहीं या जिससे संपर्क करना प्राय: संभव नहीं—उससे प्रेम कैसे किया जा सकता है? बिना परिचय के प्रेम कैसा?

अत: सर्वप्रथम हमें परमात्मा का परिचय प्राप्त करना चाहिए। जिस प्रकार हम अज्ञात स्थानों एवं व्यक्तियों की जानकारी के लिए किसी प्रामाणिक मार्ग-प्रदर्शिका या 'डाइरेक्टरी' का आश्रय ग्रहण करते हैं, उसी प्रकार परमात्मा का भी परिचय या ज्ञान प्राप्त करने के लिए ऐसे ग्रंथों का आश्रय लेना चाहिए जो कि उसके सम्बन्ध में प्रामाणिक रूप में जानकारी देते हैं। इस दृष्टि से वैदिक साहित्य, उपनिषदों, गीता आदि को भारतीय साहित्य में सर्वाधिक महत्वपूर्ण माना गया है—अन्य धर्मों के भी विभिन्न ग्रंथ कम महत्वपूर्ण नहीं हैं, अत: जिसकी रुचि एवं प्रवृत्ति जिसमें हो उसी को माध्यम बनाकर परमात्मा के सम्बन्ध में ज्ञान प्राप्त करना चाहिए।

भारतीय दर्शनों में परमात्मा के दो स्वरूपों की चर्चा की गयी है—(1) निर्गुण रूप एवं (2) सगुण रूप। प्रथम रूप के अनुसार परमात्मा का कोई एक निश्चित रूप या आकार नहीं है, वही सृष्टि के प्रत्येक कण-कण में सूक्ष्म शक्ति के रूप में विद्यमान है। विभिन्न प्राणियों में वही आत्मा के रूप में व्याप्त है। इस दृष्टि से प्रत्येक व्यक्ति की आत्मा और परमात्मा एक ही है—अत: उसका ज्ञान, अनुभव, बोध एवं साक्षात्कार अपने भीतर ही विभिन्न साधनाओं द्वारा किया जा सकता है। यद्यपि यह कार्य कठिन है किन्तु असंभव नहीं। आत्मा और परमात्मा की एकता का अनुभव ही अपने-आप में दिव्य प्रेम की अनुभूति है क्योंकि प्रेम का आधार ही अद्वैत भावना है या ऐक्य भाव की घनिष्ठता ही प्रेम है।

दूसरा मार्ग सगुण रूप की उपासना का है। निर्गुण एवं निराकार ईश्वर को बोधगम्य बनाने के लिए ही उसे सगुण एवं साकार रूप दिया गया है। साथ ही भगवान् की शक्ति ही जब धरती पर विभिन्न रूपों में अवतरित होती है तो वह सगुण रूप ही धारण

करती है। अतः इन अवतारों में से ही किसी अवतार के स्वरूप, व्यक्तित्व, चरित एवं लीलाओं का अध्ययन करके उसका ज्ञान प्राप्त किया जा सकता है। यही ज्ञान जब अनुभव या अनुभूति में परिणत होता है तो दिव्य प्रेम की उत्पत्ति होती है। ज्यों-ज्यों हम सगुण रूप के सौन्दर्य, वैभव, शक्ति एवं उसकी चामत्कारिक लीलाओं में अनुरक्त होते हैं त्यों-त्यों उसके प्रति हमारा आकर्षण बढ़ता जाता है और वह प्रेम की गम्भीरता में परिणत होता जाता है।

इस प्रकार जहाँ पहले मार्ग में ब्रह्म ज्ञान द्वारा परमात्मा की दिव्य अनुभूति प्राप्त की जाती है वहाँ दूसरे में हम सीधे भावना के द्वारा ही उस तक पहुँचते हैं; इसी भेद के कारण इन्हें क्रमशः ज्ञान-मार्ग एवं प्रेम-मार्ग (भक्ति मार्ग) की संज्ञा दी गई है, किन्तु अन्ततः लक्ष्य दोनों का एक ही है तथा दोनों में ही किसी सीमा तक एक-दूसरे का सहयोग प्राप्त किया जाता है—इसीलिए बाबा ने इन्हें परस्पर भिन्न या पृथक मानने का निषेध किया है।

दिव्य प्रेम की विभिन्न अवस्थाएँ—दिव्य प्रेम के विकास की भी विभिन्न स्थितियाँ या अवस्थाएँ मानी जा सकती हैं। सर्वप्रथम साधक में परमात्मा को जानने या समझने की जिज्ञासा होनी चाहिए क्योंकि बिना जिज्ञासा के हम किसी भी गूढ़ तत्व को जानने में सफल नहीं हो सकते। जिज्ञासा की प्रेरणा से किये गये अध्ययन, विचार-विमर्श, सत्संग के फलस्वरूप हमारा परमात्मा के अस्तित्व में विश्वास उत्पन्न हो जाता है तो यही स्थिति आस्था की है। आस्था जितनी ही दृढ़ होगी, साधना उतनी ही गंभीर हो सकेगी। आस्था की दृढ़ता से हमारे मन में परमात्मा के प्रति अनुरक्ति या अनुराग की भावना उत्पन्न होगी जो कि उनके दर्शनों के लिए लालसा या उत्कण्ठा जागृत करेगी। जब यह उत्कण्ठा भी गंभीर हो जाती है तो साधक या भक्त परमात्मा की विरह-वेदना से पीड़ित होकर मीरा के शब्दों में, 'घायल की सी गति' अनुभव करने लगता है। अन्त में जब साधक को परमात्मा के साक्षात्कार, सान्निध्य एवं तादात्म्य की अनुभूति प्राप्त हो जाती है तो वह दिव्य मिलन के आनन्द में लीन होकर कबीर की आत्मा की भाँति गाने लगता है—

दुलहनी गावहु मंगल चार;
हम घरि आये हो राजा राम भरतार।
तन रत करि मैं मन रत करि पंचतत बाराती।
रामदेव मोरे पांहुनै आये, मैं जोवन मदमाती॥
सरीर सरोवर बेदि करिहूँ ब्रह्मा वेद उचार।
रामदेव संग भाँवरि लै हूँ, धनि धनि भाग हमार॥

वस्तुतः आराधक एवं आराध्य के दिव्य मिलन की इसी अनुभूति को 'ब्रह्मानन्द' कहा गया है जिसकी तुलना सृष्टि के किसी भी प्रकार के आनन्द से नहीं की जा सकती।

परमात्मा स्वयं प्रेम स्वरूप हैं—विभिन्न धर्म-संप्रदायों एवं दर्शन-शास्त्रियों ने परमात्मा के विभिन्न रूपों एवं गुणों की कल्पना करते हुए उसे परम सत्यनिष्ठ एवं न्यायी घोषित करते हुए उसके अत्यन्त कठोर एवं क्रूर रूप का चित्रण किया है—उन्होंने ऐसा यह सिद्ध करने के लिए किया है कि कोई भी अपराधी या पापी परमात्मा के दंड से बच नहीं सकता। परमात्मा के इस क्रूर, कठोर एवं भयानक रूप से प्रेम की अपेक्षा भय की ही उत्पत्ति अधिक हो सकती है; ऐसी स्थिति में उससे प्रेम कैसे किया जा सकता है?

जैसा कि भगवान् सत्य साई बाबा ने स्पष्ट किया है, परमात्मा के बारे में उपर्युक्त धारण सही नहीं है। परमात्मा अत्यन्त करुण, दयालु एवं स्नेहशील है, किन्तु जिस प्रकार माता-पिता अपने प्राणप्रिय लाड़ले पुत्र को सुधारने के लिए उसकी त्रुटियों पर उसे ताड़ना देते हैं या उसके अस्वस्थ हो जाने पर उसे कड़वी गोलियाँ खाने अथवा इंजेक्शन की तीखी सुई चुभवाने के लिए विवश होते हैं; ऐसा वे अपने शिशु की हित-कामना की दृष्टि से ही करते हैं—ऐसा करते समय यह नहीं कहा जा सकता कि उनका बच्चे के प्रति स्नेह, वात्सल्य या प्रेम कम हो गया; ठीक इसी प्रकार परमात्मा भी प्रत्येक प्राणी से प्रेम करते हैं किन्तु साथ ही उसके सुधार या विकास के लिए आवश्यक उपचार भी उन्हें करना पड़ता है—अत: उसे उनके शुद्ध प्रेम या दिव्य प्रेम का अंग ही समझना चाहिए। वस्तुत: प्रेम उनमें इतनी मात्रा में है कि उनके अन्य गुण उसमें तिरोहित हो जाते हैं तथा इसीलिए उनका मुख्य रूप या स्वरूप 'प्रेम' ही माना गया है। इस सम्बन्ध में स्वयं भगवान सत्य साई बाबा ने कहा है—"भगवान् प्रेम है—स्वच्छ, निर्मल प्रेम, अक्षय और सार्वलौकिक प्रेम। उनका न किसी के प्रति मोह है और न किसी के प्रति द्वेष। भगवान से डरने का कोई कारण नहीं—डरो तो अपनी स्वयं की कमजोरियों से और वृत्तियों से जो आपको दुष्कर्मों की ओर धकेलती हैं।" अस्तु, भगवान् के प्रेम-स्वरूप होने में कोई संदेह नहीं है।

कई बार जब हमारी अपनी अयोग्यता या त्रुटि से हम भगवान् से इच्छानुसार वस्तु प्राप्त नहीं कर पाते तो हमारी भावनाएँ अस्थिर और चंचल होने लगती हैं तथा उनके प्रति हमारा विश्वास डगमगाने लगता है—यह ठीक नहीं। सच्चे आराधक के लिए यह आवश्यक है कि उसका न केवल भगवान् पर अपितु उनके प्रेम पर भी अटल एवं अडिग विश्वास रहे तथा विपरीत या प्रतिकूल परिस्थितियों में भी वह अपना विश्वास भंग न करे। बाबा के शब्दों में कहा जा सकता है—"भगवान् पर विश्वास रखो और जो कुछ तुम्हें प्राप्त है, उसे स्वीकार करो। भगवान् सदा तुम्हारे साथ हैं, तुम्हारे में ही हैं। वे यह भली प्रकार जानते हैं कि कब, कितना और किसको देना है। वे प्रेम मय हैं।"

अत: परमात्मा से सदा सुख की ही आशा नहीं करनी चाहिए, वह दु:ख भी दे सकता है—इसलिए दु:ख ही हमारा भाग है, भाग्य है, भोग्य है या दु:ख ही हमारे दोषों, अपराधों या पापों का परिष्कार है अथवा विशेष परिस्थिति के कारण वही एकमात्र उपचार है जिसका परिणाम आगे चलकर शान्ति या आनन्द में प्राप्त होगा; ऐसा

मानकर चलना चाहिए। अस्तु, जैसा कि महाकवि बिहारी ने कहा है, जिससे सुख लेना चाहते हो उसके दिये दुःख को भी स्वीकार करो—

''दई दई क्यों करति है, दई दई सुकबूलि।
जाकौ सुख लियो चहत ताकों दुखहि कबूलि॥''

वास्तव में यह भी हमारी एकांगी एवं अज्ञानमूलक विचारधारा का परिणाम है कि हम सदैव सुख की ही कामना करते हुए यह आशा करते हैं कि दुःख का सामना कभी न हो जबकि जगत् में दिन-रात, प्रकाश और अंधकार की भाँति सुख-दुःख भी जुड़े हैं। जिसे हम 'सुख' कहते हैं वह वास्तव में दो 'दुःखों' के बीच की स्थिति मात्र है—अतः जीवन में दुःख अनिवार्य है। साथ ही अध्यात्म पथ के पथिक के लिए तो दुःख का महत्व सुख से भी अधिक है; कबीर के शब्दों में—

''सुख के माथे सिल पड़ौ, नाम हृदय से जाय!
बलिहारी वा दुःख की जो पल-पल नाम रटाय!''

वस्तुतः हृदय को व्यापकता प्रदान करने में तथा उसे अहं, स्वार्थ, गर्व, मद आदि विकारों से मुक्त करके स्वच्छ, निर्मल एवं पवित्र रूप देने में जितना योगदान दुःख का होता है, उतना सुख का नहीं। सुख जहाँ हमारे हृदय को संकीर्ण बना देता है वहाँ दुःख उसे व्यापक एवं उदार बनाता है—इसी विचार को कवयित्री महादेवी ने अत्यन्त भावात्मक एवं काव्यात्मक रूप में प्रस्तुत करते हुए लिखा है—

''मृग मरीचिका के चिर पथ पर,
सुख आता प्यासों के पग धर,
रुद्ध हृदय के पट लेता कर,
गर्वित कहता मैं मधु हूँ मुझसे पतझड़ का क्या नाता!

* * *

दुःख के पद छू बहते झरझर,
कण-कण से आँसू के निर्झर,
हो उठता जीवन मृदु उर्वर
लघु मानस में वह असीम जग को आमंत्रित कर लाता!''

अस्तु, इसमें कोई संदेह नहीं कि दुःख का भी महत्व है तथा हमें जो भी दुःख प्राप्त होता है उसका भी कोई कारण, प्रयोजन एवं महत् उद्देश्य होता है जिसे समझने का प्रयास करते हुए परमात्मा के प्रति अपनी आस्था एवं भावना को दृढ़ रखना चाहिए।

सबसे बड़ी साधना प्रेम— विभिन्न धर्मग्रंथों में साधना के विभिन्न विधि-विधान बताये गये हैं तथा विभिन्न मार्गों का प्रतिपादन किया गया है किन्तु हमें यह न भूलना चाहिए कि वे सभी विधि-विधान एवं साधन अन्ततः परमात्मा के प्रति हमारे 'ऐक्यभाव' या प्रेम भाव को ही लेकर चलते हैं। यदि हम भगवान् से सुदृढ़, सच्चा एवं

निर्मल प्रेम कर सकें, जो कि हमारी किसी क्षुद्र वासना, इच्छा या कामना की पूर्ति के उद्देश्य से न हो, तो उससे बढ़कर कोई साधना नहीं है। स्वयं बाबा के शब्दों में—"प्रेम का पोषण करो, प्रेम में स्थित रहो, प्रेम का प्रसार करो—यह वह आध्यात्मिक साधना है जिससे आपको अधिकतम लाभ होगा। जब आप भगवान् के यश, गौरव, महिमा, करुणा, दया आदि का स्मरण करते हुए उनके नाम का उच्चारण करेंगे तो आपके हृदय में प्रेम उत्पन्न होगा। उसकी जड़ें भीतर की ओर गहरी बैठती चली जायेंगी, शाखाएँ फैलने लगेंगी और प्रेम एक विशाल वृक्ष के रूप में फैल जायेगा, जिसकी छाया के नीचे किसी भी भेद-भाव के शत्रु और मित्र, देशी या विदेशी सभी समान रूप में विश्राम पा सकेंगे।" इस प्रकार भगवान् सत्य साई ने प्रेम के ऐसे रूप का चित्रण किया है जो केवल आत्मा और परमात्मा तक ही सीमित नहीं है अपितु वह अपनी व्यापकता की छाया में समस्त सृष्टि को बिना किसी भेद-भाव के आमंत्रित करने की प्रेरणा देता है!

सांसारिक व्यक्तियों से प्रेम क्यों?—प्राय: समझा जाता है कि सांसारिक प्रेम आध्यात्मिक प्रेम का बाधक या विरोधी है; इसीलिए अनेक संतों एवं महात्माओं ने भगवान् के प्रति अनुराग का संदेश दिया वहाँ संसार के प्रति विराग या वैराग्य का। ऐसी स्थिति में बाबा का यह कहना कि संसार के सभी व्यक्तियों से प्रेम करो—कहाँ तक उचित है?

उपर्युक्त शंका का समाधान करते हुए कहा जा सकता है कि सांसारिक प्रेम भी दो प्रकार का है—एक जो हम अपने व्यक्तिगत अहं, स्वार्थ या लाभ या सुख-भोग की प्रेरणा से करते हैं जबकि दूसरे में हम इनसे मुक्त रहते हैं। उदाहरण के लिए यदि हम अपने पुत्र से या अपने किसी निकट सम्बन्धी से प्रेम करते हैं तो उसके मूल में हमारा अपने अहंकार, स्वार्थ या लाभ का भाव अन्तर्निहित रहता है; अत: वह सच्चा और शुद्ध प्रेम नहीं है। जहाँ हम किसी को 'अपना' समझकर प्रेम करते हैं, वहाँ निश्चय ही 'अहं' का भाव अन्तर्निहित रहता है जबकि शुद्ध प्रेम अपने-पराये की भावना से मुक्त रहता है। इसका अर्थ यह नहीं है कि उस प्रेम का कोई महत्व नहीं है—अवश्य ही वह महत्वपूर्ण है क्योंकि अनेक लोग अपने व्यक्तियों से—अपने माता-पिता, भाई-बहन, सगे-सम्बन्धियों से—भी प्रेम नहीं कर पाते, छोटी-छोटी बात पर उनसे भी झगड़ते रहते हैं; अत: इस प्रकार के प्रेम का भी महत्व अवश्य है किन्तु उसे हम शुद्ध एवं नि:स्वार्थ प्रेम की संज्ञा नहीं दे सकते। किन्तु जब हमारा प्रेम केवल अपने लोगों तक ही सीमित न रहकर हर व्यक्ति—हर प्राणी—तक व्याप्त होकर असीम हो जायेगा; उसके मूल में कोई स्वार्थ या वासना नहीं रहेगी—तथा वह विशिष्ट के प्रति न रहकर सामान्य के प्रति हो जायेगा तो वह सचमुच ही एक ऐसा स्वच्छ, निर्मल एवं व्यापक रूप प्राप्त कर लेगा कि उस स्थिति में उसे सांसारिक प्रेम न कहकर आध्यात्मिक प्रेम कहा जा सकता है।

जैसा कि भगवान् बाबा ने स्पष्ट किया है, मनुष्यों के प्रति बिना किसी भेदभाव के किया गया प्रेम—शुद्ध आध्यात्मिक प्रेम ही है। मनुष्य के माध्यम से ही भगवान् का

साक्षात्कार होता है। इसीलिए बाबा ने कहा—"भगवान् का साक्षात्कार किया जाना चाहिए मनुष्य के प्रति प्रेम से क्योंकि मनुष्य ही ईश्वर का प्रकट रूप है—वह प्रकट रूप जिसका दुःख-दर्द आप समझ सकते हैं।"

दुष्ट लोगों से भी प्रेम कैसे?—जो व्यक्ति सज्जन एवं सच्चरित्र है उनके प्रति हमारी सद्भावना एवं सहानुभूति सहज स्वाभाविक रूप में जागृत हो जाती है, अतः उनसे प्रेम करना भी संभव है किन्तु जो लोग दुष्ट स्वभाव के हैं तथा जिनका चरित्र भी दूषित है—ऐसे दुश्चरित्र व्यक्तियों से प्रेम किस तरह संभव है? भला ऐसे लोगों से प्रेम करना कहाँ तक उचित है और यदि करना भी चाहें तो किस प्रकार कर सकते हैं क्योंकि उनके प्रति हमारे मन में सहज घृणा होती है।

उपर्युक्त प्रश्न का भी बाबा ने स्पष्ट रूप में उत्तर देते हुए निर्देश दिया है कि ऐसे लोगों से भी प्रेम करो। हमें यह सोचना चाहिए कि जिस व्यक्ति को हम दुश्चरित्र, अपराधी या पापी समझकर घृणा कर रहे हैं उस व्यक्ति के भीतर भी आत्मा या परमात्मा का निवास है। जो भी दुष्कृत्य उसने किया वह उसकी आत्म ने न करके शरीर ने किया। शरीर जो-कुछ करता है, उसके पीछे मन की प्रेरणा रहती है तथा मन अपने पूर्व-संचित संस्कारों से प्रेरित एवं प्रभावित होता है। अतः उस व्यक्ति के द्वारा जो भी बुरा काम हुआ वह "पिछले जन्म के अनेक जन्मों और विचारों के संचित संस्कारों के प्रभाव के फलस्वरूप ही हुआ। उसकी आत्मा उसके किसी भी कर्म, विचार या उद्देश्य से निर्लिप्त है, अप्रभावित है। उसकी आत्मा ईश्वर का अंश है, दैविक है, उसे प्रेम करो।" इस प्रकार जैसा कि महात्मा गाँधी ने कहा था—"पापी से नहीं, पाप से घृणा करो; बाबा का भी यही निर्देश है कि प्रत्येक व्यक्ति के बाह्य रूप एवं उसके कृत्यों को न देखकर उसके भीतर की आत्मा से प्रेम करो।"

व्यावहारिक दृष्टि से यह कठिन प्रतीत होता है कि किस प्रकार हम दुश्चरित्र लोगों के प्रति सद्भावना एवं प्रेम का व्यवहार कर सकते हैं! इसका समाधान करते हुए बाबा ने दो बातें बताई हैं—एक, तो दूसरों के बड़े-बड़े दोषों को भी उपेक्षणीय एवं नगण्य समझो और अपने नगण्य एवं उपेक्षणीय दोषों को भी बड़ा समझो। दूसरे, जो कुछ भी तुम अपने प्रति अथवा दूसरों के प्रति करो, सदा यह स्मरण रखते हुए करो कि भगवान् सर्वव्यापक है। वह सब-कुछ देखता है, सुनता है और जानता है।" ऐसी स्थिति में एक ओर तो हमारे मन में घृणा का भाव उत्पन्न नहीं होगा और दूसरी ओर हम सभी के प्रति सच्चा आत्मिक प्रेम अनुभव कर सकेंगे—क्योंकि सभी में परमात्मा विद्यमान है।

विश्व-प्रेम का संदेश—अन्त में हम इस निष्कर्ष पर पहुँचते हैं कि बाबा का प्रेम संदेश एक ओर तो आत्मा और परमात्मा की एकता पर आधारित आध्यात्मिक प्रेम का द्योतक है तो दूसरी ओर वह सभी धर्मों जातियों, देशों के मनुष्यों के प्रति व्यक्त विश्व-प्रेम का वाहक है। स्वयं बाबा के ही शब्दों में कह सकते हैं—"हे प्रेम स्वरूपो! अपने में शुद्ध, सात्विक और निर्मल प्रेम उत्पन्न करो। जाति, रंग और वेशभूषा के भेद-भाव

को भूलकर सभी को अपने प्रेम में सम्मिलित करो। सबको उसका भागीदार बनाओ। आप अपने पड़ोसी की पीड़ा, प्रार्थना...के साथ एकात्म भाव अनुभव करो। हो सकता है कि उसकी भाषा भिन्न हो, उसका मत या धर्म भिन्न हो। किन्तु इससे क्या अन्तर पड़ता है। उसकी भूख और प्यास तो वैसी ही है जैसी आपकी है। उसके आनन्द के भागीदार बनो, उससे दोनों का आनन्द बढ़ेगा। उसके शोक और दुःख के भागीदार बनो- इससे दोनों का शोक और दुःख कम होगा। अपने हृदय के प्रेम को दूसरों के हृदय में प्रवाहित होने दो।...रुका हुआ पानी सड़ने लगता है प्रेम आनन्द है, प्रेम शक्ति है, प्रेम प्रकाश है, प्रेम भगवान्!''

इस प्रकार बाबा प्रेम के व्यापक रूप पर प्रकाश डालते हुए उसे विश्वव्यापी बनाने पर बल देते हुए कहते हैं—''सभी जातियों, देशों और महाद्वीपों के मनुष्य में यही एक भाव—प्रेमभाव—उत्पन्न करो। प्रेम का यही संदेश लेकर आया हूँ मैं।''

प्रेम की महिमा—प्रेम लौकिक एवं अलौकिक क्षेत्र का सर्वोच्च सिद्धान्त है। जहाँ लौकिक जीवन के क्षेत्र में प्रेम अपनी पूर्ण विकसित अवस्था में व्यक्ति को अहं, काम, स्वार्थ आदि संकीर्ण एवं दूषित तत्वों से सर्वथा मुक्त करके उसमें एक अत्यन्त उच्च एवं उदात्त भावना का संचार कर देता है जिससे वह अपना सर्वस्व त्याग करने के लिए—प्राणों का भी त्याग और बलिदान करने के लिए सहर्ष प्रस्तुत हो जाता है। संभवतः विश्व में कोई भी अन्य ऐसा भाव नहीं है जो व्यक्ति को इतने उच्च धरातल तक पहुँचा सके। साथ ही यही ऐसा भी है जो न केवल सभी युगों एवं सभी देशों के मनुष्यों में अपितु सृष्टि के सभी प्राणियों में किसी न किसी रूप में विद्यमान है। इतना ही नहां, जैसा कि हमने अन्यत्र स्पष्ट किया है, सृष्टि के सभी जड़ एवं चेतन पदार्थों में भी वह आकर्षण के रूप में विद्यमान है, जिसे प्रेम का सूक्ष्म रूप कहा जा सकता है। अतः प्रेम की व्यापकता, गंभीरता एवं उच्चता से किसी भी अन्य लौकिक भाव की तुलना नहीं की जा सकती।

जहाँ तक अलौकिक क्षेत्र या आध्यात्मिक प्रेम की बात है वह तो और भी अधिक परिष्कृत, शुद्ध, निर्मल एवं दिव्य है। बाबा ने प्रेम को आत्मा का सिद्धान्त घोषित करते हुए कहा है—''यह आत्मा का सिद्धान्त मनुष्य में कैसे प्रकट होता है? यह प्रेम के रूप में ही प्रकट होता है। प्रेम वह मूल स्वभाव है जिसके आधार पर प्राणी का अस्तित्व है स्थिति है। प्रेम से ही वह शक्ति पाता है और आगे बढ़ता है, प्रगति करता है। प्रेम के बिना मनुष्य अंधा है—संसार उसके लिए अंधकारपूर्ण भयानक जंगल है; प्रेम ही वह प्रकाश है जो मनुष्य को संसार के जंगल में भटकने से बचाता है और सही मार्ग-दर्शन करके उसे पार लगाता है।''

ईश्वर की प्राप्ति के लिए प्रेम ही सबसे बड़ा साधन है तथा संसार को भी ईश्वर का ही आवरण समझ कर ही प्रेम करना चाहिए। इसीलिए बाबा ने कहा है—''यह संसार तो ईश्वर द्वारा धारण किये गये वस्त्र के रूप में है, इसलिए इसके प्रति प्रेम भी इसी रूप में होना चाहिए, न इससे अधिक और न ही कम। प्रेम से ही आप प्रेम के सागर में लीन

हो सकते हैं। प्रेम से क्षुद्रताएँ मिट जाती हैं, शोक, असंतोष, घृणा और द्वेष दूर हो जाते हैं और व्यक्ति जन्म-मरण के दुःखों से भी मुक्त हो सकता है।'' अस्तु, किसी भी आध्यात्मिक साधना से प्राप्त होने वाली कोई भी उपलब्धि प्रेम-साधना से बढ़कर नहीं मानी जा सकती।

वस्तुतः संसार की समस्त बाधाओं, दूषित वृत्तियों एवं विकारों से त्राण पाने का सबसे अधिक सबल, सशक्त एवं सफल उपाय प्रेम ही है। इस तथ्य को स्पष्ट करते हुए भगवान् सत्य साई ने एक अत्यन्त सुन्दर रूपक प्रस्तुत किया है—''मनुष्य का जीवन संसार-सागर की यात्रा है, वह सागर जो सुख-दुःख, हानि-लाभ और शोक-संताप की उत्ताल तरंगों, कामनाओं की तेज धाराओं, वासनाओं के भँवरों तथा लोभ-मोह एवं घृणा-द्वेष की आँधी-तूफानों से सदा अशान्त और उद्वेलित रहता है। ऐसे भयंकर सागर को पार करने के लिए जो एकमात्र विश्वसनीय साधन है वह है—ईश्वर और मनुष्य के प्रति प्रेम पूरित हृदय!''

अस्तु, एक वाक्य में कहें तो प्रेम ही भगवान् है। कबीर ने इसी तथ्य का निरूपण काव्यात्मक शैली में करते हुए कहा था—

''प्रेम हरि कौ रूप है, हरि है प्रेम समान!''

(5) अहिंसा

भगवान् सत्य साई बाबा ने अपने पाँच आध्यात्मिक तत्वों या सूत्रों में पाँचवें तत्व के रूप में 'अहिंसा' को स्थान दिया है। यहाँ यह उल्लेखनीय है कि बाबा ने प्रारम्भ में सत्य, धर्म, शान्ति और प्रेम—इन्हीं चारों तत्वों को प्रमुखता दी थी, इनमें अहिंसा का उल्लेख नहीं था, किन्तु आगे चलकर उन्होंने अहिंसा को भी सम्मिलित करते हुए अपने सिद्धान्त को पंच-सूत्री रूप प्रदान किया। यहाँ प्रश्न उठ सकता है कि प्रारम्भ में अहिंसा को स्थान क्यों नहीं दिया गया? इसका यथार्थ उत्तर तो स्वयं भगवान् ही दे सकते हैं किन्तु हमारे अनुमान से इसका कारण यह संभव है कि जहाँ अन्य चार तत्व—सत्य, धर्म, शान्ति एवं प्रेम—विधेयात्मक तत्व है, वहाँ अहिंसा (हिंसा मत करो) निषेधात्मक है। दूसरे, जब सत्य के द्वारा प्रत्येक प्राणी की एकता का प्रतिपादन करते हुए किसी को भी कष्ट न पहुँचाना मनुष्य का धर्म घोषित कर दिया गया तथा प्रत्येक प्राणी से प्रेम का संदेश दे दिया गया तो उसके पश्चात् अलग से अहिंसा के प्रतिपादन की आवश्यकता नहीं थी, क्योंकि पूर्वोक्त चार तत्वों का पालन करने वाला व्यक्ति कभी भी हिंसा में प्रवृत्त नहीं हो सकता। फिर भी इस स्थिति का कुछ लोग गलत अर्थ भी लगा सकते थे—वे ईश्वर या देवी-देवताओं को अर्पण करने के नाम पर हिंसा या बलि का आश्रय ग्रहण कर सकते थे—इसीलिए बाबा ने 'धर्मवाहिनी' में इसे स्पष्ट करते हुए लिखा—''कुछ चालाक लोग संदेह उत्पन्न करते हुए पूछ सकते हैं कि क्या हम भगवान् के नाम पर हिंसा कर सकते हैं या दूसरों को कष्ट पहुँचा सकते हैं?—यदि हम अपने इस कर्म को भगवान् को समर्पित कर दें? किन्तु कोई व्यक्ति जब

तक अपने विचार, वचन एवं कर्म से पवित्र नहीं हो जाता तब तक वह समर्पण की भावना कैसे विकसित कर सकता है? फिर प्रेम, शान्ति, सदाचार, अहिंसा—ये भगवान् के सेवक के स्थिर गुण हैं। इन गुणों के साथ निर्दयता एवं क्रूरता का निर्वाह कैसे हो सकता है? इसलिए निःस्वार्थ भाव, आत्म-बलिदान एवं समर्पण के उच्च भाव के विकास के लिए पहले व्यक्ति में सत्य, शान्ति, प्रेम एवं अहिंसा के गुणों का अस्तित्व अनिवार्य है।'' इस प्रकार बाबा ने यहाँ धर्म के स्थान पर अहिंसा का ही प्रयोग करते हुए यह भली-भाँति स्पष्ट किया है कि वे इसे एक अनिवार्य तत्व मानते हैं।

अहिंसा का विवेचन—'अहिंसा' का शाब्दिक अर्थ है—'हिंसा न करना' तथा हिंसा का अर्थ है—किसी भी प्राणी को मारना या उसके प्राणों को आघात पहुँचाना। इस प्रकार अहिंसा का तात्पर्य किसी भी प्राणी को आघात न पहुँचाना है।

'हिन्दू धर्म-कोश' में अहिंसा का अर्थ स्पष्ट करते हुए कहा गया है—''सभी सजीव प्राणियों को मनसा, वाचा, कर्मणा दुःख न पहुँचाने का भारतीय सिद्धान्त।'' हमारे विचार से यह अहिंसा की व्यापक व्याख्या है। किसी भी व्यक्ति को मन, वचन या कर्म से कष्ट पहुँचाना 'पर-पीड़ा' है तथा यह बहुत बड़ा दोष है किन्तु उसे हम 'हिंसा' की कोटि में तब तक स्थान नहीं दे सकते जब तक कि उसके प्राणों को आघात न पहुँचे। वस्तुतः किसी दूसरे व्यक्ति या प्राणी के प्राणों को आघात पहुँचाना ही हिंसा है तथा इसका त्याग या अभाव ही अहिंसा है।

भारतीय धर्म ग्रंथों में एवं विभिन्न धर्म-संप्रदायों में अहिंसा को परम धर्म या सबसे बड़ा धर्म घोषित किया गया है। इसका प्रारंभिक निरूपण 'छान्दोग्य उपनिषद्' में उपलब्ध होता है जिसमें अहिंसा को यज्ञ के एक भाग के समकक्ष महत्व प्रदान किया गया है। वैदिक साहित्य में करुणा, दया, मैत्री एवं विश्व बंधुत्व की भावना पर बल देते हुए सभी प्राणियों की मूलभूत एकता का प्रतिपादन किया गया है जो कि अहिंसा के सिद्धान्त का पोषक है।

जैन और बौद्ध धर्म में भी अहिंसा को सर्वोपरि स्थान प्रदान किया गया है। जैन धर्म के अनुसार प्रत्येक धार्मिक व्यक्ति के लिए पाँच महाव्रतों का पालन आवश्यक बताया गया है, जिनमें अहिंसा, सत्य, अस्तेय, ब्रह्मचर्य एवं अपरिग्रह की गणना की गयी है—इनमें अहिंसा को प्रथम स्थान प्राप्त है। बौद्ध धर्म में भी पाँच शीलों का प्रतिपादन करते हुए 'जीव-हिंसा के त्याग' को सर्वोपरि स्थान दिया गया है।

यद्यपि परम्परागत वैदिक धर्म में भी अहिंसा का महत्त्व स्वीकार किया गया था किन्तु जैन और बौद्ध धर्मों ने उस पर विशेष बल देकर उसे सर्वोपरि स्थान प्रदान किया—इसका प्रभाव परवर्ती भारतीय साधना पर भी पड़ना स्वाभाविक था। योग मार्ग में साधक के लिए यम-नियम का पालन आवश्यक बताते हुए पाँच यमों में—अहिंसा को प्रथम स्थान देते हुए कहा गया है—''तत्राहिंसा सत्यास्तेय ब्रह्मचर्यापरिग्रहा यमाः''।

परवर्ती भक्ति आन्दोलन एवं वैष्णव धर्म में भी अहिंसा की प्रतिष्ठा पूरी तरह हुई है। उसमें आचार,' आहार और व्यवहार में हिंसा का पूर्ण त्याग आवश्यक माना गया है। साथ ही क्षमा, दया, करुणा, प्रेम, भक्ति जैसे विधायक तत्वों को भी स्वीकार किया गया है जो कि हिंसा के प्रतिकूल है। अहिंसा के व्यापक अर्थ—मन, वचन एवं कर्म से भी किसी को कष्ट पहुँचाना हिंसा है—का विकास भी वैष्णव भक्तों द्वारा हुआ! 'वैष्णव जन तो जेने कहिए जे पीर पराई जाने रे!' यह उद्घोष एक वैष्णव भक्त का ही था। गोस्वामी तुलसीदास जी ने भी 'पर-पीड़ा सम नहीं अधमाई' कहकर हिंसा के सूक्ष्मतम रूप को भी निन्दनीय बताया है। अस्तु, भारतीय धर्म-साधना के क्षेत्र में अहिंसा की प्रतिष्ठा सम्यक् रूप में मिलती है। विश्व के अन्य धर्मों में भी इसकी उपेक्षा नहीं की गयी है—अत: निश्चय ही अहिंसा धार्मिक जीवन का आधारभूत तत्व है।

बाबा के द्वारा अहिंसा पर बल— बाबा ने एक ओर तो किसी भी चेतन को क्षति पहुँचाने के कर्म को सबसे पहला कायिक पाप मानते हुए—हिंसा को सबसे बड़ा पाप घोषित किया है तो दूसरी ओर उन्होंने अपने संदेश में विश्व के प्रत्येक प्राणी के प्रति प्रेम का संदेश दिया है जो कि अहिंसा का पोषक है। उन्होंने हिंसा को एक अत्यन्त निन्दनीय एवं आसुरी वृत्ति घोषित करते हुए कहा है—"भारतीय संस्कृति हिंसा को आसुरी वृत्ति कहकर उसकी निन्दा करती है और वह इससे भी अधम है।...मानवता को आसुरी प्रवृत्ति के कलुष से रहित होकर देवत्व के आलोक को अपने में प्रज्वलित करना है।"

अहिंसा का सत्य से सम्बन्ध—भगवान् सत्य साई बाबा ने अहिंसा का सत्य से घनिष्ठ सम्बन्ध मानते हुए उसे सत्य के एक अन्य पक्ष के रूप में स्वीकार किया है। उनके शब्दों में—"अहिंसा सत्य का दूसरा पक्ष है। जब एक बार सच्चे निकटतम सम्बन्ध का पता लग जाता है, मूलभूत आत्मिक एकता का ज्ञान हो जाता है तो कोई भी जान-बूझ कर दूसरों को हानि या कष्ट नहीं पहुँचायेगा।" इस प्रकार हिंसा के मूल में असत्य या भ्रान्ति विद्यमान है। जब हम दूसरों को अपने से पृथक्, भिन्न या विरोधी मानते हैं तभी हिंसा में प्रवृत्त होते हैं किन्तु इस सत्य के बोध हो जाने पर कि सभी प्राणियों में एक ही तत्व—आत्मा या परमात्मा—व्याप्त है, हम किसी को भी कष्ट या आघात पहुँचाने की बात नहीं सोच सकेंगे।

प्रेम और अहिंसा— हिंसा के मूल में घृणा, द्वेष, क्रोध, लोभ या प्रतिशोध की भावनाएँ कार्य करती हैं किन्तु जब हम प्रेम के व्यापक स्वरूप को अपनाते हुए अपने हृदय को इन विकृत भावनाओं से मुक्त कर लेंगे तो हिंसा के लिए कहीं भी अवकाश नहीं रह जायगा। बाबा ने तो बड़े-से-बड़े दुष्ट या अपराधी व्यक्ति से भी प्रेम करने की बात कही है—उसके व्यक्तित्व के बाह्य रूप या चरित्र से नहीं अपितु उसकी भीतरी आत्मा से ऐक्य भाव स्थापित करने का निर्देश दिया है। अत: उनका प्रेम संदेश अहिंसा से भी एक स्तर ऊँचे का है क्योंकि अहिंसा में तो हम दूसरे व्यक्ति के प्रति उदासीन या निष्क्रिय रहकर भी उसका निर्वाह कर सकते हैं जबकि प्रेम में इतना ही पर्याप्त नहीं

है। वह उपेक्षा, उदासीनता या निष्क्रियता के स्थान पर सहानुभूति एवं आत्मानुभूति की बात कहता है। अतः इस दृष्टि से प्रेम का प्रवृत्तिमूलक संदेश अहिंसा के निवृत्तिमूलक संदेश से भी अधिक उच्च एवं उदात्त कहा जा सकता है। संभवतः इसीलिए प्रारंभ में बाबा ने अहिंसा तत्व का प्रतिपादन अलग से करने की आवश्यकता न समझी हो।

बलि के नाम पर हिंसा—कुछ धर्म-संप्रदायों में सामान्य रूप में तो हिंसा की निन्दा एवं अहिंसा का समर्थन किया गया है किन्तु देव-बलि के नाम पर हिंसा की छूट दी गयी है जिससे कुछ लोग यज्ञ या बलि के नाम पर विभिन्न पशु-पक्षियों या मनुष्यों तक की हिंसा करते हैं। वस्तुतः यह 'बलि' शब्द का सही अर्थ न समझने का परिणाम है। बाबा ने इसे स्पष्ट करते हुए कहा है—"शास्त्रों में भूत बलि के विषय में कहा गया है। सामान्य अर्थ में बलि का अभिप्राय देवता के नाम पर किसी पशु को मारने से लिया जाता है, किन्तु बलि का सही अर्थ होता है—मालगुजारी, राजकर, उपहार या भेंट। जनता द्वारा सरकार को कर दिये जाते हैं और उन्हीं के आधार पर ही सरकार जनता के हित में सुख-सुविधाएँ प्रदान करती हैं। इसी प्रकार यज्ञ में दी गयी संचित बलियों के आधार पर ही देव मानवता को सुख-सुविधाएँ प्रदान करते हैं जिनसे ज्ञान-प्राप्ति में सुविधा होती है। याग और यज्ञों में भूतबलि का एक महत्वपूर्ण विधान है। इस बलि में दीजिए आप अपनी पाशविक प्रवृत्तियों को, लिप्सा और वासनाओं को, घृणा, द्वेष, अहंकार आदि को।"

इस प्रकार पशु-बलि का अर्थ किसी निरीह प्राणी की हत्या या हिंसा नहीं है अपितु अपनी ही पाशविक वृत्तियों एवं वासनाओं की बलि से है, फिर भी सही अर्थ न समझ पाने के कारण अनर्थ होता रहा है।

अस्तु, भगवान् सत्य साई बाबा ने अहिंसा का समर्थन प्रत्येक दृष्टि से करते हुए उसे धर्म का पर्याय, सत्य का ही दूसरा पक्ष एवं प्रेम का आधार सिद्ध किया है। उन्होंने हिंसा को न केवल स्थूल अर्थ में अपितु उसके सूक्ष्म रूप में—किसी को भी मन, वाणी या कर्म से कष्ट पहुँचाने को—हिंसा मानते हुए उसे त्याज्य घोषित किया है।

पाँचों तत्वों का समन्वय

अब तक क्रमशः भगवान् श्री सत्य साई बाबा के द्वारा विशेष रूप से अनुमोदित पाँच तत्वों या पाँच सूत्रों—सत्य, धर्म, शान्ति, प्रेम एवं अहिंसा—की विवेचन क्रमशः की जा चुकी है। इस विवेचन से स्पष्ट है कि व्यावहारिक दृष्टि से भले ही ये तत्व अलग-अलग संज्ञानों के रूप में उल्लिखित हैं किन्तु मूलतः ये परस्पर सुसम्बद्ध एवं एक-दूसरे पर आधारित हैं। 'सत्य' का अर्थ आत्मा एवं परमात्मा की एकता, या एकमात्र ब्रह्म की ही सत्ता का द्योतक है। परमात्मा ही सत्य का दूसरा नाम है। जब हम परमात्मा की सत्ता को ही अंतिम सत्ता मानकर उसे अपने जीवन में प्रतिष्ठित करने तथा उसका बोध प्राप्त करने की चेष्टा करते हैं तो हमें अपने आचरण एवं व्यवहार में भी तदनुकूल परिवर्तन करना पड़ता है। सत्य की उपलब्धि के लिए किया गया यह विशिष्ट आचरण

एवं व्यवहार ही 'धर्म' है। दूसरे शब्दों में 'सत्य' को जीवन में प्रतिदिन करना ही 'धर्म' है।

जब हम सत्य का अनुभव व्यावहारिक जीवन में प्राप्त करते हुए प्रत्येक प्राणी में परमात्मा की सत्ता का साक्षात्कार करने लगते हैं तो दिव्य प्रेम की अनुभूति होती है। अतः सत्य का भावात्मक रूप ही प्रेम है।

सत्य के बोध से, धर्म के आचरण से तथा दिव्य प्रेम की अनुभूति से ही सच्ची शान्ति या प्रशान्ति प्राप्त होती है। अतः शान्ति भी पूर्वोक्त तीन तत्वों से असंबद्ध नहीं है।

जब हम सभी प्राणियों में एक ही सत्ता का दर्शन करते हुए सभी से प्रेम करने लगते हैं तो ऐसी स्थिति में किसी को भी कष्ट या क्षति पहुँचाने का प्रश्न ही नहीं उठता। किसी भी प्राणी को अपने मन, वचन या कर्म से किसी भी प्रकार का कष्ट न पहुँचाना ही सच्ची अहिंसा है।

इस प्रकार हम देखते हैं कि उपर्युक्त पाँचों तत्व या सूत्र परस्पर संबद्ध हैं तथा वे एक-दूसरे के आधार या पोषक हैं। वस्तुतः इन पाँच सूत्रों के रूप में विश्व के सभी धर्म सिद्धान्तों का सारांश या निचोड़ उपलब्ध हो जाता है। अन्य तत्त्वों या सिद्धान्तों को लेकर विभिन्न धर्म-संप्रदायों में परस्पर मतभेद या विरोध हो सकता है किन्तु ये पाँच तत्व ऐसे हैं जिन्हें सभी धर्मों की मान्यता प्राप्त है; अतः इन्हें हम विश्व धर्म (विश्वव्यापी धर्म) के आधारभूत तत्वों या सूत्रों के रूप में मान्यता दे सकते हैं।

बाबा की दृष्टि में इनका कितना महत्व है, यह इसी से स्पष्ट है कि वे अपने अनुयायियों से अनुरोध करते हुए एक ही भेंट माँगते हैं—और वह भेंट है इन पाँच तत्वों की। यहाँ इस संदर्भ में बाबा के कतिपय शब्द उद्धृत किये जाते हैं—

"निस्संदेह मैं आप लोगों की भेंट स्वीकार करता हूँ, पर वह भेंट है इन चार (पाँच) वस्तुओं की—सत्य, धर्म, शान्ति, प्रेम और अहिंसा की। आप इन पाँचों की अथवा किसी एक की ही भेंट लाइये मैं बड़ी प्रसन्नतापूर्वक स्वीकार करूँगा।"

"यदि आप दिव्य वस्तु चाहते हैं तो दिव्य मूल्य भी देना होगा—प्रेम, शान्ति, धर्म और सत्य दिव्य हैं।"

बाबा ने यह भी कहा है कि ये तत्व धर्म के आधारभूत एवं प्रामाणिक तत्व हैं। इन्हें दैनिक जीवन में प्रतिष्ठित करना चाहिए। धर्म का वास्तविक रूप इन पाँच महान् तत्वों या सिद्धान्तों को जीवन में उतारना है। इन सबको परस्पर सुसम्बद्ध एवं समन्वित करके इन्हें 'आत्मधर्म' की भी संज्ञा दी जा सकती है।

अस्तु, इन पाँच सूत्रों के धर्म के पाँच आधारभूत तत्वों या सिद्धान्तों के रूप में अपनाकर इनकी साधना करना ही धर्म और अध्यात्म की सबसे बड़ी साधना है।

17. श्री सत्य साई : शंका-समाधान

बाबा के विभिन्न अनुयायियों, साधकों और भक्तों ने समय-समय पर उनसे विभिन्न आध्यात्मिक विषयों पर प्रश्न पूछ कर अपनी शंकाओं का समाधान किया है। इसी प्रकार कुछ पत्रकारों ने भी बाबा से विभिन्न अवसरों पर भेंटवार्ता या साक्षात्कार आयोजित करके उनके रहस्यों को जानने की चेष्टा की है; जो विभिन्न पत्रिकाओं व पुस्तकों में प्रकाशित भी हुए हैं। इस संदर्भ में श्री जे० एस० हिस्लॉप द्वारा प्रकाशित वार्तालाप (पुस्तक रूप में) तथा 'ब्लिट्ज' के संपादक डॉ० आर०के० करंजिया की भेंटवार्ता विशेष रूप से उल्लेखनीय है जो कि 'ब्लिट्ज' में सितम्बर 1976 में प्रकाशित हुई थी। यहाँ यह उल्लेखनीय है कि इस भेंटवार्ता से पूर्व श्री करंजिया बाबा के कटु आलोचक थे तथा उन्होंने अपने अनेक लेखों में उनकी आलोचना भी की थी, किन्तु इस भेंटवार्ता के बाद उनकी धारणाएँ बदल गयीं और वे धीरे-धीरे बाबा के श्रद्धालु हो गये हैं।

श्री करंजिया की इस भेंटवार्ता को श्री आर० लोवनबर्ग ने अपनी पुस्तक 'हार्ट आफ साई' में उद्धृत किया है। इनके अतिरिक्त एक अज्ञातनामा भक्त की शंकाओं का समाधान 'संदेह-निवारणी' पुस्तक में संकलित हैं। अत: आगे इन्हीं पुस्तकों के आधार पर बाबा के द्वारा किये गये महत्वपूर्ण शंका-समाधान आगे विभिन्न विषयों के क्रम से प्रस्तुत किये जाते हैं।

(क) साई के चमत्कारों का रहस्य

प्रश्न—आपके द्वारा जो विभूति एवं दूसरी वस्तुएँ सृजित करके दी जा रही हैं इनका क्या महत्व है? किसी दिव्य पुरुष को इस प्रकार वस्तुएँ उत्पन्न करके अपने चमत्कार दिखाने की क्या आवश्यकता है?

उत्तर—इस प्रकार के चमत्कार किसी दिखावे या प्रदर्शन के लिए नहीं किये जाते हैं। वे केवल भगवान् की दिव्यता के प्रमाण हैं। इनके पीछे न तो जादू, हस्त-कौशल या हाथ की सफाई है और न ही कोई विशेष रूप से प्राप्त सिद्धि है। ये वस्तुएँ मेरे द्वारा भक्तों को उनके प्रेम के बदले दी जाने वाली उपहारस्वरूप हैं। जिस प्रकार एक प्रेमी दूसरे प्रेमी को कोई भेंट या उपहार देता है, उसी तरह ये प्रेम के रूप में दिये गये पदार्थ हैं।

प्रश्न—फिर भी यह समझ में नहीं आता कि आप अँगूठियाँ, लॉकेट, घड़ियाँ आदि क्यों निर्मित करते हैं?

उत्तर—कुछ भक्तों की इच्छा होती है कि मैं उन्हें कोई ऐसी वस्तु या मंत्र दूँ जो कि संकट में उनकी सहायता या रक्षा करे। यदि मैं उन्हें इस तरह की वस्तुएँ सृजित

करके देता हूँ तो इसीलिए देता हूँ कि वे उनकी संकट में सहायता करें। जब वे कष्ट में होते हैं तो मेरे द्वारा दी हुई वस्तु चाहे वह अँगूठी हो, लॉकेट हो या घड़ी हो उसके माध्यम से मुझसे सम्पर्क बना रहता है; और वे कष्ट के समय मुझे याद करते हैं तो मैं उनकी सहायता करता हूँ। अगर इनके स्थान पर मैं उन्हें ऐसी वस्तु दूँ जिसको वे पहन न सकें या धारण न कर सकें तो वे उसको कहीं अन्य स्थान पर रख देंगे और यह भी संभव है कि वे उसे भूल भी जायँ। कहने का तात्पर्य यह है कि यदि उन्होंने बाबा की दी हुई वस्तु धारण कर रखी है तो उन्हें तुरन्त बाबा का स्मरण हो जायेगा।

प्रश्न—किन्तु बाबा आप तो एच०एम०टी० या ओमेगा की घड़ियाँ ही देते हैं तो इससे क्या इन कम्पनियों को हानि नहीं होती है?

उत्तर—अगर मैं ये घड़ियाँ इन कम्पनियों से मँगाकर या ट्रांसफर करके दूँ तो अवश्य उन्हें हानि होगी किन्तु जो घड़ियों मैं देता हूँ वे उन कम्पनियों से ट्रांसफर की हुई नहीं होती है अपितु मैं स्वयं उन्हें अपनी इच्छा शक्ति के द्वारा सृजित करता हूँ। अत: इससे किसी कम्पनी की क्षति या हानि होने की संभावना ही नहीं है।

प्रश्न—बाबा यह भी कहा जाता है कि आप लोगों को बड़े-बड़े रोगों से मुक्त कर देते हैं यहाँ तक कि एक-दो बार मृत व्यक्ति को भी पुनर्जीवित कर दिया है। यह भी देखा गया है कि आप कई बार शल्य चिकित्सा या आपरेशन भी करते हैं—यह कैसे किया जाता है?

उत्तर—ये सब मेरी अपनी संकल्प शक्ति या दिव्य शक्ति द्वारा संपन्न होता है। अवतार के पास यह शक्ति सहज, स्वाभाविक रूप में होती है। उसे ऐसा करने के लिए किसी मंत्र, तंत्र, यंत्र या साधना की आवश्यकता नहीं होती। इन सबके पीछे मेरी अपनी दिव्य शक्ति की अभिव्यक्ति होती है। अस्तु, इन चमत्कारों का संबंध असीम दिव्य शक्ति से है।

प्रश्न—यदि ऐसा ही है तो फिर सभी रोगी या बीमार लोग क्यों नहीं ठीक हो जाते?

उत्तर—किसी का स्वस्थ होना या ठीक होना केवल भगवान् की कृपा पर ही निर्भर नहीं है; भगवान् तो सब पर कृपा करने के लिए प्रस्तुत हैं किन्तु स्वयं मनुष्य भी तो इस कृपा को प्राप्त करने के लिए अपने भीतर अपेक्षित विश्वास उत्पन्न करे तभी वह कृपा से लाभान्वित हो सकेगा।

प्रश्न—क्या आपके चमत्कार, जैसा कि कुछ लोग कहते हैं, योग की सिद्धियों पर निर्भर हैं अथवा जादू पर?

उत्तर—वे न तो सिद्धियों पर आधारित हैं और न जादू की करामात पर। यह ठीक है कि कुछ लोग योग के सम्यक् अभ्यास के द्वारा सिद्धि प्राप्त कर सकते हैं किन्तु मैं जिस शक्ति से लोगों को स्वस्थ करता हूँ या उन्हें बचाता हूँ अथवा उन्हें कोई वस्तु सृजित करके देता हूँ वह शक्ति केवल भगवान् की शक्ति है जिसका उपयोग केवल

अवतार ही कर सकता है। वह किसी अभ्यास या साधना पर आधारित नहीं है अपितु वह विश्वव्यापी शक्ति की ही एक धारा है।

प्रश्न—कुछ लोग कहते हैं कि आपने कुछ अदृश्य आत्माओं को अपने वश में कर रखा है जो कि आपके संकेत के अनुसार एक वस्तु को एक स्थान से दूसरे स्थान पर पहुँचा देती हैं।

उत्तर—मैं अपनी ही इच्छा शक्ति के बल पर जब वस्तुओं को सृजित कर सकता हूँ तो मुझे अदृश्य आत्माओं की सहायता लेने की क्या आवश्यकता है!

प्रश्न—कुछ लोग कहते हैं कि आप घड़ी, अंगूठी, लॉकेट जैसी वस्तुएँ तो सृजित कर देते हैं किन्तु कभी आपने लौकी, घीया या ककड़ी जैसे पदार्थ सृजित नहीं किए और यह भी कहा जाता है कि जो वस्तुएँ आप सृजित करते हैं उन पर आपका कोई संकेत या चिह्न भी नहीं होता ऐसा क्यों?

उत्तर—जैसे दूसरी वस्तुएँ सृजित होती हैं वैसे ही लौकी, घीया, ककड़ी भी सृजित की जा सकती हैं किन्तु ये वस्तुएँ अधिक देर तक ठहरने वाली नहीं हैं इसलिए उन्हें सृजित नहीं किया जाता जबकि अंगूठी, घड़ी, लॉकेट आदि को पाने वाला व्यक्ति अधिक समय तक अपने पास रखकर अवतार से संपर्क बनाये रखता है। जहाँ तक अंगूठी या घड़ी पर मेरे अपने संकेत या चिह्न अंकित करने की बात है वह भी किया जा सकता है।

प्रश्न—क्या तुम चाहोगे कि मैं कोई ऐसी वस्तु सृजित कर दूँ जिस पर मेरा चिह्न अंकित हो?

उत्तर—क्यों नहीं, मैं बाबा अवश्य चाहूँगा। बाबा ने तुरन्त अपने हाथ हवा में घुमाये और उनके हाथ में एक चाँदी की अंगूठी सृजित हो गयी जिस पर ॐ लिखा हुआ था तथा जिसके दोनों ओर बाबा का चिह्न 'साईराम' अंकित था। बाबा प्रश्नकर्ता से बोले—"हाथ आगे बढ़ाओ।" उन्होंने वह अंगूठी उसके दाहिने हाथ की तीसरी अंगुली में पहना दी जो कि बिलकुल उनके नाप की थी। प्रश्नकर्ता यह देखकर दंग रह गया कि अंगूठी बिलकुल उनके नाप की थी तथा वह वैसी ही थी जैसी कि उन्होंने अपने मन में सोची थी। जब बाबा ने यह अंगूठी प्रश्नकर्त्ता को दी तो उसने उत्तर दिया—"धन्यवाद बाबा। आपने मेरी बात का उत्तर बहुत अच्छे ढंग से दिया, मैं सचमुच ऐसी ही अंगूठी चाहता था।"

(ख) संकट-ग्रस्त मानवता का त्राण कैसे?

प्रश्न—बाबा कुछ लोग कहते हैं कि जब अवतार के पास इतनी शक्ति है तो वह अपनी शक्ति के द्वारा उन लोगों की सहायता क्यों नहीं करते जो कि सूखा, अकाल, भूचाल, बाढ़ या महामारी आदि जैसे संकटों से पीड़ित हैं?

उत्तर—मैं बिलकुल वही कार्य कर रहा हूँ जिससे कि लोग अपने संकटों से मुक्त हो सकें किन्तु इस मुक्ति के दो प्रकार के उपाय हैं—एक तो क्षणिक उपाय जिसमें मैं

अपनी शक्ति के द्वारा लोगों को संकटों से मुक्त कर दूँ किन्तु उस स्थिति में वे लोग अपने बुरे कर्मों का फल भोगने से वंचित रहेंगे और ऐसी स्थिति में मेरा यह कार्य स्वयं प्रकृति के ही नियमों में हस्तक्षेप करना होगा क्योंकि प्रकृति के नियमों के अनुसार हर व्यक्ति को अपने कर्मों का फल भोगना चाहिए। दूसरे, ऐसी स्थिति में उन लोगों की चेतना का भी विकास न हो सकेगा क्योंकि बिना कर्म-फल भोगे ही दुःखों से मुक्ति पा जाने पर वे अपनी इच्छाओं, अहंकारों आदि के दुर्गुणों से मुक्त न होंगे जबकि इन संकटों का लक्ष्य उनकी चेतना का विकास करना है। यदि अवतार इस विषय में हस्तक्षेप करे तो इसका परिणाम यह होगा कि जगत् के सारे क्रिया-कलाप—विकास और उन्नति के मार्ग—अवरुद्ध हो जायेंगे— वस्तुतः इससे प्रकृति के नियमों का ही अस्तित्व समाप्त हो जायेगा।

किन्तु एक दूसरा उपाय है जो कि इससे भी अधिक प्रभावशाली है तथा वह समस्या का स्थायी समाधान प्रस्तुत करता है। अवतार लोगों को ऐसा मार्ग दिखाता है जिससे कि उनकी चेतना का उच्च स्तर पर विकास हो जिससे वे सत्य को समझकर धर्म के मार्ग पर दृढ़ता से चल सकें। उसके फलस्वरूप वे अपनी परिस्थितियों का सुधार करते हुए धीरे-धीरे स्वयं ही ऐसी शक्ति प्राप्त कर लेंगे कि जिससे प्राकृतिक संकटों से स्वयं ही बच सकें।

प्रश्न—तो क्या अब मनुष्य की चेतना का ऐसा विकास हो जायेगा कि जिससे वे भगवान् की जैसी शक्ति प्राप्त करके अपनी परिस्थितियों एवं भाग्य पर नियंत्रण प्राप्त करने में समर्थ सिद्ध हो सकें?

उत्तर—बिलकुल ठीक है। वे (मनुष्य) मेरी संकल्प-शक्ति के भागीदार बन सकेंगे। मैं उनके भीतर की दिव्य चेतना या ईश्वरीय शक्ति को जागृत करके, तथा उन्हें एक ऐसी उच्च स्थिति में पहुँचाकर कि जिससे वे स्वयं ही प्रकृति की शक्तियों को अपने अधिकार में ले सकें उनके माध्यम से कार्य करना चाहता हूँ। यदि मैं प्रत्येक कष्ट का तुरन्त ही निराकरण कर दूँगा तो लोग अपने उसी चेतना के स्तर पर रहेंगे जो कि उनकी आज है। कहने का तात्पर्य यह है कि उस स्थिति में उनकी चेतना का विकास नहीं हो सकेगा और यदि आज उन्हें एक संकट से मुक्त कर भी दिया जाय तो कल वे स्वयं ही अपने लिए कोई दूसरा संकट पैदा कर लेंगे और आपस में ही एक-दूसरे का गला काटने लगेंगे। इस प्रकार वे वही अव्यवस्था और अशांति की स्थिति पुनः उत्पन्न कर लेंगे।

वस्तुतः इसी के कारण कष्ट और दुःख प्रकृति की लीलाओं का अनिवार्य अंग है। भगवान् किसी को कष्ट या दुःख नहीं पहुँचाता है अपितु मनुष्य स्वयं ही अपने बुरे कर्मों के फल से उन्हें उत्पन्न करके आमंत्रित करता है। ऐसी स्थिति में उसके सुधार के लिए बुरे कर्मों का दंड आवश्यक हो जाता है जिससे कि वह भविष्य में सत्य पथ पर चलकर भगवान् की जैसी क्षमताओं को उपलब्ध कर सके।

(ग) आध्यात्मिक समाजवाद की स्थापना

प्रश्न—सामाजिक एवं आर्थिक सुधार के लिए आपकी क्या पद्धति है? आप किस तरह इस क्षेत्र में क्रांति लाना चाहते हैं?

उत्तर—मैं किसी विशेष पद्धति या प्रक्रिया में विश्वास नहीं करता। मेरी पद्धति एक ही है—वह है प्रेम की। यह पद्धति मानव-जाति के पारस्परिक सहयोग और भाई-चारे पर आधारित है। आज की सबसे बड़ी आवश्यकता है कि सभी मनुष्यों की एक जाति हो। प्रेम का एक ही धर्म हो और हृदय की एक ही भाषा हो। इसलिए मेरी क्रांति या परिवर्तन की पद्धति प्रेम की पद्धति है। मैं धनवान और गरीब दोनों को ही समान दृष्टि से देखकर प्रेम करता हूँ और उन्हें सामाजिक एवं आर्थिक स्तर पर भी परस्पर संयुक्त करता हुआ उनमें पारस्परिक सहयोग एवं भ्रातृत्व का भाव उत्पन्न करता हूँ जिससे कि सामाजिक और आर्थिक विषमताओं का अन्तर दूर हो सके।

प्रश्न—एक समय एक ओर तो धनवान हैं जिनके पास बहुत दौलत है तो दूसरी ओर गरीब हैं। इन दोनों के बीच जो संघर्ष चल रहा है इसे दूर करने के लिए आप क्या उपाय कर रहे हैं?

उत्तर—मेरा उपाय है—इन दोनों को ही समानता के आधार पर—बिना किसी पारस्परिक घृणा, द्वेष या प्रतिद्वन्द्विता की भावना के—एक ही सहयोगात्मक भ्रातृत्व भाव में बाँधना। ऐसा केवल सत्य और प्रेम के द्वारा ही संभव है। दोनों वर्गों को एक ही वर्ग के रूप में समन्वित करना है। ऐसा किस प्रकार संभव है? इसका उत्तर मेरे आश्रम में मिल सकता है। यहाँ धनी और गरीब सब समान भाव से मिलकर काम करते हैं एवं परस्पर किसी भी प्रकार का भेद-भाव नहीं रखते। वे सब साथ-साथ मिलकर रहते हैं, खाते-पीते हैं, काम करते हैं।

प्रश्न—आप जो कुछ कर रहे हैं उसमें गरीबों का तो सहयोग मिल जायेगा किन्तु धनवान लोग उसमें सहयोग क्यों देंगे क्योंकि वे अपनी धन-सम्पत्ति छोड़ने के लिए कभी तैयार नहीं होंगे?

उत्तर—यदि वे मेरी कृपा चाहते हैं तो धनवानों को भी अपने झूठे मूल्यों को छोड़ना पड़ेगा। धन को अधिक महत्व देना एक झूठे मूल्य का ही परिणाम है। केवल धन से सुख और शान्ति प्राप्त नहीं हो सकती है। धनवान लोग भी अनेक प्रकार की चिंताओं, परेशानियों, व्याधियों आदि से ग्रस्त रहते हैं यदि वे प्रसन्नता प्राप्त करना चाहते हैं तो उन्हें भौतिक मूल्यों को छोड़कर आध्यात्मिक मूल्यों को स्वीकार करना पड़ेगा।

प्रश्न—इसका तात्पर्य यह है कि आप एक प्रकार से आध्यात्मिक समाजवाद की स्थापना कर रहे हैं जिसमें गरीबी को दूर करने के लिए धनवानों को ट्रस्टी बना दिया जाता है?

उत्तर—हाँ, मेरी ट्रस्टीशिप प्रेम, सहयोग और भ्रातृत्व पर आधारित है। परिवर्तन तभी होगा जबकि लोगों का भीतर से हृदय परिवर्तित होगा; इसे ऊपर से नहीं थोपा जा सकता। विश्व के विभिन्न भौतिकवादी सिद्धान्त इसलिए वास्तविक परिवर्तन लाने में

सफल नहीं हो सके। वास्तविक समानता कहीं भी नहीं है। केवल आध्यात्मिक विकास के द्वारा मानव-चेतना को जागृत करके ही ऐसी स्थिति उत्पन्न की जा सकती है जिससे कि सच्चा परिवर्तन या सच्ची क्रांति हो। आज आवश्यकता इस बात की है कि हम समाज को झूठे मूल्यों से मुक्त करके सच्चे मूल्यों की स्थापना करें। हम लोगों में यह विश्वास उत्पन्न करें कि केवल रहन-सहन का स्तर ऊँचा होने से ही मनुष्य ऊँचा नहीं हो जाता है। इसके स्थान पर जीवन में ऐसे उच्च विचारों को स्थान दिया जाना चाहिए जो कि विनम्रता, नैतिकता, करुणा और संयम पर आधारित हों जिससे कि आज जो भोग-विलास के विभिन्न साधनों या भौतिक ऐश्वर्य के लिए जो पारस्परिक प्रतिद्वन्द्विता चल रही है और जिससे तृष्णाएँ उत्पन्न हो रही हैं, उनसे मुक्ति मिले। मनुष्यों में यह विश्वास उत्पन्न होना चाहिए कि उनके भीतर जो दिव्य शक्ति विद्यमान है उसे जागृत करने का उपाय अपनी इच्छाओं के द्वारा उत्पन्न अपने लोभ-लालच को नियंत्रित करना ही है।

प्रश्न—कहा जाता है कि भारतवर्ष गरीबों का समृद्ध राष्ट्र है। यद्यपि धरती की सारी दौलत भारत की धरती में विद्यमान है फिर भी यहाँ के लोग गरीब और पिछड़े हुए हैं। क्या उनकी गरीबी की समस्या को हल करने के लिए कोई समाधान आपके पास है?

उत्तर—आपने जिस समस्या का उल्लेख किया है, वह ठीक है। इसका समाधान यह है कि लोग कठोर परिश्रम एवं पारस्परिक सहयोग की भावना से कार्य करके उत्पादन बढ़ावें। इसके लिए लोगों को स्वार्थ, लोभ और व्यक्तिवाद से मुक्त होना पड़ेगा। आज हर व्यक्ति केवल अपने भले की सोचता है। इसके स्थान पर उसे समाज के हित की दृष्टि से काम करना चाहिए। लोग काम अधिक करें और बातें कम। आज भौतिक और आध्यात्मिक मूल्यों में समन्वय करने की आवश्यकता है। कोरे भौतिकवाद से सुधार नहीं हो सकता। अस्तु, व्यक्ति में सामाजिक चेतना, सहयोग की भावना एवं राष्ट्र की समृद्धि और प्रगति की आकांक्षा जागृत करने की आवश्यकता है।

(घ) वैज्ञानिक प्रगति और तीसरा विश्वयुद्ध

प्रश्न—आज विज्ञान उन्नति कर रहा है जिससे आध्यात्मिकता पिछड़ गयी है—इसके सम्बन्ध में आपके क्या विचार हैं?

उत्तर—यह ठीक है किन्तु विज्ञान अभी अदृश्य चेतन जगत् के बारे में अन्धकार में है। विज्ञान निरंतर अपनी स्थापनाओं में परिवर्तन करता जा रहा है इससे यह प्रमाणित होता है कि वह किसी भी अंतिम और पूर्ण सत्य की खोज नहीं कर सकता। कुछ समय पूर्व वैज्ञानिक कहते थे परमाणु (एटम) को तोड़ा नहीं जा सकता किन्तु कुछ समय बाद वे उसे तोड़ने में सफल हो गये किन्तु अब भी वे उस सूक्ष्म शक्ति के अस्तित्व के बारे में कुछ भी नहीं जानते जो कि एटम में भी कार्य कर रही है।

वास्तव में विज्ञान की स्थिति विश्वज्ञान रूपी सूर्य के प्रकाश के समक्ष दीपक की लौ की सी है। यह ठीक है कि विज्ञान के द्वारा प्रकृति के बहुत से तथ्यों और नियमों की खोज की जा सकती है और फिर उस खोज का उपयोग करके भौतिक या सांसारिक उन्नति में सहायता ली जा सकती है किन्तु समस्त विश्व का नियंत्रण अध्यात्म ही कर रहा है, वहाँ विज्ञान की कोई पहुँच नहीं है। यही कारण है कि जहाँ विज्ञान के कुछ आविष्कार उपयोगी हैं वहाँ कुछ घातक भी हैं।

प्रश्न—वैज्ञानिक कहते हैं कि शून्य में से कुछ उत्पन्न करना संभव नहीं है—इसके बारे में आपका क्या मत है?

उत्तर—जहाँ तक विज्ञान की बात है यह ठीक है कि शून्य में से कुछ उत्पन्न नहीं हो सकता किन्तु यह नियम आध्यात्मिकता पर लागू नहीं होता। आध्यात्मिक शक्ति अपनी दिव्य इच्छा के द्वारा शून्य से सब-कुछ उत्पन्न कर सकती है और जो भी कुछ विद्यमान है उसे शून्य में परिवर्तित या विलीन कर सकती है।

प्रश्न—वर्तमान समय में जिस प्रकार मनुष्य बुराइयों से ग्रस्त हो गया है तो क्या इसके फलस्वरूप आगे कोई भयंकर युद्ध होगा जिससे कि इन बुराइयों का नाश हो सके?

उत्तर—नहीं, भयंकर युद्ध के द्वारा विनाश होने से पूर्व ही मनुष्य की बुराइयाँ दूर करनी पड़ेंगी। भले ही छोटे-मोटे युद्ध उससे पहले हो जायँ किन्तु परमाणु युद्ध को रोकने के लिए ही अवतार आया है। यदि परमाणु युद्ध हुआ समस्त मानवता नष्ट हो जायेगी। इसे रोकने के लिए अवतार मनुष्य की चेतना को इस प्रकार से विकसित करेगा कि जिससे वह घृणा, द्वेष, क्रोध, प्रतिशोध और हिंसा की भावनाओं से मुक्त हो सके। उसी स्थिति में परमाणु युद्ध टल सकेगा।

प्रश्न—बाबा! समस्त विश्व परमाणु युद्ध की विभीषिकाओं की आशंका से ग्रस्त है। आपने कहा है कि आप इस परमाणु युद्ध को टालेंगे। आप किस प्रकार इसको रोकेंगे या टालेंगे? इसे कृपया और स्पष्ट कीजिए।

उत्तर—इस समय विश्व में वर्ग, जाति, धर्म, रंग और राष्ट्र को लेकर आपस में भेद-भाव व्याप्त है वही युद्ध का मूल कारण है। जब मूल कारण ही दूर हो जायेगा तो युद्ध की संभावना समाप्त हो जायेगी। इस समय विश्व में एक-दूसरे को नष्ट करने के लिए जो प्रतिद्वन्द्विता का भाव चल रहा है उसे दूर करके उसके स्थान पर सहयोग की प्रतिष्ठा की जायेगी जिससे कि विश्वयुद्ध टल जाय।

(ङ) साई के तीन अवतार

प्रश्न—बाबा कृपया आप साई के तीन अवतारों के बारे में कुछ बताइए?

उत्तर—शिरडी साई, सत्य साई और प्रेम साई ये तीनों अवतार अलग-अलग नहीं हैं। इन तीनों के द्वारा एक ही लक्ष्य की पूर्ति होगी। शिरडी अवतार के द्वारा मनुष्य को साम्प्रदायिक एकता और कर्त्तव्य परायणता का संदेश दिया गया। सत्य साई अवतार के द्वारा हर मनुष्य को यह बोध प्रदान किया जा रहा है कि सभी मनुष्यों में दिव्य चेतना

या भगवान् का अस्तित्व है अतः उन्हें बिना किसी जाति-रंग और धर्म के भेद से एक-दूसरे से प्रेम करना चाहिए। इस प्रकार सत्य साई द्वारा कर्म को केवल कर्तव्य ही नहीं अपितु ईश्वर की पूजा समझने का संदेश दिया जा रहा है। आगे चलकर तीसरे अवतार प्रेम साई होंगे जो कि न केवल यह बोध करवायेंगे कि प्रत्येक व्यक्ति में भगवान् का निवास अपितु प्रत्येक व्यक्ति ही भगवान् है। इस प्रकार मनुष्य को ईश्वर के दिव्यत्व तक पहुँचाना ही इन तीनों अवतारों का लक्ष्य है।

प्रश्न—इस प्रकार तीनों अवतारों का पूर्ण लक्ष्य क्या है?

उत्तर—इन तीनों अवतारों के द्वारा सभी मनुष्यों में व्याप्त दिव्यता का बोध कराकर उन्हें एक ही परिवार के रूप में संगठित करना ही इनका लक्ष्य है। मनुष्य के भीतर जो सोई हुई शक्ति है उसे जागृत एवं विकसित करके उसे पूर्णता तक पहुँचाना है।

प्रश्न—भगवान् मनुष्य के रूप में अवतार क्यों लेते हैं?

उत्तर—भगवान् मनुष्य के रूप में अवतरित होकर मनुष्य के साथ निकट सम्बन्ध स्थापित करते हैं। मनुष्य के रूप में प्रकट होने पर ही मनुष्य भगवान् को सुगमता से समझ सकता है और वह उसकी दिव्यता और उच्चता को प्राप्त करने की चेष्टा कर सकता है।

(च) परमात्मा : गुण एवं नाम

प्रश्न—क्या सृष्टि के इन विभिन्न आकर्षक रूपों का सर्जन करने वाला कोई है? वह कौन है और उसके क्या गुण हैं?

उत्तर—वह जादूगर भगवान् है। वह अनगिनत मंगलजनक गुणों से युक्त है। क्या महर्षि लोगों ने प्रत्येक गुण के आधार पर एक नाम और प्रत्येक नाम के आधार पर एक रूप का सृजन करके उस रूप का ध्यान कर अनुभव प्राप्त नहीं किया है? इस प्रकार उन्होंने गुणातीत को गुणयुक्त तथा रूपरहित को रूपयुक्त बना दिया। क्या यह उनका अनुभव नहीं जिसकी हजारों जुबानों द्वारा घोषणा की जा रही है? शास्त्र, वेद तथा उपनिषद् में क्या उन लोगों ने यह घोषित नहीं किया है कि किस प्रकार उन्हें अपनी ध्यान-समाधि में भगवान् की प्राप्ति हुई। प्रत्येक को अपने ढंग से उनकी भक्ति, मुद्रा तथा पूजा के अनुसार भगवान् का दर्शन लाभ हुआ तथा उनसे योग की सिद्धि प्राप्त हुई।

प्रश्न—भगवान् के असंख्य नाम और रूप हैं—क्या सभी का महत्व समान है या उनमें कोई अन्तर है?

उत्तर—अवश्य ही सभी नाम तथा रूप बराबर हैं। चाहे जिस नाम तथा रूप की पूजा की जाय भगवान् तो वही अनुपम यथार्थ स्वरूप है। उस नाम तथा रूप में उन्हें प्राप्त करना संभव है।

(छ) मोक्ष का तात्पर्य

प्रश्न—मोक्ष से क्या तात्पर्य है, स्वामी? और मुक्ति क्या है?

उत्तर—दोनों का एक ही अर्थ है। जो मानस के भार से दबा है वह जीवी है; जब मानस और नाम तथा रूप जो वह गढ़ता है, मिटा दिये जाते हैं, तब जीवी को मोक्ष प्राप्त होता है। तब उसका ब्रह्म से एकीकरण हो जाता है, वही मुक्ति या मोक्ष है। जब गंगा या गोदावरी समुद्र में पहुँच जाती हैं, तब उनका अलग नाम, रूप, स्वाद और उनकी सीमाएँ सभी मिट जाती हैं और वे समुद्र का ही नाम, रूप, स्वाद तथा उसी की शोभा प्राप्त कर लेती हैं। जब तक जीव मानस के मिट जाने का लक्षण प्राप्त नहीं कर लेता तब तक वह नाम, रूप तथा रुचि की माया, अपनापन का भाव तथा 'मैं' के आभास को अपने साथ लिए चलता है। जब वह सागर के निकट पहुँचता है, तब ये विशिष्टताएँ धीरे-धीरे अदृश्य होने लगती हैं; जब गुण और मन की चंचलता मिट जाती है, तब यह कह सकते हैं कि ब्रह्म से संयोग हो गया है।

प्रश्न—क्या निःसंतान व्यक्ति को मुक्ति प्राप्त हो जाती है?

उत्तर—निःसंतान व्यक्ति सदा एक भय से संतप्त रहते हैं कि मृत्यु हो जाने पर पिंडदान और श्राद्ध आदि कर्म करवाने के लिए पुत्र नहीं होने पर मृतक की आत्मा भटकती रहती है और उन्हें बहुत काल तक नरक भुगतना पड़ता है। यह पुत्र प्राप्ति की बात केवल राज वंशों के लिए विशेष रूप से कही गई थी, क्योंकि जन्मगत राज्याधिकारी के अभाव में राज्य पाने के लिए बहुत झगड़े और रक्त-पात होने की सम्भावना रहती थी। धृतराष्ट्र के एक सौ पुत्र थे, किन्तु उनमें से एक भी जीवित नहीं बचा जो उसकी मृत्यु के पश्चात् उसका पिंडदान व श्राद्ध कर्म करता और उसे नरक में पड़ने से बचा सकता। शुकदेव मुनि के कोई पुत्र नहीं था, क्या आप कह सकते हैं कि शुकदेव को मोक्ष की प्राप्ति नहीं हुई होगी और उन्हें नरक में वास करना पड़ा होगा? मैं आपको विश्वास दिलाता हूँ कि पुत्र नहीं होने के कारण कोई भी आध्यात्मिक क्षति नहीं होती है।

●

18. श्री सत्य साई ज्ञान-ज्योति

भगवान् श्री सत्य साई बाबा ने अपने विभिन्न लेखों, प्रवचनों एवं ग्रन्थों में विभिन्न विषयों पर अपने विचार व्यक्त किये हैं जो दिव्य ज्ञान के स्रोत कहे जा सकते हैं। वैसे तो बाबा के इन विचारों के संकलन के लिए एक स्वतंत्र ग्रन्थ की अपेक्षा है जिसे विश्व ज्ञान-कोश के रूप में कई भागों में प्रकाशित किया जा सकता है किन्तु हम इस पुस्तक में निम्नांकित विषयों पर बाबा के कुछ विचार क्रमशः प्रस्तुत कर रहे हैं—

(1) आध्यात्मिक एवं दार्शनिक विषय

(2) धार्मिक विषय

(3) साधना एवं साधन

(4) कर्मफल, प्रारब्ध एवं भाग्य

(5) भारत एवं भारतीय संस्कृति

(6) आधुनिक सभ्यता, विज्ञान एवं विश्व शान्ति

(7) शिक्षा और शिक्षक

(8) कवि और काव्य

(9) आर्थिक एवं शारीरिक विषय।

उपर्युक्त शीर्षकों के अन्तर्गत संकलित विचार मुख्यतः बाबा के प्रवचनों से ही लिये गये हैं जो कि "श्री सत्य साई वचनामृत" (भाग एक से लेकर नौ तक) के रूप में प्रकाशित हैं। बाबा के मूल प्रवचन तेलगू में हैं जिन्हें क्रमशः अंग्रेजी एवं हिन्दी में अनूदित किया गया है—यह संभव है कि कहीं-कहीं अनुवादकों द्वारा मूल का सौन्दर्य सुरक्षित न रह पाया हो फिर भी इस बात की पूरी चेष्टा की गयी है कि मूल आशय न परिवर्तित हो। इनकी भाषा में कहीं-कहीं त्रुटियाँ दृष्टिगोचर होती हैं जो अनुवादकों की अपनी कठिनाई के कारण आ गयी हैं, अन्यथा बाबा की मूल भाषा एवं शैली अत्यन्त सुन्दर, स्वच्छ एवं ललित है।

(1) आध्यात्मिक एवं दार्शनिक विषय

ईश्वर

ईश्वर : सर्वत्र व्याप्त— समस्त विश्व ईश्वर का शरीर है, इसका प्रत्येक कण प्रभु, उसके गौरव, उसकी शक्ति तथा उसकी अगम्यता से व्याप्त है। तुम दृढ़ विश्वास करो कि ईश्वर सभी पदार्थों, वस्तुओं तथा प्राणियों का अन्तिम सत्य है। वह शाश्वत है।

प्रभु सर्वव्यापी है; किन्तु हम उनके केवल उसी भाग को समझ सकते हैं जो हमारे ज्ञान के समक्ष प्रकट होता है। साधारणतः मनुष्य यह दृढ़तापूर्वक कहेंगे कि पृथ्वी

बिलकुल नहीं घूमती; काव्य में इसे स्थिरता का प्रतीक माना जाता है। किन्तु इसकी दो गतियाँ हैं जो अति तीव्र हैं। यह निज धुरी पर एक घंटे में एक हजार मील की गति से घूमती है। इस प्रकार चक्कर लगाते समय पृथ्वी आश्चर्यजनक शक्ति से सूर्य के चारों ओर घूमती है। किन्तु क्या हमें उसकी इस क्रिया का आभास होता है।

ईश्वर : प्रेमस्वरूप—विश्वास करें कि परमात्मा प्रेमस्वरूप हैं। तुम्हारे माता-पिता तुम्हें तभी तक अपनावेंगे जब तक कि तुम उनकी आज्ञा का पालन करते हो। उनकी आज्ञा का उल्लंघन करने पर वे तुम्हें त्याग देंगे। किन्तु परमात्मा तुमसे कभी अलग नहीं हो सकता, क्योंकि तुममें जो सत्य है वही परमात्मा है। तुम्हारे श्रवण, ध्यान और जप का फल उसी के द्वारा प्राप्त होता है। जब परमात्मा में पूर्ण विश्वास हो जाता है तो अपने व्यक्तित्व की पृथकता का बोध नहीं रहता।

ईश्वर इन्द्रियातीत है—ईश्वर उसी प्रकार हममें, हमारे चारों ओर इन्द्रियातीत है जिस प्रकार शीतल पवन या इसके झोंके से हिलने वाली वस्तुओं के रुक जाने से वायु भी अगम्य होती है। इसी प्रकार ईश्वर को भी मनुष्यों, पशुओं, वनस्पतियों, पक्षियों तथा हमारे आस-पास सभी वस्तुओं और प्राणियों में व्याप्त उसके स्वरूप द्वारा ही जाना जा सकता है। अभी तक कोई भी विद्युत-प्रवाह का रहस्य नहीं जानता कि यह इस रूप में कार्य क्यों करती है। इसका मूल उद्‌गम स्रोत क्या है? किन्तु फिर भी हजारों प्रकार से इसका उपयोग किया जाता है।

ईश्वर और विभिन्न धर्म—प्रत्येक धर्म द्वारा निर्धारित सीमा में ही ईश्वर की व्याख्या करता है और फिर प्रभु-प्राप्ति का दावा करता है। जिस प्रकार सात अन्धे व्यक्तियों ने हाथी के विषय में कहा था कि वह स्तम्भ है, पंखा है, रस्सी है अथवा दीवार है, क्योंकि उन्होंने पूर्ण हाथी को न समझ कर केवल उसके एक-एक अंग का ही स्पर्श किया था। इसी प्रकार धर्म भी केवल एक भाग के विषय में कहता है और दृढ़तापूर्वक यह घोषित करता है कि उसकी दृष्टि पूर्ण और सर्वाङ्गीण है।

ईश्वर की अस्वीकृति—तुम वास्तव में ईश्वर हो। तुममें प्रतिष्ठापित ईश्वर ही तुम्हारा पथ-प्रदर्शन और रक्षा करता है। जब तुम ईश्वर को अस्वीकार करते हो तो तुम्हारा तर्क इसी उक्ति के समान है कि "मैंने एक बाँझ स्त्री से जन्म लिया है।" अथवा अति उच्च स्वर में यह स्वीकार करना कि "मैं असाध्य गूंगा हूँ।" यह अपने अस्तित्व को अस्वीकार करने के समान मूर्खता है। इस भूमि के ग्रंथों में यह महान् सत्य स्पष्ट रूप में वर्णित है और इस धरोहर को जानना तुम सबका अधिकार है।

ब्रह्म

ब्रह्म का अर्थ—ब्रह्म का अर्थ ध्वनि, वाणी, शब्द और मन्त्र भी है। 'ओम्' की ध्वनि तथा अन्य विभिन्न पवित्र नियमों या मन्त्रों द्वारा मनुष्य सर्वोत्कृष्ट बुद्धि का विकास कर सकता है जो कि 'ब्रह्म' नामक गूढ़ एवं परम नियम को समझने के लिए आवश्यक है। ब्रह्म का अर्थ है—'बृह' अथवा विशाल, जो गुरुतम और विशालतम है। जब ब्रह्म में अनेक बनने की इच्छा उत्पन्न होती है तो इससे विश्व उद्‌भूत होता है जो

कि इसका शरीर है। जब ब्रह्म ने प्रथम शब्द कहा तो विश्व का निर्माण हुआ, अतः वह शब्द अथवा वाक् भी ब्रह्म कहलाता है। शब्द को पद भी कहते हैं और संस्कृत में सभी सृजित वस्तुओं को 'पदार्थ' कहते हैं। जब शब्द का उच्चारण हुआ तभी वस्तु का सृजन या प्रकाशन हुआ।

ब्रह्म के गुण— परम शाश्वत ब्रह्म को तीन गुणों द्वारा जाना जा सकता है—सत्, चित् और आनन्द। इस विश्व के सूक्ष्मतम और विशालतम अंश में भी ये तीन गुण पाये जाते हैं। मानव भी सत्-चित्-आनन्द स्वरूप है किन्तु वह शरीर और इसकी संवेदनाओं में अत्यधिक अनुरक्त होने के कारण अपने गहन सत्य में अवगाहन करने और उसमें अन्तर्निहित आनन्द से लाभान्वित होने में असमर्थ रहता है।

ब्रह्म का विश्व से सम्बन्ध—सम्पूर्ण विश्व ब्रह्माण्ड कहलाता है और शरीर को पिण्ड कहते हैं किन्तु दोनों का आधारभूत सत्य 'एक' ही है और वह 'एक' सबसे स्वतंत्र, निर्लिप्त और असम्बद्ध है।

यह ब्रह्माण्ड सम्बन्धी सिद्धान्त ही भगवान् में निहित है और यही विश्वव्यापी सिद्धान्त अलग-अलग व्यक्तियों के रूप में प्रकट होता है। नाम तथा रूप की बाह्य विशिष्टता के कारण ही व्यक्ति का स्वरूप बनता है।

यही कारण है कि भगवान् को सत्य और ब्रह्म कहा जाता है। यह सत्य है, अखण्ड या अविभाज्य है। यह अद्वैत है, अयुग्म है। यह अनन्त है, इसका अन्त नहीं। उपनिषद में इसी सत्य को (जो अव्यक्त माया शक्ति से सम्बन्धित है) पूर्ण कहा गया है।

विष्णु—ईश्वर के प्रत्येक नाम का गहन महत्व होता है। उदाहरणार्थ वेदों में विष्णु को 'परम' नाम दिया गया है। इसका अभिप्राय है परमाणु। यह संसार के सार तत्व और आधार में प्राप्त परमाणु की भाँति सर्वव्यापक है। विष्णु ही कारण और परिणाम है। क्योंकि सृष्टि से पूर्व विष्णु के अतिरिक्त अन्य कोई नहीं था। एक से अनेक हुए और फिर अनेक लुप्त हो गये और 'एक' ही रह गया।

शिव-विष्णु की एकता— कुछ लोग ईश्वर की शिव के रूप में पूजा करते हैं और उन्हें पशुपति नाम से पुकारते हैं जिसका अर्थ होता है पशुओं की रक्षा करने वाला, बन्धन में पड़े जीवों का स्वामी। कुछ लोग भगवान् की श्रीकृष्ण के रूप में पूजा करते हैं और उन्हें गोपाल नाम से पुकारते हैं जिसका अर्थ होता है गो-पालन करने वाला—बन्धन में पड़े जीवों का स्वामी। किन्तु भगवान् को इन दोनों रूपों में मानने वाले संप्रदाय एक दूसरे को स्वीकार करने, सम्मान देने के लिए तैयार नहीं। शिव के भक्त शिव को सृष्टि का स्रष्टा, पालनकर्ता और संहारक मानते हैं और विष्णु अथवा कृष्ण को भी उनके भक्त सृष्टि का स्रष्टा, पालनकर्ता और संहारक तीनों ही मानते हैं किन्तु दोनों के अनुयायी आगे पग नहीं बढ़ाते हैं और न ही सोचते हैं कि उनमें पारस्परिक मतभेद का कोई आधार टिकता ही नहीं है। आपका व्यक्तिगत रूप में किसी एक नाम और एक रूप से लगाव हो सकता है, आप उसका पालन करें किन्तु आपको सभी नामों और सभी रूपों का सम्मान और स्वागत करना चाहिए।

दुर्गा के तीन स्वरूप— आद्या-शक्ति भगवती की सात्विकी, राजसी एवं तामसी शक्तियाँ ही क्रमशः विद्या और वाणी की अधिष्ठात्री देवी महा-सरस्वती, धन की अधिष्ठात्री देवी महालक्ष्मी तथा महाकाल स्वरूप महाकाली रूप में प्रकट होती हैं। भगवती दुर्गा शक्ति सर्वव्यापिका हैं निर्विकार हैं, कल्याणी हैं, सर्वशक्तिमान हैं, वह सबको धारण करने वाली हैं और साधना द्वारा गम्य हैं। आप सदा सर्वत्र बाह्य प्रकृति में और अन्तर चेतना में उनसे सम्पर्क स्थापित कर सकते हैं।

हनुमान—हनुमान वे हैं जो निराशा को जीतने में बहुत सहायक हैं। वे साहस हैं। वही हनुमान है, वे हिम्मत हैं। साहस के साथ माया के महासागर को पार करना संभव है; यही कारण है कि राम ने हनुमान की सहायता से पुल बनाया।

विभिन्न देवी-देवता— वर्षा के देव वरुण हैं, इसलिए वर्षा के लिए अथवा वर्षा से सम्बन्धित प्रार्थनाएं वरुण देव को सम्बोधित होनी चाहिए ''क्योंकि वर्षा के मामले निपटाने के अधिकारी देव वरुण ही हैं। इसी प्रकार स्वास्थ्य और वैभव का विभाग सूर्यदेव के अधीन है। गणपति सभी गणों के नायक हैं तथा किसी भी कार्य में विघ्न उपस्थित न हो, यह कार्य उनके अधीन है। सारी वनस्पति भू-देवी के अधिकार क्षेत्र में है। बोयी गयी फसल और औषधियाँ चन्द्रदेव के अन्तर्गत हैं। इसी प्रकार विभिन्न क्षेत्र और कार्य अलग-अलग देवों के अधिकार क्षेत्रों में बँटे हुए हैं। ये देव मनुष्य की प्रत्येक इन्द्रिय के अधिष्ठाता, सुरक्षक और मार्गदर्शक भी हैं।

ईश्वर और देवों का सम्बन्ध— प्रश्न किया जा सकता है, ''ईश्वर एक है (सर्वव्यापी और सर्वशक्तिमान्) फिर वह स्वयं ही क्यों नहीं सबकी प्रार्थनाओं को सुनता और पूरा करता है?'' यह प्रश्न गलत धारणा पर आधारित है तथा विश्वास की कमी का परिचायक है। निश्चित रूप से ईश्वर एक ही है, किन्तु इस विराट् जगत् के नियमन और संचालन के लिए विभिन्न गतिविधियों के क्षेत्रों के अनुसार विभिन्न विभागों की आवश्यकता भी है तथा उनको देखने के लिए ईश्वर के अधीनस्थ देवता हैं। यदि तुम पत्र तो मुझे लिखो और लिफाफे पर पता किसी अन्य का तो पत्र उसी के पास पहुँचेगा जिसका पता लिफाफे पर लिखा है। वह उस व्यक्ति के पास नहीं पहुँच सकता जिसको तुमने पत्र लिखा। इसी प्रकार आपको सम्बन्धित देव को ही सम्बोधित करना पड़ेगा, अपनी प्रार्थना की पूर्ति के लिए। फिर वह देव आपकी प्रार्थना सुनेगा और आपकी आवश्यकता, उपयुक्तता आदि सभी बातों पर विचार कर आवश्यक कार्यवाही करेगा।

अवतार :

'अवतार' क्या है?—वे रूप जिनसे ईश्वर प्रकट होता है उसके अवतार कहलाते हैं। जब ईश्वर इस प्रकार प्रकट होता है, अपने आपको सीमित नहीं करता, वह ऐसे अवतार में अपनी पूर्णता के साथ, अपनी पूर्ण भव्यता और दिव्यता के साथ प्रकट होता है।

अवतार कब और क्यों?— जब मानव में निहित दैवीभाव तिरोहित हो जाता है, जब भगवत् तत्व आराधक ऋषियों द्वारा उनके दीर्घकालीन अनुभव और ज्ञान के आधार पर निर्धारित नैतिक और आध्यात्मिक सिद्धान्तों की उपेक्षा होने लगती है, तब मानव पशु-प्रवृत्ति में पड़ जाता है और अपने अन्य मानव बन्धुओं के लिए एक घोर संकट उपस्थित कर देता है, तो भगवान् को पुन: अवतार लेकर स्थिति को सुधारना ही पड़ता है।

अवतार की घोषणा— श्रीकृष्ण ने अन्य अवतारों के समान ही, संसार में अपने अवतीर्ण होने की घोषणा, थोड़े-थोड़े रूप में, सीढ़ी-दर-सीढ़ी, इस बात का परीक्षण करते हुए की, कि जनता उनके अवतार के सत्य को किस सीमा तक स्वीकार करती है। विभिन्न चमत्कारों और संकेतों का उद्देश्य, जैसा कि इस समय भी है, अवतार के आगमन की घोषणा के स्वरूप में जनता में उस सत्य के प्रति विश्वास उत्पन्न करना था।

रामावतार का लक्ष्य— श्रीराम मनुष्यों को धर्माचरण की शिक्षा देने आये थे अत: उन्हें स्वयं मूर्तिमान् धर्म होकर सत्य, न्याय और ईमानदारी का आचरण घोर संकटों में भी करके दिखाना पड़ा। उन्होंने स्वयं उदाहरण प्रस्तुत किया कि एक आदर्श पुत्र, भाई, मित्र, शासक, शत्रु और पति को कैसा होना चाहिए।

राम एवं कृष्ण के अवतार— श्रीकृष्ण का अवतार पूर्णावतार था, सभी सोलह कलाओं से पूर्ण। रामावतार में सोलह कलाओं में से एक-एक कला तो तीनों भाइयों, भरत, लक्ष्मण और शत्रुघ्न में थी और एक कला राम के ही समकालीन परशुराम में उस समय तक रही जब तक उनकी राम से भेंट नहीं हुई और भेंट होने पर राम से अपनी पराजय स्वीकार कर परशुराम ने राम को अपनी सम्पूर्ण शक्ति समर्पित नहीं कर दी। अन्य अवतार तदर्थ उद्देश्य को लेकर हुए थे और उनका कार्यक्षेत्र एक व्यक्ति या कुछ लोगों द्वारा किये गये उपद्रवों, दमन और अत्याचार का प्रतिकार करने और किसी व्यक्ति या समूह की रक्षा और उद्धार करने तक सीमित था। किन्तु राम और कृष्ण के अवतार अधिक व्यापक और सार्वलौकिक उद्देश्य के लिए थे। उनके अवतार धर्म के संस्थापन, सत्यानुगामियों के जीवन को सुख-शान्ति से परिपूर्ण करने, दुष्टों का संहार करने, संसार को यह बताने के लिए कि सत्य की सदा विजय होती है, असत्य अंत में असफल होता है—हुए थे।

राम

राम : शब्दार्थ—'राम:' में तीन अक्षर हैं 'र' 'अ' 'म:' । 'र' का अलौकिक अर्थ होता है अग्नि जो पाप को जलाकर भस्म कर देती है, 'अ' सूर्य का बोधक है जो अज्ञान के अंधकार को मिटाता है और 'म:' का अर्थ चन्द्रमा होता है जो ताप को शमन कर शीतलता प्रदान करता है। इस प्रकार 'राम' तीनों तापों तथा दु:ख एवं संकटों को दूर करने वाले हैं और 'सत्यम्, शिवम्, सुन्दरम्' को प्रकट करने वाले हैं।

राम-नाम का महत्व—राम तो मधुमक्खी हैं जो हृदय कमल से भक्ति के अमृत-मधु का पान करती है। जिस पुष्प पर मधुमक्खी बैठती है उसकी पंखुड़ियाँ खिल जाती हैं किन्तु राम जिस हृदय कमल पर विराजते हैं, उसके सौन्दर्य और सुगन्ध की सीमा ही नहीं रहती। राम तो सूर्य के सदृश हैं जो अपनी किरणों के माध्यम से जल को ऊपर खींचता है और बादलों के रूप में एकत्रित कर सर्वत्र उसकी वर्षा कर धरा की प्यास बुझा देता है। राम-नाम की ओजस्वी और शक्तिशाली रहस्यपूर्ण ध्वनि नाभि से उत्पन्न होती है और जिह्वा तक ऊपर आकर वहाँ आनन्दपूर्वक नर्तन करती है। 'तत्-त्वम-असि' का वैदिक उद्घोष 'राम' में समाहित है। राम में तीन ध्वनियाँ हैं—'र' 'आ' 'म'। 'र' है तत् ब्रह्म का बोधक, 'म' है त्वम् (तू-जीव) का बोधक और 'आ' दोनों (ब्रह्म और जीव) को मिलाने वाला संयोजक है। राम शब्द का अंकार्थ विज्ञान से भी महत्व है। इस विज्ञान के अनुसार 'र' के 2, 'आ' के 0, म के 5 अंक होते हैं जिनका कुल योग सात होता है। संगीत में सात स्वर होते हैं, आकाश में सप्तऋषि होते हैं और सप्ताह में सात दिन होते हैं। यदि सप्ताह के सातों दिन सतत रूप से राम-नाम का जाप किया जाये तो वह विशेष रूप से फल-प्रदायक समझा जाता है।

मैं राम-नाम पर बल दे रहा हूँ, क्योंकि राम आत्म तत्व है। राम का अर्थ होता है आनन्द-प्रदायक, हर्षदायक, सुन्दर और प्रिय। आत्मा आनन्द का स्रोत होती है, उसका स्वभाव ही आनन्द है। त्यागराज ने कहा है कि राम-नाम एक ऐसा नाम है जिसे वैष्णव और शैव समान रूप से अपना सकते हैं।

राम ही आनन्द—'राम' शब्द का अर्थ है 'जो प्रसन्नता देता है', 'जो आनन्द से पूर्ण कर देता है', अत: राम तत्व मूलत: आनन्द-तत्व ही है। वही तो प्रत्येक हृदय के लिए आनन्द का निर्झर है। इसीलिए जब आप राम-नाम का उच्चारण करते हैं तो उसी आनन्द स्रोत आत्माराम को उद्वेलित करते हैं।

श्रीकृष्ण के चमत्कार—श्रीकृष्ण की यह लीला मनुष्य के लिए बहुत ही शिक्षाप्रद है तथा उन लीलाओं से भिन्न है जिसके द्वारा शिशु अवस्था और बाल्यावस्था में कृष्ण ने अपनी अति मानवीय शक्ति और बुद्धि का परिचय दिया था। भयंकर राक्षसी पूतना ने श्रीकृष्ण को विषाक्त स्तनपान कराया था। वह उनको मारना चाहती थी, किन्तु श्रीकृष्ण ने उसका ऐसा स्तनपान किया कि उसका प्राणान्त ही हो गया। इसी प्रकार उनको आँधी के साथ उड़ा ले जाने वाले बवंडर रूपी राक्षस तृणावर्त, छकड़े के रूप में छिपे असुर, बछड़े के रूप में वत्सासुर, बगुले के रूप में बकासुर तथा इसी प्रकार छद्म वेषी अन्य राक्षसों और असुरों का जो श्रीकृष्ण को शैशवावस्था और बाल्यावस्था में ही मार डालने के लिए उनके निकट पहुँचे, श्रीकृष्ण ने उनका अन्त कर दिया था। अविश्वासी और नास्तिक कह सकते हैं ये चमत्कार अचानक किसी अज्ञात कारण से घटे होंगे या कोई संयोग ही ऐसा हो गया होगा या सब बढ़ा-चढ़ा कर कही गयी अतिशयोक्तियाँ मात्र होंगे।

साई अवतार

नाम का अर्थ—'साई बाबा' के नाम के अर्थ पर विचार करो। 'सा' का अर्थ है 'दिव्य'; 'ई' का अर्थ है 'माता' और 'बाबा' का अर्थ है 'पिता' (सा-अम्बा-शिवा)। तुम्हारे सांसारिक माता-पिता स्वार्थ के कारण चाहे तुम्हारे प्रति प्रेम प्रदर्शित करें, किन्तु यह साई 'माँ' और 'पिता' स्नेह वर्षा करते हैं।

साई अवतार : तीनों शक्तियों का संयुक्त रूप—हर युग में भगवान् का अवतार होता है, पुनरुद्धार, पुनर्जागरण और पुनर्निर्माण करने के लिए। सम्प्रति महाशक्ति, माया-शक्ति और योगशक्ति तीनों एक साथ, एक ही मानवीय रूप में प्रकट हुई हैं।

साई का लक्ष्य—साई समस्त मानव जाति को भ्रातृत्व भाव द्वारा एक परिवार के रूप में सूत्रबद्ध करने, सम्पूर्ण लोक में व्याप्त दिव्यत्व को प्रकट करने, प्रत्येक प्राणी में व्याप्त आत्मिक सत्य का बोध प्रदान करने तथा मनुष्य को पशुत्व से मुक्त करके उसकी दिव्य शक्ति को जागृत करने के लक्ष्य से ही अवतरित हुए हैं।

साई-संकल्प—आप यह भी शीघ्र ही देखेंगे कि वेदों में सम्पूर्ण मानवता के कल्याण के लिए जो सत्य सनातन धर्म युगों पूर्व स्थापित किया गया था, उसका उसके मूल और वास्तविक रूप में पुनः स्थापन होगा। वैदिक धर्म का पुनरुद्धार साई-संकल्प है, लोगों को अपनी शक्ति और सामर्थ्य का परिचय देकर केवल अपनी ओर आकर्षित करना नहीं है। यह तथ्य सत्य रूप में स्थापित होगा, असत्य का समूल रूप से नाश होगा और उस विजय का आप लोग पूर्ण आनन्द प्राप्त कर सकेंगे यह संकल्प है।

साई की शक्ति—मेरी शक्ति अपरिमित है, मेरा सत्य बोधातीत और अगाध है। मैं स्वयं के विषय में यह इसलिए घोषित कर रहा हूँ क्योंकि अब इसकी आवश्यकता है। किन्तु अब मैं जो कर रहा हूँ वह केवल 'भेंट पत्र' का उपहार है। मैं तुम्हें बता दूँ कि अवतारों द्वारा दृढ़तापूर्वक सत्य की घोषणाओं में केवल कृष्णा ने ही स्पष्ट और त्रुटिहीन घोषणा की थी। तुम उसी कृष्ण के जीवन में पाओगे कि घोषणा करने पर भी कृष्ण कतिपय अवसरों पर अपने प्रयत्नों और प्रयासों में पराजित हुए। यद्यपि तुम्हें यह भी देखना चाहिए कि वह पराजय भी उसी नाटक का ही एक अंग थी, जिसकी योजना उन्होंने स्वयं ही बनाकर उसका निर्देशन किया था। उदाहरणार्थ जब अनेक राजाओं ने कृष्ण से आग्रह किया कि वे कौरवों के साथ युद्ध को टाल दें तो कृष्ण ने यह स्वीकार किया कि कौरवों से न्यायपूर्ण शान्ति स्थापित करने का उनका उद्देश्य 'असफल' हो गया। किन्तु उनकी इच्छा नहीं थी कि यह 'सफल' होता। उन्होंने निश्चय कर लिया था कि संग्राम किया जायेगा। उनका उद्देश्य कौरवों के लोभ तथा अन्याय का प्रतिकार करना था।

अब मैं तुम्हें अवश्य यह बता दूँ कि इस साई अवतार के युग में ऐसे 'नाटकों' के लिए कोई स्थान नहीं है जिसमें असफलताओं और पराजयों के दृश्य हों। जो मैं इच्छा करूँगा वह अवश्य पूर्ण होगी। जो मैं योजना बनाऊँगा वह अवश्य सफल होगी। मैं सत्य हूँ, और साँच को आँच नहीं होती।

साई अवतार की विशेषता—हर युग में भगवान् ने अवतार लिया है, किसी-न-किसी कार्य विशेष के लिए। इस दृष्टि से यह अवतार अन्य अवतारों से भिन्न है क्योंकि इस अवतार को उस संकट से निबटना है जो विश्वव्यापी है और जिसने सम्पूर्ण संसार को ग्रस्त कर रखा है। तथाकथित 'बुद्धिवादी' लोगों की धृष्टता मूर्खता की श्रेणी तक जा पहुँची है जो पूछते हैं 'भगवान् क्या है और कहाँ है?' अनैतिकता ने नैतिकता का चोला धारण कर लिया है और लोगों को पाप के गर्त में घसीटे लिए जा रही है। सत्य की प्रपंच कहकर उपेक्षा की जाती है, न्याय की खिल्ली उड़ाई जाती है, सन्तों को 'समाज के शत्रु' की संज्ञा दी जाती है और उन्हें यातनाएँ देकर सताया जाता है। इसलिए यह अवतार सत्य की विजय और असत्य के पराभव के लिए हुआ है। मैं आप लोगों की तरह ही व्यवहार करता हूँ, चलता-फिरता हूँ, गाता हूँ, हँसता हूँ, यात्रायें करता हूँ, लेकिन मेरे उस प्रहार को देखो जो अचानक करता हूँ—लोगों को शुद्ध करने के लिए, निर्मल बनाने के लिए, उनहें चेतावनी देने और सावधान करने के लिए। जो गलती करेगा उसको दण्ड भी दूँगा और जो सदाचार और धर्म का पालन करेगा उसे पुरस्कृत भी करूँगा सबके साथ न्याय होगा।

साई की दिव्यता

दिव्यता पर माया का आवरण— चूँकि मैं आप लोगों के बीच एक मनुष्य की तरह ही चलता-फिरता, खाता-पीता और बातें करता हूँ, आप लोग माया के कारण भ्रम में पड़ जाते हैं और सर्वसाधारण लोगों की तरह सामान्य मनुष्य समझने लगते हैं। मैं आप लोगों को इसके लिए सचेत कर दूँ। मैं भी आप लोगों को आपके साथ बातें करके, आपके साथ गाकर, आपके साथ अन्य कार्यों में सम्मिलित होकर मोहित कर देता हूँ, किन्तु मेरी दिव्यता किसी भी क्षण आपके समक्ष प्रकट हो सकती है, मेरा देवत्व प्रकाशित हो सकता है, इसलिए आपको उस क्षण के लिए सदा तैयार रहना चाहिए। चूँकि देवत्व मानव रूप में छुपा है अतएव आपको उस माया को दूर हटाने का प्रयास करना चाहिए जिसने आपकी दृष्टि पर अपने आवरण डाल रखे हैं।

दिव्यता पर अविश्वास का कारण—तुम लोग मेरी दिव्य प्रकृति के और भी अनुभव प्राप्त करना चाहते हो जिससे तुम्हारा विश्वास और गहरा जम सके। समुद्र के पानी का स्वाद पाने के लिए उसका एक बूँद चखना काफी है, सारा का सारा पीकर देखने की आवश्यकता नहीं है। यह तुम्हारा अहं, अस्थिरता और दम्भ ही है जो कि मन में शंकाएँ उत्पन्न कर जितना जो कुछ अनुभव किया उस पर विश्वास नहीं करने देता है।

दिव्यता के सम्बन्ध में शंका पाप है— सबसे बड़ी बात संशय का निर्मूलन है। इसे पालना ही पाप है। मेरे विषय में शंका क्यों? बाबा कौन हैं? या बाबा की इस बात या उस बात पर वाद-विवाद आदि की क्या आवश्यकता है? मैं चाहे जो भी हूँ, इससे तुम्हें क्या? तुम्हें तो केवल अपना लक्ष्य प्राप्त करना है, अतः अपने आदर्श, अपने अनुभव और प्रयत्नों को देखो। यह सब छोड़कर, मेरे रहस्य, मेरे चमत्कार, मेरी

प्रकृति और प्रवृत्ति पर चर्चा क्यों? मुख्य वस्तु हाथ है, उसमें रखा पदार्थ बाद की बात है। आधार की अपेक्षा आधेय का महत्व कम है।

दिव्यता का अनुभव— वास्तविक रूप में तो आप मेरे सत्य स्वरूप को न तो आज समझ सकते हैं और न हजारों वर्ष के बाद ही, चाहे जितनी तपस्या और साधना क्यों न करें और प्रयत्नों में सम्पूर्ण मानवता ही क्यों न साथ हो ले। किन्तु थोड़े से समय में ही जिस दैविक शक्ति ने स्वयं अपनी इच्छा से यह पावन देह और पावन नाम धारण किया है, उसके द्वारा की गयी आनन्द की वर्षा का अनुभव करोगे और जान जाओगे। यह आप लोगों का परम सौभाग्य है कि आपको यह शुभ अवसर प्राप्त हुआ है जो साधुओं, संतों, संन्यासियों, विरक्तों, योगियों, मुनियों और यहाँ तक कि देवों को भी दुर्लभ होता है।

दिव्यता और चमत्कार—सभी युगों में ऐसा ही हुआ है। चाहे लोग अवतार के अति निकट (शारीरिक रूप में) हों किन्तु वे अपने सौभाग्य से अनभिज्ञ रहते हुए अपना जीवन व्यतीत कर देते हैं। वे 'चमत्कारों' की बढ़ाचढ़ाकर प्रशंसा करते हैं जो मेरे गौरव और ऐश्वर्य की तुलना में इतने तुच्छ हैं जिस प्रकार हाथी पर बैठने वाले मच्छर का आकार और बल हाथी की तुलना में अति तुच्छ होता है। अतः जब तुम इन 'चमत्कारों' के विषय में कहते हो तो मैं करुणावश अपने मन में ही हँसता हूँ कि तुम मेरी सत्यता की अमूल्य चेतना को बड़ी सुगमतापूर्वक खो देते हो।

दिव्यलीला ही चमत्कार—बाह्य दृष्टि के लिए मेरे कार्य जादू और चमत्कार से प्रतीत होते हैं किन्तु अन्तर्दृष्टि के लिए वे भगवदिच्छा हैं, लीलाएँ हैं। जो हाथ निर्माण करता है वह देता भी है। देने में हिचक नहीं। जो-कुछ है तुम लोगों के लिए ही है। यही मेरा सत्य है।

चमत्कारों को समझना असंभव— मैं कहूँगा कि जो स्वयं सीमित है वह असीम की तह तक कैसे पहुँच सकता है? एक चींटी समुद्र तल तक कैसे पहुँच सकती है? तुम यह कभी समझ नहीं सकोगे कि मैं अपनी हथेली पर वस्तुएँ कैसे उत्पन्न करता हूँ।

परमात्मा की कृपा या अनुग्रह

अत्यन्त सहज— परमात्मा की कृपा को पाना मक्खन पिघलाने के समान सरल है, तभी तो इस हृदय को मक्खन कहा गया है। कहते हैं वह मक्खन के समान मृदु है। प्रेम और सहानुभूति की जरा सी उष्णता भी जो तुम अपने साथियों के प्रति दिखाते हो या जो उष्णता प्रभु का नामस्मरण करते समय आती है वह मक्खन को पिघलाने के लिए पर्याप्त है।

कृपा की धारा— कृपा प्रदान करने के सिवा मेरा दूसरा कार्य नहीं है। दर्शन-स्पर्शन-संभाषण से तुम लोग उस कृपा को पा सकते हो। जब उधर से सच्ची प्रार्थना की धारा प्रवाहित होती है तब यहाँ से कृपा की धारा प्रवाहित होकर दोनों एकरस हो जाते हैं। मुझे कोई पराया न समझकर अपने जैसा व्यवहार करो। आग्रह व आदेश से मेरी कृपा पाने का अधिकार जताओ। केवल कोरी प्रशंसा के पुल बाँधने से कोई लाभ नहीं,

अपना हृदय निहारो। मेरे हृदय के साथ अपने हृदय का सम्बन्ध स्थापित करो।

साधना अपेक्षित— सूर्योदय के साथ कमल की सारी ही कलियाँ नहीं खिल जातीं बल्कि वही खिलती हैं जो कि उस अवस्था को पहुँच चुकी हैं। शेष कलियों को अपना समय आने तक प्रतीक्षा करनी पड़ती है। परमात्मा की कृपा तो अवश्य होगी किन्तु उस कृपा दृष्टि के लिए साधना की आवश्यकता है।

भगवान् की कृपा प्राप्त करने के लिए अपने 'मैं पन' की भावना या अहंकार का हृदय से समूल उच्छेदन कर डालना चाहिए। प्रत्येक के हृदय में, चाहे वह विद्वान् हो या अशिक्षित, भगवान् को जानने की उत्कृष्ट अभिलाषा होनी चाहिए। भगवान् तो अपने सभी बच्चों से समान प्रेम करता है, क्योंकि प्रकाश का गुण है कि वह हर वस्तु को आलोकित करे।

× × ×

जिस प्रकार विभिन्न व्यवसायों के लिए न्यूनतम योग्यताएँ निर्धारित कर दी जाती हैं, उसी प्रकार प्रभु-कृपा के लिए भी न्यूनतम योग्यता के रूप में अहंकार-त्याग, इन्द्रिय-संयम और सीमित आहार-विहार भी अपेक्षित है।

परमात्मा का अनुग्रह— भगवान् का अनुग्रह तो वर्षा के समान है, सूर्य के प्रकाश के समान है सबके लिए एक समान रूप से। आपको उसको ग्रहण करने के लिए कुछ साधना करनी होगी। जिस प्रकार वर्षा का जल प्राप्त करने के लिए एक खाली और खुले बर्तन को सीधा रखते हैं वैसे ही अपने हृदय के द्वार खोल उसे विकारों से रहित करके ईश्वरीय कृपा वृष्टि की ओर लगा देना होगा, द्वार खुला कि प्रकाश भीतर आयेगा, हृदय का द्वारा खोला।

रेडियो पर प्रसारित होने वाला संगीत वायुमंडल में सर्वत्र उपस्थित रहता है किन्तु आपको अपने अभिग्राही यंत्र अर्थात् रेडियो के रिसीविंग सेट को वांछित वेवलैंग्थ पर लगाना होगा जिससे कि आप उस संगीत को सुन सकें। भगवान् के अनुग्रह के लिए प्रार्थना करो; कम-से-कम इतनी साधना तो करो ही।

अनुग्रह प्राप्ति के लिए साधना— यदि पंखा हाथ में ही पकड़े रहे तो हवा नहीं प्राप्त होगी, उसके लिए तो पंखे को, हाथ हिलाकर हिलाना होगा। जितनी तेजी से उसे हिलाओगे उतनी ही हवा मिलेगी। पंखे में वह शीतल बयार नहीं होती, वह तो चारों ओर व्याप्त रहती है, साधन के द्वारा उसको अपनी ओर करो। इसी प्रकार भगवान् का अनुग्रह, उनकी कृपा तो सर्वत्र व्याप्त है, साधना के द्वारा उसे अपनी ओर करो और आनन्द प्राप्त करो।

अपनी शक्ति का भी उपयोग— पूरी शक्ति तथा पूरे मन के साथ कार्य करो। स्वयं को प्राप्त शक्ति, योग्यता, धैर्य और विश्वास का पूरा उपयोग करो। तब भगवान् का आशीर्वाद तुम्हें अवश्य मिलेगा। एक राम भक्त था जो एक बार सड़क के किनारे अपनी गड़ी उलट जाने के कारण अपने दुर्भाग्य पर रोता रहा और राम को सहायता के लिए पुकारते हुए बैठा रहा। किन्तु गाड़ी को सीधा कर उसका पहिया ठीक करने के लिए

राम प्रकट नहीं हुए। अतः उसका विश्वास डिगने लगा और सदियों से ऋषि-मुनियों द्वारा राम को करुणा सागर बताने के कथन में भी शंका उत्पन्न होने लगी। तब राम अवतरित हुए किन्तु यह कहने के लिए कि ''तुम मूर्ख हो, मैंने तुम्हें बुद्धि और शक्ति दी है उनका उपयोग करो। जो कार्य आगे है उसमें जुट जाओ। प्रयत्न करने पर भी यदि सफलता न मिले तब मुझे पुकारना। तब मैं अपनी कृपा से तुम्हारी शक्ति द्विगुणित कर दूँगा।''

प्रभु की याचना-पुकार— प्रभु की याचना किसी भी स्थान या समय पर कर सकते हो। जिस रूप में उसे पाना चाहोगे उसी रूप में वह प्राप्त होगा। उसका आह्वान हाड़-मांस के मनुष्य के रूप में करो तो वह उसी रूप में तुम्हारे मध्य में आयेगा। वह तो सदा तैयार है किन्तु तुम ही अपने हृदय में उसका स्वागत करने को तैयार नहीं क्योंकि अभी तक लोभ-लालच, ईर्ष्या-द्वेष आदि से मुक्त होकर उसे पवित्र नहीं बनाया है।

× × ×

सच्ची पुकार— जब तुम आर्तनाद करते हो कि ''क्या तुम मेरी पुकार नहीं सुनते?'' तब वह पुकार मेरे कानों तक पहुँचती है। हृदय की गहराई से की गई सच्ची पुकार मुझ तक अवश्य पहुँचती है।

आत्मा

प्रत्येक प्राणी में आत्मा का अस्तित्व—प्रत्येक प्राणी में आत्मा की महान् शक्ति विद्यमान है। कुछ लोग उसका उपयोग करना जानते हैं; कुछ केवल इतना जानते हैं कि वह है; कुछ को उसके उपयोग के उपाय का पता नहीं है तो कुछ उसके अस्तित्व से ही अनभिज्ञ हैं। यह सब समय के साथ साधना द्वारा आता है। एक बालक समय के साथ ही पिता बनता है, पिता दादा बनता है और बाद में परदादा।

आत्मा के गुण— आत्मा सच्चिदानन्द है—सत्-चित्-आनन्द, अविभेद्य रूप से संयुक्त, केवल एक। माया भी तीनों गुणों—सत्, रज और तम का एक संयुक्त स्वरूप है। ये तीनों गुण क्रमशः ज्ञान शक्ति, क्रियाशक्ति और इच्छाशक्ति के रूप में अभिव्यक्त व क्रियाशील होते हैं।

आत्मा के पाँच आवरण— आत्मा पाँच पर्दों से घिरी होने के कारण उसकी ज्योति बाहर नहीं आ पाती है। इन सारे पर्दों को शुद्ध और पारदर्शक बनाने चाहिए, जिससे आत्म-ज्योति प्रदर्शित हो सके। ये पाँच पर्दे हैं—अन्नमयकोष, प्राणमय कोष, मनोमय कोष, विज्ञानमयकोष और आनन्दमयकोष। अन्नमयकोष को शुद्ध और सात्विक आहार द्वारा पवित्र बनाना चाहिये। प्राणमयकोष को समान श्वासोच्छ्वास और सम चित् वृत्ति से, मनोमयकोष को पवित्र भावों व विचारों से तथा इन्द्रियशक्ति से निर्लिप्त एवं सुख-दुःख दोनों में ही अविचलित रहकर, विज्ञानमयकोष को सत्य की खोज द्वारा और आनन्दमयकोष को परमात्मा की प्राप्ति में लग करके। आत्मा के इन आवरणों को परिशुद्ध बनाने पर ही उसकी ज्योति का प्रखर रूप दिखाई देता है।

आत्मा के दर्शन— आपके अन्दर की आत्मा ही इस विश्वात्मा की चिनगारी है। आपकी बुद्धि इस सत्य को हृदयंगम कर ले। अपना विश्लेषण करके चेतना के स्तरों—भौतिक, ऐन्द्रिक, स्नायविक, मानसिक, बौद्धिक—को पार करते हुए आप अंतिम स्तर आनन्द तक पहुँचो। इन पंच कोषों को पार करने पर ही आपको उस सत्य के दर्शन होते हैं जो आपकी आत्मा कही जाती है।

आत्मा और अहंकार— आत्मा का प्रकाश अहंकार से आच्छादित हो जाता है। इसलिये जब अहंकार नष्ट हो जाता है तभी संकटों का अंत हो जाता है, सभी असन्तोष अदृश्य हो जाते हैं और आनन्द की उपलब्धि हो जाती है। जैसे सूर्य कोहरे में छुप जाता है, अहंकार की भावना शाश्वत आनन्द को छिपा लेती है।

आत्मा की चार शक्तियाँ—आपको चार प्रकार की शक्तियों को विकसित करना होगा—शारीरिक शक्ति, बौद्धिक शक्ति, विवेक शक्ति और चारित्रिक शक्ति। इन चार शक्तियों की प्राप्ति से आप में एक अटूट दृढ़ता आ जाती है जो आध्यात्मिक विजय की ओर अग्रसर करती है।

जीव

जीव : लक्षण— जीव स्वभाव से ही "नित्य और सनातन" है; आदि और अन्त रहित है, अपरिमेय है, गणनारहित है। वह स्वयंप्रकाश है। वह स्वयं ज्ञान है और ज्ञाता है, कर्त्ता और भोक्ता है। जीव किसी बन्धन में हो या मुक्त, उसकी ये विशेषताएँ सदा उसके साथ रहती हैं। किन्तु कुछ भी हो, जीव को वह स्वतंत्रता नहीं है जो ईश्वर को है। जीव को प्रत्येक कर्म, अपने शरीर को, श्रोत्रादि इन्द्रियों को, शरीर को परिचालित करने वाले प्राण को प्रयुक्त करके करना पड़ता है। ये सब जीव के अन्तस में ईश्वर के साथ समाये हैं।

जीव के गुण—जीव सत्, चित् एवं आनन्द है; ब्रह्म भी सत्, चित्, आनन्द है। इसी कारण जीव से स्वयं को यह घोषित करने को कहा जाता है—'अहम् ब्रह्मास्मि।' 'मैं ब्रह्म हूँ।' यह उस समुद्र की बूँद के कथन 'मैं समुद्र हूँ' के समान ही सत्य है।

संस्कार—संस्कारों के द्वारा ही जीव का उत्थान-पतन होता है। उन्हीं सीढ़ियों के द्वारा सभी जीव अपने लक्ष्य तक पहुँचते हैं। संस्कारों के द्वारा ही जीवन हानि और शोक के समुद्र को पार करके निकलने में समर्थ होता है। शुभ संस्कारों से ही मानव भगवान को प्राप्त कर पाता है।

जीव और ब्रह्म का सम्बन्ध— जीव और ब्रह्म के अभेद ज्ञान को ही 'अद्वैत' कहा जाता है। जो प्रेमी और प्रेमास्पद के सिद्धान्त की शिक्षा देता है अर्थात् जीव और ब्रह्म को दो मानते हैं उसे 'द्वैत' कहते हैं। जो प्रेम, प्रेमी, प्रेमास्पद अर्थात् प्रकृति, जीव और ब्रह्म तीनों का अस्तित्व मानते हैं उसे 'विशिष्टाद्वैत' कहते हैं। परन्तु ये तीनों ही एक हैं। जन्म लेने वाला शिशु ही बढ़कर छात्र बनता है, छात्र मूलतः बड़ा होकर गृहस्थ बनता है—इन तीनों स्थितियों में व्यक्ति तो एक ही रहता है।

प्रकृति

प्रकृति का परमात्मा से सम्बन्ध—प्रकृति—बाह्य और आन्तरिक दोनों ही—सर्वसत्ता-सम्पन्न आत्मा द्वारा शासित है जो विश्व आत्मा है, परमात्मा है। यदि आप परमात्मा का अनुग्रह प्राप्त कर लेते हैं तो प्रकृति आपकी चेरी बन जाती है। यह शरीर प्रकृति है और प्राण परमात्मा।

प्रकृति के नियम—प्रकृति में विभिन्न पक्षों के कुशल, सहज और सुरक्षित कार्य संचालन के लिए ईश्वर को दोषरहित नियम निर्धारित करने पड़ते हैं। तनिक विचार करो इस विराट् जगत् और उसके कार्य-व्यापार के विस्तार के संदर्भ में कि कितने असंख्य, सर्वव्यापी और शक्तिशाली नियम और सिद्धान्त निर्धारित करने पड़ते होंगे जिनसे प्रकृति में होने वाली प्रत्येक क्रिया-अक्रिया, गति-अगति प्रभावित रहे। प्रकृति की प्रत्येक इकाई के अपने विशेष नियम और मर्यादाएँ होनी चाहिए (और हैं भी) तथा वे सम्पूर्ण प्रकृति के विराट् विस्तार की अनन्त विविधताओं की परिसीमाओं में भी परस्पर समन्वित हैं, सहयोजित हैं तथा सहभागी हैं।

प्रकृति का रहस्य—प्रकृति के किसी भी कारण का परीक्षण करो; सृष्टि के किसी भी जड़-चेतन का परीक्षण करो। तुम देखोगे कि उन सभी में विश्लेषण, परिवर्तन और रूपान्तरण होता है। वह प्रतिक्षण बदलते रहते हैं। यह तो प्रवाहमान् नदी है जिसमें तुम एक बार से अधिक उसी जल में अवगाहन नहीं कर सकते। मैदान में बीज पड़ने पर शीघ्र ही भिन्न रूप—अंकुर बन जाता है। तुरन्त ही वह पौधा और फिर विभिन्न तनों, शाखाओं, टहनियों, पत्तों, कलियों, पुष्पों और फल वाला वृक्ष बन जाता है। इनमें प्रत्येक का भिन्न-भिन्न रंग होता है, जो प्रत्यक्ष रूप में कहीं से प्राप्त नहीं होता। इसकी पृथक् भावना, रूप, स्वाद और नाम होता है इसलिए इसका कारण और प्रयोग अद्‌भुत है। बीज मैदान से लुप्त हो गया लेकिन यह उन हजारों समान फलों में प्रत्येक में विद्यमान होता है। यह कैसा रहस्य है?

प्रकृति का आधार परमात्मा—प्रकृति का आधार परमात्मा ही है; जैसे कपड़े का आधार सूत या धागा है। बिना धागा कपड़ा नहीं बनाया जा सकता, है न? कपड़े के लिए धागा आवश्यक है। सच यह है कि यह सब धागा ही है। इसके बावजूद धागा को कपड़ा नहीं कहते, और न कपड़े को धागा कहते हैं। प्रकृति और परमात्मा में बिलकुल यही सम्बन्ध है। परमात्मा ही वह धागा है जिससे प्रकृति रूपी कपड़ा बनता है।

(2) धार्मिक विषय

धर्म एवं सम्प्रदाय

विभिन्न मत—धर्म के विभिन्न अंगों के रूप में मत और सम्प्रदाय वैसे ही पाये जाते हैं जैसे कि वृक्ष की शाखाएँ। उन्हें गलत कहकर उनकी निन्दा न करनी चाहिए। किन्तु किसी भी शाखा को दूसरी शाखा से लड़ने अथवा उससे होड़ा-होड़ी (प्रतिद्वन्द्विता) करने की आवश्यकता नहीं। जब ऐसा होने लगता है, तो वृक्ष नष्ट हो

जाता है, और सभी नष्ट हो जाते हैं। जब विभिन्न मत एक दूसरे से प्रतिद्वन्द्विता करने लगते हैं, तो धर्म का नाश होता है और संसार नष्ट हो जाता है।

धर्मों की स्थापना— हजारों व्रर्षों पूर्व स्थापित जो धर्म मार्ग चले आ रहे हैं वे सभी पवित्र हैं क्योंकि वे सभी ईश्वर द्वारा भेजे गये उन पैगम्बरों द्वारा अभिकल्पित हैं जिन्हें ईश्वर ने, मनुष्यों में, अग्रणी और सर्वश्रेष्ठ होने के नाते इसी कार्य के लिए भेजा था। बुद्ध, ईसामसीह, जरस्तुत, मुहम्मद जैसे नामों को संसार में सभी जानते हैं। इनके सिद्धान्त, विचार, आदर्श और उपदेश उनके अनुयायियों के लिए इतने मान्य हो गये हैं कि उनके नाम उनके धर्मों के साथ एक रूप हो गये हैं, उन धर्मों के नाम उनके पैगम्बरों के नामों से ही जाने जाते हैं।

उस काल में आदर्श धर्म ईश्वर के संदेश को माना जाता था। ईश्वर का संदेश चूँकि ईसामसीह के माध्यम से आया और उन्होंने ही वह संदेश सबको दिया और उसका प्रचार-प्रसार किया, इसलिए इस धर्म को उन्हीं का नाम दिया गया। उसी प्रकार बौद्ध धर्म बुद्ध के नाम पर चला क्योंकि वे दैविक संदेश के माध्यम बने और उन्होंने उसको फैलाया। मुहम्मद ने ईश्वर के संदेश को सुना तथा उसके अनुसार उन्होंने जो सिद्धान्त, अनुशासन, आदेश निषेध स्थापित किये उनको मानने वाले 'मुहम्मद के अनुयायी' मुसलमान कहलाये। इसलिए यह कहना अनुचित नहीं होगा कि इन सभी धर्मों की स्थापना मनुष्यों में अग्रगण्य और सर्वश्रेष्ठ तथा ईश्वर के आदर्श दूतों ने की थी।

सभी धर्मों की मूल शिक्षा—सभी धर्मों की मूल शिक्षा एक ही है कि अपने मन से अभिमान के कलुष को निकालो, क्षुद्र तृष्णाओं और वासनाओं की तृप्ति के लिए क्षणिक सुख-सुविधाओं के पीछे मत भागो! प्रत्येक धर्म शिक्षा देता है कि मनुष्य को मिथ्या आकर्षणों और भुलावों में न फँसकर भगवान् की ओर अपना ध्यान लगाना चाहिए, उसकी महिमा को देख-सुनकर अपने को तृप्त और संतुष्ट करना चाहिए, जिससे कि मनुष्य में विवेक और वैराग्य उत्पन्न हो, मोह दूर हो और मनुष्य अपनी महिमा के महान् उद्देश्य की ओर अभिमुख हो सके और उसे प्राप्त कर सके।

विभिन्न धर्मों की पूजा विधियाँ— पूजा की नाना विधियाँ हैं, विभिन्न रूपों से उसकी पूजा-अर्चना होती है, आराधना के अनेकों तरीके हैं, किन्तु सभी धर्मों का लक्ष्य एक ही पूर्णता की प्राप्ति की ओर है। शरीर के विभिन्न अंगों में एक रक्त की धारा प्रवाहित होती है। इसी प्रकार वही एक ईश्वरीय तत्व सबमें समान रूप से व्याप्त है, समस्त सृष्टि को वही क्रिया-शील किये हुए है।

सनातन धर्म

अर्थ—वह धर्म जिसके आलम्बन के लिए हम सदैव धन, सम्मान और यहाँ तक कि जीवन बलिदान के लिए भी इच्छुक और तैयार रहे हैं—उसको 'सनातन धर्म' का नाम दिया गया है। 'सनातन' का अर्थ है 'शाश्वत', सर्वकालिक और सर्वकार्य सिद्ध।

सनातन धर्म सभी धर्मों, पन्थों और मजहबों की माँ है, वह धर्म शब्द के अन्तर्गत आने वाले सभी नैतिक आचार संहिताओं का समुच्चय है—और भारत देश वह पृथ्वी तल है जहाँ सनातन धर्म रूपी माता आविर्भूत हुई।

मानवता का धर्म— सनातन धर्म, जो कि सभी धर्मों के सत्य, सभी धर्मों की सहिष्णुता की शिक्षा देता है, समस्त मानवता का धर्म है।...सनातन धर्म केन्द्र बिन्दु है जहाँ पर समस्त धार्मिक और आध्यात्मिक विचारधारायें विभिन्न दिशाओं से आकर केन्द्रित होती हैं। विभिन्न धर्मावलम्बी भी इस सनातन धर्म के सिद्धान्तों का पालन और अभ्यास कर सकते हैं, उन्हें सत्य भाषण करना होगा, ईर्ष्या, क्रोध से दूर रहना होगा, सदा सभी के प्रति हृदय में प्रेमभाव रखकर व्यवहार करना होगा। वे सभी लोग जो इस प्रकार सनातन धर्म का आचरण अडिग रहकर करते हैं—सनातनधर्मी कहे जा सकते हैं।

सनातन धर्म की मान्यताएँ—सनातन धर्म की तीन मौलिक मान्यताएँ हैं—(1) जीवन में कर्म की अनिवार्यता, (2) पुनर्जन्म और (3)अवतारवाद। जो इन उपर्युक्त तीन बातों में आस्था नहीं रखता उसे सनातन धर्मी कहलाने का कोई अधिकार नहीं है। जिसका इन तीनों में विश्वास है वह भारत की सन्तान और भारतीय है।

सनातन धर्म की मुख्य शिक्षा—अपने माता-पिता का, आचार्य और गुरुजनों का देवतुल्य सम्मान करो यही सनातन धर्म की शिक्षा है। भाई के साथ पूर्ण भ्रातृत्व के साथ व्यवहार किया जाना चाहिए, स्नेह और प्रेम से पूर्ण। जो अपने बन्धु-बांधवों से घृणा और द्वेष करते हैं उनका समूल नाश हो जाता है, यह शिक्षा है महाभारत की जिसे इस देश में करोड़ों लोग पंचम वेद के रूप में मानते हैं।

सनातन धर्म की महत्ता— सनातन धर्म गंगा के जल के समान पावन है जिसमें कोई विषाक्त कीटाणु जीवित नहीं रह सकता; फिर भला लोग क्यों समुद्र के खारे पानी के लिए दौड़ते हैं जिससे प्यास तक नहीं बुझ सकती? इस देश के लोगों के लिए, जो हजारों वर्षों से एक समुन्नत संस्कृति के वातावरण में पल्लवित और पोषित होते चले आ रहे हैं, विदेशी संस्कृति कभी अनुकूल नहीं हो सकती। यह संस्कृति श्रेष्ठतम है, जीवन की सभी स्थितियों और संसार के सभी प्रदेशों के लोगों के लिए उपयुक्त है। यह देश और काल की सीमाओं से परे सार्वलौकिक और सार्वकालिक है इसलिए सत्य सनातन है।

मूर्ति पूजा

मूर्ति पूजा क्यों?—मूर्ति पूजा अधिक सुगम होती है तथा सुकर होती है इसीलिए उसकी संस्तुति की जाती है। परन्तु मूर्ति पूजा में भाव यही होना चाहिए की वही प्रभु जो इस मूर्ति में है, वही इस दृश्यमान जगत् में सर्वत्र और प्रत्येक वस्तु व प्राणी में है!

मूर्ति पूजा की आवश्यकता कब तक?— प्राथमिक कक्षा के बालकों को जिस प्रकार चित्र दिखाकर बोध कराया जाता है उसी प्रकार साधना में प्रवेश करने वालों को मूर्ति की आवश्यकता होती है। जब तक नाम के साथ ही तुम्हारे मन में वह आकार चित्रित नहीं हो जाता तब तक उस चित्र को सम्मुख रखने की आवश्यकता है। जैसे

'घोड़ा' लिखते ही घोड़े का आकार तुम्हारे मन की आँखों के सम्मुख आ जाता है। उसी प्रकार तुम्हारे अस्थिर मन को एक आधार देने तथा उसमें दिव्य तत्व का स्थिर रूप समाने तक इस साई रूपी मूर्ति की आवश्यकता है।

मूर्ति पूजा का महत्व—यह स्मरण रखो कि साई पत्थर की मूर्तियों में या चूने-मिट्टी की इमारतों में नहीं बल्कि मृदु हृदयों में रहता है जो सहानुभूति और सार्वभौम-प्रेम से परिपूर्ण हों। मन्दिर और मूर्ति पूजा मनुष्य की सर्वोच्च भावनाओं को जागृति करने में और उसकी प्रवृत्तियों की निर्माणात्मक क्षेत्र की ओर मोड़ने में कुछ हद तक महत्व रखते हैं।

मूर्ति पूजा की निन्दा—संसार में अनेकों ऐसे हैं जो मूर्ति पूजा की निन्दा करते हैं। परन्तु इसका आधार तो व्यक्ति की वह क्षमता है कि जिसके द्वारा वह पिण्ड में ब्रह्माण्ड का दर्शन पा लेता है। मूर्ति पूजा का महत्व तो मनुष्य के अनुभव में आ सकने वाली बात है। इसके लिए मानवीय कल्पना पर नहीं निर्भर करना पड़ता है। भगवान् के विराट् स्वरूप में जो कुछ पाया जाता है वह शुद्ध वैसा ही उसी महिमा के साथ मूर्ति रूप में भी अनुभव किया जा सकता है। मूर्त रूप केवल काव्य के रूपक का अथवा उपमा इत्यादि की तरह कार्य करता है। वे उदाहरण द्वारा व्याख्या द्वारा चित्रित कर स्पष्ट करते हैं।

धार्मिक ग्रन्थ

वेद क्या है?—'वेद' शब्द का अर्थ है—"वेदयति इति वेदः।" जो तुम्हें ज्ञान प्रदान करता है, वही वेद है। लौकिक नियम वेद मंत्रों द्वारा प्रस्तुत गहन सूत्रों और ध्वनि आकारों का उत्तरदाता है; मानव की चार मौलिक इच्छायें—धर्म, अर्थ, काम एवं मोक्ष प्राप्ति की इच्छाएँ—परिष्कृत एवं पूर्ण हो जाती हैं। ईश्वर के साकार रूप की यन्त्र द्वारा उपासना की जा सकती है किन्तु उसके आध्यात्मिक रूप को तो मन्त्रों द्वारा ही संतुष्ट करना पड़ता है।

वेदों का उद्देश्य—वेद भारतीय संस्कृति के मूल हैं। अतः वेदों में वर्णित नियमों और विधानों, निर्देशों और आदेशों का पालन करना प्रत्येक भारतीय पुत्र का परम कर्तव्य है। अनेक लोगों को यह प्रश्न करने की आदत पड़ी है कि इन आदेशों का क्या उद्देश्य है और हमें उनसे क्या लाभ हो सकता है? मैं उन्हें बता दूँ कि वेदों की दृष्टि में एकमात्र उद्देश्य यह है—आध्यात्मिक अभ्यासों द्वारा मानव को दिव्य बनाना।

वेदों का विषय—वेद सनातन-शास्त्र पर प्रकाश डालते हैं। प्रत्येक व्यक्ति को इस शास्त्र को समझकर इसका अभ्यास करते हुए इसके प्रति कर्तव्यों का पालन करना चाहिए। इस शास्त्र के परिणामस्वरूप अन्धकार का नाश हो जाता है और ज्ञान प्राप्त होता है।

वेदों का श्रवण—वेद का विश्लेषण करने की आवश्यकता नहीं; उस पर अपनी टिप्पणी देने की भी आवश्यकता नहीं, और न ही उस पर कोई निर्णय दिया जा सकता है। यही कारण है कि वेद को 'श्रुति' के नाम से पुकारते हैं। वेद पाठ के श्रवण मात्र से

आत्मा सम्बन्धी ज्ञान और उससे उत्पन्न आनन्द को प्राप्त किया जा सकता है। इस प्रकार प्राप्त किया हुआ दिव्यानंद वाणी और कार्यों के रूप में प्रकट होता है और अपने चारों ओर उल्लास एवं आनन्द की भावना को बिखेरता है।

वेदों में अनुभूत ज्ञान— भारत में वेदों और शास्त्रों की रचनाएँ और उनका संकलन किन्हीं मूर्खों या धूर्तों ने नहीं किया था, बल्कि वे तो ऐसे लोग थे जिन्होंने सांसारिक सुख-सुविधाओं और आकर्षणों को त्यागकर, कठोर तपस्यापूर्ण जीवन बिताते हुए सत्य की खोज की थी जिस प्रकार आधुनिक अनेकों वैज्ञानिक भी जैसे एडीसन आदि कुछ इसी प्रकार का जीवन बिताते हुए वैज्ञानिक अन्वेषण और आविष्कारों में लगे रहते थे या लगे रहते हैं। ऋषिगण जब समस्याओं के समाधान के लिए संसार के कोलाहल से दूर वन में शान्त और एकान्त स्थलों में चले जाते थे और वहाँ चित्त को पूर्णरूप से एकाग्र कर चिन्तन और मनन करते थे और समाधान प्राप्त करते थे। इसलिए वेदों और शास्त्रों में उन्होंने जो कुछ कहा है वह उनका वास्तविक रूप से अनुभूत ज्ञान है, उसमें उनके व्यक्तिगत अनुभव और आनन्द का ऐसा स्फुरण है कि यदि आप भी उनका पूर्ण जिज्ञासा के साथ स्वाध्याय करें तो पुलकित हो उठेंगे।

वेदों का महत्व— वेद ईश्वर की पावन कृपा से प्रणीत हैं, वे मानवता को इस संसार में जीवन को सुखमय बनाने के रहस्यों को प्रकट करते हैं और सदा के लिए मुक्ति का मार्ग बताते हैं। वेद ईश्वर के तेज, प्रताप और महिमा का सार प्रस्तुत करते हैं। वेद सहस्रों वर्षों से सम्पूर्ण मानवता के लिए आध्यात्मिक ज्ञान का स्रोत रहे हैं। भगवान् ने मनुष्य को वेद और प्रज्ञा से सम्पन्न किया है, इससे वह सत्य और असत्य, भले और बुरे का भेद कर सकता है। वेद और वैदिक ज्ञान के द्वारा इस देश की महान संस्कृति की रक्षा की जा सकती है तथा मानवता के कल्याण के लिए उसको आगे बढ़ाया जा सकता है। यदि वैज्ञानिक ज्ञान-निधि का पूर्ण बुद्धि-विवेक के साथ अन्वेषण किया जाये तो आत्म-तत्व स्पष्ट हो जाता है और उसको जान लेने पर, उसका साक्षात्कार हो जाने पर मनुष्य परमानन्द और परम शान्ति को प्राप्त होता है।

वेदान्त— साधारणतया लोग 'वेदान्त' शब्द का प्रयोग एक दार्शनिक विचारधारा के लिए करते हैं। किन्तु वेदान्त वैदिक साहित्य का केवल एक विशिष्ट अंग है। सारे उपनिषद् वेदान्त का ही अंग हैं। वस्तुतः वैदिक विचारधारा की परिणति ही वेदान्त में होती है। वेद स्वयं ही ब्रह्म की उस सर्वोच्च सत्ता एक पहुँचने के लिए मार्ग दर्शक का काम करते हैं। ऋग्वेद की ऋचायें या मंत्र मानव की आत्मा में उत्पन्न उस आह्लाद के स्रोत हैं, जो मनुष्य अपने से पृथक् प्रकृति के सौन्दर्य और उसकी सुव्यवस्था का चिन्तन करते हुए अनुभव करता है। सामवेद एक ऐसा अमूल्य मौखिक कोष है, जिसके माध्यम से मनुष्य ने सृष्टिकर्ता और उसकी सृष्टि की प्रशंसा में गीत गाये हैं। अथर्ववेद में इहलोक और इससे परे अन्य लोकों के रहस्य का विशद वर्णन किया है। इसी प्रकार यजुर्वेद में हमारी पूजा, उपासना तथा संस्कारों से सम्बन्धित सूत्र एवं मंत्र दिये हुए हैं जो हमें मनोवांछित भौतिक फलों और सिद्धियों को प्रदान करते हैं।

उपनिषद्—उपनिषदों की रचना ऐसे लोगों ने नहीं की थी जो कोई नाम, यश और समृद्धि पाने के भूखे हों। न ही ये ग्रंथ आलस्य में बेकार पड़े रहने वाले मिथ्याभिमानियों की घसीट-मार रचनाएँ हैं। इनमें तो जीवन का सत्य अनुभव सुरक्षित है। निर्जन में भटकतों को देखकर उत्पन्न हुई करुणा तथा सुख-दु:ख, हार-जीत आदि के द्वन्द्वों से मुक्ति के लिए मार्ग की खोज के अथक प्रयासों और चिन्तन के फलस्वरूप इन ग्रंथों की रचना हुई है।

गीता—भगवद्गीता सम्पूर्ण मानव जाति के लिए एक जीवन ग्रंथ है। जो आध्यात्मिक विज्ञान के रहस्यों को सीधी और सरल रीति से सम्मुख ले आता है। किन्तु यह पाठक को तभी लाभ पहुँचा सकती है जबकि उसमें अर्जुन की सी निरासक्ति हो जो कि कृष्ण में गीता-बोध के समय थी।

गीता का उद्देश्य अर्जुन को मोह के अंधकार से प्रकाश में ले जाना ही था। अर्जुन स्वयं अपने को कर्त्ता समझ रहे थे। अत: उन्हें इस तथ्य का बोध कराना था कि वे तो निमित्तमात्र हैं। इसीलिए कृष्ण अपने बोध के अन्त में पूछते हैं कि "तुममें मोह द्वारा उत्पन्न अंधकार का पूर्ण नाश हो गया या नहीं।"

कई लोग इस वाद-विवाद में पड़ जाते हैं कि गीता अमुक योग पर अधिक जोर देती है तो अन्य लोग किसी और योग पर। किन्तु एक बार सच्चे मन से गीता पाठ आरम्भ करने पर अपनी-अपनी विद्वत्ता का प्रदर्शन करने का प्रलोभन जाता रहता है। गीता तो समस्त योगों के समन्वय का साधन है। वास्तव में एक बार यदि गीता को अपना मार्गदर्शक बना लें तो आपका व्यवहार कर्मयोग बन जाता है और आपके मन में आने वाले भाव ज्ञानयोग। यह सब अपने आप हो जाता है, बिना प्रयास के ही।

गीता के पठन का यही फल होना चाहिए कि मनुष्य अन्धकार से निकलकर अपने आपको पहिचाने। आपके सत्संग का यही उद्देश्य होना चाहिए और यही लक्ष्य। केवल गीता को कंठस्थ कर निश्चित समय के भीतर सुना देने या पोस्टकार्ड मात्र पर उसे लिख सकने, उसे उल्टे सुनाने या उस पर एक जोरदार भाषण दे देने की योग्यता प्राप्त करने से क्या लाभ जब तक कि उसे स्वयं जीवन में न उतार सको।

प्रस्थानत्रयी—इस देश में उपनिषद्, भगवद्गीता और ब्रह्मसूत्र तीनों ही, आध्यात्मिक साधकों को साधिकारिक रूप से मान्य हैं और ये तीनों ग्रंथ प्रस्थानत्रयी कहलाते हैं। तीनों ही उच्च आत्मिक जीवन के लिए सारभूत तत्वों की शिक्षा देते हैं। आत्म-तत्व के उपदेशों को समझाने के लिए एक के पश्चात् एक तीन महान् आचार्यों ने इन ग्रंथों के विशद भाष्य प्रस्तुत किये हैं। तीनों के अपने-अपने विशेष दृष्टिकोण थे, अतएव तीनों ने, यद्यपि ग्रंथ तो वे ही थे फिर भी उनमें मुक्ति के भिन्न-भिन्न मार्ग देखे जो विपरीत दिशाओं की ओर न जाकर एक ही लक्ष्य की प्राप्ति की ओर—मोक्ष की ओर ले जाते हैं। शंकराचार्य ने उनका अद्वैत के दृष्टिकोण से स्पष्टीकरण किया, रामानुजाचार्य ने विशिष्टाद्वैत के दृष्टिकोण से तथा माधवाचार्य ने द्वैत की दृष्टि से।

गायत्री—गायत्री का जाप करो। यह एक सार्वलौकिक प्रार्थना है। इसे त्रिपदा गायत्री कहते हैं। इसमें ध्यान है, स्मरण है और प्रार्थना है। ओ३म भूर्भवः स्वः में ध्यान है उस अनन्त परब्रह्म परमेश्वर का जो सर्वलोकों में व्याप्त है, विश्व प्रजापति की वाक् का अनन्त विस्तार है किन्तु उसके सारे विश्व रूप का ध्यान करना हो तो वह ओ३म से होता है। इसी प्रकार भू पृथ्वी लोक, भुवः अन्तरिक्ष लोक और स्वः द्युलोक के सूचक हैं। गायत्री में एकमात्र सत्य एवं ज्योति स्वरूप परब्रह्म परमेश्वर का मुक्ति के लिए ध्यान है। ईश्वर के अनुग्रह का स्मरण है। सविता के अंश अर्थात् तेज की प्राप्ति के लिए धी अर्थात् बुद्धि के लिए प्रार्थना है परमात्मा का वह तेज हम सब प्राणियों की बुद्धि को प्रेरित करे। इसलिए सब इसका लाभ उठा सकते हैं, संरक्षण पा सकते हैं। यदि गायत्री का पालन किया जाये तो कोई धर्मोन्माद, कोई घृणा, कोई स्पर्धा और द्वेष रह ही न जाये। इसके जप से सारी वासनाओं का शमन हो जाता है, विशुद्ध प्रेम विकसित होता है।

पुराण—अब पुराणों के सम्बन्ध में थोड़ा विचार करें। ''पुराणम् पंच लक्षणम्'' पुराण इतिवृत्त (इतिहास) है जिसमें पुरातन इतिहास सृष्टि और विकास आदि की कथाएँ हैं। पुराणों में पाँच विषयों का वर्णन अवश्य होता है इसीलिए उन्हें पंचलक्षण भी कहते हैं। (सर्गश्च प्रतिसर्गश्च वंशो मन्वन्तराणि च, वंशानुचरितं चैव पुराणं पंचलक्षणम्)। पुराणों में विषयों का चयन और घटनाओं का वर्णन इस प्रकार किया गया है जिससे आधारभूत दार्शनिक सत्य सोदाहरण स्पष्ट हो सकें। पुराणों की रचना वेदों और वेदान्त की शिक्षा को सामान्य जन के लिए भी सुलभ और सुग्राह्य बनाने के लिए की गयी, जिसके लिए रुचिकर, रहस्यात्मक मिथकों, वीर गाथाओं का माध्यम अपनाया गया है।

पुराणों में दिव्य महापुरुषों, अवतारों, महान शासकों और राजवंशों के ऐतिहासिक वर्णन हैं तथा साम्राज्यों और जातियों के वैभवों की गौरव गाथाएँ हैं। उनके माध्यम से धर्म और आध्यात्मिक सिद्धान्तों के विस्तृत स्पष्टीकरणों के जाज्वल्यमान उदाहरण देखे जा सकते हैं।

भागवत पुराण—साधकों के लिए भागवत सबसे अधिक उपयोगी है। भगवान् के सच्चे रहस्य, उनकी सच्ची महिमा और उनके सच्चे मार्ग के विषय में केवल यही समझाता है। रामायण और महाभारत साधारण मनुष्य को नीतिशास्त्र की शिक्षा और उदाहरण द्वारा कुछ हद तक ऊपर उठाने का प्रयत्न करते हैं। वे दिखाते हैं कि किस तरह मनुष्य भगवान् की कृपा को प्राप्त कर सकता है। किन्तु जो आत्मा और परमात्मा के स्वभाव को जानना चाहते हैं, उन्हें अन्य ग्रन्थों से अधिक भागवत का अध्ययन करना चाहिए।

'रामायण' का प्रतीकार्थ—राम पुरुष है और सीता प्रकृति। इन दोनों के योग से ही 'रामायण' का निर्माण हुआ है। सीता ब्रह्म की चेतना है क्योंकि प्रकृति या माया ही है जो इस जगत् या ब्रह्म को चेतना प्रदान करती है। एक के बिना दूसरे का निर्वहन कैसे

हो? इसीलिए जब ब्रह्मज्ञान (सीता) का अपहरण हो गया तो उसकी खोज में राम जंगल-जंगल घूमे। लक्ष्मण जो कि मानस है उनके साथ ही थे क्योंकि मानस ही वह साधन है जिसकी सहायता से मुक्ति पाई जा सकती है। बाली निराशा का प्रतीक है जिस पर विवेक और विचक्षण बुद्धि द्वारा विजय पाना आवश्यक है।

इससे यह पता चलता है कि विवेक द्वारा ब्रह्मज्ञान की खोज की जाती है। हनुमान धैर्य है, वह धैर्य जो गूढ़ भक्ति द्वारा प्राप्त करके अन्धकार को चीरकर प्रकाश का शुभ सन्देश ला सकता है। तब राम मायासागर को पार कर कुम्भकर्ण रूपी तमोगुण और रावण रूपी रजोगुण का नाशकर विभीषण रूपी सतोगुण को सिंहासनारूढ़ करते हैं। इसके पश्चात् ही राम सीता से भेंट कर उन्हें ग्रहण करते हैं जो अब केवल ब्रह्म ज्ञान ही न रहकर अनुभव ज्ञान भी बन जाती है। इसके बाद ही राम का राज्याभिषेक होना इस बात का प्रतिनिधित्व करता है।

राम दशरथ के पुत्र हैं—दश-रथ = दशरथ—इसका तात्पर्य दस इन्द्रियों से है, पाँच कर्मेन्द्रियाँ और पाँच ज्ञानेन्द्रियाँ। सत्य, धर्म, शान्ति और प्रेम चार पुत्र हैं। राम सत्य हैं, भरत धर्म, लक्ष्मण प्रेम और शत्रुघ्न शान्ति।

(3) साधना एवं साधन

साधना/आराधना/पूजा आदि

ईश्वर-प्राप्ति का उपाय : साधना—आजकल प्रत्येक क्षेत्र में आप रिश्वत देकर अपना काम बना सकते हैं, सफलता प्राप्त कर सकते हैं किन्तु ईश्वर की प्राप्ति घूस, चालाकी आदि जैसे साधन अपना कर नहीं प्राप्त की जा सकती। ईश्वर को तो आप विवेक, वैराग्य, कठोर अनुशासन के साथ संघर्षपूर्ण मार्ग पर चलकर ही पा सकते हैं। भगवान् के लिए आप में तीव्र लगन और तड़प चाहिए। दृढ़ता के साथ उनमें भक्ति और विश्वास बनाये रखो, अपने मन को, विचारों को भगवान् के नाम, उनके रूप, उनके यश, उनकी महिमा, उनके गौरव, उनके ऐश्वर्य से परिपूर्ण रखो।

साधना से ही सफलता—साधना के द्वारा मोह त्यागो, व्यक्तिवाद को छोड़ो, इन्द्रिय सुख के पीछे मत भागो, विवेक और वैराग्य उत्पन्न करो, साधना के द्वारा अपने हृदय को विशाल बनाओ, समष्टि में लीन कर दो। अपने मन में क्षुद्र इच्छाओं और तृष्णाओं के बादल मत उठने दो। महत्वाकांक्षा हो तो फिर यह कि आत्म-लोक का वह परमपद प्राप्त हो कि आपको कोई प्रश्न करने वाला ही न रहे और आप एकछत्र विश्व-साम्राज्य के अधिपति बन जायें और उसके साथ एकरूप हो जायें, आत्म-स्वरूप परमात्मस्वरूप हो जायें। अपनी इस विजय के लिए अपने अन्तर के शत्रुओं का नाश करो जो आपके विजय-अभियान में बाधायें उपस्थित करते हैं।

आस्था—सबसे महत्वपूर्ण वस्तु आस्था है। आत्मा और परमात्मा के अस्तित्व एवं उनकी एकता पर आस्था होनी चाहिए—यही सच्ची विद्या है। जब काम, क्रोधादि का ह्रास होता है और वे विलीन हो जाते हैं, तभी आत्मा में और आध्यात्मिक खोज के

औचित्य में हमारी आस्था दृढ़ हो जाती है।

आस्था के विकास तथा ग्रहणशीलता पनपने के लिए हृदय, विचार-क्षेत्र तथा चित्त की निर्मलता अत्यंत आवश्यक है, क्योंकि जब विविध सांसारिक और भौतिक बन्धनों के बीच एकाएक स्वप्रतिष्ठित आत्मा का आत्म-शोधन किया जाता है तो उस प्रयत्न के पीछे मूल अर्थात् हृदय की प्रेरणा होना आवश्यक है।

विश्वास—भक्त : स्वामी, भगवान् में भी विश्वास कभी-कभी घटने लगता है। इसके क्या कारण हैं?

जब मनुष्य केवल बाहरी संसार में बहकता रहता है और जब उसकी बाह्य इच्छाओं की पूर्ति नहीं होती है, तभी भगवान् में विश्वास घटने लगता है। इसलिए ऐसी इच्छाओं का त्याग करो। केवल आध्यात्मिक सम्बन्ध की कामना करो; तब तुम संदेह और कठिनाई के शिकार नहीं होओगे। इसके लिए भगवान् में विश्वास होना महत्वपूर्ण है। उसके बिना तुम छोटे और बड़े हर चीज पर संदेह करने लगते हो।

विश्वास की दृढ़ता—मन में विश्वास जमाओ। विश्वास ही तुम्हारी सब आवश्यकताएं पूरी कर देगा। इस विश्वास को ठोस बनाना होगा। रेत के टीले पर वह टिक नहीं सकता। रेत चाहे जितना गहरा खोदें अगल-बगल की रेत उतनी ही फिसलती जायेगी और तुम्हारा विश्वास भी उसी प्रकार फिसलता जायेगा। अत: इधर-उधर की बातें की अपेक्षा अपने अन्तर की ध्वनि को सुनो, विश्वास करो कि वह सच्ची पुकार है।

विश्वास कर असर—परमात्मा तुम्हें विश्वास करने का अवसर देता है। कृष्ण ने गोवर्धन पर्वत को क्यों उठाया? अपना सत्य प्रकट कर लोगों में विश्वास जमाकर धैर्य प्रदान करने के लिए। मेरे प्रत्येक कार्य के समान वह भी एक सत्य का चिह्न है। स्मरण रखो कि ऐसा कोई कार्य नहीं जो मैं नहीं कर सकता। कोई भार नहीं जो मैं उठा नहीं सकता।

विश्वास ही आध्यात्मिकता का आधार—किन्तु आध्यात्मिक प्रगति केवल बौद्धिक व्यायाम मात्र नहीं है। यह तो है सम्यक् आचार, सम्यक् विचार, सम्यक व्यवहार। जीवन में ये दृष्टिकोण तो स्वत: ही आ जाते हैं यदि भगवान् में अटूट श्रद्धा और विश्वास हो, वह सच्चिदानन्द है, न्याय-सागर और करुणा सिन्धु है और संसार की समस्त गतिविधियों का साक्षी है। इसलिए सर्वशक्तिमान्, सर्वव्यापक और सर्वज्ञ परमात्मा में विश्वास होना अच्छे जीवन की सर्व प्रथम प्राथमिक आवश्यकता है।

प्रत्येक व्यक्ति को आत्म-विश्वास द्वारा ही शान्ति और सम्पन्नता प्राप्त हो सकती है। उसे सब जगह सद्भाव ही मिलता है, और सभी स्थानों पर उसका आदर किया जाता है। वह जिसे छू देता है, सोना हो जाता है। जिस व्यक्ति को अपने ऊपर विश्वास नहीं, वह भला दूसरों पर क्या विश्वास करेगा? ऐसा व्यक्ति यदि दूसरों पर विश्वास करता भी है, तो उसमें ईमानदारी और दृढ़ता नहीं होती। अधिक से अधिक वह बनावटी, आडम्बरपूर्ण होता है। ऐसे व्यक्ति को अपने माता-पिता, संतान—किसी पर

विश्वास नहीं होता। वह केवल विश्वास करने का दिखावा मात्र करता है। इसलिए वह विश्वासघात करता है और अपने माता-पिता को भी हानि पहुँचा सकता है।

मनोनिग्रह—ईश्वर प्रेरित मन की शक्ति वह सक्रिय बल है जिसके द्वारा आप ऊपर उठ सकते हैं, अपना विकास कर सकते हैं। यह संकल्प बल कहलाता है और आप उसको चित्त की एकाग्रता, ध्यान और जप के द्वारा विकसित कर सकते हैं। मन आपकी इच्छाशक्ति के अनुसार चलने को विवश होना चाहिए। अभी तो आप मन के मौजीपन के अनुसार इधर-उधर भटकते रहते हैं।

आन्तरिक स्वच्छता—अब हम आन्तरिक स्वच्छता पर विचार करेंगे। तात्पर्य यह है कि मन को मलिनता और बुरे विचारों से मुक्त रखना जिससे वह शांत और पवित्र रहे। जब विचार और भावनायें मलिन और उत्तेजित होती हैं; तो व्यक्ति शांत और प्रसन्न नहीं रह सकता। यदि मन दूषित हो तो उसकी प्रतिक्रिया भी प्रदूषित ही होगी। मन को स्वच्छ रखने के लिए यह आवश्यक है कि व्यक्ति अन्य व्यक्तियों की परिस्थितियों और कार्यों का सहानुभूतिपूर्ण विश्लेषण करे और तब यह निश्चय करे कि उसे प्रत्युत्तर में क्या करना चाहिए। उसे शीघ्रता में किसी परिणाम पर न पहुँचना चाहिए। जैसा दूसरा कर रहे हैं उसकी प्रतिक्रिया में हम भी वैसा करें, यह वांछनीय नहीं। प्रत्येक कार्य करने के पूर्व व्यक्ति को बुद्धि और विवेक से सत्य का पता लगाना चाहिए और तभी किसी कार्य का निर्णय लेना चाहिए।

नामस्मरण से चित्त-शुद्धि— भगवान् के नाम का सतत जाप मनुष्य की चित्त-शुद्धि के लिए सर्वश्रेष्ठ साधन है, फिर वह चाहे कोई भी नाम हो जिसके द्वारा मनुष्य अपनी कल्पना के अनुसार भगवान् को पहचानता और पुकारता हो। इसीलिए भक्त कवि सदा कहते आये हैं, "हे रसना, तू नाना प्रकार के व्यंजनों का रसास्वादन करने में बड़ी कुशल है। अपनी रुचि के अनुसार बड़ा रस और आनन्द लेती है। किन्तु अब मैं तुझे जो बताऊँगा, उसे सच जान। एक बार जो तूने उसका अमृतमय रसास्वादन कर लिया तो फिर तू सब स्वाद भूल जायेगी। तू भगवान् के गोविन्द, दामोदर, माधव नाम रट, और उसका आनन्द ले।"

रुचिर रसना तू राम राम क्यों न रटत।
सुमिरन सुख सुकृत बढ़त अघमंडल घटत॥
बिनु श्रम कलि-कलुष जाल कटु कराल कटत।
दिनकर के उदय जैसे तिमिर-तोम फटत॥

वि० प० तुलसीदास

नामस्मरण से आप भगवान् का नित्य सान्निध्य प्राप्त कर सकते हैं, प्रार्थना और पूजा तो नामस्मरण के बाद आते हैं क्योंकि भगवान् का यश-गौरव और उनकी कृपा तथा अनुग्रह ही तो आपको उनकी पूजा के लिए आकर्षित करते हैं। प्रारम्भ में देव और पुजारी, भगवान् और भक्त, साध्य और साधक दोनों अलग-अलग और दूर-दूर रहते हैं किन्तु जैसे-जैसे साधना गहन और दृढ़ होती जाती है उनका अन्तर और भेद कम होता

जाता है, आपस में एक दूसरे से मिलने लगते हैं और एक हो जाते हैं। व्यक्ति और समष्टि में कोई अन्तर नहीं है, वे तो ऐसे हैं जैसे सागर में लहर। अन्त में दोनों का लय पूर्ण हो जाता है। उस स्थिति में अहं भी विलीन हो जाता है। फिर व्यक्ति के सब ही चिह्न और प्रतीक जैसे नाम, रंग, रूप, जाति, संप्रदाय, राष्ट्रीयता, अधिकार और कर्तव्य आदि सब लोप हो जायेंगे।

नमस्मरण की महिमा—मैंने कई बार नामस्मरण की महिमा और उसके प्रतिफल के विषय में बताया है कि किस प्रकार वह आपके चरित्र और व्यवहार में परिवर्तन लाकर आपके लिए परमात्मा की प्राप्ति को सरल बनाता है। नामस्मरण के दो प्रकार हैं—एक है जयमाला द्वारा जो कि नियमित रूप से मणियों को फेरकर किया जाता है। इसमें संख्या को प्रधानता दी जाती है। दूसरा है केवल नामस्मरण ही और यही सही प्रकार भी है। इसमें नामों की संख्या को महत्व नहीं दिया जाता बल्कि अपने इष्टदेव के स्वरूप को मन में गहरे बैठाकर उस दैवी रूप के आगे अपने को समर्पित कर, उसमें ही लीन होकर, उसी के संगीत और माधुर्य में लय होकर, उसकी आराधना की जाती है। इस तल्लीनावस्था से तभी जागृत होते हैं जब भूख की पीड़ा सताती है किन्तु जब तक सांसारिक विषयों में अधिक डूबे रहोगे तो जैसे अत्यधिक भोजन से आरोग्य की जगह अजीर्ण ही होगा वैसे ही एकाग्रता और शान्ति के स्थान पर अशान्ति ही होगी।

पूजा का अर्थ—पूजा का अर्थ पुष्प चयन करना और उसे मूर्ति के ऊपर रख देना मात्र नहीं होता है यह माली भी पुष्पों को उगाने के लिए पौधों की सेवा करता है जिससे वे पुष्प उत्पन्न होते हैं, भगवान् का पुजारी है। शरीर को उपयुक्त भोजन देने से ही तो यह सक्षम और सक्रिया होता है। बलिदान का साधन भी यज्ञ ही होता है।

भगवान् की पूजा—भगवान् की पूजा के लिए सृष्टि का उपयोग, समाज में न्याय और शक्ति की स्थापना करना, शारीरिक कार्यों का नियमन और सामंजस्य, इन तीनों के निमित्त किया सभी कर्म बलिदान के अन्तर्गत आता है। प्रथम को यज्ञ, द्वितीय को दान और तीसरे को तप कहते हैं। सभी मानवीय कृत्य इन्हीं तीनों की आवश्यकताओं की पूर्ति के लिए किये जाने चाहिए।

प्रार्थना—प्रार्थना का महान् प्रभाव होता है। वैदिक ऋषि समस्त जड़-चेतन, समस्त प्राणियों और सम्पूर्ण मानव समाज के कल्याण की प्रार्थना किया करते थे। उसी सार्वभौम व्यापक दृष्टि का अपने में विकास करो।

दीपक—मन में ऐसा भ्रम न रखें कि भगवान् को प्रकाश की आवश्यकता है। वह स्वयं ही ज्योतिस्वरूप है और सैकड़ों सूर्यों के प्रकाश से प्रकाशमान है। दीपक में प्रकाशित होने वाली ज्योति वह स्वयं ही है। वह इस लोक के प्राकृति तेजस से कहीं अधिक तेज है। वह केवल एक पत्थर की मूर्ति नहीं है जिसके आगे दीपक जलाकर प्रकाश करने की आवश्यकता है।

इसीलिए मनुष्य को भगवान् की मूर्ति के आगे दीपक जलाकर प्रकाश करने की अपेक्षा अपने अन्त:करण को प्रकाशित करना चाहिए।

बलि का सही अर्थ—शास्त्रों में भूत बलि के विषय में कहा गया है। सामान्य अर्थ में बलि का अभिप्राय देवता के नाम पर किसी पशु के मारने से लिया जाता है, किन्तु बलि का सही अर्थ होता है मालगुजारी, राजकर, उपहार या भेंट। जनता द्वारा सरकार को कर दिये जाते हैं और उन्हीं के आधार पर सरकार जनता के हित में सुख-सुविधाएँ प्रदान करती है। इसी प्रकार यज्ञ में दी गयी संचित बलियों के आधार पर ही देव मानवता को सुख-सुविधाएँ प्रदान करते हैं जिनसे ज्ञान प्राप्ति में सुविधा होती है। याग और यज्ञों में भूत बलि का एक महत्वपूर्ण विधान है। इस बलि में दीजिए आप अपनी पाशविक प्रवृत्तियों को, लिप्सा और वासनाओं को, घृणा, द्वेष, अहंकार आदि को।

दान—हमारे शास्त्रों में भी अपनी धन-संपत्ति का कुछ भाग दान करके गरीब और असहाय लोगों की मदद करने के निर्देश हैं। इस निर्देश की अवहेलना कर किसी को स्वार्थपूर्ण, अनुपयुक्त और अन्यायपूर्ण तरीकों से लोभी, लालची के समान लाखों रुपये एकत्रित करने में ही नहीं लगा रहना चाहिए।

दान और त्याग—त्याग भी चरित्र का एक महत्वपूर्ण पक्ष है। त्याग का अर्थ केवल दान देने और परोपकारी कार्य करने से समझा जाता है। किन्तु दान और त्याग में बड़ा अन्तर है। दान में तो लोग अपनी विपुलता में से बहुत ही थोड़ा सा अंश देते हैं। भूमि-दान, अन्न-दान, श्रम-दान, शिक्षा-दान के प्रचार के लिए स्कूल आदि बनवाना दान की श्रेणी में आते हैं। किन्तु दान में कोई भी व्यक्ति अपने सर्वस्व का दान नहीं करता।

त्याग—त्याग सर्वोच्च स्थिति है। जिसमें त्याग की सच्ची भावना होती है वह अपनी सबसे प्रिय और मूल्यवान् वस्तु को बिना किसी संकोच के प्रसन्नतापूर्वक और हँसते हुए दे देता है। अपने सारे कर्मफलों को ईश्वर को समर्पित कर देना सच्चा त्याग है। त्यागी अपने शरीर को तिनके समान त्याग देने में भी नहीं झिझकता। त्याग का अर्थ स्वर्ण, धन, सम्पत्ति और भौतिक पदार्थों को छोड़ देने से भी बढ़कर है। घृणा, ईर्ष्या, द्वेष, क्रोध, काम, अहंकार आदि दुर्गुणों को, जो मनुष्य के अन्तर में जन्म-जन्मान्तर से समाये हैं, त्याग दिया जाना चाहिए। त्याग से बढ़कर आनन्द और संतोषप्रदायक कुछ भी नहीं है। सच्चे त्यागी ही अमरता प्राप्त करते हैं।

सच्चा त्याग—यदि कोई व्यक्ति अपना सब कुछ त्याग देता है और फिर अपने त्याग की सब जगह स्वयं ही प्रशंसा करता है, तो उसका महत्व नष्ट हो जाता है। सच तो यह है कि उसमें अपने को महान् समझने अथवा घमण्ड करने की कोई बात नहीं है। सच्चा त्याग तो स्वयं को समर्पित करने में है।

तप—तप का यह अर्थ नहीं कि सिर को नीचे और पैर ऊपर करके तुम चमगादड़ की तरह लटके रहो। न इसका यह अर्थ है कि तुम अपनी सम्पत्ति और धन का त्याग

करो, अथवा पत्नी और बच्चों को छोड़कर और नाक बंद कर तथा साँस रोक कर अपने शरीर को सुखा डालो। नहीं, तप का अर्थ है मन, वचन और कर्म तीनों ही पवित्र होने चाहिए। यही तप है।

तीर्थयात्रा—वास्तव में तीर्थयात्रा की आवश्यकता हृदय की आर्द्रता के लिए, दृष्टिकोण के विकास और सहानुभूतिवर्द्धन के लिए है। केवल चित्रों, विविध वस्तुओं और प्रसाद की पुड़ियाँ व मूर्तियाँ एकत्र करने के लिए नहीं। यह सब नेत्र के लिए है पात्र के लिए नहीं। जितनी निःशब्दता के साथ पलक झपकाया जाता है उतनी ही निःशब्दता से यात्रा भी करनी चाहिए। जब लोग परमात्मा के दर्शन के लिए जा रहे हैं तो बेकार की धूम और गड़बड़ किसलिए? वास्तव में सब तीर्थ और सारी यात्राएँ आप में ही हैं।

तीर्थयात्रा से यही लाभ है। आप अपनी श्रद्धा, भक्ति, आध्यात्मिक अनुशासन आदि को, इनकी संगति में रहकर बढ़ा सकते हैं।

कई लोग तीर्थयात्राओं को समय और धन का अपव्यय कह सकते हैं किन्तु यदि सच्ची भक्ति हो तो यही एकमात्र धन और समय का सदुपयोग है। भक्ति निर्बलता का नहीं बल्कि धैर्य, सुबुद्धि और विलक्षणा का लक्षण है। केवल इसी से सौख्य और शांति मिल सकती है।

पाँच सूत्र—सत्य, धर्म, शान्ति और प्रेम मुझे प्रिय हैं, इनका दृढ़ता के साथ मन, वचन और कर्म से अपने जीवन में पालन करने का संकल्प करो। इसके द्वारा ही आप परम सत्य का साक्षात्कार, उसमें ही लीन हो जाने की परम कल्याणकारी स्थिति, कर सकोगे।

अहिंसा सत्य का दूसरा पक्ष है। जब एक बार सच्चे निकटतम सम्बन्ध का पता लग जाता है, मूलभूत आत्मिक एकता का ज्ञान हो जाता है तो कोई भी जानबूझकर दूसरे को हानि या कष्ट नहीं पहुँचायेगा। आपके संगठनों को चाहिए प्रेम पैदा करें, प्रेम को बढ़ायें, प्रेम को फैलायें, प्रेम की सुगन्ध और उसके माधुर्य से परिपूर्ण रहें और प्रेम का शुभ संदेश अपने स्वयं के आदर्श के द्वारा सबको प्रदान करें।

सत्य

सत्य बोलो—सत्य बोलो और सच्चाई का व्यवहार करो। प्रारम्भ में तुम्हें इस ढंग से असफलता और कठिनाइयों का सामना करना पड़ सकता है और कष्ट भी मिल सकता है, परन्तु अन्ततोगत्वा तुम्हें निश्चय ही सफलता प्राप्त होगी। विजय और आनन्द की भी अनुभूति होगी। यहाँ पर मुझे 'सत्यमेव जयते नानृतम्' का कथन स्मरण हो रहा है। अपने व्यवहार से, अपने जीवनयापन के ढंग से, तुम सत्य का साक्षात्कार कर सकते हो; तुम परमात्मा को प्राप्त कर सकते हो।

सत्य भाषण कैसे?—ऐसी वाणी बोलो जिससे दूसरों को कष्ट, पीड़ा, शोक या क्रोध न हो। (ऐसी वाणी बोलिये मन का आपा खोय, औरन को शीतल करे आपहुँ

शीतल होय) शास्त्र भी कहता है—"सत्यं ब्रूयात् प्रियं ब्रूयात् न ब्रूयात सत्यमप्रियं। प्रियं च नानृतं ब्रूयात्एषधर्मःसनातनः।" सत्य बोलो किन्तु प्रिय सत्य बोलो। यदि सत्य बोलने से किसी को कटु लगे, पीड़ा हो, क्रोध आये तो भला है शान्त रहो। इसी प्रकार प्रिय लगने वाला असत्य भी न बोलो यही सनातन धर्म है। दैनिक सामान्य जीवन में सत्य के पालन का यह नियम है। अपनी वाणी में छल, कपट, पाखंड मत लाओ। कडुआ सत्य और मीठा झूठ दोनों ही वाणी में नहीं आयें इसका पूरा ध्यान रखो। जैसा कि श्रुति में कहा गया है कि सत्य ही ईश्वर है। वेद कहता है 'सत्ये सर्वम् प्रतिष्ठितम्' सब कुछ सत्य की सुदृढ़ नींव पर टिका हुआ है।

असत्य का परिणाम— सत्य तो प्राकृतिक रूप से स्वयं ही आ जाता है। झूठ बोलना एक कृत्रिम कला है जिसे सीखना पड़ता है क्यों मिथ्या बनावट में पड़ते हो। सहज स्वाभाविकता अपनाओ, अपने आप में ही रहो, फिर आप मिथ्यावाद में नहीं गिरेंगे। छोटी-छोटी सी बुरी बातों से, मिथ्या आचरणों से, झूठ बोलने से बचना चाहिए क्योंकि तिनके-सी तनिक-तनिक बातें बार-बार दोहरायी जाने पर ऐसा भारी बोझ या जाल बन जाती हैं कि वे मनुष्य के चरित्र को दबा लेती हैं, बिगाड़ देती हैं, वह बुरी आदतों का शिकार हो जाता है।

सत्यान्वेषण का प्रयत्न—जो भी कोई इस मार्ग पर चला है, जिसने भी सत्यान्वेषण का प्रयत्न किया है वह मिथ्या अभियोग, आक्षेप तथा क्रूर अत्याचारों से नहीं बच सका। मोहम्मद ने एक निराकार ईश्वर के सत्य को स्थापित करने का प्रयास किया तो उसे अनेकों यातनायें, निन्दा, एकान्तवास और कष्ट सहन करने पड़े। ईसामसीह को जिसने प्रेम के आधार पर मानवता का पुनर्निर्माण करने का प्रयास किया था, क्षुद्र लोगों ने क्रॉस पर लटका दिया क्योंकि उन्हें भय हो गया था कि प्रेम के प्रसार से घृणा और लोभ के आधार पर निर्मित उनकी अट्टालिकायें और विजय-स्तम्भ नष्ट हो जायेंगे। हरिश्चन्द्र को सत्य पालन के दृढ़ संकल्प के कारण एक के बाद एक अनेकों यातनायें और घोर कष्ट सहन करने पड़े थे। इसलिए इस पथ के राहियों को ईश्वर का ज्ञान और साक्षात्कार प्राप्त करने के लिए अपमान, अपयश, यातनायें और कष्ट सहन करने के लिए स्वयं को वज्र सा कठोर बना लेना चाहिए किन्तु व्यवहार में सदा विनम्र और मुख पर सदा मुस्कराहट रहनी चाहिए।

सत्य की खोज—सत्य की खोज तो आपकी दैनिक साधना हो जाना है। प्रत्येक क्षण इस मौलिक कर्तव्य के पालन के लिए प्रयोग करना चाहिए। जब तपस्या से बुद्धि निर्मल हो जाती है तभी उसमें सत्य प्रतिबिम्बित होता है। और तपस्या का अर्थ है, सभी कार्यों का महान् उद्देश्यों से प्रेरित होना, सभी कार्यों से आत्म-दर्शन की लालसा प्रकट होना, भूतकाल के अपराधों के लिए पश्चाताप, पुण्याचरण का दृढ़ संकल्प एवं सफलता-असफलता दोनों की दशा में अविचलित शान्ति रखना। तप का अर्थ गर्मी अर्थात् तीव्रता, दहन करना, प्रयास की उत्कट क्रिया। यह तपस्या ही है जो त्याग और अनुशासन को पुष्ट करती है।

प्रेम

'प्रेम' का अर्थ—'प्रेम' शब्द का बहुत अनर्थ किया जाता है। किसी भी आकर्षण के प्रति आकर्षित होने को प्रेम कहा जाता है। आसक्ति की कोई भी भावना चाहे वह निम्न या क्षणभंगुर हो, किन्तु उसे प्रेम कहा जाता है। अतः अनिवार्य रूप से हमें नई परिभाषा बनानी चाहिए अथवा प्रेम के रूपों का संकेत देने वाले उन विशेष शब्दों को त्याग देना चाहिए। माता-पिता का बच्चों के प्रति या बच्चों का माता-पिता के प्रति अनुराग को स्नेह कहना चाहिए। विपरीत लिंग के प्रति आकर्षण को वासना, मोह या माया कहना सर्वोत्तम होगा। बन्धुत्व एवं मैत्री की भावना से प्रियता उत्पन्न होती है। सम्पति भाव विशेषतः भौतिक विषयों से प्राप्त आनन्द को संतोष कहा जा सकता है। सत्य में निहित उदात्तता तक पहुँचने की स्पृहा ही केवल पवित्र शब्द 'प्रेम' कहलाने योग्य है। क्योंकि वह मधुरतम और मनुष्य की सर्वाधिक मनोरम तथा संतोषप्रद संपत्ति है। प्रेम सभी बाधाओं का अतिक्रमण करने के लिए अति शक्तिशाली और दृढ़ है। मार्ग की सभी स्थितियों का दृढ़तापूर्वक सामना करो और संकटों से विचलित मत हो। यह किसी एक कार्य को अच्छा और दूसरे को बुरा नहीं घोषित करता; यह उनके विभिन्न कारण नहीं बताता।

प्रेम का स्रोत : ईश्वर—ईश्वर ही सम्पूर्ण प्रेम का स्रोत है इसीलिए ईश्वर को प्रेम करो। यह संसार तो ईश्वर द्वारा धारण किये गये वस्त्र के रूप में है इसलिए इसके प्रति प्रेम इसी रूप में होना चाहिए, न कि इससे कहीं अधिक या कम, प्रेम से ही आप प्रेम के सागर में लीन हो सकते हैं। प्रेम से क्षुद्रताएँ मिट जाती हैं, शोक और असंतोष, घृणा और द्वेष मिट जाते हैं। प्रेम में वह शक्ति है कि इससे मनुष्य के सभी बन्धन ढीले पड़ जाते हैं और वह जन्म-मरण के दुःखों से भी मुक्त तो सकता है। प्रेम सभी हृदयों को एक मुलायम रेशमी सूत्र में बाँधकर एक कर देता है। प्रेम की दृष्टि से देखने पर सभी प्राणी, सम्पूर्ण सृष्टि सुन्दर दिखायी देती है, सभी कर्म शुभ और समर्पित लगते हैं, सभी विचार सुबोध लगते हैं, सम्पूर्ण संसार एक ही विशाल परिवार के रूप में भासित होने लगता है।

प्रेम पूर्ण व्यवहार—अपने में प्रेम उत्पन्न करो, सबके साथ प्रेम का व्यवहार करो। आप किसी एक व्यक्ति को कुछ कम और दूसरे को कुछ अधिक कैसे दे सकते हैं? जब वे दोनों बराबर हैं और आप के समान ही हैं? सब में आत्मा का दर्शन करो; प्रेम प्रस्फुटित होगा, शान्ति का अवतरण होगा, वह ओस कणों सी सर्वत्र व्याप्त होगी आप प्रेम स्वरूप हैं। आप लोग कई घंटों से यहाँ खुले में बैठे हुए हैं, काफी तकलीफ भी उठा रहे हैं, इस प्रकार उत्सुकता से मेरी प्रतीक्षा करते हुए मेरे दर्शन करने और भाषण सुनने के लिए। आप लोगों की इस उत्कट अभिलाषा की पूर्ति के लिए मैं इस मंच से आप लोगों को सम्बोधित कर रहा हूँ। आपके हृदय में प्रेम की अनुभूति करता हूँ, तो आपके हृदय के प्रेम को ग्रहण करता हूँ और अपना प्रेम आपको देता हूँ। प्रेम का यह पारस्परिक आदान-प्रदान, सबके हृदयों में एक साथ समान रूप से प्रेम की यह

आनन्ददायी हिलोर, पारस्परिक सम्पर्क और संदेश का श्रेष्ठ माध्यम है, शब्दों की फिर कोई आवश्यकता नहीं होती।

प्रेम ही मेरा संदेश—न ही मैं किसी संप्रदाय, जाति या आन्दोलन के प्रचार-प्रसार के निमित्त आया हूँ और न ही मेरा यहाँ आने का उद्देश्य किसी मत या सिद्धान्त विशेष के अनुयायी एकत्रित करना है, न अपने शिष्य व भक्त बनाना है। मैं तो आपको एक ही सार्वभौमिक सत्य, विश्वास और आत्मिक सिद्धान्त का संदेश देने आया हूँ—प्रेम के पथ का, प्रेम के धर्म का, प्रेम के कर्तव्य का, प्रेम के प्रति उत्तरदायित्व का।

(4) कर्मफल, प्रारब्ध एवं भाग्य

कर्म का फल आवश्यक—एक कार्य-कारण नियम है, प्रत्येक कर्म का एक फल होता है, चाहे आप उसे पसन्द करें अथवा न करें, आपको उसकी अपेक्षा हो अथवा न हो। शुभ कर्म का शुभ फल होता है और अशुभ कर्म का अशुभ फल। मृत्यु से पूर्व जीवन में जो कर्म करते हैं उनके ही परिणामस्वरूप जन्म होता है। भविष्य आपके हाथ में है, आने वाले कल को आज ही रूप दे सकते हैं यद्यपि कि आज के रूप का निर्धारण बीते हुए कल ने ही कर डाला था।

प्रारब्ध—प्रत्येक मनुष्य स्वयं अपने प्रारब्ध का निर्माता होता है, वह चाहे भला हो या बुरा। वही उसका शिल्पकार है। भाग्य, प्रारब्ध, तकदीर, ईश्वरेच्छा आदि सारे ही स्पष्टीकरण कर्मफल सिद्धान्त के सामने धराशायी हो जाते हैं। ईश्वर और मनुष्य में पारस्परिक ऐक्य-सम्बन्ध, कर्मसूत्र के आधार पर ही हो सकता है। जब मनुष्य यह अनुभव करता है कि उसके दुःखों के लिए ईश्वर दोषी नहीं है वह स्वयं अपने भविष्य और भाग्य का निर्माता है तब वह शुद्ध हृदय और स्थिर बुद्धि से ईश्वर की ओर बढ़ता है।

प्रारब्ध पर विजय—जब ज्ञान उदय हो जाता है तो तीनों प्रकार के कर्मों, संचित, प्रारब्ध और क्रियमाण की अंधेरी परछाईं उस दिव्य आलोक में विनष्ट हो जाती है। प्रारब्ध कर्म भी नष्ट हो जाता है क्योंकि देवेच्छा सर्वशक्तिमान होती है और सर्वशक्तिमत्ता की कोई सीमा नहीं होती है और न उसका कोई अपवाद होता है। जब साधना द्वारा तुम भगवत्संकल्प जीत लेते हो; तो उस संकल्प द्वारा प्रारब्ध पर भी विजय पा सकते हो। इसमें निराशा के लिए कोई भी वैध कारण नहीं होता है।

यदि परमात्मा पर विजय पा गये तो प्रारब्ध पर विजय पा गये। कई दवाइयाँ हैं जिन पर उनके निर्माता उनके उपयोग की अन्तिम तिथि अंकित करते हैं। इस अवधि के बाद यद्यपि दवाई शीशी में रहती है किन्तु उसका असर जाता रहता है, उसी प्रकार प्रारब्ध तो रहेगा किन्तु परमात्मा की कृपा से यह निष्क्रिय हो जायेगा।

कर्मफल से मुक्ति—यदि कर्म का लौह बन्धन मनुष्य के हाथ-पैरों को इतना जकड़े हुए है तो फिर श्रुतियों और स्मृतियों में साधकों से तपस्या और

हार्दिक प्रयत्नों के लिए इतना आग्रह किसलिए किया गया है? इन हार्दिक आकांक्षाओं और तपस्या से निश्चय ही कर्म का दुष्प्रभाव नष्ट हो जाता है और मनुष्य अपने भाग्य के जाल में फँसने से बच जाता है। भाग्य ने मार्कण्डेय ऋषि को अल्पायु में ही शरीर छोड़ने का विधान किया था, परन्तु उन सा दीर्घजीवी शरीर बहुत ही कम को मिल पाया है।

भाग्यफल के लिए कर्म आवश्यक—यह सोचना बहुत बड़ी भूल है कि यदि भाग्य में है तो सब-कुछ अपने-आप हो जाता है। यदि तुम फल को हाथ में लेकर चुपचाप बैठे हुए यह आशा करो कि उसका रस अपने-आप तुम्हारे मुँह में पहुँच जायेगा तो ऐसा कैसे संभव है? यह मूर्खता है कि बिना फल का रस निचोड़े और उसको पीये यह शिकायत की जाय कि भाग्य ने रस-पान का सुख प्रदान नहीं किया। भाग्य ने तुम्हारे हाथ में फल दिया; केवल कर्म द्वारा उसका आनन्द लिया जा सकता है। कर्म कर्तव्य है, भाग्य उसका फल है। बिना कर्म फल नहीं प्राप्त हो सकता।

तुम अपनी शक्ति को कभी भी कम मत समझो। उस शक्ति के अनुसार कर्म में लग जाओ। बाकी के लिए, जी भरकर भाग्य के विषय में बात करते रहो। भाग्य पर भरोसा करके कर्म से मुख मोड़ना गलत है। यदि तुम ऐसा करोगे तो भाग्य भी तुम्हारे हाथ से फिसल जायेगा। चाहे कोई भी हो उसे अपने कर्म में लगना ही चाहिए।

(5) भारत एवं भारतीय संस्कृति

भारत का अर्थ—भारत का अर्थ है कि वह देश जहाँ भगवान् से रति (भा-भगवान्+रत = रति) इसलिए इस देश में जन्म लेने वालों के लिए सभी दिन पवित्र हैं, सभी नदियाँ पवित्र हैं, सभी पहाड़ पवित्र हैं। गंगा तो अपने उद्‌गम से लेकर समुद्र में मिलने तक पवित्र है, परन्तु फिर भी कुछ स्थान किसी ऋषि-मुनि, पवित्र घटना या मंदिर से सम्बद्ध होने के कारण विशेष रूप से महत्वपूर्ण माने गये हैं। ये स्थान ऋषिकेश, वाराणसी, प्रयाग, हरिद्वार इत्यादि हैं।

भारत की उपलब्धियाँ—भारत वेदों, उपनिषदों, शास्त्रों, महाकाव्यों और पुराणों की जन्मस्थली है। उनमें सर्वसाधारण के अभ्युत्थान के लिए शिक्षायें दी गई हैं। यह वह देश है जहाँ मनुष्य ने अपनी अंत:प्रेरणा के बल पर मानवीय कौशल का उच्चतर पावन उद्देश्यों के लिए, दैविक पूजन और आराधन तथा इन्द्रियातीत सम्बन्धों की स्थापना और दिव्य अनुभूतियों की प्राप्ति के लिए संगीत तथा अन्य विविध कलाओं का विकास किया गया है। यह देश साधकों और सिद्धपुरुषों, ज्ञानियों और तपस्वियों तथा भक्तों और कर्मयोगियों को आधार, सम्बल और पोषण प्रदान करता आया है। यहाँ योग के विज्ञान का उद्‌भव और विकास हुआ। इसलिए इसमें कोई विस्मय नहीं है कि काल के प्रवाह में जहाँ अनेकों सभ्यताओं और संस्कृतियों का नाश हो गया, यह देश आज भी अपने योग और त्याग के बल पर जीवित है।

भारत की जीवन शक्ति का रहस्य—सच तो यह है कि संसार का कोई देश ऐतिहासिक दृष्टि से ऐसा नहीं है जिसे भारत के समान विषम परिस्थितियों का सामना करना पड़ा हो अथवा जिसने विदेशी शासन काल में इतनी हानि उठाई हो। इतना सब होते हुए भी भारतीय विपत्ति के किसी भी नये तूफान का साहसपूर्वक सामना करने के लिए सदैव तत्पर रहते हैं। इसका मूल कारण यही है कि उनके जीवन के आदर्श आज भी न्यूनाधिक रूप में प्राचीन आदर्शों की दृढ़ भूमि पर आधारित हैं। ये आदर्श उनकी जीवन प्रणाली के लिए आधारशिला का काम देते हैं। ईश्वर में विश्वास ही आत्मा में विश्वास है। उनके इस विश्वास ने ही उनका पथ प्रदर्शन किया है, और उनकी रक्षा की है।

भारत का वैशिष्ट्य—सम्पूर्ण विश्व ब्रह्माण्ड ही प्रभु का व्यक्त शरीर है; और उसमें भारत देश उस काया का एक महत्वपूर्ण अंग-नेत्र है। नेत्रविहीन शरीर स्वयं अपने पर भी नियंत्रण नहीं रख पाता—ऐसा ही है न? पुन: यह भी कह सकते हैं कि इस भारत को दो नेत्र प्रदान कर सुन्दर बनाया गया है अर्थात् इसे वेद और शास्त्रों से सज्जित किया गया है। इसके आधार पर यह असंदिग्ध घोषणा की जा सकती है कि भारतीयों को जो संस्कार प्राप्त होता है वह अन्य किसी भी देश निवासियों को प्राप्त नहीं हो सके।

भारत की अधोगति का कारण—भारतवर्ष के लोगों के लिए वह संकटकाल है, तथा यह संक्रमण कालीन स्थिति है। आत्मज्ञान से उत्पन्न आत्मविश्वास की आज नितान्त आवश्यकता है। स्त्रियों और पुरुषों—दोनों को ही यह ज्ञान अर्जित करना चाहिए और उसे सुरक्षित रखना चाहिए। स्त्री वर्ग की उपेक्षा करने तथा उसे नीचे धकेलने की प्रकृति पुरुषों को त्याग देनी चाहिए। स्त्रियाँ कोई दास नहीं हैं जिन पर सदा शासन किया जाय। वे भी अपना स्वाभिमान और आत्मसम्मान रखती हैं, उनका भी अपना व्यक्तित्व है। वास्तव में स्त्रियों में भक्ति, सहानुभूति, दया, त्याग, साहस तथा अन्य सद्गुण पुरुष से अधिक मात्रा में होते हैं। लेकिन पुरुषों में एक धारणा समायी हुई है कि स्त्रियों की सलाह लेना उपयुक्त नहीं है। किन्तु यह धारण मिथ्या है और इसे त्याग देना चाहिए जहाँ कहीं और जिसमें भी आध्यात्मिकता, बुद्धि और विवेक की श्रेष्ठता दिखाई दे उसका सम्मान करना चाहिए।

भारतवासियों का वर्तमान दृष्टिकोण—भारत वह देश है जहाँ 'यह' और 'वह', स्रष्टा और सृष्टि, शक्ति और द्रव्य के सुविधात्मक पक्षों का सैद्धान्तिक और व्यावहारिक समाधान अद्वैत के रूप में खोज लिया गया था। किन्तु अब भारतवासी ऐसी विचित्र विचार पद्धति के अनुसार सोचने लगे हैं जो भारतीय आदर्शों के बिलकुल विपरीत है तथा उससे इतने प्रभावित हुए हैं कि वे अपने आप को 'हिन्दू' कहलाने तक में लज्जा का अनुभव करते हैं मानो कि इस देश के मनीषियों ने जो चित्र बनाया था वह कोई हास्यास्पद ढाँचा रहा हो या मानो पूर्वजों ने उनका मार्ग-दर्शन गलत किया हो। इस प्रकार का दृष्टिकोण अपनाना गलत और खतरनाक

है जिसके परिणाम भयंकर हो सकते हैं।

भारत की वर्तमान स्थिति— यह देश तो इस समय श्रेय की उपेक्षा कर प्रेय के पीछे भाग रहा है। वर्तमान संकट और असन्तोष का यही कारण है। भारतीय संस्कृति ने सदा ही कठोर मार्ग चुना है, कल्याणकारी पथ का अनुसरण करने का परामर्श दिया है, परन्तु आजकल तो लोग उस सभ्यता के पीछे चलना चाहते हैं जो इन्द्रियों की तुष्टिकारक हो, जो बाह्य तड़क-भड़क, कल्पनायुक्त, क्षणिक, परिवर्तनशील और छलना के समान है। भारतीय संस्कृति 'इन्द्रिय निग्रह' का पाठ पढ़ाती है न कि उनके तुष्टिकरण का। मोटरकार एक ऐसे चक्र द्वारा निर्देशित एवं चालित की जाती है जो उसी कार के अन्दर ही होता है। जब आंतरिक चक्र घुमाया जाता है तो बाहर के पहिये घूमने लगते हैं। इसी प्रकार मानव के अन्दर का चक्र घुमाना चाहिए जिससे उसकी उन्नति हो सके। बाहरी पहियों को घुमाने का प्रयत्न अज्ञान को प्रकट करता है, यह तो बहुमूल्य शक्ति को बर्बाद करना है।

भारत का पतन— भारत देश भी मूल्य-ह्रास का शिकार हो गया है। भारत को संसार मानवता के 'विश्व-गुरु' के रूप में देखता था। संसार के देश जो वास्तविक सुख-शान्ति चाहते थे भारतवर्ष की ओर आशा भरी दृष्टि से देखते थे और वही भारत आज अपने उस प्राचीन महान् मूल स्वरूप को भूल गया है और सिर नीचा किये हुए उन्हीं देशों के द्वार पर कुछ प्राप्त करने के लिए अपना हाथ पसारे हुए खड़ा है।

भारत पर पाश्चात्य प्रभाव—हमें स्वराज्य तो मिल गया है, जो लोग देश पर सौ वर्ष से ऊपर समय से शासन करते चले आ रहे थे उनसे देश स्वतंत्र हो गया है। यद्यपि शासक तो चले गये परन्तु उनका कुप्रभाव अभी तक छाया हुआ है। पश्चिमी लोगों की आदतें और दृष्टिकोण यहाँ के नेताओं और शिक्षित लोगों पर अब भी हावी हैं। वेश-भूषा, भाषा, सम्मतियाँ और आचरण में अभी तक लोग पश्चिमी लोगों के अनुकरण में गौरव मानते हैं। यद्यपि हम अपने को स्वतंत्र घोषित करते हैं परन्तु यह मानसिक दासवृत्ति चलती ही जा रही है।

आज के भारत की आवश्यकता— यह अति शोचनीय है कि जिस भारत ने प्राचीन युग में आध्यात्मिक क्षेत्र में इतनी प्रसिद्धि व कीर्ति अर्जित की, आज वह दुष्टता के पैशाचिक नृत्य में पतित है। मिथ्या, अन्याय, घृणा और ईर्ष्या के वातावरण में पाप भूमि व्याकुल और भयत्रस्त है। अतः इस समय प्रेम एवं आशा का दीपक प्रज्वलित कर उपदेश तथा उदाहरण दोनों द्वारा उत्साह एवं विश्वास प्रदान करने की आवश्यकता है।

(6) आधुनिक सभ्यता, विज्ञान एवं विश्व-शान्ति

आधुनिक सभ्यता

आधुनिक सभ्यता भौतिकता प्रधान— आधुनिक सभ्यता प्रतियोगिता मूलक है जिसमें व्यक्तिगत स्वार्थों को सामाजिक हित पर वरीयता दी जाती है। इसीलिए मानव कहीं भी जाय भय उसका पीछा नहीं छोड़ता, यह भय संपत्ति-नाश का, हानि का,

मृत्यु का, अथवा अन्य किसी कारण से भी हो सकता है। मन इन्द्रियों को प्रेरित कर अपने लिए सुख, सुविधा, सुगन्धि, सौन्दर्य की खोज भगवान् में, जो कि मक्खन के समान कोमल, दयालु, जिनका यश अमृत के समान मधुर और चमेली के समान सुरभित है, जिनकी प्रशंसा, स्तुति कानों के लिए सुन्दर संगीतमय और जिनका विग्रह सौन्दर्य की पराकाष्ठा है, न करके भौतिक जड़-पदार्थों के तुच्छ आकर्षण में खोजता है। इसीलिए मन को मारना ही उचित है, जिससे इसे मुक्ति का, पूर्णत्व की प्राप्ति का मंत्र बनने के लिए दुबारा ढाला जा सके।

बाह्याडम्बर की प्रमुखता— भारत अनेक धर्मों और दर्शनों का देश है, परन्तु कोई वर्ग भी अपने धर्म और दर्शन का ढंग से श्रद्धापूर्वक पालन नहीं कर रहा है। ये धर्म और दर्शन तो एक लेबिल की तरह व्यक्तियों पर बाहरी तौर से चिपके हुए प्रतीत होते हैं जिससे उनकी पृथकता का बोध होता रहे, मानों किसी विशेष उद्देश्य अथवा अवसर पर पहनी हुई कोई यूनीफार्म (वस्त्र) मात्र हो। लोग जब किसी क्लब, जुआघर या सिनेमा जाते हैं तो बड़े गर्व से उसका उल्लेख कर देते हैं कि वहाँ जा रहा हूँ, वहाँ गया था। परन्तु किसी मन्दिर या सत्संग में या किसी संत के यहाँ जाने में अकारण लज्जित से हो जाते हैं और बतलाने में हिचकिचाते हैं। लोग अपनी आय के बाहर होकर ठाठ-बाट का रूप बनाये रखते हैं चाहे उन्हें कर्ज में डूब ही क्यों न जाना पड़े। क्योंकि वे सभी पर अपनी 'स्टैन्डर्ड लाइफ' आभिजात्य जीवनस्तर की धाक जमाना चाहते हैं। इसके लिए वे ट्रांजिस्टर, बुशकोट, रेफ्रीजरेटर, कैमरा इत्यादि अनावश्यक होने पर भी रखते ही हैं। आडम्बर प्रदर्शन, और दूसरों को अपने जीवनयापन के स्तर से नीचा दिखाने की प्रवृत्ति मनुष्यों में असन्तोष और बनावट की सृष्टि करती है। आपका जीवनयापन सादगी से पूर्ण होना चाहिए। आपका भोजन और मनोविनोद सात्विक होवें। आपका आदर्श सेवा हो, और विचार सत्य, धर्म, शान्ति प्रेम से ओतप्रोत होवें।

आधुनिक वेशभूषा—आजकल जो वेशभूषा फैशन मानी जाती है वह हैं—विलक्षण बुश्शर्ट और ड्रेन-पाइप पैंट (तंग मोरी की पतलून) युवाओं के मुखों को मलिन बनाने वाली जुल्फें विलक्षण मूँछें और दाढ़ी देखो। अशिष्टता, रूढ़िवादिता, मलिनता और चपलता को अधिक महत्व देते हैं। इस वृत्ति से ग्रस्त लोगों के अतिरिक्त अन्य कोई इसकी प्रशंसा नहीं कर सकता; इसमें मनुष्य को केवल खिन्नता ही प्राप्त होती है। जब बाह्य आवरण ही दूषित और मलिन है तो भला अन्तःकरण कैसे स्वच्छ हो सकता है? ऐसे अशान्त हृदय में और ऐसे निरर्थक मस्तिष्क में एकता और ईमानदारी कैसे हो सकती है? युवा असभ्य लोगों की भाँति कार्य करते हैं और अपने अग्रिम कर्तव्य की गंभीरता पर ध्यान नहीं देते।

विज्ञान और भौतिक प्रगति

वैज्ञानिक प्रगति— लोग विज्ञान की प्रगति की बड़ी प्रशंसा करते हैं। किन्तु प्रगति हुई है भय से और अधिक भय की ओर अधिक त्रासदायक स्थिति की ओर, नाश से सर्वनाश की ओर हुई है। प्रागैतिहासिक युग में एक मनुष्य दूसरे को तीर

कमान से मारता था किन्तु अब तो अणु बम से सम्पूर्ण आबादी को ही समाप्त कर देते हैं। और इसकी एक उल्लेखनीय प्रगति के रूप में प्रशंसा की जाती है। वैज्ञानिक मानव हृदय में लोभ और घृणा की वृद्धि रोक नहीं सकते, वे तो जैसे चाहते हैं विनाशकारी अस्त्र-शस्त्रों का निर्माण कर सकते हैं और उनकी विनाश की शक्ति और दक्षता बढ़ा सकते हैं। विज्ञान के अन्वेषणों और आविष्कारों के परिणामस्वरूप आज सम्पूर्ण मानवता सदा अपने समूल विनाश के भय से त्रस्त रहती है क्योंकि पारस्परिक घृणा का तूफान न जाने कब उठ खड़ा हो और उनके घरों पर अणु बमों की वर्षा हो जाय। विज्ञान ने मनुष्य को उसके आत्मविश्वास से वंचित कर दिया है। मनुष्य अपने स्वयं के सम्बन्ध में ही निश्चित नहीं है बल्कि वह तो अपने आप से ही भयभीत है क्योंकि किसी के थोड़ा उकसा देने पर ही वह जंगली हिंसक पशु के समान भयंकर बन सकता है।

आधुनिक विज्ञान—विज्ञान में किसी विषय पर एक द्वार खुलने से उसके पीछे को और दस बंद द्वार देखने में आते हैं। इन्हें खोलने पर पुनः इनके पीछे दस और पाये जाते हैं। इस प्रकार यह क्रम सदा जारी रहता है, उसका कहीं भी अंत नहीं मिलता। विज्ञान वस्तुओं का रूप बदलकर उन्हें पुनः संगठित करता है और तब उसका अध्ययन कर उसमें छिपी पड़ी शक्ति को संगठित कर प्रकट करता है।

भौतिक ज्ञान से पीड़ित— आज संसार अत्यधिक भौतिक ज्ञान से पीड़ित है। उसी के अनुपात से नैतिक गुणों की वृद्धि नहीं हुई है। यही सारे दुःख व क्लेशों का मूल कारण है। जीवन रथ के दो चक्रों में से ब्रह्मचक्र का टायर पंचर हो गया है। बैठे हुए पहिये का आगे बढ़ना कठिन है अतः उसमें नामस्मरण की हवा भरकर उसे पुनः मुक्ति-मार्ग पर अग्रसर करना है।

भौतिक प्रगति—भौतिक पदार्थों और सुख-सौख्य के साधनों की इतनी वृद्धि के पश्चात् भी इन दिनों जो इतनी अव्यवस्था, अशांति और विकलता है, इसका कारण यह है कि भौतिक रूप से आगे बढ़ते हुए भी मनुष्य चरित्र, गुण और न्याय की ओर से मुँह फेरे है। भौतिक संसार उस लाठी के समान है जो कि मनुष्य को चलने में सहायता देती है। किन्तु जब पाँव ही स्वस्थ और चलने योग्य न हों तो लाठी एक और बोझ बन जाती है। लाठी भौतिक सुख के समान है। मूल आवश्यकता तो पाँवों में शक्ति की है जिसके द्वारा चला जा सके। चरित्र और गुण दोनों पैरों की वह शक्ति है। यह शक्ति प्राप्त करने के लिए आध्यात्मिक नियमों का पालन आवश्यक है।

विश्व और विश्व शान्ति

विश्व की सृष्टि—ईश्वरेच्छा से, जो परम है, विश्व की सृष्टि होती है। यह केवल 'परम' से ही उदभूत है क्योंकि नाना रूपों में होते हुए भी उस समय अद्वैत था, और अब भी वह अद्वैत ही है! परमात्मा की उस इच्छा ने हमें 'अनेक' को देखने तथा अनुभव करने को प्रोत्साहित किया। वह 'अद्वैत सत्य' अब भी 'अद्वैत' है। इसमें कोई परिवर्तन नहीं आया। हमने अद्वैत पर अनेक का भ्रम आवरण डाल रखा है।

अत: ईश्वर विषयगत कारण के साथ-साथ साधन कारण—स्वर्ण व स्वर्णकार, कुम्हार और मिट्टी तथा बीज एवं वृक्ष हैं। ''बीजम् माम् सर्वभूतानाम्''। वह गीता में कहते हैं कि मैं सभी तत्वों और जीवों का बीज हूँ। प्रकृति उनकी देह है; विश्व उनकी इच्छा है; वेद उनके श्वास हैं।

सभी देशों की एकता—सभी देश एक ही परमात्मा के विभिन्न अंग हैं। किसी एक अंग की भी अस्वस्थता या पीड़ा उसे पूर्ण रूप से पीड़ित करती है। वह लोकेश है; सर्वचेतन का रहस्यमय सूत्रधार। इस बात का विश्वास करके प्रेम और समता को अपनावें।

विश्व की आकांक्षाओं के लिए प्रेम का मार्ग—आज सम्पूर्ण विश्व में मनुष्यों के सभी वर्ग और दल अपनी आकांक्षाओं और माँगों को संतुष्ट करने के लिए चिन्ता, भय, क्रोध एवं द्वेष से प्रेरित होकर घृणा, उपद्रव तथा हिंसा का आश्रय लेते हैं। ऐसे उपायों से अधिक लाभ नहीं होता। यदि प्रेम, सहिष्णुता और शांति का पथ अपनाया जाय तो अधिक और स्थायी लाभ होता है। प्रेम लोगों को परस्पर मिलाता है जबकि घृणा उन्हें एक दूसरे से अलग करती है।

विश्व की समस्याएँ—विश्व की समस्याएँ आज नये-नये अनुपातों और रूपों में हमारे सामने आ रही हैं। न आजकल वे व्यक्तिगत रह गई और न स्थानीय। वे सारे विश्व को घेर बैठी हैं, और सम्पूर्ण मानव-जाति को प्रभावित करती हैं। एक ओर विज्ञान और प्रौद्योगिकी अंतरिक्षी उन्नति के साथ आगे बढ़ रही है—प्लास्टिक, इलेक्ट्रॉनिक और कम्प्यूटर की प्रोद्योगिकी के कारण हम आश्चर्यचकित रह जाते हैं। दूसरी ओर मानव निरन्तर उत्पन्न होने वाले राजनीतिक तथा आर्थिक संकटों से; राष्ट्रीय, प्रादेशिक, धार्मिक, जातीय तथा साम्प्रदायिक झगड़ों तथा विभिन्न क्षेत्रों में होनेवाली हिंसा के विस्फोट से पीड़ित है। सारे विश्व में अनुशासनहीनता तथा प्रतिद्वन्द्विता का वातावरण उत्पन्न हो गया है।

यह एक असंतुलित तथा पारस्परिक विरोधी परिस्थिति है। इन सबका कारण क्या है? इसका मूल कारण मानव मन में निरंतर होने वाले उस धार्मिक और नैतिक पतन में अन्तर्निहित है जिससे हम सब आशंकित हैं।

विश्व-शान्ति—मनुष्य पहले की अपेक्षा आज अधिक छली और कपटी हो गया है। पिछले युगों की अपेक्षा आज वह अपनी बुद्धि और चातुर्य को क्रूर कर्मों में अधिक लगा रहा है। मनुष्य दूसरों को कष्ट पहुँचाने में इतनी रुचि लेते हैं कि पिछले 5,500 वर्षों में 15,000 युद्ध लड़े गये हैं और इस बात का दूर-दूर तक कोई चिह्न नहीं है कि यह भयंकर मनोरंजन कभी समाप्त होगा। भविष्य में संभावित अणु युद्ध से सम्पूर्ण मानव जाति पर विनाश के बादल छाये हुए हैं। इस चिंता और भय का मुख्य कारण क्या है? यह स्पष्ट है कि मनुष्य का पशुत्व आज भी उस पर हावी है। अभी तक उसे वश में नहीं किया जा सका। जब हमें इस कार्य में सफलता प्राप्त होगी, तभी हम, हमारा देश और यह विश्व, शान्ति और सुख प्राप्त कर सकेगा।

(7) शिक्षा और शिक्षक

शिक्षा

शिक्षा क्या है?—शिक्षा वही है जो परमपिता परमात्मा की खोज से सम्बन्धित मनुष्य की आध्यात्मिक क्रियाओं की प्रवृत्ति और स्वभाव से हमें परिचित कराती है। सद्‌गुणों और सदाचार संहित्व के रूप में नैतिकता का चिन्तन स्रोत बनकर उसे अपनी सार्थकता प्रमाणित करनी होगी।

किसी भी प्रकार की शिक्षा जो तुम्हें स्थिर हार्दिक प्रसन्नता, चित्त दृढ़ता, संसार के कण-कण में व्याप्त दिव्यत्व की चेतना यदि प्रदान नहीं करती तो वह शिक्षा कहलाने योग्य नहीं है। शिक्षा को उत्तम आदर्श प्रतिष्ठापित कर ज्ञान ज्योति प्रकाशित करनी चाहिए। आजकल शिक्षा का उद्देश्य जीविका प्रदान करना है; यह तो जीविकोपार्जन व्यापार है।

सच्ची शिक्षा—सच्ची शिक्षा वास्तव में वही है जो मन और बुद्धि को सात्विक सुख प्राप्त करने के लिए प्रेरित करती है। निःसन्देह वह अथक प्रयत्न द्वारा ही प्राप्त हो सकता है। धर्म ग्रंथ कहते हैं, 'न सुखात् लभ्यते सुखम्' सुख से सुख प्राप्त नहीं हो सकता। कष्ट और दुःख सहन करने के बाद ही व्यक्ति सुख का अधिकारी होता है। इस सत्य की स्थापना विद्या द्वारा ही संभव है।

शिक्षा का उद्देश्य—शिक्षा का उद्देश्य विद्यार्थियों को केवल पुस्तकीय ज्ञान देना ही नहीं होना चाहिए अपितु इसे विद्यार्थियों को शिक्षा के सार-ग्रहण पर बल देना चाहिए। आज छात्र किसी एक विशेष शिक्षा क्षेत्र का अधिकाधिक ज्ञान प्राप्त करने के लिए प्रयत्नशील है। अतः सामान्य ज्ञान में वे अपरिपक्व हैं; जो कि दुःखद बात है। इस कारण वे अपने व्यवहार या आचार को व्यवस्थित करने तथा भाग्य के चापल्य को अवस्थित रखने में असमर्थ हैं।

शिक्षा और आध्यात्मिकता—ग्रंथों के अध्ययन के फलस्वरूप दूसरे शब्दों में धर्म निरपेक्ष शिक्षा के फलस्वरूप व्यक्ति की बुद्धि तीव्र हो सकती है, उसका परिष्कार हो सकता है, मनुष्य आध्यात्मिक विषयों पर सुंदर भाषण भी दे सकता है। किन्तु यह कहना भूल होगी कि उसी अनुपात में उसके आध्यात्मिक जीवन की उन्नति भी हुई है। दूसरों के द्वारा प्रदान की हुई (मौखिक) शिक्षा कभी भी हमारे हृदय में नहीं बैठती और उससे हमारे स्वभाव में परिवर्तन नहीं होते, शिक्षा का कोई अर्थ नहीं।

आधुनिक शिक्षा प्रणाली—आजकल हमारी शिक्षा प्रणाली अधिक व्यय साध्य और विस्तृत होते हुए भी नैतिक शिक्षा की उपेक्षा करती है। प्राचीन काल में हमारे गुरुकुलों में जो शिक्षा प्रदान की जाती थी वह श्रेष्ठ जीवन, यापन, आध्यात्मिक उन्नति, चारित्रिक गठन और सदाचार की दृष्टि से दी जाती थी। उन दिनों छात्रगण नम्रता, इंद्रिय-निग्रह, सद्‌गुणों का विकास तथा अनुशासन में प्रशिक्षित किए जाते थे। किन्तु आजकल विद्यार्थियों में इन गुणों की झलक भी दिखाई नहीं पड़ती।

यदि तुमने एक टन पुस्तकों का अध्ययन किया है तो तुम शिक्षित नहीं कहला सकते। शरीर और मन को उस प्रेम प्रकाश से प्रज्ज्वलित करना है जो चेतन आत्मा और इसके आवश्यक दिव्यत्व से उद्‌भूत है। किन्तु आधुनिक शिक्षा शरीर और मन से सम्बन्ध रख आत्मा से असम्बद्ध होती है जिस कारण इस पृथ्वी के युवा निर्मूल सब्जियों की भाँति प्रचण्ड वेग से इधर-उधर दोलायमान हो जाते हैं। आत्मचेतना अडिग शक्ति और साहस प्रदान करती है।

शिक्षा और धन—शिक्षा की आज की शब्दावलि में धन ही धर्म है, धनार्जन ही सत्य-पथ है। धन ही कर्म है। हमारे प्रत्येक कर्म का एक ही लक्ष्य है—धन की प्राप्ति। हमारे सामने धनवान बनने से उत्तम कोई आदर्श नहीं है।

शिक्षा और ज्ञान आजकल बाजार में बिक रहा है। पैसा ही सब कुछ हो गया है। धन की खोज में पढ़े-लिखे लोग अपनी मातृभूमि को छोड़कर इधर-उधर भिखारियों की तरह दौड़े-दौड़े फिरते हैं। क्या वास्तविक शिक्षा का यही लक्षण है?

आधुनिक शिक्षा-संस्थान— आधुनिक शिक्षा-संस्थानों में कहीं भी आदर्श या आध्यात्मिक वातावरण नहीं है। अनुशासन का लोप है, ईमानदारी का अभाव है, नम्रता और सद्‌गुणों को आचरण का प्रतिकूल रूप माना जाता है, दूसरे का ले लो और उसे कुछ मत दो—का नियम है, असहिष्णुता का साम्राज्य है। यदि किसी मनुष्य में विरक्ति, सदाचारिता, सहिष्णुता और सत्यता नहीं है तो वह सिर ऊँचा उठाकर मानव होने का दावा कैसे कर सकता है? मनुष्य ने स्वयं को इतना पतित कर लिया है कि वह निर्लज्ज व असत्यता में उन्मत्त रहता है—उसका प्रयोजन उसके वचनों से भिन्न है, किन्तु फिर भी उसके कार्य उसकी प्रतिज्ञा पर मिथ्यारोपण करते हैं।

वर्तमान शिक्षा पद्धति के दोष— यह हमारी शिक्षा पद्धति का दोष है कि वह विद्यार्थियों को भारतीय गौरव की एक झलक भी नहीं देती। आज हमारा देश भयत्रस्त है और इसका निवारण तभी हो सकता है जब तुम प्राचीन ग्रंथों में वर्णित इसके उपायों का अभ्यास व प्रचार कर उन्हें समझो। आज ऐसे व्यक्ति तुम्हारा पथ-प्रदर्शन कर रहे हैं जो उस संस्कृति के सच्चे लक्षणों से अनभिज्ञ हैं।

शासक वर्ग में जो देश की शिक्षा-प्रणाली के निर्धारण, पोषण और प्रगति के लिए उत्तरदायी हैं वे ही वास्तव में विद्यार्थियों में व्याप्त असंतोष, अंधकार, भ्रम, संदेह तथा उनके परिणामस्वरूप होने वाले अपराध और उपद्रवों के लिए भी उत्तरदायी हैं। उनका ध्यान विद्यार्थियों को शारीरिक और बौद्धिक प्रशिक्षण देने तक ही सीमित रहता है, वे यह भूल जाते हैं कि विद्यार्थियों के मानसिक, नैतिक और आध्यात्मिक विकास पर कितना अधिक ध्यान दिये जाने की आवश्यकता है, जिससे कि देश की युवा-पीढ़ी का एक पूर्ण विकसित व्यक्तित्व उभर सके। आजकल बच्चों को स्कूल इस उद्देश्य के साथ भेजा जाता है कि उन्हें बड़े होने पर अच्छी नौकरी मिल सके। विद्यार्जन जीविकोपार्जन की दृष्टि से किया जाता है, न कि जीवन के अन्तिम लक्ष्य की प्राप्ति के लिए तैयार करने के दृष्टिकोण से। संसार के सभी देशों में यही दशा है। किसी भी देश में युवक को

शान्ति प्राप्त करने के लिए शिक्षित नहीं किया जाता है, शिक्षा दी जाती है जीवन को आरामदायक बनाने के लिए, सुविधापूर्ण बनाने के लिए जिसमें अधिक से अधिक इच्छाओं की सरलता से पूर्ति हो सके। उस शिक्षा का लक्ष्य यह नहीं होता कि व्यक्ति और समाज के जीवन में स्थायी आनन्द और शान्ति की प्राप्ति हो।

शिक्षा में परिवर्तन की आवश्यकता—शिक्षा का विधान बदलने की बड़ी आवश्यकता है जिससे कि इस देश के बच्चे बड़े होकर ऋषि और ज्ञानी हो सकें। यह विधान ऐसा हो जिससे भारत माता के पुत्रों और पुत्रियों को उनकी वह बहुमूल्य पैतृक संपत्ति, जिसमें भागीदार बनने के लिए विश्व लालायित है, सौंपी जा सके। यज्ञ, दान, तपस्या, तितिक्षा, साधना, संयम, वेदों के महावाक्य, तीनों प्रकार के योग (भक्ति, कर्म, ज्ञान) जैसा कि उनका गीता में वर्णन है, दैवी और आसुरी प्रकृति, यह सब और भारतीय संस्कृति की अन्य मौलिक धारणाओं का महत्व, बच्चों को स्कूल-कालेजों में पढ़ाया जाना चाहिए। उनके अभ्यास के लिए छात्र-छात्राओं को उत्साहित किया जावे जिससे उनका, उसके समाज का और उनके देश का भी कल्याण होवे।

शिक्षक

शिक्षक का व्यक्तित्व—संसार के समस्त व्यवसायों में अध्यापक का व्यवसाय ऐसा है जिसमें सत्य का निष्ठा से पालन होना चाहिए। जब शिक्षक सत्य पथ से भटक जाते हैं, तो समाज के लिए उसके परिणाम घातक होते हैं। हजारों कोमल बालक, जो संसार के तौर-तरीकों से अनभिज्ञ होते हैं, उनके हाथों से निकलते हैं। स्वाभाविक है कि उनकी शिक्षा तथा व्यक्तित्व का जो प्रभाव उन पर पड़ता है, स्थायी हो। इसलिए शिक्षक को दुर्व्यसनों से मुक्त होना चाहिए।

जो शिक्षक मिलने वाले वेतन को ध्यान में रखकर शिक्षा प्रदान करते हैं, और जो विद्यार्थी मिलने वाली नौकरियों को ध्यान में रखकर विद्या-ग्रहण करते हैं—दोनों गलत रास्ते पर हैं। वास्तव में शिक्षक का कर्तव्य है छात्रों को ऐसी प्रेरणादायिनी शिक्षा प्रदान करना जो उनकी प्रच्छन्न क्षमताओं का विकास कर सके और उन्हें पूर्णत्व की दिशा में अग्रसर कर सके।

शिक्षक का उत्तरदायित्व—विद्यार्थियों के चरित्र और उनकी क्रियाओं की प्रकृति और श्रेष्ठता के लिए शिक्षक ही उत्तरदायी है। छात्रों पर उनकी विद्वत्ता और नेतृत्व का बड़ा प्रभाव पड़ता है। अत: शिक्षकों को चाहिए कि वे अपने को स्वार्थपूर्ण विस्तारवादी नीति तथा राजनीतिक दाँव-पेंच से बचाये रक्खें और केवल आध्यात्मिक ज्ञानोदय को जीवन में अपना आदर्श बनायें।

अध्यापकों का पारस्परिक सम्बन्ध—अध्यापक वर्ग को एक दूसरे के साथ भाई-भाई की तरह रहना चाहिए। छात्रगण भी शिक्षकों के बीच चलने वाली प्रतिद्वन्द्विता और मतभेदों को सहज ही समझ जाते हैं। नि:सन्देह, मतभेद तो होते ही है, और किसी सीमा तक लाभप्रद भी हैं। किन्तु वे ऐसे न हों कि पारस्परिक सम्बन्ध ही दूषित हो जायें, संस्था की उन्नति में बाधा पड़े और सीखने-सिखाने की प्रक्रिया पर

भी इसका बुरा प्रभाव पड़े। इन क्षेत्रों में उन्हें सदैव एक दूसरे से परामर्श लेते रहना चाहिए, और सहयोग देना चाहिए।

शिक्षकों की विश्वसनीयता—शिक्षक को फूट और विभाजन की नीति से बचना चाहिए। प्राचीन काल के ऋषि और संत अपने शिष्यों और अपने पुत्रों को एक समान दृष्टि से देखते थे। किन्तु आज अपने शिक्षकों के ऊपर से हमारा विश्वास इस विषय पर उठ गया है। जब किसी प्राचार्य का पुत्र परीक्षा भवन में किसी प्रश्न पत्र को हल कर रहा होता है, तो निरीक्षक के रूप में उस प्राचार्य की नियुक्ति वहाँ नहीं की जायेगी, इस भय से कि वह कहीं अपने पुत्र को प्रश्नों के सही उत्तर न बता दे और इस प्रकार उसे अधिक अंक प्राप्त हो जाएँ।

विद्यार्थियों के साथ व्यवहार—उन्हें विद्यार्थियों के साथ वैसा ही व्यवहार करना चाहिए, जैसे व्यवहार की आशा वह अपने छात्रों से करते हैं। जब शिक्षक प्रेमपूर्वक अपने छात्रों को विद्या-दान देता है, तो गुरु के प्रति उन छात्रों का आदर भाव और भी बढ़ जाता है। प्रत्येक शिक्षक को अपने विद्यार्थियों के सर्वांगीण विकास के लिए प्रयत्न करना चाहिए। उसे स्वयं भी प्रेम द्वारा अपने हृदय को उदार और व्यापक बनाना चाहिए।

यदि शिक्षक अपने विद्यार्थी को शिक्षा देने के लिए उसके स्तर पर आकर सरल भाषा और विधि से पढ़ाता है, तो इससे वह छोटा न हो जायेगा। यह तो प्रेम का एक प्रशंसनीय चिह्न है।

अनेक शिक्षक आजकल हठ पकड़ लेते हैं। "देखो, मैंने तो आज के लिए अमुक विषय पर अमुक पाठ तैयार किया है। मेरा कर्तव्य है उसी विषय पर बोलना। मैं बस वही करूँगा और चल दूँगा।" छात्रों की समझ में वह पाठ सही ढंग से आया है कि नहीं, किस विषय को किस ढंग से पढ़ाना चाहिए, कौन सी पद्धति अपनानी चाहिए--इन सब बातों की उन्हें कोई चिन्ता नहीं रहती।

अतः यदि आज के शिक्षक गुरु के अपने खोये हुए पद और अधिकार को प्राप्त करना चाहते हैं तो उन्हें अपने भावों और विचारों को निर्मल बनाने की साधना का कठोर पालन करना होगा। सच्चा गुरु वही है जो अपने विद्यार्थी को एक सम्मानित और सुखद जीवन व्यतीत करने के लिए तैयार करता है।

(8) कवि और काव्य

कवि और काव्य

'कवि' संज्ञा का अर्थ—कवि का अर्थ मंत्रद्रष्टा भी होता है। वह आध्यात्मिक सूत्रों का उनके अर्थों में दर्शन करने में समर्थ होता है। भगवद्गीता में भगवान् को 'कवि' की संज्ञा दी गई है। कवि भूत, भविष्य एवं वर्तमान का ज्ञाता होता है। वह काल के ऊपर भी उठकर देखने में समर्थ होता है क्योंकि उसे सामान्य व्यक्ति से अधिक तीक्ष्ण दृष्टि प्राप्त होती है। वह सर्वज्ञ, क्रान्तिद्रष्टा और भविष्यद्रष्टा होता है।

प्राचीन कवि—प्राचीन काल के कवि आध्यात्मिक अनुशासन और आध्यात्मिक अनुभूतियों का वर्णन अपने काव्यग्रंथों में विस्तार से कर गये हैं। उन्होंने आध्यात्मिक क्षेत्र में साहसिक कार्य करने की प्रेरणा देते हुए मानव को ऊपर उठाने का प्रयत्न किया है।

कवि का कार्य—मानव की उन्नति का मार्ग प्रशस्त करने वालों में कवि अग्रदूत होता है। वह प्रेम और एकता के उस मार्ग को प्रशस्त करता है जो सृष्टि के सभी प्राणियों को, एकता और प्रेम के सूत्र से, भगवान् से आबद्ध करता है।

कवि का दायित्व—उन्हें अपनी चिन्ताओं और क्षोभ से, भय और सन्देहों से, अंधमान्यताओं और उद्विग्नताओं से लोगों के मानस को दूषित नहीं करना चाहिए। उन्हें कम से कम क्रोध से तो अपने को मुक्त कर ही लेना चाहिए क्योंकि क्रोधावेश में लिखा हुआ साहित्य निश्चय ही असत्य और भयोत्पादक होता है।

कवि का कर्तव्य—जो जनता का पथ-प्रदर्शक बनने की आकांक्षा रखता है उसे पहले अपने हृदय से स्वार्थ, घृणा और द्वेष तो निकाल ही देना चाहिए। उसके शब्द सुनने में मधुर और आत्मा को आनन्द देने वाले होने चाहिए। उसके शब्द ऐसे होने चाहिए कि जिन्हें अन्य लोगों सर्वव्याधि हरण औषधि मानकर अपनावें। यदि कोई ऐसे महान काव्य का प्रणयन करने में असमर्थ है तो पहले उसे अपने स्वभाव तथा लौकिक-पारलौकिक दृष्टिकोण को शुद्ध करके काव्य के इन उच्च आदर्शों तक पहुँचने की चेष्टा करनी चाहिए तभी वह जनता को स्वस्थ काव्य दे सकेगा।

आधुनिक कवि—आधुनिक कवि ऐसे लोगों के अग्रणी हैं जो ईश्वर में विश्वास नहीं करते तथा उसे अस्तित्वहीन या मृत घोषित करते हैं। वे सांसारिक भोगों के चित्रण एवं चमत्कारपूर्ण भाषा-शैली के द्वारा अपने प्रशंसकों को आकर्षित करते हैं। वे जीवन के उच्च मूल्यों की अथवा जीवन के स्थायी आदर्शों की उपेक्षा करते हैं। उनकी कविता भौतिक विषयों, इन्द्रिय-सुखों और बाह्याडम्बर से सम्बन्धित होती है जो अत्यधिक खोखली और शुष्क होती है।

सच्ची कविता—सच्ची कविता अपने दिव्यत्व को श्रेष्ठ शब्दों में व्यक्त करने की भावना से प्रेरित होती है। वह कवि के साथ-साथ पाठक को भी स्थायी आनन्द प्रदान करती है। वह संसार तथा इसके स्रष्टा के प्रति किसी व्यक्ति की कल्पना को हेय सिद्ध नहीं करती। कविता में ऐसा गुण होना चाहिए कि जिससे वह पाठकों को आकर्षित करे तथा प्रत्येक बार जब वे उसकी पंक्तियों का रसास्वादन या चिन्तन-मनन करें तो उनमें नूतन अर्थ व्यक्त हो, तभी कविता सार्वकालिक और सार्वजनीन हो सकती है।

आधुनिक काव्य— सभी देशों के लेखकों और कवियों में एक भयंकर बीमारी उत्पन्न हो गई है जो उन्हें दूषित कर रही है—वह हर प्राचीन वस्तु से, चाहे उसकी उपयोगिता और सत्यता को कितनी ही बार क्यों न प्रमाणित किया जा चुका हो, घृणा करता है और सिनेमा या फिल्मों जैसी उछलकूद, बाह्य प्रदर्शन और छिछली प्रवृत्तियों से परिपूर्ण प्रहसनों का 'आधुनिकता' और 'फैशन' के नाम पर सम्मान करता है और

उन्हें ऊपर उठाता है। आजकल यही साहित्यिक फैशन चल पड़ा है। परन्तु इससे उदीयमान राष्ट्र का बड़ा अहित हो रहा है, यह बीमारी उनकी रुचियों को बिगाड़ने और उनके आदर्शों का पतन करने वाली है। जो भूतकाल के प्रति श्रद्धा रखता है उसे भीरु कहा जाता है, जबकि किसी भी प्रकार की नूतनता का प्रदर्शन करता है उसे 'प्रखर मेधावी' माना जाता है। इन्हीं प्रवृत्तियों का अन्धानुकरण फैशन बन जाता है और भीड़ की भीड़ उसके पीछे चल पड़ती है। जो स्थापित विश्वासों पर कीचड़ उछाल सकता है वही 'हीरो' (नायक) बन जाता है। जो प्राचीन आदर्शों का समर्थन करता है उसे मन्दबुद्धि और रूढ़िवादी माना जाता है। कवियों को इस बीमारी से बचना चाहिए। उन्हें अपने को स्वस्थ रखते हुए अपने पाठकों को भी स्वास्थ्यवर्द्धक सामग्री प्रदान करनी चाहिए।

(9) आर्थिक एवं शारीरिक विषय

धन-संपत्ति

धनोपार्जन— धनोपार्जन भी धर्मयुक्त होकर करते हुए मुक्ति की आकांक्षा करें। इसी से तुम्हें शान्ति, धर्म, सत्य और प्रेम—चारों पुरुषार्थों की प्राप्ति होगी। अर्थ को धर्म से और काम को मोक्ष से नियंत्रित करें। तभी तुम लोगों का जीवन सार्थक होगा।

अर्थ और व्यवसाय— अर्थ व्यवस्था में धर्म को अपनाना चाहिए। अर्थ का उपयोग मानव उन्नति तथा मानव सुधार हेतु किया जाना चाहिए। यह उक्ति है—उद्योग पुरुषलक्षणम्। सामान्यतः उद्योग का अर्थ है किसी व्यवसाय में नियुक्ति, योग्य कार्य। नहीं! इसका अभिप्राय है उद् (उच्च) योग (आध्यात्मिक अनुशासन)। वह साधना जिसने व्यवसाय की पदवी ग्रहण की है। तुम जो भी व्यवसाय करते हो वह उद्-योग—उच्च अनुशासन है जो पुरुष के लक्षण हैं। जब धर्म द्वारा अर्थ प्राप्त किया जाता है तब पुरुषार्थ 'परम पुरुषार्थ' कहलाने योग्य है क्योंकि वह 'पर' अथवा उच्च शाश्वत मूल्यों के प्रति परम है।

धनार्जन अनासक्त रूप में— धन कमाओ, परन्तु उससे कठोरतापूर्वक चिपके न रहो। ईश्वर के द्वारा नियुक्त संरक्षक की भाँति अपने को समझो और उसी उद्देश्य के लिए ऐसे कार्यों में जो ईश्वर को स्वीकार्य हों अपनी धन-संपत्ति का उपयोग करो। एक प्रधानाचार्य जब एक विद्यालय से दूसरे विद्यालय को स्थानांतरित कर दिया जाता है तो वह निर्लिप्त भाव से पुराना स्थान छोड़कर नये स्थान पर निश्चिंत होकर पद भार ग्रहण कर लेता है। उसे पुराने विद्यालय की प्रयोगशाला, पुस्तकालय, फर्नीचर आदि जिनकी उपादेयता की छाप उसके मस्तिष्क पर थी और दीर्घकालीन सम्पर्क के कारण जिनसे उसे अनुराग भी था, उनको वह अपने सामयिक संरक्षण में मानता था और भली प्रकार जानता था कि देर या सवेर उसे इन सबको एक दिन छोड़ना ही पड़ेगा। उसे यह परिवर्तन दुःखद प्रतीत नहीं होता है। आप भी अपनी संपत्ति और विलास की वस्तुओं से इसी प्रकार का भाव रखिये। तभी आप संतोष का जीवन बिताकर शान्ति से प्राण त्याग कर सकेंगे।

धनार्जन के साधन उपयुक्त हों—अनुपयुक्त साधनों से एकत्रित धन-सम्पत्ति गरीबों के रक्त-शोषण से ही सम्भव हो सकती है। नवयुवकों को अपने जीवन-निर्वाह तथा महत्वाकांक्षाओं की पूर्ति के लिए ऐसे अनुपयुक्त साधन और शोषण के मार्ग कभी नहीं अपनाने चाहिए। ऐसे दुष्कृत्यों के लिए ईश्वर भी क्षमा नहीं करता। जो अपने संचित धन का न तो स्वयं ही उपयोग करता है और न ही उसमें से दूसरों के हित में कुछ खर्च करता है वह मृत्यु के बाद नरक यातनाएँ भोगता है।

धनार्जन के साथ दान आवश्यक—हमारे शास्त्रों में भी अपनी धन-संपत्ति का कुछ भाग दान करके गरीब और असहाय लोगों की मदद करने के निर्देश हैं। इस निर्देश की अवहेलना कर किसी को स्वार्थ पूर्ण, अनुपयुक्त और अन्यायपूर्ण तरीकों से, लोभी, लालची के समान लाखों रुपये एकत्रित करने में ही नहीं लगा रहना चाहिए। ऐसा लोभी और लालची कभी-न-कभी बदनामी और विनाश का शिकार हो जाता है। यह एक अटल सत्य है।

धन का सदुपयोग आवश्यक—संचित धन के चार अधिकारी माने गये हैं। प्रथम है दान, दूसरा राजा, तीसरी अग्नि और चौथा चोर-लुटेरे। प्रथम अधिकारी दान है, इसलिए धन का अधिक भाग उसी को जाना चाहिए। विद्यार्थियों को इसके महत्व को अच्छी तरह समझ लेना चाहिए और अपने जीवन में जो भी धन वे अर्जित करें उसका मानव-कल्याण कार्यों में सदुपयोग करना सीखना चाहिए।

शरीर, भोजन एवं स्वास्थ्य

शरीर का महत्व—शरीर तो भगवान् का मन्दिर है, यह वह रथ है जिस पर भगवान् अपनी सम्पूर्ण महिमा से आसीन हैं। आप आत्मा को शरीर का पर्याय न समझें और न इन शारीरिक परिवर्तनों को आत्मा का परिवर्तन ही समझें। आप आत्मस्वरूप होने के कारण इस सब परिवर्तनों से ऊपर हैं जो शरीर को प्रभावित करते हैं। अपने मन को प्रलोभनों और अज्ञान से रहित कर लो, इसे धूलि से रहित कर लो, तब भगवान् का प्रतिबिम्ब स्पष्ट होगा।

शरीर को उचित मात्रा में महत्व दो, परन्तु अधिक नहीं। कुछ लोग शरीर के प्रति घृणा के भाव प्रचारित करते हैं, परन्तु यह कल्याणकारी बात नहीं है। इसे यंत्र मानकर सेवा करो और नौकर की तरह इसका प्रयोग करो। सृष्टि में किसी के प्रति घृणा भाव रखना वांछनीय नहीं है। यहाँ सभी कुछ भगवान् की कृति है, उसी की महिमा और ऐश्वर्य का उदाहरण है।

आध्यात्मिक दृष्टि से शरीर की व्याख्या—शरीर भगवान् का मन्दिर है जिसमें वह भगवान् हृदय में निवास करता है, बुद्धि का दीपक उस वेदी पर प्रकाशित रहता है। इन्द्रियों की खिड़की से आने वाला वायु (भोगेच्छा) का प्रत्येक झोंका दीपक के प्रकाश को या तो नष्ट कर देता है अथवा धीमा कर देता है। इसलिए इन खिड़कियों को बन्द रक्खो, उन्हें पदार्थों के प्रबल आकर्षण के लिए खुला मत छोड़ो। बुद्धि को प्रखर रक्खो, जिससे कि यह मन रूपी हीरे को काटकर प्रकाश पुंज को उत्पन्न कर सके न

कि उसे मंद प्रकाश का एक पत्थर मात्र बनाये रखे। नित्यानित्य विवेक—क्या स्थायी है और क्या नाशवान है—ही आध्यात्मिक उन्नति का महत्वपूर्ण यंत्र है।

शरीर का पोषण— शरीर का पोषण ध्यानपूर्वक और कोमलता से करना चाहिए। यह अमूल्य उपहार है जो महान् लक्ष्य प्राप्ति के लिए प्रदत्त अति जटिल किन्तु सुसम्बद्ध यन्त्र है। इसका बाह्य रूप भी स्वच्छता एवं सुघड़ता के आकर्षण से पूर्ण होना चाहिए। आनन्द रूपी फल का छिलका शरीर है; रसीला छिलका—माँसपेशियाँ, हड्डी ओर नाड़ियाँ हैं; उसका कठोर बीज वह बुराई है जीवन के साथ मिल जाता है। फल का मृदु आसव—जिसके लिए पेड़ लगा कर उसका पोषण किया जाता है—वह आनन्द है जो सभी को समान रूप से प्राप्त है। सच्चरित्र होने पर शरीर प्रकाशयुक्त होगा। मानव-सेवा तथा ईश्वर-पूजा का आकर्षण बना रहेगा। फिर ईश्वर मनुष्य के नि:स्वार्थ प्रेम प्राप्त करने की लघु क्रिया को सहस्त्रों नेत्रों से देखेगा।

भोजन कैसा हो?— हम जो भोजन ग्रहण करते हैं वह स्वादिष्ट, ग्रहणीय और प्रिय होना चाहिए। यह बहुत अधिक 'गर्म या नमकीन' नहीं होना चाहिए। भोजन संतुलित होना चाहिए। यह उत्तेजक या शक्तिहीन नहीं होना चाहिए। राजसिक भोजन भावों को उद्वेलित करता है; तामसिक भोजन आलस्य और निद्रा उत्पन्न करता है जबकि सात्विक भोजन शान्ति प्रदान करता है।

भोजन की पवित्रता— इस परमात्मा की सेवा-पूजा के लिए भोजन की पवित्रता के नियम का पालन करना चाहिए। भोजन के सम्बन्ध में मुख्य विचारणीय प्रश्न 'कितना' नहीं बल्कि 'किस प्रकार' का है। नि:सन्देह मात्रा का प्रश्न भी उपेक्षणीय नहीं है, परन्तु भोजन मात्र ही क्यों आवश्यक है? सेवा के लिए शक्ति चाहिए और शक्ति प्राप्त करने के लिए भोजन की आवश्यकता होती है। दूसरे शब्दों में सेवायज्ञ फलप्रद होवे, भोजन की आवश्यकता होती है और यह भोजन शुद्ध पवित्र होना ही चाहिए।

भोजन कब न करें?— भोजन करना भी एक पवित्र कर्म है—एक यज्ञ है। जब हम चिंतित हों, और मानसिक तनाव के शिकार हों, तब हमें भोजन न करना चाहिए। भोजन को हमें जीवनदाता तथा भूख की बीमारी के लिए औषधि रूप में करना चाहिए। अपनी मानसिक शक्ति के विकास के लिए और बलशाली बनाने के लिए भोजन करना चाहिए।

भोजन में सावधानी— खाने-पीने की आदतों में संयम और सुधार कर लेने से व्यक्ति अपने आध्यात्मिक जीवन का शिलान्यास कर सकता है। इसके लिए सात्विक भोजन को राजसिक भोजन पर वरीयता देनी चाहिए। नशीली वस्तुओं के सेवन के फलस्वरूप मनुष्य अपनी मनोवृत्तियों और भावनाओं पर कोई अधिकार नहीं रख पाता। उसकी वृत्तियाँ, वाणी, गतिविधियाँ और आदतें जंगली पशुओं के स्तर तक गिर जाती हैं। माँस-भोजन से मनुष्यों में तीव्र उद्वेग, पाशविक वृत्तियाँ और कुत्सित मनोभाव उत्पन्न होते हैं। जब व्यक्ति राजसिक भोजन का स्वाद लेने लग जाता है तो उसका

मस्तिष्क शीघ्रता से भोगों की ओर आकर्षित होने लगता है और वह विवेक शून्य हो जाता है। यदि तामसिक भोजन में रुचि उत्पन्न हो गयी है तो फिर मन और बुद्धि को सुधारने की संभावना ही समाप्त हो जाती है। राम-तत्व में निरंतर मग्न रहने के लिए व्यक्ति को अपने खाने-पीने के मामले में सदा सावधान रहना चाहिए।

भोजन का अपव्यय अनुचित— आजकल भोजन का अधिकांश व्यर्थ ही खा लिया जाता है। मनुष्य इससे कम पर ही पूर्णतया स्वस्थ रह सकता है। आजकल स्वाद के लिए और सामाजिक वैभव के प्रदर्शन के लिए जितने धन और प्रयास की बर्बादी की जाती है उसमें बहुत कुछ कमी की जा सकती है। इससे स्वास्थ्य भी सुधरेगा 'मित तिन्दि अति हई' (तेलगू में), सादा भोजन उत्तम स्वास्थ्य। पेटू केवल अपने तमोगुण का ही प्रदर्शन करता है। जीवित रहने के लिए भोजन करो, ऐसा मत सोचो कि तुम खाने के लिए ही जीवित हो।

भोजन और स्वास्थ्य— शारीरिक स्वस्थता के विषय में तुम लोगों को खान-पान, निद्रा व व्यायाम का उचित मात्रा में उपभोग करना चाहिए। नियम यह होना चाहिए कि निश्चित समय पर अच्छा खाना सम मात्रा में लें। तामसिक या राजसी आहार की अपेक्षा सात्विक आहार आत्म-नियंत्रण और बुद्धि को बढ़ाता है। अतः आध्यात्मिक मार्ग पर चलने वालों को सात्विक आहार ही लेना चाहिए।

स्वास्थ्य की आवश्यकता—इस शरीर को ठीक दशा में रखने की आवश्यकता है, क्योंकि यह मानव तन पाकर ही, जो उसे बड़ी दुर्लभता से मिलता है, जीव ईश्वर को प्राप्त कर सकता है, इस शरीर का स्वस्थ या दुर्बल होना, एक दक्ष और उपयोगी उपकरण या अनुपयोगी उपकरण होना, भोजन, विचार, रहन-सहन, आचरण, आदतों तथा माता-पिता और समाज पर निर्भर करता है। माता-पिता जब बच्चों के लिए इन बातों का ध्यान नहीं रखते हैं तो उनका स्वास्थ्य खराब होता है। आजकल औषधालयों, दवाखानों और अस्पताओं की संख्या बढ़ती जा रही है और हर गली-मोहल्ले में दवाखाना मिल जायेगा, क्योंकि हर घर में, हर परिवार में कोई-न-कोई बीमारी किसी-न-किसी को अपनी पकड़ में रखती ही है। छोटे-छोटे बच्चे चश्मे लगाते हैं, नवयुवकों के केश सफेद हो जाते हैं और वे खिजाब लगाते हैं, कई नवयुवकों के सारे दाँत गिर जाते हैं ओर वे पूर्ण बनावटी दाँतों की बत्तीसी लगाते हैं। इसका कारण यह है कि आजकल प्रत्येक घर का वातावरण बनावट और आडम्बर से पूर्ण है, सब अपनी-अपनी महत्वाकांक्षाओं और स्वार्थों में अंधे हो जाते हैं, ईर्ष्या, द्वेष, असंतोष, मिथ्या, अभिमान, प्रदर्शन, फिजूलखर्जी, झूठ, छल-कपट आदि में लीन रहते हैं। ऐसे क्षयकारी वातावरण में पलने वाला भला कैसे रोगों से मुक्त रह सकता है? यदि घर संतोष और शान्ति की सुमधुर सुगन्ध से सुवासित और परिपूर्ण होगा तो उसमें रहने वाले सुखी और स्वस्थ होंगे।

बीमारियों का मूल कारण— बीमारियों का कारण मनुष्यों का भोजन, या उनके निवास की परिस्थितियाँ इतनी सीमा तक नहीं होते हैं, जितनी कि उनकी मानसिक

दुर्बलतायें, मानसिक दृष्टिकोण, पूर्वाग्रह और उलझनें। कामनाएँ, निराशाएँ, असफलता की भावनाओं से भी बीमारियाँ उत्पन्न होती हैं। बहुत-सी बीमारियों से तो मस्तिष्क भगवद्‌चिन्तन रूपी औषधि से भर देने से ही मुक्ति मिल जाती है। शेष के लिए पथ्य भोजन, उचित निद्रा और मनोरंजन तथा कार्य ही रोगनाशक सिद्ध होते हैं। शास्त्र ही इस युक्त आहार-विहार की ओर मानसिक अनुशासन की शिक्षा देते हैं। वर्तमान युग में उनकी शिक्षाएँ बहुत मूल्यवान हैं।

बीमारियों से बचने का उपाय— बीमारियों से बचने का उपाय है मानसिक चिन्ताओं को दूर रखना। अब तो मुझे ऐसा लगता है कि लोग अपनी चिन्ताएँ बढ़ाते रहते हैं और जिन बातों को समझते ही नहीं हैं उनके लिए भी परेशान रहते हैं, परन्तु वे न तो उनमें कुछ सुधार कर सकते हैं न दूर कर सकते हैं। रेडियो, समाचार-पत्र तथा संचार के अन्य साधन इतने अधिक भय और असन्तोष का प्रचार करते हैं कि चिन्ता और व्याकुलता में वृद्धि होने से मनुष्य का मस्तिष्क ही दुर्बल हो जाता है।

रोग मुक्ति के लिए स्नान— छूत के रोग से मुक्ति पाने के लिए हिन्दू ग्रंथों में पाँच प्रकार के स्नान वर्णित हैं। प्रथम है—'मिट्टी स्नान'। इसमें शरीर पर शुद्ध मिट्टी का लेप करने के थोड़ी देर बाद स्नान करते हैं। द्वितीय है—'सूर्य स्नान'। क्योंकि सूर्य की किरणों शक्तिशाली संक्रामक रोग नाशक हैं। यह हमें स्वस्थ और पुष्ट भी बनाती है। तृतीय—'जल स्नान'। यदि वेगवान् पवित्र नदी का जल है और शान्तिकारक स्तोत्रों आदि के उच्चारण के साथ स्नान किया गया है, तो स्नान चित्त को शुद्ध एवं विमल बनायेगा और साथ ही साथ आत्मा को जागृत करेगा। चतुर्थ प्रकार का स्नान है—'वायु स्नान'। शरीर शीतल वायु तथा इसके हितकर प्रभाव को ग्रहण करता है। पंचम और अंतिम है—'विभूति स्नान'। इसमें शरीर पर शिव का लक्षण—शुद्ध विभूति का लेप किया जाता है। भस्म दूषित संसर्गों के घातक प्रभाव से शरीर की रक्षा करती है। भस्म का लेप मनुष्य के श्वासों को शुद्ध बनाता है।

प्रभु-कृपा से आरोग्य लाभ— दृढ़ संकल्प करो कि प्रभु-कृपा पर आश्रित होकर आप इसी क्षण से आरोग्य लाभ करने लगे हैं। जो विश्वास आप औषधियों पर रखते हैं उसे प्रभु-कृपा पर रखने लगो। अपना विश्वास दवा पर नहीं देव पर रखो।

औषधालय उन्हीं लोगों के लिए होता है जिन्हें दवा और डाक्टरों में विश्वास होता है। परन्तु बिना भगवान् की कृपा के दवा और डाक्टर क्या कर सकते हैं। वह दिन अवश्य आयेगा जबकि अस्पताल और औषधालय अनावश्यक हो जायेंगे, क्योंकि तब सभी स्वस्थ और रोगमुक्त होंगे, साधना मार्ग को स्वीकार कर चुके होंगे। यही तो आनन्द, शान्ति और प्रसन्नता का मार्ग होगा

●

(क) यह घोषणा-पत्र समस्त विश्व के सभी सत्य साई संगठनों पर लागू होगा।

(ख) संगठन के सभी वर्तमान सदस्य और पदाधिकारी और वे सदस्य और पदाधिकारी जो भविष्य में इससे सम्बद्ध होंगे, वे सभी श्री सत्य साई संगठन के नाम और घोषणा-पत्र के माध्यम से एक ही समझे जायेंगे और वे संगठन की ओर से विभिन्न प्रकार की गतिविधियों के संचालन के अधिकारी होंगे।

(ग) उपर्युक्त उद्देश्यों की पूर्ति के निमित्त सभी सदस्य साधना एवं आचरण सम्बन्धी आगे दिये गये नियमों का पूरी तरह पालन करेंगे जिससे कि वे स्वयं को इस योग्य बना सकें कि वे हमारे दिव्य प्रभु के उद्देश्यों की पूर्ति के लिए स्थापित इस संगठन के प्रयासों की सफलता के लिए उपयुक्त माध्यम बन सकें।

(घ) कोई भी व्यक्ति जो कि जान-बूझकर आगे दिये गये आचरण सम्बन्धी नियमों के पालन में अवज्ञा प्रदर्शित करेगा वह इस संगठन का कार्यकर्ता या पदाधिकारी होने के लिए अयोग्य समझा जायेगा।

आचरण सम्बन्धी नियम

भगवान् श्री सत्य साई बाबा की शिक्षाओं को निरंतर स्मरण रखने के लिए, उन्हें व्यवहार में लाने के लिए तथा हमारे दिव्य स्वामी का माध्यम बनने की पात्रता अर्जित करने के लिए प्रत्येक सदस्य को प्रतिदिन इस प्रकार से आध्यात्मिक साधना करनी चाहिए जिससे कि वह साधना उसके दैनिक एवं व्यावहारिक जीवन की अंग बन जाय। इस प्रकार की साधना के लिए प्रत्येक सदस्य अपने परिवार को एक इकाई के रूप में परिणत कर लेगा।

अस्तु, इस संगठन के एक सच्चे सदस्य को योग्यता प्राप्त करने के लिए निम्नांकित निर्देशों का अनुसरण आवश्यक है:

(1) प्रत्येक दिन ध्यान-जप।

(2) सप्ताह में एक बार परिवार के सभी सदस्यों के साथ भजन।

(3) परिवार के बच्चों को बाल-विकास-कार्यक्रम में सम्मिलित करना।

(4) संगठन के विभिन्न सामूहिक कार्यक्रमों में भाग लेना।

(5) संगठन के द्वारा आयोजित भजन या नगर-संकीर्तन के कार्यक्रम में कम से कम महीने में एक बार भाग लेना।

(6) साई-साहित्य का नियमित रूप से अध्ययन।

(7) सबके साथ विनम्रता से बातचीत करना।

(8) किसी की भी बुराई न करना विशेषत: उसकी अनुपस्थिति में।

(9) नारायण-सेवा—इसके लिए प्रतिदिन थोड़ा अन्न बचाकर अलग रख देना चाहिए और फिर उसे गरीब व्यक्तियों में बाँट देना चाहिए। साथ ही भोजन का अपव्यय न करने की आदत डालनी चाहिए।

परिशिष्ट 'ख'

श्री सत्य साई विश्व-संगठन का घोषणा पत्र (चार्टर)

भगवान् श्री सत्य साई बाबा के अवतरित होने के पचपनवें वर्ष पर तथा श्री सत्य साई संठन के तीसरे विश्व सम्मेलन के अवसर पर दिनांक 14 जनवरी, 1981 को स्वीकृत स्थायी घोषणा-पत्र। भगवान् श्री सत्य साई बाबा अपनी असीम अनुकम्पा और अनुग्रह के द्वारा उन सबको आशीर्वाद प्रदान करते हैं जो कि इस स्थायी घोषणा-पत्र को देखेंगे, पढ़ेंगे अथवा किसी अन्य को दिखायेंगे।

(1) जैसा कि भगवान् श्री सत्य साई बाबा के द्वारा घोषित किया गया कि उनका यह अवतार सनातन धर्म की स्थापना के लिए हुआ है।

(2) यह विश्व संगठन एक आध्यात्मिक संगठन है जो कि समस्त मानवता के लिए स्थापित किया गया है। वह धर्म, जाति, वर्ण या सम्प्रदाय के आधार पर किसी भी प्रकार के भेद-भाव या अलगाव को मान्यता नहीं देता।

(3) यह संगठन सभी धर्मों के लोगों को विभिन्न धर्मों में एकता की स्थापना करने के लिए अंगीकृत करता है और यह सनातन धर्म के ऐसे तत्वों की स्थापना और उनकी प्रगति के लिए है जिससे कि सभी धार्मिक मतों में एकता स्थापित हो जिसके लिए श्री सत्य साई संगठन का अस्तित्व है।

(4) जबकि इस संगठन का चरम आधारभूत लक्ष्य, जैसा कि भगवान् श्री सत्य साई बाबा ने प्रतिपादित किया है, 'मनुष्य के भीतर विद्यमान सहज दिव्यता से अवगत करवाते हुए उसे जागृत करना है' जिसके लिए श्री सत्य साई बाबा द्वारा निरूपति सत्य, धर्म, शान्ति और प्रेम के मूलभूत सिद्धान्तों को अभ्यास और उदाहरणों द्वारा प्रसारित करना है।

(5) जबकि इस दिव्यता के बोध के लिए केवल बाह्य वातावरण और परिस्थितियों में परिवर्तन करना ही पर्याप्त नहीं है अपितु मनुष्यों की मानसिकता में परिवर्तन आवश्यक है।

जबकि इस संगठन की गतिविधियाँ और क्रिया-कलाप इसी दिशा में आध्यात्मिक प्रगति के साधन हैं और वह प्रगति प्रत्येक व्यक्ति को अन्ततः इस योग्य बनायेगी कि वह अपनी आत्मिक शान्ति का आनन्द प्राप्त कर सके और बाहर के आघातों, तनावों, कुंठाओं, चिन्ताओं, सफलताओं-असफलताओं व जीवन के उतार-चढ़ावों से अप्रभावित रह सके।

अतएव उपर्युक्त लक्ष्यों की अधिकतम पूर्ति के उद्देश्य से **यह घोषित किया जाता है :**

4. बुध की महादशा 23-8-1965 से 23-8-1982 तक; आध्यात्मिक उत्कर्ष में वृद्धि

5. केतु की महादशा 23-8-1982 से 23-8-1989 तक; शान्ति की ओर

6. शुक्र की महादशा 23-8-1989 से 23-8-2009 तक; अवतार रूप में

7.सूर्य की महादशा 23-8-2009 से 23-8-2015 तक; सतयुग की स्थापना

8. चंद्र की महादशा 23-8-2015 से 23-8-2025 तक; अज्ञातवास

सामान्य फलादेश—जन्म-कुण्डली के द्वितीय घर में चार बलवान् ग्रह होने से राज-राजेश्वर योग बनता है अर्थात् राजाओं के भी राजा बनेंगे। ब्रह्मज्ञान के घर पर पाँच ग्रहों की दृष्टि से ब्रह्मज्ञान होने के पश्चात् ब्रह्ममय होने का योग बनाता है।

—डॉ० उपेन्द्र कुमार शर्मा एम०ए०, पी-एच०डी०

भिवानी (हरियाणा)

●

परिशिष्ट 'क'

ॐ

ब्रह्मीभूत सत्य श्री साँईं महाराज की जन्म कुण्डली

(जन्मतिथि : 23-11-1926 प्रात: 5 बज कर 6 मिनट)

श्रीगणेशाय नमः॥ अथशुभसंवत्सरेऽस्मिन्नृपतिविक्रमादित्यराज्यात् सं० 1983 तत्र मार्गशीर्ष, मासे शुभे कृष्णपक्षे शुभतिथौ 3 तृतीयायाम् चन्द्रवासरे परतः भौम वासरे 33/20 मृगशिर नक्षत्रे 6/18 इष्टम 55/00 लग्नम् 6/10 तदा महीभारं हरणार्थं सत्य श्री साँईं महाराजस्व प्रादुर्भावं अभूत्॥ शुभम्॥ जन्मराशि मिथुन॥

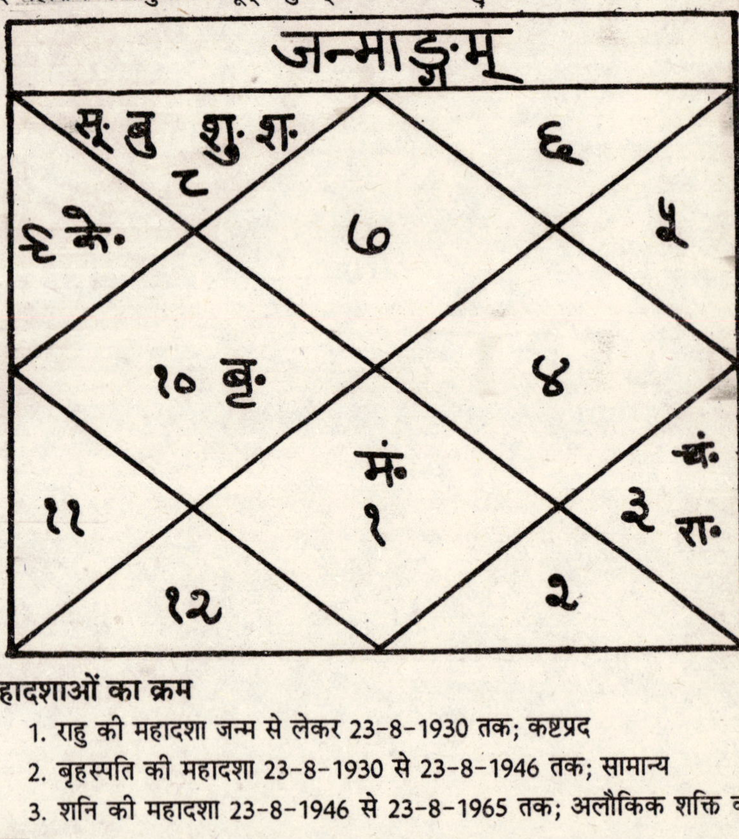

महादशाओं का क्रम

1. राहु की महादशा जन्म से लेकर 23-8-1930 तक; कष्टप्रद
2. बृहस्पति की महादशा 23-8-1930 से 23-8-1946 तक; सामान्य
3. शनि की महादशा 23-8-1946 से 23-8-1965 तक; अलौकिक शक्ति का उदय

परिशिष्ट 'ग'

हायक पुस्तक सूची

(1) सत्यं शिवं सुन्दरम् भाग—1 प्रो० एन० कस्तूरी

(2) सत्यं शिवं सुन्दरम् भाग—2 प्रो० एन० कस्तूरी

(3) सत्यं शिवं सुन्दरम् भाग—3 प्रो० एन० कस्तूरी

(4) सत्यं शिवं सुन्दरम् भाग—4 प्रो० एन० कस्तूरी

(5) सत्य साई बाबा बचनामृत भाग—1 से 9 तक प्रो० एन० कस्तूरी

(6) सत्य साई वाहिनी श्री सत्य साई बाबा

(7) धर्म वाहिनी श्री सत्य साई बाबा

(8) ज्ञान वाहिनी श्री सत्य साई बाबा

(9) प्रेम वाहिनी श्री सत्य साई बाबा

(10) ध्यान वाहिनी श्री सत्य साई बाबा

(11) गीता वाहिनी श्री सत्य साई बाबा

(12) संदेह निवारणी श्री सत्य साई बाबा

(13) विद्या वाहिनी श्री सत्य साई बाबा

(14) साधना श्री सत्य साई बाबा

(15) श्रीमद्भगवद्गीता : यथारूप श्री ए०सी०भक्तिवेदांत स्वामी प्रभुपाद

(16) चित्त शक्ति विलास स्वामी मुक्तानंद परमहंस 1977

(17) कल्कि पुराण : संपादक : पं० श्रीरामजी शर्मा, आचार्य, 1983

(18) हिन्दी गीता : अनुवादक—पं० रामजी लाल शर्मा; 1922

(19) श्री साई सत चरित, श्री नागेश वासुदेव गुणाजी "हेमाद पन्त"

(20) अरविन्द के पत्र

(21) अमृत वर्षा : श्री सत्य साई बाबा

(22) कल्कि अवतार की खोज—प्रकाश नारायण मिश्र

(23) Sai Baba : Man of Miracles by Howard Murphet.

(24) Sai Baba-Avtar by Howard Murphet.

(25) Sai Baba : Invitation to Glory by Howard Murphet.

(26) Sai Baba and His Message By Dr. S.P. Ruhela and Dr. D. Robinson.

(27) Sathya Sai Baba : The Embodiment of Love; By Peggy Mason and Ron Lang.

(28) Sri Satya Sai Speaks : Volume 1 to 11, edited by N. Kasturi.

(29) Sri Satya Sai Baba : A story of God as Man, By M.N. Rao.

(30) Conversations with Bhagwan Sri Sathya Sai Baba by Dr. John Hislop.

(31) My Baba and I : Dr. John Hislop.

(32) Sai Baba : The Holy Man and the Psychiarist : By Sanmuel H. Sandweiss M. D.

(33) Sai Chandan, 1985, Edited by Prof. V.K. Gokak.

(34) We devotees : by Indulal Shah.

(35) Sixteen Summur Showers : By Indulal Shah.

(36) Life of Sai Baba; by H.H. Narshimha Swamiji.

(37) Shirdi to Puttaparthi; by Dr. R.T. Kakade and Dr. A.V. Rao.

(38) Man's Eternal Quest; by Sri Paramhansa Yoganand.

(39) Bhagvad Gita; by Swami Shyam.

(40) Selections From Swami Vivekanand.

(41) Golden Age, 1979.

(42) Golden Age, 1980.

(43) Vision of the Divine by Eruch B. Fanibunda.

(44) The Glory of Puttaparthi by V. Balu.

(45) The Heart of Sai by R. Lowenberg.

●